Chopin

Frédéric Chopin. Bleistiftzeichnung von Franz Xaver Winterhalter. 1847

Reclams Musikführer
Frédéric Chopin

Von Jim Samson

Aus dem Englischen übersetzt
von Meinhard Saremba

Mit 64 Notenbeispielen und 10 Abbildungen

Philipp Reclam jun. Stuttgart

Titel der englischen Originalausgabe:

The Music of Chopin.
London/Boston/Henley: Routledge & Kegan Paul, 1985

Inhalt

Einleitung

Bücher über Chopin haben Konjunktur, ja es gibt sogar ein Buch über diese Bücher. Doch erstaunlich wenige untersuchen seine Musik anders als nur leichthin beschreibend, gewissermaßen impressionistisch. Biographien erwiesen sich als wesentlich reizvoller. Seit jener von Liszt aus dem Jahre 1852[1] ist die Flut von Lebensbeschreibungen ununterbrochen angeschwollen, und es gibt kaum Anzeichen eines Nachlassens.[2] Die Frage der Qualität steht freilich auf einem anderen Blatt. Ich habe ernste Zweifel, ob jemand, der nur ein oberflächliches Musikverständnis besitzt, eine der Sache angemessene Biographie verfassen kann. Wenn die unlängst erschienenen Biographien einen überwältigenden Nachteil haben, dann den, daß sie auf die schöpferische Arbeitsweise, der schließlich im Leben jedes Komponisten eine zentrale Bedeutung zukommt, nur kurz und obenhin eingehen. Sie erreichen keineswegs den hohen Standard, den etwa Gastone Belotti in seiner dreibändigen Studie sowie Józef Chomiński in seinem knapp gehaltenen und doch umfassenden Buch gesetzt haben.[3]

Abgesehen von den vielen Büchern, die über Chopin auf polnisch, französisch, englisch und deutsch erschienen sind, gibt es eine Fülle wissenschaftlicher Untersuchungen, die man außerhalb der Expertenkreise wenig kennt. Vieles davon war Grundlagenforschung, die textkritische Methoden und andere Arten des Quellenstudiums mit einbezog. Seit dem Ersten Internationalen Chopin-Kongreß[4] 1960 hat sich in Polen selbst die wissenschaftliche Forschung dieser Art stürmisch entwickelt; sie brachte eine Reihe größerer Studien hervor – veröffentlicht als Dissertationen[5] und im *Rocznik Chopinowski* – und hat ihren Höhepunkt in Krystyna Kobylańskas gewaltigem Katalog der Chopin-Manuskripte[6] gefunden. Dieser Katalog, ein Triumph beharrlicher Arbeit und methodischen Vorgehens, ist ein unentbehrliches Nachschlagewerk, das nun an die Stelle von Maurice Browns früherem thematischen Index[7] treten muß, der zu seiner Zeit ebenfalls höchst verdienstvoll war. Andere Quellenstudien wurden von den Schweizer Gelehrten Bertrand Jaeger und Jean-Jacques Eigeldinger betrieben sowie von den Amerikanern Thomas Higgins, Ferdinand Gajewski und Jeffrey Kallberg. Kallbergs Arbeit war besonders nützlich. Er hat sich vor allem die Skizzen genau angesehen und die allgemein bekannten

Manuskripte von Chopins späten Werken aufgrund der Erkenntnisse, die sie über seinen musikalischen Stil und seine Arbeitsmethoden vermitteln, verworfen. Diese an den Quellen orientierte Arbeit wird sich gewiß als höchst bedeutsam für die spätere Chopin-Forschung erweisen.[8]

Selbst wenn bei einer Untersuchung die Analyse im Vordergrund steht, wie in meinem eigenen Buch, so bildet doch die Erforschung der Manuskripte ein unentbehrliches Instrument, das eine Fülle an Informationen über den Kompositionsvorgang bereitstellt. Der greifbarste Nutzeffekt besteht jedoch nach wie vor darin, die Vorbereitung verläßlicher Textausgaben zu erleichtern. Dank neuester Forschungsergebnisse konnten jetzt viele offenkundige Zweifel an Chopins Quellen ausgeräumt werden. Doch strittige Punkte wird es immer geben, denn sie sind ein unvermeidbares Nebenprodukt der flexiblen Verbindung zwischen Komponist und Interpret, die bei der Klaviermusik im frühen 19. Jahrhundert bestand. Jeglicher Versuch, für ein Werk Chopins die Quellen chronologisch zu erschließen, wird in nahezu jeder Phase Schwierigkeiten mit sich bringen, da es selbst bei den Autographen eine Vielzahl von Quellen gibt, die mitunter nicht unerheblich voneinander abweichen. Bei den gedruckten Ausgaben bereiten die Skizzen im allgemeinen relativ wenig Schwierigkeiten, doch häufig gibt es verschiedene ›offizielle‹ Autographen für ein einziges Werk (inklusive verworfener Manuskripte, Vorlagen für den Notenstecher und Widmungsexemplare), und Herkunftsuntersuchungen sind oft ebenso kompliziert wie die Zeitbestimmung. Bei den Abschriften konnte nun vieles geklärt werden. Krystyna Kobylańska stellte außer der Handschrift Chopins noch insgesamt vierundsiebzig verschiedene andere fest, so daß die fehlerhaften Zuordnungen, die frühe Ausgaben (insbesondere die von Julian Fontana) beeinträchtigten, kaum entschuldbar erscheinen. Weitere Schwierigkeiten ergaben sich jedoch durch die umfangreichen Korrekturen, die Chopin vornahm, durch voneinander abweichende gleichzeitige Erstausgaben und durch die Bedeutung seiner Anmerkungen in Ausgaben, die Schülern und Freunden gehörten.[9] Das beste, was ein Herausgeber angesichts einer solchen Materialflut tun kann, ist, nach einer einheitlichen Quellengrundlage für jedes Werk zu suchen, und selbst hierbei bleibt noch viel Spielraum für Unstimmigkeiten. Unter den verschiedenen Gesamtausgaben ist der Urtext von Henle am umfassendsten. Er wurde (zum größten Teil) von Ewald Zimmermann herausgegeben und ist nun nahezu vollständig. Andere, wie die Polnische National-Ausgabe (nicht zu verwechseln mit der

älteren Gesamtausgabe Ignacy Paderewskis) und der Wiener Urtext, sind noch nicht sehr weit gediehen.[10]
Wie immer man auch die Urtext-Ausgaben von Chopins Werken einschätzen mag, man kann dankbar sein, daß die eklatanten Fehler und die seltsamen Einfälle der Herausgeber des 19. Jahrhunderts heute keine Schwierigkeiten mehr bereiten. Doch diese frühen Ausgaben verdienen aus einem anderen Grund Aufmerksamkeit. Sie sind ein faszinierender Schlüssel zu dem sich wandelnden Stil der Aufführungspraxis im 19. Jahrhundert und ganz allgemein zur sich wandelnden Rezeption. Die Rezeptionsgeschichte Chopins bildet einen ergiebigen Forschungsbereich in der polnischen Musikwissenschaft, wobei man sich, wie beim deutschen ›Mentor‹, vielfach den ästhetischen und sozialen Aspekten der Musikgeschichte widmet. Angeführt von Zofia Lissa und Józef Chomiński haben mehrere junge Wissenschaftler ihre Aufmerksamkeit den frühen Ausgaben sowie den frühen kritischen Schriften über Chopin zugewandt, um den sich verändernden Geschmack und die Vorurteile bestimmter Zeiten und bestimmter Nationen beurteilen zu können.[11] Selbst die vielen Biographien sind in dieser Hinsicht nützlich. Es lohnt sich, die Legenden über den Menschen Chopin nicht nur ›negativ‹ zu untersuchen, um sie verächtlich zu machen,[12] sondern umgekehrt ihren Wert als Stufen der Wechselwirkung von unveränderlichem historischem Material und sich wandelnden Rezeptionshaltungen anzuerkennen. Es ist ein Prozeß, der noch heute andauert und der sogar auf die Musik selbst ausgedehnt worden ist.
Diese wurde oft auf sehr verschiedene Weise aufgeführt und beschrieben, und es besteht kaum Veranlassung, anzunehmen, daß unsere Zeit hier die alleinige Wahrheit besitzt. Die heutige historisierende Aufführungspraxis stellt natürlich ein nützliches Korrektiv zu dem bei früheren Generationen üblichen freien Umgang mit dem Text dar, doch sie bringt ihrerseits Schwierigkeiten sowohl in begrifflicher als auch in interpretatorischer Hinsicht mit sich. Es genügt festzuhalten, daß die Ziele sich hier genauso wie im Bereich der Musikkritik und -analyse gewandelt haben. Der missionarische Ton eines Kritikers wie James Huneker[13] mag heute inakzeptabel erscheinen; in Anbetracht seiner Absichten war er indes konsequent. Huneker sah seine Aufgabe darin, den Leser die Musik nachempfinden zu lassen, indem er sein eigenes Erleben so intensiv wie möglich vermittelte und dabei auf seine einfallsreichen, mitunter wohl zu überschwenglichen Metaphern vertraute. Heinrich Schenker, Vorbild für so viele heutige Untersuchungen in England und Amerika, hatte Höheres im Sinn und versuchte nichts

geringeres, als die schwer faßbaren Quellen für Einheit, Verständlichkeit und Qualität in einem Werk zu finden.[14] Schenkers Analysen vermittelten tiefe Einsichten in den strukturellen Kern von Chopins Musik, aber ob sie die ›Einheit‹ eines Werks in einem ausschließlichen, alles umfassenden Sinne darzulegen vermögen, bleibt fragwürdig.

Der Unterscheidung zwischen Stilbeschreibung und Strukturanalyse, für die Huneker und Schenker als extreme Gegensätze stehen, begegnet man auch weiterhin in der heutigen Musikliteratur.[15] Diese Tatsache wird noch in einem späteren Kapitel zu erörtern sein. Dieses Buch geht von der Voraussetzung aus, daß beide Methoden Interesse und Wertschätzung beanspruchen können. Die erzählenden Passagen befassen sich durchweg sowohl mit stilistischen als auch mit strukturellen Aspekten, doch gibt es im Verlauf des Buches einen deutlichen Akzentwechsel von ersteren hin zu letzteren. Die ersten Kapitel beschäftigen sich hauptsächlich mit den Quellen und dem charakteristischen Profil von Chopins Musik. In späteren Kapiteln wird mehr die Struktur seiner Musik untersucht und der Versuch unternommen, wenigstens zu einigen brauchbaren allgemeinen Schlußfolgerungen über ihre Anlage zu kommen.

Die Musik wird natürlich auch ohne die Hilfe eines Fürsprechers oder eines Analytikers lebensfähig bleiben. Ihre anhaltende Beliebtheit, die, wie Arthur Hutchings es ausdrückt, »von den Salons bis zu den Slums« reicht, verdankt den Beschreibungen Hunekers bzw. den analytischen Darstellungen Schenkers wenig, obgleich das Verstehen und die Freude an ihr durch beide gesteigert werden können. Diese Popularität ist um so bemerkenswerter, wenn man in Betracht zieht, daß Chopin sich selten über das Ambiente des ihm vertrauten Instruments hinauswagte. Hierher rührt in der Tat eine der hartnäckigsten Legenden über seine Musik, eine falsche Gleichung zwischen der Beschränkung durch das Medium und der Beschränkung des Ausdrucks, die zur Folge hatte, daß man ihn als bloßen »Salon-Komponisten« bezeichnete. Aufgrund der zumindest in einigen Bereichen vorhandenen ästhetischen Vorrangstellung der Vokalmusik war dieses zweifelhafte Etikett im 19. Jahrhundert sehr beliebt. In Wirklichkeit war Chopins intensive Beschäftigung mit dem Klavier natürlich der Keim seines schöpferischen Wirkens überhaupt. Eine Komposition fing am Klavier an zu leben, ihre gesamte Konzeption war bereits festgelegt, und ihre melodischen und harmonischen Details waren oft schon ausgeführt, bevor er zu Stift und Papier griff. Viele seiner Einfälle bezog er unmittelbar aus seinem Experimentieren mit neuartigen Strukturen und Klangfarben, und er war sich bewußt, daß die eingeschränkten Möglichkeiten des Instruments die Grenzen einer in sich geschlossenen musikalischen Welt absteckten, in der freilich auch die ausdrucksstarken Extreme einer überaus reichhaltigen Sprache ihren Platz finden konnten. Einer Bemerkung George Sands zufolge ließ er ein einzelnes Instrument eine durch nichts begrenzte Sprache sprechen. Wo Beethovens Genie sich stets nach außen richtete, indem es den Formenkanon erweiterte, bis es alles, von der winzigen Bagatelle bis hin zur gewaltigen Chorsinfonie, zu umfassen in der Lage war, integrierte Chopin in seine bewußt begrenzte Welt Elemente des Gesangsstils in Lied und Oper sowie der Orchesterliteratur. Indem er zum innersten Wesen des Klaviers vordrang, vermochte er auf hervorstechende Eigenschaften anderer – sowohl intimer als auch epischer – Ausdrucksmittel aufmerksam zu machen, sie oftmals zu kombinieren und zur Synthese zu führen. Debussy hielt Chopin für den größten von allen, weil er allein durch das Klavier alles entdeckt habe.[16] Diesem Einfließen verschiedener musikalischer Bereiche in die Klaviersprache entspricht in gewisser Weise das Eindringen von Elementen verschiedener Gattungen und Formen in ein einzelnes Werk. Ein Stück von Chopin vereinigt häufig in diskreter Weise stilistische Gegensätze, indem eine Polonaise neben einer Mazurka steht, eine Sonate mit einem Nocturne oder einer Etüde verbunden ist oder einem Walzer eine Ballade vorangeht. Seine bedeutenden großen Werke verschmelzen gelegentlich sogar Elemente verschiedener formaler Archetypen – Sonatenform, Rondo und Variation – auf bemerkenswert geschickte und einfallsreiche Weise miteinander.

Im Idealfall ist es eine Musik voller Mehrdeutigkeit, in mehreren Schichten miteinander verwoben, zurückhaltend, was Wiederholungen und Vorhersehbarkeit des musikalischen Ablaufs betrifft. Und dieser mehrschichtige Charakter, der es dem Hörer ermöglicht, sich innerhalb eines Werks zu bewegen, sich seiner sozusagen vom Rand her bewußt zu werden, wird noch erweitert durch das Zwiegespräch, das Chopin zwischen ›kultivierten‹ und ›volkstümlichen‹ Elementen ermöglicht. Seine Unterhaltungsmusik ist anspruchsvoller als die von Mozart, Beethoven und Schubert, während selbst seine epischen Werke viel Kraft aus der volkstümlichen bzw. der bürgerlichen Musiksprache schöpfen. Mit dieser Verbindung aus Gängigem und Anspruchsvollem schwamm er auf die Dauer gegen den Strom seiner Zeit; einer Zeit, die immer mehr zwischen dem Volkstümlichen und dem Bedeutenden unterscheiden sollte. In einem gewissen Sinne spiegelt dieser Aspekt seines Wirkens aber auch zeitgenössische Tendenzen wider. Chopin hätte dies kaum zugegeben, doch die frühen Romantiker besaßen eine weitverbreitete Neigung, alles Volkstümliche zu idealisieren, es sozusagen als Ausdruck einer umfassenden Vorstellung der natürlichen, unbefleckten »Kultur des Volkes« zu betrachten, und diese Vorstellung gewann, wie Raymond Williams aufzeigt, an Reiz, je mehr die Abhängigkeit des romantischen Künstlers von einem immer stärker spürbaren ›Publikum‹ des Mittelstands wuchs.[17] Als einer der wenigen Komponisten des frühen 19. Jahrhunderts, der beträchtliche, wenn auch nicht zum Lebensunterhalt ausreichende Einnahmen durch den Verkauf veröffentlichter Musikstücke erzielte, baute Chopin auf dieses Publikum, und wenn nötig, kam er ganz bewußt dem jeweiligen Geschmack entgegen. Doch er zeigte wenig Neigung, direkt mit den Konzertbesuchern in Kontakt zu treten. Anders als die meisten komponierenden Pianisten seiner Zeit mied er die öffentlichen Veranstaltungen und wandte sich mit seinem Musizieren an einen kleinen Kreis von Kennern.

Besonders in seinen frühen Jahren war Chopin keineswegs abgeneigt, sich ›volkstümlicher‹, ja folkloristischer Materialien zu bedienen und gelegentlich wohl auch einen Hauch von Exotik zu verbreiten. Sie gewannen für ihn jedoch immer tiefere Bedeutung als symbolische Darstellung der geistigen Identität der Nation (eine politische Identität besaß Polen zu Chopins Lebzeiten natürlich nicht). Auf ein wachsendes Nationalbewußtsein, das oft konkreten politischen Bedürfnissen entsprach und gar philosophische Dimensionen etwa in den Schriften von Fichte in Deutschland und Mickiewicz in Polen annahm, reagierte Chopin jedoch auf seine Weise. Wahrscheinlich hatte er niemals etwas von Fichte gelesen und lehnte den mystischen, messianischen Nationalismus ab, den Mickiewicz propagierte und der vielfach auch für den polnischen Nationalismus im Exil charakteristisch war. Noch entschiedener verschmähte er jene Art von offener politischer Stellungnahme durch Oper oder Programmmusik, wie man sie seit seinen Anfängen oft genug von ihm gefordert hatte. Dies überließ er den polnischen Komponisten in der Heimat, und die Ergebnisse sprechen für sich.

Chopin war also zurückhaltend in seinem Nationalismus, aber trotzdem ein Nationalist. Ganz gewiß ging vieles von dem, was ihn anregte, auf sein privates, zweifellos idealisiertes Polenbild zurück, das sehr wohl über historische Erinnerungen und ländliche Eindrücke hinausreichte. Fortwährend beschäftigte ihn das traurige Schicksal seines Landes, und es hat gewiß zu dem tragischen oder melancholischen Affekt beigetragen, der in seinen bedeutendsten Kompositionen vielfach vorherrscht. Für polnische Hörer sind mit Chopins Musik bis auf den heutigen Tag starke nationalistische Vorstellungen verknüpft, und Autoren dieses Landes neigen dazu, sie als Ausdruck polnischer, und ganz allgemein slawischer, Wesenszüge zu betrachten. In Wirklichkeit kann man Chopin genausowenig als »slawischen Komponisten« abstempeln wie als »Salon-Komponisten«, doch ist es vielleicht berechtigt, gewisse Grundzüge hervorzuheben, die seine Musik mit der anderer slawischer Komponisten gemein hat. Besonders auffällig sind die Beziehungen zur russischen Musik des späten 19. Jahrhunderts. Man denke dabei nur an die zunehmende Bedeutung von Struktur und Klangfarben, an die episodische Anlage, an die Vorliebe für melodische Variation und Verzierung statt motivischer Zergliederung sowie an die Tendenz, die Gefühlstemperatur des einzelnen Augenblicks auf leidenschaftliche, scheinbar impulsive Weise zu steigern.

Doch solche esoterischen Zusammenhänge sind nur schwer zu beweisen und entspringen leicht einem Wunschdenken. Mit Gewißheit läßt sich sagen, daß Chopin die Grundlagen dafür schuf, worauf ein ›polnischer‹ Stil hätte aufgebaut werden können, was keineswegs bedeutet, daß seine Musik von Natur aus polnisch war. Er war sich darüber im klaren, daß seine Kompositionen nicht von den bedeutenden Leistungen der europäischen Musik isoliert werden durften, wenn sie national und nicht lediglich provinziell sein sollten. Viele Jahre später schrieb sein großer Landsmann Karol Szymanowski über ihn: »Chopin ist ein bleibendes Beispiel dafür, was die polnische Musik zu leisten vermag, mehr noch, eines der besten Sinnbilder eines europäisierten Polens, das, ohne etwas von seiner ethnischen Besonderheit einzubüßen, auf dem höchsten Niveau der europäischen Kultur steht.«[18] Wenn man heute dazu neigt, Chopins Musik als eine Variante der europäischen Romantik zu betrachten, sollte man nicht übersehen, daß das Neuartige und Individuelle seiner Kunst von vielen Zeitgenossen seiner polnischen Herkunft zugeschrieben wurde. Noch Friedrich Niecks, der sein Buch in den achtziger Jahren des 19. Jahrhunderts schrieb, führte vieles in der Musik Chopins auf sein »Polentum« zurück, obgleich er davor warnte, diesem Aspekt zu große Bedeutung beizumessen. Chopin war nicht in erster Linie ein »slawischer Komponist«, aber seine Musik trug auf ihre Weise zu jener anschwellenden nationalen Strömung bei, die für die Kunst im 19. Jahrhundert kennzeichnend war.

In anderer Hinsicht schien er nun wiederum das Kind einer vergangenen Zeit zu sein; sein künstlerischer Geschmack und seine Sympathien blieben scheinbar unbeeinflußt von vielen Aspekten des Geistes der

Frühromantik. Natürlich war er nicht das, was man gemeinhin als den typisch romantischen Komponisten bezeichnete. Sein Intellekt war von einem besonderen Sinn für Ordnung und Genauigkeit geprägt, wobei er allzu ausschweifende Denkweisen ablehnte, und diese Eigenschaften finden sich auch in seiner Musik wieder. Hier gab es keinen Platz für übertriebenen Schwulst und Theatralik oder für Gefühlsduselei. Auch hegte er kaum Sympathien für die großen theoretischen Ideen, welche die Phantasie seiner Zeit und die der Komponisten beflügelten. Chopin hatte kein ›neues Evangelium‹ für die Menschheit parat, und dies wiederum war von Bedeutung für die relative Beständigkeit seines aller radikalen Veränderungen abholden musikalischen Stils, nachdem dieser sich einmal herausgebildet hatte. In einer Zeit, da künstlerischer Ausdruck den Losungen »Wachstum« und »Entwicklung« folgte, wie die Musik von Beethoven, Berlioz, Liszt und Wagner zur Genüge zeigt, verfeinerte Chopin beständig die wesentlichen Elemente seines Stils, ohne sie jedoch grundlegend zu ändern.

Jedenfalls zeigte er sich an der Musik seiner Zeitgenossen nur mäßig interessiert, erwiderte kaum die Begeisterung, die Berlioz, Schumann und Mendelssohn *seiner* Musik entgegenbrachten, und behielt seine uneingeschränkte Bewunderung den Meistern früherer Epochen vor – Bach und Mozart. Noch untypischer für einen im zweiten Viertel des 19. Jahrhunderts aktiven Komponisten war sein völliges Desinteresse an den wichtigen politischen und ideologischen Problemen der Zeit (die polnische Frage einmal ausgenommen), sowie gegenüber den verschiedenen außermusikalischen Impulsen – von der Natursymbolik bis zur Welt des Übernatürlichen und Exotischen –, die offenbar eine unvermeidliche Inspirationsquelle der Romantiker bildeten. Auch den anderen Kunstformen brachte er kein großes Interesse entgegen. Und dies in einer Phase, die im ästhetischen Bereich dadurch gekennzeichnet war, daß man verstärkt eine Verschmelzung der Kunstformen anstrebte. Für Berlioz, Schumann und Liszt stellte die Literatur mehr als lediglich einen äußeren Reiz dar: Sie gab den unmittelbaren Anstoß zu musikalischen Ideen. Chopin hingegen fand nur vorübergehend Interesse an Literatur und Malerei, obgleich er bedeutende Vertreter beider Kunstgattungen zu seinen Freunden zählte und durch einen von ihnen, nämlich Delacroix, wohl in der Tat beeinflußt worden ist. Er hielt sich fern von der in Mode gekommenen Programmusik, und seine wenigen Beiträge zur romantischen Form schlechthin – dem Kunstlied – können kaum zu seinen bedeutendsten bzw. den für ihn charakteristischen Leistungen gezählt werden.

Chopin vermied also viele der vordergründigen romantischen Manifestationen in der Musik, die »Achillesfersen«, wie Szymanowski später diese Verbindungen von Musik mit Dichtung, Natur und Exotik bezeichnete (Camille Bourniquel nannte sie die »Verlockungen der Romantik«). Doch in einem weiteren Sinn erfaßte und vermittelte er durchaus etwas vom Geist seiner Zeit, von der Begeisterung und dem Idealismus, von der »Sehnsucht und Unruhe«[19], von der Liebe zum Natürlichen, und dies mit einer Überzeugungskraft, die seine Zeitgenossen unmittelbar erkannten. Seine Musik besitzt eine Intensität, die aus tiefer Einsicht entspringt, und sie wurde ganz natürlich zur Quelle für die zunehmende Beschäftigung der Romantiker mit den beschwörenden, emotionalen Kräften der Musik, wie sie gleichermaßen die zeitgenössische Kritik und die ernsthafteren philosophischen Schriften prägte. Auf eine Weise, die genau ins Herz romantischen Fühlens traf, *lebte* Chopin in seiner Musik; hier ließ er sich auf ein inneres Spiel starker Leidenschaften ein, die durch ein zwingendes Ordnungsbedürfnis gelenkt und kontrolliert wurden. Seine besten Werke vermitteln diese Spannung; jenes Dämpfen, ja Erstarren des Ungestüms, das oftmals hervorzubrechen droht, jenes Bändigen des Aufruhrs der Gefühle in der Klarheit der Formen. In gewisser Weise stellt Chopins Musik ein im klassischen Sinne vollkommenes Modell für die Leidenschaftlichkeit der Frühromantik dar.

*

Dieses Buch wäre ohne mehrere Besuche in Polen nicht denkbar gewesen, und ich danke der British Academy, der polnischen Akademie der Wissenschaften und der Universität Exeter, die mir hier verschiedentlich bei der Finanzierung geholfen haben. Auch der internationalen Gemeinschaft der Chopin-Forscher bin ich sowohl direkt als auch indirekt zu großem Dank verpflichtet. Deren Bereitschaft, ihr Wissen und ihre Fachkenntnisse mit mir zu teilen, steht in der besten Tradition uneigennützig betriebener Wissenschaft, was für mich eine große Unterstützung bedeutete. Besonders Jeffrey Kallberg war für mich eine unschätzbare Hilfe, indem er meine zahllosen Fragen stets ungesäumt beantwortete, das Manuskript durchlas und verschiedene nützliche Anregungen gab. Der Leser wird bald feststellen, daß ich Kallbergs eigenen Forschungen stark verpflichtet bin. Gleichermaßen habe ich aus den Ratschlägen und der Unterstützung von Derek Carew Nutzen gezogen. Auch er hat das Manuskript gelesen und mir seine weitreichenden Kenntnisse über die Klaviermusik und das Konzertleben des frühen 19. Jahrhunderts freigebig zur Verfügung gestellt.

Besonders verbunden bin ich meinen vielen Freunden in Polen. Hanna Wróblewska und Dalila Turło von der Chopin-Gesellschaft zeigten größte Hilfsbereitschaft; sie haben unter anderem auch die Abbildungen zu diesem Buch zur Verfügung gestellt. Verschiedene meiner Überlegungen zu Chopin nahmen erst in den Diskussionen mit Dalila Turło Gestalt an, obgleich ich in einigen Fällen auch an eigenen Auffassungen festhielt. Ich danke ebenfalls den Mitarbeitern des Musikwissenschaftlichen Instituts der polnischen Akademie der Wissenschaften, insbesondere Katarzyna Morawska, Władysław Malinowski, Elżbieta Malinowska und Elżbieta Witkowska. Meine Dankbarkeit gegenüber Zofia Chechlińska kann ich kaum angemessen zum Ausdruck bringen; sie gilt nicht allein ihrer Beratung und Hilfe hinsichtlich der polnischen Musik des frühen 19. Jahrhunderts, sondern auch ihrer großzügigen Gastlichkeit und warmherzigen Freundschaft.

Zudem danke ich Professor Carl Schachter für die Erlaubnis, Bsp. 39 wiedergeben zu dürfen, sowie der University of Chicago Press für Bsp. 37. Schließlich muß ich noch Tabitha Collingbourne danken, die für die Wiedergabe der Musikbeispiele zuständig war, und Sue Daley, die beim Korrekturlesen half und das Namenregister erstellte.

J. S.

Biographische Skizze

»Hier aber ist ein junger Mensch, der nur aus seinen natürlichen Anlagen schöpfend und ohne eigentliches Vorbild gefunden hat, was man – wenn schon nicht eine völlige Neubelebung der Klaviermusik – so doch einen Ansatz zu etwas nennen kann, was schon seit langem vergebens erstrebt wird, nämlich eine Fülle originellen Einfalls von einem Typus, wie er sonst nirgends zu finden ist. Damit soll nicht gesagt werden, daß Herr Chopin mit der Schöpferkraft eines Beethoven ausgestattet wäre oder daß man in seiner Musik die Vitalität in der Konzeption anträfe, die bei jenem großen Manne so besonders stark erkennbar ist. Beethoven hat Musik für Klavier geschrieben; ich aber spreche hier über Musik für Pianisten, und auf diesem Gebiet finde ich in den Einfällen des Herrn Chopin deutliche Anzeichen einer formalen Erneuerung, die in der Zukunft einen beträchtlichen Einfluß auf diesen Kunstzweig ausüben mag.«

Dies schrieb François-Joseph Fétis am 3. März 1832 in der Zeitschrift *Revue Musicale*[1] über Chopins erstes öffentliches Konzert in Paris, das am 26. Februar in den Salons Pleyel stattfand. Auf dem Programm standen unter anderem das Klavierkonzert in e-Moll sowie die Variationen über »Là ci darem la mano«, beide als Solostücke vorgetragen.[2] Die Bemerkungen von Fétis sollten sich als geradezu prophetisch erweisen. Andere hatten sich bereits über die Originalität von Chopins Musik geäußert, doch es war Fétis, der erkannte, daß sie in gewisser Hinsicht über dem rein Neuartigen stand, daß diese Musik den Stempel eines Genies trug und für die Klaviermusik geradewegs zu einem Neubeginn, einer neuen Richtung führen konnte. Seine Besprechung ist auch noch in anderer Hinsicht aufschlußreich. Sie lenkt die Aufmerksamkeit auf die klare Trennung, die im Konzertleben des frühen 19. Jahrhunderts zwischen der ›hohen Kunst‹ der Wiener Klassik, insbesondere Beethoven, und dem populäreren Auftreten des komponierenden Virtuosen bestand. Über den eifrigsten Bemühungen im Bereich der Instrumentalkompositionen türmte sich bedrohlich Beethovens Schatten auf, und Fétis' Beobachtungen sind symptomatisch für eine allgemeine Tendenz jener Zeit, neue schöpferische Talente an den Leistungen dieses Komponisten zu messen. Manche der kleineren, renommierteren Konzertunternehmer sahen ihr Hauptziel darin, ihren Abonnenten einiges Ver-

ständnis für die kraftvolle, aufrüttelnde Stimme von Beethovens Musik
zu vermitteln. Dies geschah vorwiegend in Konzerten mit Orchester-
bzw. Kammermusik, wobei das Publikum aus einer kleinen, hinge-
bungsvollen Elite bestand, die an oberflächlicheren Aspekten instru-
mentaler Technik wenig interessiert war. Andere Foren waren noch
exklusiver, vor allem die privaten Zusammenkünfte, die »Réunions«,
bei denen Musiker, Amateure wie Profis, in der Absicht zusammen-
kamen, Musik von höchster Qualität zu spielen.

Veranstaltungen dieser Art trennten Welten von dem bemerkenswerten
Aufschwung des kommerziellen Konzertlebens im frühen 19. Jahrhundert, ein Phänomen, das William Weber zu Recht als »kulturelle Explo-
sion« bezeichnete.[3] Schon bald machten öffentliche Konzerte sogar der
beliebten Oper den Rang streitig; zudem hatten sie den Vorteil, preis-
werter und leichter durchführbar zu sein. Vielfach handelte es sich um
sogenannte »Benefiz«-Konzerte, organisiert von professionellen Virtuosen, die sich mit Aufführungen und Kompositionen ihren Lebensunterhalt verdienten und sich ebenso um die Werbung für Konzerte und
deren Durchführung kümmern mußten. Durch den Verkauf von im
Druck erschienenen Musikstücken und durch Privatunterricht konnten
sie ihre Einkünfte aufbessern – beides Auswirkungen eines expandie-
renden, im hohen Maße aufnahmefähigen Musikliebhaber-Marktes,
der sich um das Klavier herum gebildet hatte. Das Klavier war sozusagen das Herzstück des Benefizkonzerts. Bravourstücke für Klavier und
Orchester – Konzerte, Rondos, Variationen und Potpourris – bildeten
seine Hauptbestandteile, wobei von dem eigene Werke interpretieren-
den Komponisten erwartet wurde, daß er seine akrobatische Technik
sowie – gleich wichtig – seine Fähigkeit zu improvisieren unter Beweis
stellte. Dies war die Welt der »Musik für Pianisten«, die Fétis sorgsam
von der »Musik für Klavier« unterschied, und gerade auf eine erfolgrei-
che Karriere in der ersteren waren Chopins frühere Unternehmungen
und Energien gerichtet.

Die während der etwa fünf Jahre vor seinem ersten Pariser Auftritt
komponierten Werke für Klavier und Orchester waren für eine Karriere
als Virtuose *und* Komponist auf den Konzertpodien der bedeutenden
europäischen Städte zugeschnitten, und der Erfolg bei diesem Konzert
hätte wohl das natürliche Sprungbrett für eine solche Karriere werden
können. Fétis fuhr fort mit der Bemerkung: »Wenn die späteren Werke
des Herrn Chopin das Versprechen seines Debüts einzulösen vermögen, kann kein Zweifel bestehen, daß ihm eine glänzende Laufbahn und
wohlverdienter Ruhm beschieden sein werden.« Es war ein Erfolg eige-

ner Art, obwohl man natürlich den treuen Bericht von Chopins Freund Antoni Orłowski cum grano salis lesen sollte, daß »ganz Paris verblüfft« gewesen sei. Im Konzert befand sich eine starke polnische Abordnung, und damals – wie heute – hielten die Polen im Ausland zusammen, wobei sich der Nationalstolz oftmals für eine sachliche Beurteilung als hinderlich erwies. In Wirklichkeit hatte Chopin große Schwierigkeiten, an den Erfolg seines ersten Pariser Konzertes anzuknüpfen, und einmal mehr wies Fétis auf das Problem hin. »Tonlich bringt er aus dem Instrument nicht allzuviel heraus«, hieß es an späterer Stelle in der gleichen Rezension, womit Fétis ohne sein Wissen eine Kritik wiederholte, die auch Chopins frühere öffentliche Auftritte begleitet hatte. Diese Einschränkung trug ganz wesentlich zu dem Unbehagen bei, das er in seiner Rolle als ›öffentlicher‹ Pianist empfand.

Der Beifall in Paris kam freilich zu einem günstigen Zeitpunkt, denn vorangegangene Versuche, sich außerhalb seines Heimatlandes Polen zu etablieren, hatten nur bescheidene Erfolge gezeitigt.

Vielversprechend verlief ein kurzer Besuch in Wien im Sommer 1829. Chopin hatte gerade seine dreijährige Ausbildung am Warschauer Konservatorium beendet und war von seiner ersten Begegnung mit einer Stadt, die einst das Musikjuwel Europas darstellte, verständlicherweise geblendet, selbst wenn der Glanz unaufhaltsam im Schwinden begriffen war. Ebenso war es im Jahr vorher zu einem kurzen und eher weniger ereignisreichen Aufenthalt in Berlin gekommen. Bei beiden Gelegenheiten wandte sich Chopin übrigens ausgiebig der Oper zu – in Berlin wirkten Cimarosa, Weber und Spontini; in Wien Boieldieu, Meyerbeer und Méhul. Noch entscheidender war, daß er in Wien einen persönlichen Erfolg verbuchen konnte. Chopins Lehrer Józef Elsner sandte vor der Reise Abschriften der Variationen op. 2 und der Sonate op. 4 an den bedeutenden Verleger Haslinger. Haslinger hörte sich Chopins Vortrag der Variationen an und war so beeindruckt, daß er für den 11. August ein Konzert im Kärntnerthor-Theater arrangierte, das seinerzeit vom Grafen Gallenberg geleitet wurde. Das Theater am Kärntnerthor war in der Vergangenheit bereits der Schauplatz so manchen bedeutenden Konzerts gewesen, unter anderem hatte hier nur fünf Jahre zuvor die Uraufführung von Beethovens 9. Sinfonie stattgefunden, und es bildete einen ansehnlichen Rahmen für den ersten Auftritt des jungen Chopin außerhalb Polens. Er spielte die Variationen und improvisierte über das beliebte polnische Hochzeitslied »Chmiel«. Das Konzert war ein derartiger Erfolg, daß es eine Woche später, nun noch mit dem Krakowiak-Rondo op. 14, wiederholt werden mußte.[4]

In Wien also fand Chopin Anerkennung. Einmal mehr kam man in einigen Kreisen zu der Erkenntnis, daß sowohl seine Musik als auch sein Vortragsstil etwas Neues darstellten. Chopin »überraschte, da man nicht bloß ein schönes, sondern wirklich ein sehr ausgezeichnetes Talent in ihm entdeckte, dem man sowohl wegen der Eigentümlichkeit seines Spieles als seiner Komposition fast schon ein wenig Genialität beilegen dürfte«, schrieb ein Kritiker.[5] Über das zweite Konzert bemerkte ein anderer, daß »sein Stil im Spielen wie im Komponieren von dem anderer Virtuosen sehr weit abweicht«.[6] Und dies in Wien, einer Stadt, die mit den besten Interpreten jener Tage vertraut war. Um sich an die Gepflogenheiten der öffentlichen Konzerte zu halten, fügte Chopin sowohl in die Orchesterstücke als auch in seine Improvisationen national gefärbte Teile ein, was zweifellos zur Anziehungskraft dieser Veranstaltungen für das Wiener Publikum beitrug. So etwas verkaufte sich gut, und Chopin war darauf bedacht, heimatliche Tanzrhythmen in die Finali der beiden Klavierkonzerte einzufügen, die er im Anschluß an seine Rückkehr nach Warschau komponierte, um mit ihnen seine internationale Karriere als Virtuose und Komponist zu starten.

Wien gab Chopin bereits einen Vorgeschmack auf den Erfolg, und so wählte er diese Stadt auch zu seiner ersten Station, als er im Jahr darauf Warschau abermals verließ, um sich in der weiten Musikwelt einen Namen zu machen. Im November erreichte er Wien in Begleitung von Tytus Woyciechowski, seinem engen Freund aus der Schulzeit. Geplant war ein triumphaler zweimonatiger Aufenthalt, der seine früheren Erfolge festigen und den Auftakt für eine große Tournee mit Italien als nächstem Ziel bilden sollte. Doch der Zeitpunkt war unglücklich gewählt. Eine Woche nach der Ankunft in der österreichischen Hauptstadt brach in Polen der Aufstand los.

Auf dem Wiener Kongreß war 1815 die Aufteilung Polens zwischen Rußland, Preußen und Österreich bestätigt worden, während gleichzeitig ein kleines sogenanntes »Königreich Polen« mit dem russischen Zaren Alexander I. als »König« geschaffen worden war. Anfangs schien Alexander Polen wohlgesonnen, und seine Politik war weitgehend liberal, doch nach diversen politischen Intrigen wichen Reformen schnell Repressionen. Der Großfürst Konstantin, der die Armee ausbildete, wurde zum meistgehaßten und gefürchtetsten Mann in Polen. Seine brutalen Methoden wurden noch verstärkt, als der Tod Alexanders die Bahn frei machte für die Herrschaft Nikolaus' I. Chopins letzte Jahre in Warschau waren begleitet von steigender Unzufriedenheit unter der polnischen Bevölkerung, und ihm dürfte eine Atmosphäre vertraut gewesen sein, in der

Künstler und Intellektuelle bei geheimen Zusammenkünften in den Cafés der Stadt den Umsturz planten. Wenige Monate, nachdem Nikolaus im Mai 1830 Warschau besucht hatte, um das Polnische Parlament zu eröffnen, löste ein eher unbeholfener Versuch, den Großfürsten Konstantin zu ermorden, einen Aufstand aus, der ein gutes Jahr währen sollte, bis er schließlich niedergeschlagen wurde.

Als die Nachrichten von der Erhebung Wien erreichten, kehrte Tytus heim nach Warschau, um an den Kämpfen teilzunehmen, und ließ Chopin in einer Stadt zurück, in der Polen nicht länger willkommen waren. Er sollte Tytus nie mehr wiedersehen. Seine erhofften Kontakte zu den vornehmen Kreisen der Wiener Gesellschaft kamen in dem neuen politischen Klima einfach nicht zustande, und zweifellos trug dies dazu bei, daß es ihm nicht gelang, ein Konzert zu veranstalten. Doch unabhängig von der polnischen Frage gab es noch andere Gründe. Graf Gallenberg mußte das Kärntnerthor-Theater verlassen, und der neue Direktor, Louis Dupont, zeigte wenig Interesse an Chopin. Und auch Haslinger war nicht mehr so hilfsbereit, da es nun um Geld ging. Außerdem war Wien zu diesem Zeitpunkt geradezu vernarrt in den jungen Sigismund Thalberg, der kurz vor Chopins Ankunft einen kometenhaften Aufstieg erlebt hatte, wodurch für die Konkurrenz kaum Platz blieb. Von Czerny einmal abgesehen, war es im frühen 19. Jahrhundert zu einem anhaltenden Exodus von Wiener Pianisten gekommen – Hummel ging 1816, Moscheles folgte 1825 –, und 1830 war Thalberg *der* Pianist in der Stadt, obwohl auch er sie bald mit den Zielen Paris und London verlassen sollte. Verschiedene Bemerkungen Chopins über Thalberg in seinen damaligen Briefen mögen ein wenig bitter klingen, aber ohne Zweifel war eben gerade die vordergründige Virtuosität von Thalbergs eigener Musik, bei der er sich vielfach seinen berühmten ›Drei-Hände-Effekt‹ zunutze machte, der Gradmesser für den Wiener Musikgeschmack.

Über seine persönlichen Schwierigkeiten hinaus hatte Chopin guten Grund, vom Wiener Kulturleben nach dem Kongreß enttäuscht zu sein, zumal er nun Zeit fand, es mit Muße zu beobachten. Erfolgreich erstickte Metternich jedes wirklich anspruchsvolle künstlerische und geistige Leben der Stadt, indem er rücksichtslos von der Zensur Gebrauch machte. Im Bereich der Musik zehrten die Wiener von ihren schönen Erinnerungen oder flüchteten sich in die harmlose, anmutige Welt der leichten italienischen Oper, Salonorchester und Musikpavillons sowie die Musik der Bälle und Bankette. »Walzer nennen sie hier *Werke*! Und Strauß und Lanner, die ihnen zum Tanz aufspielen,

Kapellmeister«, schrieb Chopin nach Polen; »das beweist den verdorbe-
nen Geschmack des Wiener Publikums.«[7]
Der Erfolg von 1829 blieb für Chopin bei seinem zweiten Besuch in
Wien völlig aus, und so vertrödelte er hier gut zehn Monate und erreichte kaum etwas. Sein Lebensstil war keineswegs so karg, wie zuweilen behauptet wird, aber er war träge und unproduktiv. In seinen
konfusen, zuweilen ziemlich affektierten Briefen nach Polen machte er
kaum einen Hehl aus seiner Unsicherheit und seinen Zweifeln. »Nach
Paris? Die Hiesigen raten mir, noch zu warten. Zurückkehren? Hier
sitzen? Mich umbringen? Dir schreiben? Rate mir Du, was ich anfangen
soll.«[8] Immerhin lebte er auf Kosten seines Vaters ohne klare Aussich-
ten auf eine künftige Beschäftigung, und sein verständliches Heimweh
ergab sich aus den Unruhen in Polen und seinem jugendlichen Verlangen nach einer jungen polnischen Sängerin, die er aus sicherer Entfer-
nung bewundert hatte. Er war in Wien jedoch nicht ohne Freunde. Die
Einsamkeit wurde gemildert durch die Liebenswürdigkeit des bekannten Arztes Dr. Malfatti, eines Weggefährten Beethovens, und durch
befreundete jüngere Musiker in der Stadt, wie den polnischen Komponisten Tomasz Nidecki, den Cellisten Joseph Merk und den ausgezeichneten jungen Geiger Joseph Slavik. Natürlich komponierte Chopin
weiterhin, arbeitete jedoch nur halbherzig an so großen Werken wie
dem nie vollendeten dritten Klavierkonzert und der *Grande Polonaise
Brillante* sowie leichteren ›Salon-Stücken‹ wie der *Valse Brillante*
op. 18. Gleichzeitig befaßte er sich mit Werken, die die Anforderungen
der Salons und des öffentlichen Konzertes überstiegen. Vor allem arbeitete er an einigen der Etüden, die später in sein op. 10 eingehen sollten,
also an Stücken, die zu seinen stilistisch reifsten Werken gehören.
Der geplante zweimonatige Aufenthalt wurde auf unbestimmte Zeit
verlängert, und es ist charakteristisch für Chopin, daß er nicht imstande
war, zu einer endgültigen Entscheidung über seine zukünftigen Pläne
zu kommen. Daß er am 20. Juli 1831 schließlich doch abreiste, hing
ganz gewiß mit der mangelnden Resonanz, ja dem fehlenden Interesse
bei seinen beiden einzigen öffentlichen Auftritten im April und Juni
zusammen. In München legte er seinen nächsten Halt ein und erzielte
dort mit dem e-Moll-Konzert und der Fantasie über polnische Themen
op. 13 einen gewissen Erfolg. Einen Monat später, im September, kam
er nach Stuttgart, und eine Woche darauf erreichte er Paris, wo er seinen
Wohnsitz nehmen sollte. Noch in Stuttgart erhielt er die Nachricht über
die endgültige Niederschlagung des Warschauer Aufstandes. Es war ein
entscheidender Augenblick im Leben Chopins, der die widerstreiten-

den Gefühle deutlich hervortreten ließ: den Ruf der Welt, die er kannte, aber deren Begrenztheit ihm nur zu klar vor Augen stand, und den Ruf der internationalen Musikszene, in der er sich zu bewähren hatte. Die ständig wiederkehrenden Depressionen, für die er bereits in Wien anfällig war, brachen nun in einem einzigen Aufschrei der Verzweiflung hervor, den das sogenannte »Stuttgarter Tagebuch« bezeugt. Ungeachtet der überdrehten Sprache haftet diesem eine Aufrichtigkeit an, die es von einigen der früheren Briefe nach Polen unterscheidet.

»O Gott, gibt es dich? – Ja, es gibt dich, und du rächst uns nicht! Haben die Moskowiter noch nicht genug Verbrechen begangen [. . .]? [. . .] O mein Vater, dies sind die Annehmlichkeiten deiner alten Tage! Mutter, süße, duldende Mutter, du hast deine Tochter überlebt, um den Moskowiter über ihre Gebeine trampeln zu sehen. [. . .] O Titus, Titus! [. . .] Was ist aus ihr geworden? Wo ist sie? Die Arme! Vielleicht ist sie in den Händen der Moskowiter! Ein Moskowiter umfaßt sie, würgt sie, mordet sie, tötet sie! [. . .] und ich, ich bin hier untätig, und ich, ich stehe da mit leeren Händen und seufze nur von Zeit zu Zeit! Nur dem Klavier vertraue ich meine Verzweiflung an. – Was nützt das? Gott, mein Gott, schicke ein Erdbeben, daß es die Menschen dieses Jahrhunderts verschlinge!«[9]

Hier zeigt sich die ganze Hoffnungslosigkeit in bezug auf seine Familie, seine Freunde, seine Jugendliebe und auf ein Polen, in das er jetzt nicht zurückkehren konnte. Zehn Monate zuvor, als er in Wien vom Aufstand erfahren hatte, quälte ihn noch Unentschlossenheit. Sollte er mit Tytus zurückgehen oder, wozu Tytus ihn drängte, in Wien bleiben und die Sache Polens mit seiner Musik unterstützen? »Wenn ich doch wenigstens als Trommler dienen könnte!« hatte er an Jan Matuszyński geschrieben. Natürlich gibt es keine eindeutigen Belege für Ursache und Wirkung, doch scheint es denkbar, daß die größere Tiefe und Reichhaltigkeit der Werke, deren Anfänge in das Jahr in Wien zurückreichen, mit ihrem tragischen, leidenschaftlichen Ton zumindest teilweise einen neuen engagierten Versuch darstellen, Polens Tragödie in seiner Musik auszudrücken. »Chopins Werke sind unter Blumen eingesenkte Kanonen«, lautete das berühmte Wort von Schumann.

Trotz allen Heimwehs und aller Mutlosigkeit und trotz aller Aufrichtigkeit seiner patriotischen Gefühle ist es dennoch unwahrscheinlich, daß Chopin nach seinem Aufenthalt in Stuttgart wieder nach Polen zurückgekehrt wäre, selbst wenn sich die Möglichkeit geboten hätte. Sein letztes Jahr in Warschau, das er zwischen den beiden Aufenthalten in Wien dort verbrachte, hatte nur bestätigt, wie notwendig es für ihn war, seinen Horizont zu erweitern. »Du glaubst nicht, wie traurig Warschau jetzt für mich ist«, hieß es in einem Brief an Tytus.[10] Warschau wäre einfach nicht in der Lage gewesen, einem Genie wie Chopin sowohl als Komponist wie auch als Pianist ausreichende Unterstützung zu bieten. Verglichen mit anderen führenden Städten Europas war Warschau auf kulturellem Gebiet rückständig, und das, obwohl sich dort zu Anfang des Jahrhunderts so etwas wie eine geistige Renaissance abgespielt hatte. (Nach der Niederschlagung des Aufstandes von 1830 sollte dann die Sprache und Literatur Polens rigoros unterdrückt werden.) Seit der Regentschaft von Stanisław August Poniatowski war das Polnische als die offizielle Sprache an den Höfen und in den Verwaltungen gefördert worden. Hinzu kamen Zeitungen in polnischer Sprache, ein umfangreiches Wörterbuch, das Samuel Linde, ein Kollege von Chopins Vater, zusammengestellt hatte, sowie ein Aufschwung im Bereich der literarischen Produktion, die den Einfluß der neuen Welle romantischer Dichtung aus Deutschland erkennen ließ. So erschien etwa im Jahre 1822 Adam Mickiewiczs Sammlung *Balladen und Romanzen*, die die Epoche der Romantik in Polen einleitete.

Auch das Musikleben erlebte in den ersten Dezennien des 19. Jahrhunderts einen Aufschwung. Zum Repertoire des Nationaltheaters gehörten die gängigen italienischen Opern, die einige der seriöseren Musiker der Stadt mißbilligten, doch für die Chopin schwärmte, und in der Tat waren sie von nicht geringer Bedeutung für die Entwicklung seiner musikalischen Sprache. Orchesterkonzerte waren eher selten, doch gab es Aufführungen der Sinfonien Beethovens, die E.T.A. Hoffmann und Elsner in der »Resursa Muzyka« (»Musikverein«) organisierten. Auch die »Gesellschaft der Freunde der Kirchen- und Volksmusik« und die »Gesellschaft für Laienmusik« veranstalteten in den Räumen des Nationaltheaters Konzerte. Die größte Bedeutung kam dem Warschauer Konservatorium zu, das 1821 gegründet wurde und auch bald für Chopin zum Gastgeber werden sollte. Inzwischen hatte freilich Alexanders reformatorischer Eifer bereits erheblich nachgelassen, so daß in den folgenden zehn Jahren – Chopins Teenager-Zeit – das künstlerische und geistige Leben beträchtlich nachließ. Es gab nur vereinzelt herausragende Konzerte, und die wenigen Gelegenheiten, bei denen Chopin wirklich erstklassige Künstler wie Hummel und Paganini bei Gastspielen sehen und hören konnte, haben ihn sicherlich nur darin bestärkt, Polen zu verlassen.

Ein tröstlicher Aspekt war immerhin das reichhaltige, dem Blick der Öffentlichkeit entzogene Musikleben in den Salons jener kleinen Schar

sehr wohlhabender Familien, aus denen sich Polens obere Gesell-
schaftsschicht zu Beginn des 19. Jahrhunderts rekrutierte. Mehrere dieser Aristokraten komponierten selbst, und sie besaßen häufig ihre eigenen kleinen Orchester und arrangierten eigene Opernaufführungen.
Die Damen der Gesellschaft gaben Musikabende in den Palais der Czar-
toryskis, der Sapiehas, der Potockis und der Radziwiłłs, die sich natürlich an den Gepflogenheiten der zeitgenössischen französischen Salons
orientierten. Die Salons des »Blauen Palais« waren berühmt, ebenso die
Konzerte der sogenannten Warschauer Wohltätigkeitsgesellschaft. Das
Klavier stand in den Salons im Mittelpunkt. In Polen, wie auch andern-
orts in Europa, war es zu einem Sinnbild für vornehme Lebensart
geworden, ein notwendiges Accessoire für gebildete junge Damen und
das Kernstück jedes gesellschaftlichen Abends. Polonaisen galten im
frühen 19. Jahrhundert als die vornehmsten Salonstücke, obgleich auch
Menuett und Contredanse beliebt waren und der Walzer sich durchzu-
setzen begann. Dem jungen Chopin war das Repertoire wohlbekannt.
Immer wieder hatte er als Junge Tanzstücke improvisiert, und seine
frühesten Kompositionen standen unter dem Einfluß der zahlreichen
berühmten, wenn auch unbedeutenden polnischen Komponisten, von
denen zu Beginn des Jahrhunderts derartige Stücke für Tasteninstrumente stammten.
Schon von früher Kindheit an war Chopin in den Salons äußerst gefragt.
Er war in Warschau als Wunderkind sehr bekannt, der »Erbe Mozarts«,
nachdem er im Alter von acht Jahren mit einem Konzert von Gyrowetz
öffentlich aufgetreten war. Zwei Jahre später spielte er vor der international berühmten Sängerin Catalani, und mit fünfzehn konzertierte er
sogar vor Zar Alexander, anläßlich der Parlamentseröffnung 1825,
wobei er für seine Leistungen einen Brillantring erhielt. Zudem wurde
er von Anfang an als gesellschaftlich gleichrangig behandelt und nicht
bloß als ein »Musikant«. Man braucht dazu nur Spohrs lebendige
Beschreibung der aristokratischen Soiréen[11] zu lesen, um sich zu verge-
genwärtigen, daß eine derartige Aufnahme alles andere als typisch war.
Als Kind beispielsweise besuchte Chopin regelmäßig den Großfürsten
Konstantin im Belvedere und spielte dort gemeinsam mit dem Sohn des
Fürsten. Kurz darauf freundete er sich mit dem Regenten des Fürsten-
tums Posen an, dem Fürsten Radziwiłł von Antonin, der selbst komponierte, und er verbrachte zwischen den beiden Reisen nach Wien mehrere Wochen auf Schloß Antonin, musizierte mit der Tochter des Fürsten und komponierte Stücke für die Familie. Chopin bewegte sich
mühelos in diesen Gesellschaftskreisen, und zum größten Teil ver-

Chopins Mutter.
Porträt von Ambroży
Miroszewski. 1829

kehrte er auch weiterhin in ihnen, als er Polen verließ und schließlich in Paris Fuß faßte. Anscheinend besaß er von Natur aus ein vornehmes Wesen sowie die Umgangsformen und die Zurückhaltung eines Herrn von Bildung und guter Erziehung. »Aristokratische Manieren«, »königlicher Zauber« – immer wieder trifft man in der Literatur auf derartige Beschreibungen, und es kann kein Zweifel daran bestehen, daß diese Manieren und dieser Zauber ihrerseits auf Chopins Gastgeber eine gewisse Anziehungskraft ausübten. Er war sich natürlich der beschränkten Möglichkeiten der Salons durchaus bewußt und erkannte nur zu deutlich, daß ein Großteil dieser Musik modisch und banal war. »Musik für die Damen«, lautete seine eigene, abwertend gemeinte Umschreibung dafür. Dennoch lehnte er die Salons nie ab, er kam zur rechten Zeit, um dieser Musik neue Dimensionen von Qualität und Schönheit zu erschließen.

Wenn sich Chopin in aristokratischen Kreisen mit seinen guten Umgangsformen auch wie zu Hause fühlte, gab es dennoch eine ganz andere Seite in seinem Auftreten. Er war natürlich keineswegs von

Chopins Vater.
Porträt von Ambroży
Miroszewski. 1829

adliger Herkunft, sondern stammte eigentlich aus einer etablierten Mittelstandsfamilie. Sein Vater Nicolas Chopin, ein Franzose, hatte sich 1787 in Polen niedergelassen und war Lehrer am Warschauer Lyzeum geworden, dessen Lehrkörper viele Ausländer angehörten, von denen einige auch angesehene Gelehrte waren. Zuvor war er Hauslehrer beim Grafen Skarbek in Żelazowa Wola gewesen, einem kleinen Dorf, das gut sechzehn Kilometer von Warschau entfernt liegt. Hier lernte er Justyna Krzyżanowska kennen, eine verarmte Verwandte der Skarbeks, die dort als Haushälterin arbeitete, und heiratete sie. Frédéric, ihr drittes Kind, wurde in Żelazowa Wola am 22. Februar 1810 geboren. Als er gerade sieben Monate alt war, verlegte die Familie ihren Wohnsitz nach Warschau. Die Chopins bezogen ein großes Haus in der Nähe der Universität, und Nicolas besserte sein Einkommen auf, indem er Internatsschüler des Lyzeums aufnahm. Einige von ihnen, vor allem Tytus Woyciechowski, Dominik Dziewanowski, Jan Białobłocki und Jan Matuszyński, wurden enge Freunde von Chopin, und in seinen Briefen an sie sowie an Julian Fontana, den er etwas später kennenlernte, zeigt er sich am wenigsten zurückhaltend. In diesen Briefen finden sich häufig Spuren einer schonungslosen Offenheit, ein gesunder Schuß Derbheit und sogar ein schneidender Sarkasmus, der seine adligen Bekannten vermutlich überrascht hätte.

Einige Biographen haben darauf hingewiesen, daß Chopins Persönlichkeit gewiß schon frühzeitig durch das Wechselspiel dieser sehr unterschiedlichen Sphären stark beeinflußt wurde – dem Leben daheim und in der Schule einerseits und dem der vornehmsten gesellschaftlichen Kreise Warschaus andererseits. Es gab auch noch einen anderen Bereich, mit dem er für eine kurze, doch nachhaltige Zeit während einiger Sommeraufenthalte in Szafarnia auf dem Landgut der Eltern seines Freundes Dominik Dziewanowski in Berührung kam. In Szafarnia lernte er die polnische Volksmusik und die Volkstänze nicht in der kultivierten Form, wie man sie in den eleganten Salons antraf, kennen, sondern in ihrer authentischen ländlichen Umgebung. Diese Musik zog ihn durch ihre harmonische Strenge und rhythmische Kraft in ihren Bann, und in einigen seiner Briefe gibt es Anzeichen dafür, daß er bereits als Vierzehnjähriger darin ein Potential erkannte, aus dem die Musiksprache erneuert werden konnte.[12]

Seine frühen Tanzstücke lehnen sich jedoch stilistisch größtenteils an den Salonstil seiner polnischen Zeitgenossen und deren unmittelbare Vorgänger an. Dieser Stil, der zum Teil durch eine feste Verwurzelung in Bach und der Wiener Klassik bestimmt war, wurde ihm anfangs durch seinen Klavierlehrer Adalbert Żywny, später durch das Konservatorium vermittelt. Żywny war in erster Linie Geiger, so daß in gewisser Hinsicht zumindest Chopins Klaviertechnik selbsterworben war, ein Umstand, der durchaus einige Bedeutung für seine ausgeprägte Individualität gehabt haben mag. Wie auch immer seine Qualitäten als Klavierlehrer gewesen sein mögen, Żywny war ganz bestimmt kein gewöhnlicher Musiker. Er legte die Grundlagen dafür, daß Chopin zeitlebens Bach verehrte, der für sein in der Entwicklung befindliches musikalisches Denken ungemein wichtig werden sollte. Später wechselte Chopin zu dem berühmteren Józef Elsner, um Privatstunden in Musiktheorie zu nehmen, und er arbeitete auch weiterhin mit Elsner, als er 1826 ins Konservatorium eintrat. Das Konservatorium bot in den beiden ersten Jahren einen intensiven Unterricht in Theorie und Kontrapunkt, hinzu kam freie Komposition im dritten. Chopin erwies sich – wie vorauszusehen – als ein außergewöhnlicher Schüler. Im Abschlußzeugnis weist Elsner auf seine »herausragenden Fähigkeiten« hin und beschreibt ihn als ein »musikalisches Genie«. Natürlich genoß

er in Warschauer Musikkreisen höchstes Ansehen, und die Auftritte vor
seiner Abreise nach Wien, bei denen er erstmals die beiden Klavierkonzerte spielte, wurden mit Lob überhäuft. Die einzige Kritik, die laut
wurde, bezog sich auf den dünnen Ton, womit u. a. Fétis' Bemerkungen vorweggenommen wurden.

Solche Kritiken müssen Chopins eigene Zweifel an seiner Zukunft als
Virtuose und Komponist wohl bestärkt haben. »Ich bin nicht geneigt,
Konzerte zu geben«, teilte er Liszt später mit, »da ich von dem Publikum scheu gemacht werde, von seinem Atem mich erstickt, von seinen
neugierigen Blicken mich paralysiert fühle, und staune vor diesen frem-
den Gesichtern.«[13] Nach einem erfolglosen Auftritt bei einem Benefizkonzert zwei Monate nach seinem Pariser Debüt verließ Chopin mehr
oder weniger das Konzertpodium. Es ist in der Tat bemerkenswert, daß
er sich allein durch eine Handvoll öffentlicher Konzerte einen so großen
Ruf als Pianist erwerben konnte. Während der ersten zehn Jahre in Paris
gab er gerade eines pro Jahr und dann keines mehr bis zu den Konzerten
1848 in England. Aller Wahrscheinlichkeit nach war Chopins Verzicht
auf eine Karriere als komponierender Virtuose kein schneller Entschluß
gewesen, sondern ihm wurde allmählich immer mehr bewußt, daß er
von seiner Veranlagung her nicht in diese Rolle paßte. So weisen seine
Briefe darauf hin, daß er sich bereits während seiner Warschauer Zeit in
erster Linie als Komponist verstand. Trotzdem kam dem Richtungswechsel eine weitreichende Bedeutung für sein Leben und seine Musik
zu, und der Weg, den er von nun an konsequent beschreiten sollte, war
durchaus ungewöhnlich. Im frühen 19. Jahrhundert war es nämlich
allgemein üblich, sich entweder als komponierender *Virtuose* einen
Namen zu machen, dessen Kreationen sich hauptsächlich auf Bravourstücke für das Klavier bzw. die Geige beschränkten, oder als *Komponist*, der eine Vielzahl von sinfonischen Werken, Opern, Chormusik
usw. schuf. Chopin wählte keinen dieser beiden Wege. Er verzichtete
auf das Image eines Virtuosen, schrieb aber weiterhin fast ausschließlich
für das Klavier und betätigte sich innerhalb des Gestaltungsrahmens,
den das allgemeine Stilempfinden und die Salonmusik vorgaben. Seine
Leistung bestand darin, beide Bereiche von Grund auf zu verändern
und sie auf ein so hohes Niveau zu bringen, daß sie an Größe und
Bedeutung nicht hinter der angeseheneren Welt der Sinfonik und der
Oper zurückstehen müssen.

Daß es ihm gelingen konnte, dieses Ziel zu verfolgen, ist zumindest
teilweise seinen Verbindungen zu wohlhabenden polnischen Familien
in Paris, die sich dort nach dem Novemberaufstand zahlreich niederge-

lassen hatten, und den dadurch entstehenden Beziehungen zu den höchsten Kreisen der Pariser Gesellschaft zu danken. Nach gewissen Anlaufschwierigkeiten gaben ihm derartige Kontakte die Sicherheit, daß seine Dienste als Lehrer für die Kinder der Reichen sehr gefragt waren. Anfangs gefiel ihm das Unterrichten, und es hatte sogar eine gewisse Bedeutung für die Art seiner kompositorischen Tätigkeit in den dreißiger Jahren, da es ihn dazu anregte, kurze, leicht spielbare Stücke zu schreiben. Doch seine Schüler zeigten größtenteils nur im bescheidenen Maße Talent[14] und waren außerstande, im vollen Umfang von seinen neuartigen und oft genialen Unterrichtsmethoden zu profitieren. Die Freude, die ihm das Unterrichten bereitete, begann bald zu schwinden, doch die Einkünfte boten keine geringe Entschädigung. Bei zwanzig Franc pro Stunde konnte Chopin sich ein angenehmes, gar luxuriöses Leben leisten, und er hielt es für angemessener, seine Auftritte als Interpret auf einen kleinen Kreis von Kennern in den Salons der Gesellschaft zu beschränken, wo er sich als Pianist und Improvisator bald einen legendären Ruf erwarb.

In den Salons traten die Vorzüge des Interpreten Chopin am deutlichsten zutage. Obwohl dieser Punkt zuweilen überbetont wurde, scheint es ihm doch schwergefallen zu sein, bei seinem Spiel gegen den guten Geschmack zu verstoßen; er bevorzugte einen anspruchsvollen, empfindsamen Anschlag, statt mit Kraftleistungen zu protzen. All diese Nuancierungen, die im Konzertsaal verlorengehen mußten, wie etwa die sorgfältig abgestufte Dynamik, die schwierigen Pedaleffekte, heikle Läufe und ein sorgfältig verwendetes Rubato, kamen in der *soirée charmante* voll zur Wirkung. Seine Zeitgenossen zögerten nicht damit, ihrer Bewunderung Ausdruck zu verleihen. »Die unglaubliche Anmut, die Poesie und Ursprünglichkeit, die makellose Natürlichkeit und reine Klarheit von Chopins Spiel lassen sich nicht beschreiben. Es war in jeder Hinsicht vollkommen.«[15] »Der ganze Mann schien zu beben, während unter seinen Fingern das Klavier mit aller Macht zu leben begann.«[16]

Chopins Einkünfte aus den Unterrichtsstunden wurden ergänzt durch seine Tantiemen aus dem Verkauf von Notenmaterial. Abgesehen von einigen privat veröffentlichten sehr frühen Musikstücken erschien im Alter von fünfzehn Jahren erstmals etwas von ihm im Druck, als Brzezini & Co. das Rondo in c-Moll herausbrachten. Andere Frühwerke wurden bei Haslinger (Opus 2) und Mecchetti in Wien (Opus 3) verlegt, doch kurz nach seiner Ankunft in Paris verkaufte er die Verlagsrechte an Schlesinger – nach Vorverhandlungen mit Farrenc –, und ab

Chopins Geburtshaus in Żelazowa Wola

1834 erschien seine Musik gleichzeitig in Frankreich, England (Wessel) und Deutschland (Kistner, später bei Breitkopf & Härtel). Dies machte eine große Zahl von Vorlagen für die Notenstecher erforderlich und verursachte indirekt bei späteren Herausgebern eine schier endlose Verwirrung.

Gleichzeitige Veröffentlichungen waren bei den Komponisten zu Chopins Zeiten bereits allgemein üblich. Die Absicht war, der wegen der komplizierten Copyright-Regeln in den verschiedenen Ländern verbreiteten Piraterie zu entgehen, doch gelang es Chopin praktisch nur selten, wirkliche Gleichzeitigkeit zu erzielen. Für die Technik des Musikverlegens boten sich viele verschiedene Möglichkeiten an. Bei Schlesinger gab Chopin autographische Manuskripte direkt an den Verleger, las in seinen früheren wie auch in seinen späteren Schaffensperioden selbst Korrektur und gestattete dies in der Zeit von 1835 bis 1841 auch anderen. Seinem deutschen Verleger sandte er bis Ende 1835 Korrekturfahnen der französischen Ausgaben, danach Manuskripte, die jedoch nach 1841 häufig von Kopisten stammten. War das Werk erst einmal aus den Händen gegeben, hatte er auf die Gestaltung der Endausgabe keinen Einfluß mehr. Seine Beziehungen zu Wessel in England gestalteten sich komplizierter. Bis 1843 wurden wechselweise Druckfahnen, Abschriften und Autographen geschickt, anschließend scheinen Autographen die Regel gewesen zu sein. Es kam zu Schwierigkeiten aufgrund von Wessels redaktionellen Eingriffen, seines üblichen Verfahrens, den Werken malerische Titel zu verpassen, und seiner Zahlungsweise. Wie Jeffrey Kallberg dargelegt hat,[17] läßt sich ganz allgemein feststellen, daß Chopins Differenzen mit seinen Verlegern sich aus dem Versuch ergaben, sowohl für die finanzielle Seite als auch für eine weitreichende Verbreitung das Maximum herauszuholen.[18]

Mit der steigenden Zahl von Chopins Veröffentlichungen wuchs seine Geschäftstüchtigkeit und ebenso auch sein Ruf und sein Einkommen. Sehr bald errang er in Paris jenen Erfolg, der ihm in Wien versagt geblieben war. In den dreißiger Jahren konnte Paris durchaus für sich beanspruchen, die kulturelle Hauptstadt Europas zu sein, da nun der Stern Wiens endgültig verblaßt war. Chopin trat gerade zu einer Zeit auf, da die französische Romantik in allen Bereichen der Kunst in höchster Blüte stand. Auf musikalischem Gebiet war Paris in Europa konkurrenzlos. Mit dem 1828 gegründeten Orchester der Société des Concerts du Conservatoire konnte es sich eines der besten Klangkörper Europas rühmen, und die Opéra, die Opéra-Comique sowie das Théâtre Italien zogen die seinerzeit führenden Sänger und Komponisten an. Als Chopin in der Stadt ankam, lebte dort bekanntlich Rossini höchstpersönlich, und Cherubini wirkte noch am Konservatorium. Spontini war 1820 gegangen, doch die große Operntradition wurde von Meyerbeer und Halévy mit Geschick fortgeführt. Chopins Liebe zur Oper hätte kaum besser gedient werden können. Zudem wirkte Paris wie ein Magnet auf die besten Pianisten jener Zeit. Chopin bewunderte besonders Kalkbrenner und erwog sogar, Stunden bei ihm zu nehmen. Von den Vertretern der jüngeren Generation freundete er sich rasch mit Ferdinand Hiller und Franz Liszt an. Seine Beziehungen zu Liszt waren zwar durchaus herzlich, doch Hiller ersetzte zum Teil Tytus Woyciechowski als Chopins intimsten Vertrauten, wobei er sich diese Rolle zu einem gewissen Grad mit dem Cellisten Auguste Franchomme teilte.

In gesellschaftlicher Hinsicht waren die frühen Jahre in Paris überaus lebhaft. Sehr bald schon gehörte er einem Kreis von Künstlern und Musikern an, der, im nachhinein betrachtet, durchaus faszinierend

*Das Wohnzimmer der Familie Chopin im Palais Krasiński in Warschau.
Aquarell von Antoni Kolberg. 1832. Die Wohnung lag im linken Flügel des Palais
im zweiten Stock*

erscheint. Die Schriftsteller Heine und de Vigny gehörten ebenso zu
seinen Bekannten wie der Maler Delacroix, der später ein guter Freund
werden sollte. Auch Berlioz zählte dazu, ein Mann, dem Chopin sehr
zugetan war, auch wenn er nicht die Begeisterung von Liszt und Hiller
für seine Musik teilen konnte. Nahezu dasselbe galt für seine Beziehungen zu Schumann und Mendelssohn, die er beide zu Beginn der dreißiger Jahre kennenlernte.[19] Für das Spiel von Clara Wieck empfand er
ausschließlich Bewunderung, doch an der Musik ihres zukünftigen
Gatten gab es nur wenig, das ihn zu interessieren vermochte, obwohl
Schumanns leidenschaftliches Eintreten für Chopins Musik viel zu
deren steigender Beliebtheit beitrug.

Chopin befand sich also in angemessener Gesellschaft, doch richtig frei
ums Herz, so behauptete er stets, sei es ihm nur im Kreise seiner Landsleute. Daher war er sehr froh über die Ankunft seiner alten Warschauer
Freunde Jan Matuszyński und Julian Fontana in Paris und über die
wachsende Freundschaft zu dem älteren Polen Albert Grzymała, einer

wesentlich farbigeren Persönlichkeit. Alle drei wurden für sein Wohlergehen bald unentbehrlich. Für Matuszyński hegte Chopin die tiefsten Gefühle, jedoch neigte er dazu, Fontana ziemlich schamlos auszunutzen, bevor dieser zu Beginn der vierziger Jahre nach Amerika ging. Auch Grzymała, der sich selbst als eine Art Vaterfigur ansah, wurde von Chopin mehr als einmal für belanglose Angelegenheiten eingespannt. Später sollte er noch am Rande mit einer anderen Gruppe Polen in Paris Kontakt haben. Die Polnische Literarische Gesellschaft fungierte als ein Sammelbecken für viele polnische Künstler und Intellektuelle, die nach dem Zusammenbruch des Aufstandes in die Stadt strömten. Mit Mickiewicz an der Spitze widmete sie sich der Aufgabe, das polnische Nationalgefühl im Ausland zu stärken, und die künstlerischen Talente wurden als Mittel zu jenem Zweck betrachtet. Chopins Haltung gegenüber dieser Vereinigung blieb immer zwiespältig, und er war für sie gewiß eine Enttäuschung, obwohl er sich in den vierziger Jahren sogar mit dem Dichter Cyprian Norwid anfreundete. Nach Ansicht von Mickiewicz vergeudete Chopin sein enormes Talent zum Amüsement des französischen Adels, anstatt damit der Sache Polens zu dienen.

Die Wahrheit ist, daß Chopin, bei allen patriotischen Gefühlen, seinen Erfolg in Paris genoß. Sein Lebensstandard verbesserte sich während der ersten Jahre stetig, und zu gegebener Zeit bezog er elegante Wohnräume in der Rue de la Chaussée d'Antin und gab reichlich Geld für die besten Kleidungsstücke, schönes Mobiliar und einen Kutscher aus. Die Stadt sagte ihm zu, und er verdrängte jeden Gedanken an eine Rückkehr nach Polen, die leicht möglich gewesen wäre, nachdem der Zar 1833 die erste von zahlreichen Amnestien erlassen hatte. Zugleich kreisten aber seine Gedanken ständig um Polen, seine Familie und seine Freunde daheim, und als er erfuhr, daß seine Eltern im August 1835 nach Karlsbad gereist waren, brach er unverzüglich zu ihnen auf. Sie verbrachten zusammen einen glücklichen Monat, bevor Chopin nach Paris zurückkehren mußte. Dies sollte die letzte Begegnung mit seinen Eltern sein; nach der schweren seelischen Krise beim Tode seines Vaters 1844 und in seinem eigenen letzten Lebensjahr sah er immerhin seine ältere Schwester Ludwika noch einmal, die ihrerseits eine begabte Pianistin mit ehemals künstlerischen Ambitionen war. Auf seiner Rückreise von Karlsbad nach Paris traf er in Dresden die Familie Wodziński wieder, deren Söhne in Warschau zu Nicolas Chopins Internatsschülern gehört hatten. Chopin war sogleich gefesselt von ihrer Schwester Maria, einer sechzehnjährigen Schönheit, die er fünf Jahre zuvor das letzte Mal gese

Chopin. Aquarell von Maria Wodzińska. Gemalt in Marienbad,
1836

hen hatte. In Gesellschaft der Wodzińskis blieb er zwei Wochen lang in
Dresden, bevor er nach Leipzig und Paris weiterreiste.
Chopins Beziehung zu Maria Wodzińska nahm ein unglückliches Ende.
Im darauffolgenden Juli besuchte er Maria und ihre Mutter in Marienbad und hielt offiziell um die Hand der Tochter an. Anfangs wurde ihm
durchaus Grund zur Zuversicht gegeben, doch er mußte erfahren, daß
vieles von seinem Gesundheitszustand abhängen werde, der bereits
bedenklich war. Im Winter erkrankte er schwer, und in Warschau kur-
sierten sogar Gerüchte über seinen Tod. Die Familie Wodziński war
beunruhigt, und bis zum Frühling des Jahres 1837 kamen die Briefe von
Marias Mutter – versehen mit kurzen Nachschriften Marias – weniger

häufig und waren weniger ermutigend. Im Juli, als er immer noch auf eine endgültige Antwort der Familie wartete, reiste er nach England zusammen mit Camille Pleyel, dem Leiter einer Klavierfirma, deren Erzeugnisse Chopin allen anderen Instrumenten vorzog. Er besuchte London und Umgebung, doch abgesehen von einem einzigen Auftritt im Hause John Broadwoods am Bryanston Square und einem Treffen mit seinem englischen Verleger Wessel hielt er Abstand vom englischen Musikleben; auch seine Meinung über das Land war alles andere als günstig. Während seines dortigen Aufenthaltes muß er einen Brief von Marias Mutter erhalten haben, der klarstellte, daß seinem Ansinnen nicht entsprochen wurde.

Maria Wodzińska war nicht die erste, der Chopin seine Liebe entgegenbrachte. Während seines letzten Jahres in Warschau schwärmte er für eine junge Sängerin namens Konstancja Gładkowska, und unter dem Eindruck dieser jugendlichen Liebe entstand der langsame Satz des f-Moll-Konzertes sowie der Walzer op. 70 Nr. 3. Er dürfte sich ihr indes kaum wirklich erklärt haben.[20] Es blieb eine Jugendliebe, an deren Aufrichtigkeit jedoch kein Zweifel besteht. Auf Konstancja richteten sich auch weiterhin, ohne daß sie es wußte, Chopins sehnsuchtsvolle Gefühle während seines Aufenthalts in Wien. Wie die meisten Menschen brauchte er eine vertraute Beziehung, doch allem Anschein nach fiel ihm gefühlsmäßig der Umgang mit Männern leichter als mit Frauen. Während er sich aus der Ferne nach Konstancja sehnte, schüttete er Tytus sein Herz aus. Zugleich gibt es keinen Beweis für die gelegentlich geäußerte Vermutung, daß seine gefühlsmäßige Fixierung auf Männer wie etwa Woyciechowski und Hiller jemals eine physische Komponente besessen hätte. Diese blieb mit ziemlicher Sicherheit dem anderen Geschlecht vorbehalten. Fest steht, daß es, noch bevor er nach Paris kam, gelegentlich sexuellen Kontakt gab, und es ist ebenfalls möglich, wenn auch unwahrscheinlich, daß er dort kurz nach seiner Ankunft vorübergehend eine Affäre mit der schönen Gräfin Delfina Potocka hatte.[21] Doch die Beziehung zu Maria Wodzińska war etwas anderes. Von Anfang an sah Chopin sie als die geeignete Partnerin an, und die Auflösung dieser Beziehung erschütterte ihn wie kaum etwas zuvor, denn damit wurden seine Hoffnungen auf ein geregeltes, dauerhaftes Familienleben zunichte gemacht.

Ein Jahr nach dieser Enttäuschung ließ sich Chopin in zunehmendem Maße mit der Romanschriftstellerin George Sand ein, die er durch die Geliebte von Liszt, Marie d'Agoult, kennengelernt hatte. Die nächsten zehn Jahre seines Lebens wurden durch diese Beziehung geprägt. In nahezu jeder Hinsicht zogen sich hier Gegensätze an. Dies machte schon die jeweilige Herkunft deutlich: Chopin ein Konservativer aus der Mittelklasse und frommer Katholik, Madame Sand eine Radikale mit liberaler Gesinnung. Auch der Lebensstil der beiden hätte kaum unterschiedlicher sein können: Chopin, stets sorgsam darauf bedacht, den Anstand zu wahren, mit kultivierten Umgangsformen vertraut, zurückhaltend; die Sand hingegen zeigte offen ihren unorthodoxen Lebensstil und ihre extremen Ansichten; er lebte einzig und ausschließlich für die Musik; jene schloß die ganze Ideenwelt, mochte sie noch so vage sein, in ihre Arme. Wenn es auch zuweilen überbewertet wurde, so hatten George Sands Gefühle für Chopin zweifellos starke mütterliche Züge; ein Bedürfnis, das zu geben, was sie nie erhalten hatte. Sie erkannte dies selbst, obwohl sie behauptete, daß sie keinen Augenblick lang gegen die Liebe, die aus ihrem Innersten entspringe, ankämpfen könne, womit sie die Liebe zu ihren eigenen Kindern meinte.[22] Ihre frühere Suche nach einer erfüllten Beziehung hatte im Anschluß an ihre Trennung von Casimir Duvenant zahlreiche Liebschaften zur Folge gehabt, unter anderem Verhältnisse mit Jules Sandeau, Prosper Meri-mée, de Musset, Pietro Pagallo, Louis-Chrystom Michel und Charles Didier. Am Anfang besaß ihre Beziehung zu Chopin etwas Melodrama-tisches durch die beinahe schon komischen Eifersuchtsintrigen ihres früheren Liebhabers Félicien Mallefille, der seinerseits ein Verehrer Chopins war. Dies war ein Aspekt, der das Paar dazu bewog, Paris auf der Suche nach idyllischer Abgeschiedenheit zu verlassen und nach Mallorca zu gehen. Bezeichnend für Chopin war, daß er sich nur äußerst schwer zu diesem Schritt durchringen konnte, und abermals bezeichnend, daß er um des äußeren Anscheins willen darauf bestand, von Paris in Richtung Perpignan ohne Madame Sand und ihre beiden Kinder abzufahren, die schließlich erst am Abend des 31. Oktober 1838 mit der Postkutsche dort ankamen. Die Reisenden nahmen dann ein Dampfschiff nach Barcelona, wo sie ein paar Tage blieben, und am 7. November machten sie sich in einem kleinen Postschiff auf den Weg nach Palma.

Die Geschichte von Chopin und George Sand auf Mallorca ist oft erzählt worden.[23] Sie wurden von einer ungastlichen Bevölkerung emp-fangen, die offen ihr Mißfallen kundtat; hinzu kamen zahlreiche Unan-nehmlichkeiten, nicht zuletzt die Schwierigkeit, in Palma eine angemes-sene Unterkunft zu bekommen. Als sie schließlich eine Villa auf dem Lande gefunden hatten, erwies sich diese als völlig ungeeignet, die Regengüsse eines ungewöhnlich strengen Winters abzuhalten, und diesen Bedingungen mußte Chopins sich zunehmend verschlechternder Gesundheitszustand einen erschreckenden Tribut zollen. Schnell verbreitete sich die Nachricht, daß er an Tuberkulose erkrankt sei, und die beiden wurden noch mehr geächtet und schließlich sogar dazu gezwungen, auf ihre Kosten die Villa desinfizieren und renovieren zu lassen. In ihrer Verzweiflung gelang es Madame Sand, ihren Begleiter in ein Kloster nach Valldemosa zu bringen, wo sie bereits Zimmer gemietet hatte. Hier gestaltete sich das Leben kaum weniger schwierig, besonders da die frommen Dorfbewohner, die die Besuchergruppe natürlich als Heiden ansahen, sich zusammenrotteten, um selbst den Kauf von Grundnahrungsmitteln fast unmöglich zu machen. Während dieses Alptraums erwies sich George Sands Organisationstalent als bemerkenswert. Sie war gleichzeitig Ernährerin (sie schaffte eine Ziege und ein Schaf an, um die Versorgung einigermaßen zu gewährleisten), Lehrerin (tagsüber befaßte sie sich zumeist mit dem Unterrichten ihrer Kinder), Krankenschwester (sie kümmerte sich um den leidenden Chopin) und Schriftstellerin (nachts arbeitete sie weiter an ihren Manuskripten, unter anderem einer Überarbeitung von *Léila* sowie der Vollendung von *Spiridion*). Der Eifer, den sie auf diese Bücher verwandte, entsprang dringlichen finanziellen Erfordernissen, denn die Familie hatte auf Mallorca wesentlich größere Ausgaben als zuvor erwartet.

Die gleiche Notwendigkeit trieb, ungeachtet seiner Krankheit und seiner akuten Depressionen, Chopin zur Arbeit, obwohl kein geeignetes Klavier vorhanden war. Schließlich kam das Klavier, das Pleyel von Paris geschickt hatte, in Palma an, und Madame Sand ließ es unter beträchtlichem Kostenaufwand nach Valldemosa bringen. Am 22. Januar 1839 konnte Chopin an Pleyel schreiben: »Ich schicke Ihnen endlich meine Präludien – die ich auf Ihrem Pianino beendete, das trotz der See, des schlechten Wetters sowie des Zolls von Palma in bestmöglichem Zustand angekommen war.«[24] Chopin, erschöpft nach der Beendigung der Préludes, verfiel gesundheitlich und seelisch immer mehr, bis George Sand den Entschluß faßte, die Insel zu verlassen. Abermals sah man sich mit einer Vielzahl von Problemen konfrontiert – das Klavier mußte verkauft werden, die Abfahrtszeit des Schiffes war ungewiß usw. Chopin hustete jetzt Blut und erlitt einen schlimmen Blutsturz. Auf der Reise nach Barcelona verschlechterte sich sein Zustand. Während er sich dort wieder erholte, blieb George Sand ständig an seiner Seite. »Sie pflegte mich ganz allein«, schrieb er am 12. März 1839 aus Marseille an Grzymała. »Ich habe gesehen, [...] wie sie um meinetwillen alle möglichen Entbehrungen auf sich nahm [...].

Trotz allem schaffte sie es noch, zum Schreiben zu kommen.«[25] Mehr und mehr sah sie Chopin als einen zweiten Sohn an. »Ich sorge für ihn wie ein Kind, und er liebt mich wie seine Mutter.« Zumindest für eine gewisse Zeit war dies eine Rolle, die Madame Sand hinreichend ausfüllte. Ende Februar fuhr die Gruppe per Schiff nach Marseille, wo Chopin weiter an Kräften gewann und sich wieder einmal seinen Angelegenheiten zuwandte, an Fontana und Grzymała gereizte Briefe mit Beschwerden über seine Verleger schrieb und um alle möglichen Hausarbeiten bat, die zur Vorbereitung auf seine Ankunft in Paris verrichtet werden sollten. Die Fähigkeit, seine ergebenen polnischen Freunde zu benutzen, war eine seiner unsympathischsten Eigenschaften.

Im Juni erreichten Chopin und George Sand schließlich das Schloß der Sand in Nohant, und in dieser friedvollen Umgebung war es ihm möglich, sich dem Komponieren zu widmen und die Sonate in b-Moll, drei neue Mazurken (op. 41), das zweite Impromptu und das G-Dur Nocturne op. 37 Nr. 2 zu beenden. Das Leben in Nohant nahm einen angenehmen Verlauf in geregelten Bahnen, belebt durch Besuche von Freunden wie Grzymała und durch Abendgesellschaften. Chopin und die Sand kehrten im Herbst nach Paris zurück, und für die nächsten Jahre sollten sowohl Nohant als auch Paris wesentlich für Chopins Wohlbefinden und seine Arbeit werden, wobei die Sicherheit und der Frieden des einen Ortes ihn auf das lebhaftere Gesellschafts- und Musikleben des anderen vorbereiteten. Fontana und Grzymała hatten für beide in Paris Unterkünfte gefunden, eine kleine Junggesellenwohnung für den Komponisten sowie zwei übereinandergelegene Appartements für George Sand und ihre Kinder. Sie führten ein halbwegs getrenntes Leben, wobei man um fünf Uhr zum Familiendiner zusammenkam, bei dem nur wenige enge Freunde anwesend waren. Chopin unterrichtete weiterhin und entzückte die Salons, doch es kam auch zu einigen offizielleren Auftritten, wie etwa zu einem Konzert bei Pleyel im April 1841, im Dezember einem weiteren für Louis-Philippe sowie im Februar 1842 einem Solistenkonzert zusammen mit seinen engen Freunden Pauline Viardot und Auguste Franchomme.

Zwei Monate nach diesen Veranstaltungen wurde Chopin von einem Schicksalsschlag getroffen, der ihn in die Apathie stürzte. Sein Jugendfreund Jan Matuszyński starb in George Sands Wohnung an Lungentuberkulose. Als Chopin und die Sand im September von Nohant zurückkehrten, war es ihnen nicht mehr möglich, das Leben in der Rue Pigalle, wo Jan gestorben war, zu ertragen, und deshalb bezogen sie zwei Wohnungen am Square d'Orléans, in der Nähe ihrer

Freundin Charlotte Marliani. Jeffrey Kallberg hat darauf hingewiesen, daß sich von nun an eine bedeutsame Veränderung in Chopins Einstellung gegenüber seiner Arbeit vollzog, insbesondere eine drastische Verringerung seiner Kompositionen sowie eine umfassende Sichtung aller Faktoren, die seine Kunst ausmachten.[26] Damals befaßte er sich mit Abhandlungen über Kontrapunkt von Cherubini und Kastner, einer Studie, die für seine spätere Klaviermusik bedeutsam wurde. Die Flut seiner Einfälle war ungebrochen, wie Proben seiner Improvisationskunst bewiesen, doch wurde er zunehmend selbstkritischer, wenn es galt, ein Stück in der endgültigen Form zu Papier zu bringen. So soll er manche Tage in nervöser Anspannung und beinahe furchterregender Verzweiflung zugebracht haben, wobei er die gleichen Abschnitte unendlich oft änderte und überarbeitete und wie ein Verrückter umherrannte.[27] Es kann auch sein, daß er durch seine enge Freundschaft und die vielen Diskussionen mit Delacroix beeinflußt wurde, der bereits zu Beginn der vierziger Jahre damit begonnen hatte, sich von der romantischen Spontaneität seiner frühen Malerei zugunsten eines Stils abzuwenden, der formal ausgewogener und zurückhaltender war.

Jedenfalls trug Chopins nunmehr ziemlich ereignisloses Leben dieser Jahre dazu bei, daß er intensiver über seine Kunst nachdachte. Doch hinter dem ruhigen Eindruck, den ihr Alltagsleben in Paris und Nohant nach außenhin machte, entwickelten sich ernsthafte Spannungen zwischen der Sand und Chopin, die Mitte der vierziger Jahre schlimmer wurden. Man darf annehmen, daß sie nur sehr kurze Zeit, womöglich nicht länger als ein Jahr, im eigentlichen Sinne ein Liebespaar waren. Was auch immer der Grund gewesen sein mag, Chopin war, wenn man George Sand glauben kann, anfällig für krankhafte, quälende Eifersüchteleien, was sowohl ihre Vergangenheit als auch ihre Gegenwart betraf. Dies alles, dazu noch ein Streit, der auch die Kinder Maurice und Solange betraf, fand seinen Niederschlag in dem Roman *Lucrezia Floriani*, an dem die Sand im Sommer 1846 arbeitete und der das Ende einer Liebesaffäre zum Thema hat. Er enthält eine unbarmherzige Beschreibung Chopins, die wirklich alles andere als unparteiisch ist, doch nicht gänzlich außer Betracht bleiben darf. »[...] Karol hatte auch keine kleinen Fehler. Er hatte nur einen einzigen, einen großen, unfreiwilligen und erschreckenden, die Intoleranz des Geistes.«[28]

Adam Zamoyski hat die Aufmerksamkeit auf ein anderes Bild Chopins aus diesen Jahren gelenkt. Es ergibt sich aus den Tagebüchern seiner Schülerin Zofia Rozengardt, die Graf Zamoyski in Krakau untersuchte. »Sein Charakter weist eine seltsame Mischung auf. Er ist eitel und stolz, liebt den Luxus, dennoch ist er nicht daran interessiert und nicht in der Lage, auch nur den geringsten Teil seines eigenen Willens und seiner Launen für den ganzen Luxus der Welt preiszugeben. Er ist übertrieben höflich, trotzdem steckt darin soviel Ironie, soviel Geist.«[29] Eine aufschlußreiche Charakterisierung; sie stimmt mit einigen Ergebnissen überein, zu denen der wohl engagierteste Chopin-Biograph, Arthur Hedley, gekommen ist. Hedley führt Chopins ironische Haltung zurück auf reine Sentimentalität, »welche Form sie auch immer annehmen mochte, sei es in Gestalt bewundernder weiblicher Verehrer oder der germanischen Seelenfülle eines Schumann« – gegenüber Schumann vielleicht ein wenig ungerecht! –, und auf seine »heftigen Wogen von Zorn oder Verachtung [...], Sarkasmus [...], geringschätzigem Schweigen« und hinter all dem dieses »zwanghafte Verlangen nach Perfektion«, das »Chopins ganzes Leben beherrschte und zur Qual machte.«[30]

Während des Sommers 1846 wurde die Entfremdung zwischen Chopin und der Sand immer stärker. Die unterschiedlichen gesellschaftlichen Einstellungen – die Sand befaßte sich mehr und mehr mit fortschrittlichen politischen und sozialen Ideologien – führten in zunehmendem Maße zu Reibereien. Doch dies war nur die Spitze des Eisbergs; stärkere Spannungen ergaben sich vor allem aus dem ziemlich unklaren Verhältnis Chopins zu den Kindern. Die daraus resultierende Trennung wurde letztlich besonders durch Familienstreitigkeiten herbeigeführt, an denen auch Maurice und Solange beteiligt waren. George Sand und Chopin hatten grundlegende Meinungsverschiedenheiten über die Person des Bildhauers Auguste Clésinger, der im April 1847 in Nohant um Solanges Hand anhielt. Chopin hatte Solange zunehmend liebgewonnen, und er erkannte, daß Clésinger bloß ein Mitgiftjäger war. Da er die Verbindung mißbilligte, verheimlichte man ihm die Heiratspläne bis zum Mai, als das Aufgebot bestellt wurde; eine Verzögerung, die er sehr verübelte. Es gab noch weitere Verwicklungen durch George Sands frühere Adoption der Tochter einer Kusine, Augustine Brault, der einerseits Maurice sehr zugetan war, die andererseits jedoch von dem jungen Maler Rousseau umworben wurde. Die Familienintrigen glichen einem Labyrinth, doch am Ende ergriff Chopin für Solange gegen ihre Mutter Partei, sah Rousseau von der geplanten Heirat mit Augustine ab – was weitgehend an Gerüchten lag, die Solange und Clésinger verbreiteten –, und zwischen Chopin und der Sand kam es zu einem nicht wiedergutzumachenden Bruch. George Sand wurde ›klar‹, daß sich Chopins ganze Zuneigung nun statt auf sie auf ihre Tochter konzentrierte, und in der Tat stand Chopin für die kurze noch verbleibende Zeit seines Lebens Solange nahe.

Der Rest der Geschichte ist schnell erzählt. Nach dem Zerwürfnis mit George Sand ließen sein Gesundheitszustand und seine geistige Frische rasch nach; bis zum Winter 1847–48 war er zu einem Schatten seiner selbst geworden. Am 16. Februar, gerade eine Woche, bevor in Paris die Revolution ausbrach, gab er dort sein letztes Konzert. Bei Pleyel führte er gemeinsam mit Franchomme und Alard ein Mozart-Trio sowie drei Sätze aus der Cellosonate auf. Zwei Monate später reiste er nach England, da er versprochen hatte, seine Schülerin Jane Stirling und deren Schwester, Katherine Erskine, in ihrem Haus in Schottland zu besuchen. Zu diesem Zeitpunkt war er bereits schwer erkrankt; doch spielte er, um seinen Lebensunterhalt zu bestreiten, für englische Aristokraten und sogar für die Königin und gab öffentliche Konzerte am Eaton Place und am St. James's Square, die alle großen Beifall ernteten. Im August war die Saison beendet, und Chopin, dem es nun finanziell und gesundheitlich weiterhin schlechtging, machte sich auf den Weg nach Edinburgh, wo er von der ihm ergebenen Jane Stirling, die ihm jedoch auf die Nerven ging, bis zum Überdruß verwöhnt wurde. Am 28. August gab er ein Konzert in Manchester, wo sein Spiel insgesamt gut aufgenommen, doch für einen so großen Saal als zu zart erachtet wurde. Wieder zurück in Edinburgh, war seine Stimmung düster und niedergeschlagen, und immer weniger vertrug er das schottische Klima und Jane Stirlings Aufmerksamkeiten. Sein letzter öffentlicher Auftritt, ein Benefizkonzert zugunsten polnischer Flüchtlinge, fand am 31. Oktober in London statt. Einen Monat später kehrte er nach Paris zurück. Seine Schaffenskraft war nun fast völlig versiegt, und aufgrund seiner nachlassenden Gesundheit war er nicht länger in der Lage, Unterricht zu geben. Die Tuberkulose quälte ihn in den letzten Tagen. Die einzige Aufmunterung brachte die Ankunft seiner Schwester Ludwika, die die Reise nach Paris auf sich genommen hatte, um an seiner Seite zu sein. Sie hatte ihm immer nahegestanden, und sie war auch bei ihm, als er am 17. Oktober 1849 starb. Seine letzte Arbeit war eine Mazurka in f-Moll, die er nur als Entwurf hinterließ. Das Manuskript ist ziemlich wirr; es wurde jedoch von Franchomme rekonstruiert und später als Opus 68 Nr. 4 herausgegeben. Daß der Rahmen, der Chopins erhalten gebliebene Musik umschließt, besonders passend war, ist oft bemerkt worden. Sein schöpferisches Leben endete mit einer Mazurka. Dreiunddreißig Jahre zuvor hatte es mit einer Polonaise begonnen.

Lehrjahre

Variationen · Rondos · Klaviertrio

»Polonaise in g-Moll, Ihrer Exzellenz der Gräfin Viktoria Skarbek gewidmet von Frédéric Chopin, Musiker, acht Jahre alt.« So überschrieb Chopin sein erstes erhalten gebliebenes Musikstück, das 1817 privat von dem Domherrn Cybulski veröffentlicht wurde. Der Großteil der Musik, die er in diesen Jahren seiner frühen Kindheit komponierte, ist in Manuskripten vorhanden, doch ein beträchtlicher Teil ist auch verlorengegangen.[1] Ein weiteres Stück von 1817 ist erhalten geblieben, eine Polonaise in B-Dur, nach der es nichts mehr gibt bis zur 1821 entstandenen As-Dur-Polonaise, die »M. Żywny von seinem Schüler Fryderyk Chopin« gewidmet ist. Im allgemeinen unterschieden sich die beiden frühen Polonaisen in Stil und Charakter wohl nur unwesentlich von den vielen kurzen Stücken, die er seit Kindestagen für gewöhnlich auf dem Klavier improvisierte. Bei den meisten wäre es ihm kaum eingefallen, sie aufzuschreiben.

Es überrascht nicht weiter, daß es sich bei den frühesten erhaltenen Kompositionen, die Chopin niederschrieb, um Polonaisen handelt; denn die Polonaise war im Polen des frühen 19. Jahrhunderts in den Salons das am meisten bevorzugte Musikstück. Der Tanz selbst war natürlich polnischen Ursprungs und hatte bereits das Interesse französischer und deutscher Komponisten während des 18. Jahrhunderts und davor auf sich gezogen,[2] ehe er im 19. Jahrhundert zu der uns geläufigeren Polonaise kam. Johann Sebastian Bach, Couperin und vor allem Telemann[3] fügten in ihre Suiten Polonaisen ein, während Rondos »à la polacca« und eigenständige Polonaisen bei Wilhelm Friedemann Bach, Schubert, Mozart und Beethoven auftauchen. Das Finale von Beethovens Tripelkonzert ist einer der bekannteren von zahlreichen Sätzen dieser Art. Keineswegs ungewöhnlich ist, daß sich polnische Komponisten der Polonaise noch mehr verpflichtet fühlten, und so gibt es im 18. Jahrhundert ein umfangreiches Repertoire an Konzerten, Rondos und Variationen, ganz zu schweigen von Opernarien und Zwischenaktmusiken im Theater, die ihre allseits bekannten Merkmale aufweisen. Nur ein geringer Teil dieser Musik ist über die polnische Landesgrenze hinaus gedrungen, und nur ein geringer Teil hat dies auch verdient. Sie

ist lediglich für den heimischen Gebrauch bestimmt, wie etwa die recht
spät entstandenen Polonaisen des Grafen Michał Kleofas Ogiński
(1765–1833).[4]

Ogińskis Stücken kommt jedoch einige historische Bedeutung zu, denn ihm vor
allem ist es zu verdanken, daß die Polonaise als eine eigenständige Miniaturform
von besonderem Charakter für Cembalo bzw. Klavier angesehen wurde, die
eher für den Salon bestimmt war als für den Ballsaal oder das Opernhaus.
Ogiński entstammte einer Musikerfamilie, die beredtes Zeugnis ablegt über eine
sehr lange Tradition von Laienkomponisten aus der polnischen Aristokratie.
Seinen Polonaisen ist ein schlichter, etwas grober Charakter und ein melancholi-
scher Ton eigen, der von zeitgenössischen westeuropäischen Einflüssen weitgehend unberührt geblieben ist. Gattungsmäßig handelt es sich dabei um einen klar
umrissenen *da-capo*-Typus, zumeist mit kurzer Introduktion. Stilistisch ähneln
ihnen zahllose Polonaise-Lieder und Klavierstücke, die im frühen 19. Jahrhundert vielfach mit patriotischem Programm geschrieben wurden, während spätere
Komponisten den Spielraum von Ogińskis Modell noch beträchtlich erweiterten. Karol Kurpiński, dessen Polonaisen zuerst, wie allgemein üblich, für
Orchester verfaßt[5] und erst später für Tasteninstrumente umgeschrieben wurden, behielt die Einfachheit von Ogińskis »Polonaise triste« bei, doch reicherte
er sie mit oft genau übernommenen Einfällen von der Opernbühne an. Bei
Chopins Lehrer Józef Elsner hingegen erlangte die Polonaise etwas von der
Eleganz der frühen klassischen Klaviersonate und -sonatina. Und noch eine
andere Entwicklungslinie, besonders deutlich bei Franciszek Lessel und Maria
Szymanowska, brachte in das Tanzstück etwas von der Virtuosität von Komponisten wie Hummel, Field und Weber.
Derartige stilistische Schattierungen bei einer einfachen Tanzform waren nur das
äußere Merkmal eines viel tiefer greifenden Pluralismus, der die polnische Musik
auf ihrem Weg von der Aufklärung zum Zeitalter der Romantik begleitete. In der
Musikgeschichtsschreibung gibt es eine allgemeine Tendenz, die slawische
Musik vor dem und im frühen 19. Jahrhundert als eine Art ›armen Verwandten‹
eines westeuropäischen ›Hauptstroms‹ anzusehen. Diese Auffassung ist den
bahnbrechenden Entwicklungen in der böhmischen Musik kaum gerecht geworden, und sie ist auch fragwürdig, doch entspricht sie durchaus den Gegebenheiten der polnischen Musik zu Beginn des 19. Jahrhunderts. Polnische Komponisten jener Zeit schienen sich beharrlich mit den westeuropäischen Stilen von
gestern zu befassen, besonders im Bereich der Sinfonik und der Kammermusik.
Gewiß war man in dem Warschau, das Chopin in seinen Entwicklungsjahren
erlebte, mit der Musik Haydns, Mozarts sowie (in geringerem Maße) Beethovens vertraut, und es gibt genug Hinweise darauf, daß polnische Komponisten
sich der Einzigartigkeit dieser Leistungen bewußt waren. Vor allem für Józef
Elsner, Feliks Janiewicz[6] und Józef Brzowski besaßen die Wiener Meister
Modellcharakter. Jene zögerten nicht, bei ihren Vorbildern Floskeln zu entlehnen, die ihrer eigenen Instrumentalmusik Bedeutung und Würde zu verleihen

Warschau, vom Palais Sapieha aus gesehen. Stich von Canaletto. 1772

vermochten. Doch der dieser Musik eigene Ausdruck stand in seinem Wesen häufig dem »galanten« Stil der frühklassischen Periode näher, die in Westeuropa damals schon veraltet war. Dieser zeitliche Unterschied ist bei dem durch ›intellektuelle‹ Selbstbezogenheit gekennzeichneten Stil nicht weniger auffällig, der in jener Zeit so oft in der Sakralmusik Polens übernommen wird und eine stilistische Trennung von Geistlichem und Weltlichem widerspiegelt, die im Westen weniger ausgeprägt, wenn auch keinesfalls verschwunden war.

Die ›hochgestochene‹ Kunst der Sinfonie oder die Ernsthaftigkeit der Messe bzw. der Kirchenkantate machten weder auf den jungen Chopin besonderen Eindruck noch auf das breite Warschauer Musikpublikum zu Beginn des 19. Jahrhunderts. Dieses war viel empfänglicher für die sich rasch ausbreitenden Konzerte mit Bravourstücken, wie sie von Virtuosen wie Hummel, Field und Weber komponiert wurden, sowie für die zunehmende Anzahl leichter Miniaturen, die in den Salons und vorwiegend auf dem Klavier erklangen. Dabei handelte es sich um eine internationale Entwicklung, der polnische Komponisten, einschließlich Chopin, bereitwillig nacheiferten. Bei Chopin findet man lediglich in den frühen Rondos, Variationen und Konzerten den Stile brillante wirklich voll ausgebildet, doch die Bravourstücke von Geigern wie Karol Józef Lipiński[7] oder des Pianisten und Komponisten Franciszek Lessel[8] schlugen bis zu einem gewissen Grad diese Richtung ein und hatten zweifellos auch Einfluß auf Chopin selbst. Maria Szymanowska machte sich in der Welt der eleganten

Konzertmusik ebenfalls einen Namen. Abgesehen von Chopin war sie unter Polens Komponisten die einzige, die in der ersten Hälfte des 19. Jahrhunderts ein größeres nicht-polnisches Publikum erreichte. Kurz nachdem sie im zweiten Jahrzehnt in die Warschauer Salons eingeführt war, erlangte sie internationale Anerkennung als begabte, feinfühlige Pianistin und Komponistin von Rang, obwohl sie Bravourstücke mied und feingesponnene Miniaturen bevorzugte; sie erinnerten an John Field, den sie in Rußland kennengelernt hatte, und erscheinen zuweilen wie Vorahnungen auf Chopins lyrische Klavierkunst.

Trotz der steigenden Beliebtheit konnte weder der Konzertsaal noch der Salon der Oper den Rang als Mittelpunkt moderner Musik in Warschau streitig machen. Hier hatte Chopins lebenslange Liebe zur Oper ihre Wurzeln. Seit den zwanziger Jahren des 19. Jahrhunderts dominierte der zeitgenössische italienische Stil, vor allem Rossini, in der Oper. Zumindest bis zum Aufstand von 1831 verlegten verschiedene italienische Komponisten ihren Wohnsitz in die polnische Hauptstadt, und einer von ihnen, Carlo Evasio Soliva, spielte in musikalischen Kreisen eine führende Rolle als Direktor der Schule für Gesang und Deklamation. In Solivas Oper *Aniela* debütierte 1830 die von Chopin vielbewunderte Konstancja Gładkowska. Seit Maciej Kamieńskis *Nędza uszczęśliwiona* (»Glück im Unglück«), 1778 uraufgeführt, lieferten einheimische Komponisten in zunehmendem Maße Beiträge für das Opernrepertoire des Nationaltheaters, wobei komische Opern aus dem ländlichen Milieu herausragten, vor allem in Form von Singspielen oder »Vaudevilles«. Jan Stefanis *Cud mniemany* (»Das vermeintliche Wunder«) von 1794 gilt bei polnischen Historikern als ein Markstein jener Periode, die den wesentlicheren Leistungen von Elsner voranging, und Karol Kurpiński wird als der führende polnische Opernkomponist vor Moniuszko bezeichnet. Kurpiński war eine bedeutende Persönlichkeit im Warschauer Musikleben. Bei zahlreichen Gelegenheiten kreuzte der junge Chopin seinen Weg. Man weiß, daß er über ein Thema von Kurpiński improvisierte und ein anderes in seine Fantasie über polnische Themen op. 13 einbaute. Zudem war Kurpiński der Dirigent bei den Warschauer Abschiedskonzerten Chopins, als er erstmals die beiden Klavierkonzerte spielte.

Ein repräsentativer Querschnitt der polnischen Musik, die während Chopins Warschauer Zeit komponiert wurde, würde eine bunte Stilvielfalt zeigen: vornehme barocke Kirchenkantaten von Jakub Gołąbek, klassische Sinfonien und Kammermusik von Elsner, Bravourkonzerte und Solostücke von Lessel und Deszczyński, stimmungsvolle Miniaturen von Maria Szymanowska, Opern nach italienischem Vorbild von Kurpiński und Vaudevilles von Stefani. Bei solcher stilistischen Palette mutet es wie Ironie an, daß der Gedanke eines nationalen polnischen Idioms zu Beginn des 19. Jahrhunderts allenthalben in der Luft lag und nicht nur in Abhandlungen von Wacław Sierakowski und Elsner, sondern auch in den Zeitungen vor großem Publikum erörtert wurde. Aus naheliegenden politischen Gründen wurden polnische Komponisten darin bestärkt – und man erwartete es auch von ihnen –, Musik zu schreiben, durch die sich ein polnisches Identitätsgefühl bestätigt sehen konnte. In der Praxis war das ›Polnische‹ in der Musik jedoch nicht viel weiter gediehen als bis zu einer entsprechenden Themenwahl und der Einführung einiger modaler und rhythmischer Besonderheiten, die sich von der Polonaise, der Mazurka und etwas später vom Krakowiak herleiteten.

Diese Eigenschaften wurden größtenteils einfach auf vertraute Stilrichtungen übertragen, so daß beispielsweise das polnische Element bei Lessel und Elsner sich in mancherlei Hinsicht kaum von dem bei Hummel und Weber unterscheidet; der Unterschied liegt vor allem in der Häufigkeit des Auftretens. Es erscheint fraglich, ob auf diesem kargen Boden eine fortschrittliche polnische ›Schule‹ von Komponisten hätte entstehen können, selbst wenn die politischen Umwälzungen, die auf die Ereignisse von 1831 folgten, nicht jede Möglichkeit dazu vereitelt hätten. Die traurige Wahrheit ist, daß die Musik im Polen des frühen 19. Jahrhunderts trotz all ihrer Vielfalt von Laien und Dilettanten beherrscht wurde und daß selbst Berufskomponisten sich deren beschränktem, konservativem Geschmack unterwarfen. ›Nationale‹ Musik bestand bestenfalls aus abwechslungsreichen Liedern und Tänzen.

Überlegungen zu einem nationalen Stil spielten bei Chopin in seiner Kindheit eine geringe Rolle. Auffallend ist allerdings die Bestimmtheit, mit der in diesen frühen Jahren sein Geschmack und seine Vorlieben für das ganze Leben geformt wurden. Von Anfang an zeigte er wenig Interesse am Komponieren von Sinfonien und Kammermusik oder Kirchenmusik. Selbst in seinem dreijährigen Kompositionskurs am Konservatorium wurde ihm gestattet, seinen eigenen Vorlieben nachzugehen, während seine Studienkollegen sich eifrig mit den vorgeschriebenen Kantaten beschäftigten. Chopin hingegen wandte sich eingängigeren Bereichen zu, der modernen italienischen Oper sowie der Musik der Salons und dem Virtuosenkonzert.

Ein Beispiel dafür ist die kleine **g-Moll-Polonaise**, die er 1817 der Gräfin Skarbek überreichte. Wie das B-Dur-Stück aus dem gleichen Jahr ist sie ein unmittelbarer Widerhall jener Musik, die der junge Chopin selbst gespielt haben muß, Polonaisen von Ogiński, Elsner und seines Lehrers Żywny eingeschlossen. Wacław Poźniak hat nachgewiesen, daß das Trio aus dem B-Dur-Stück mit einer Polonaise von Ogiński nahezu identisch ist, und Józef Chomiński hat ähnliche Verbindungen zwischen den Einleitungen der g-Moll-Komposition und einer f-Moll-Polonaise von Elsner aufgezeigt.[9] Derartige Parallelen ließen sich noch vielfach anführen; denn in Anlage und Charakter entsprechen die Stücke Chopins zahllosen anderen Polonaisen, die polnische Komponisten zu dieser Zeit herausbrachten. Formal halten sie sich an Ogińskis Modell, wonach sowohl Hauptteil und Trio durch einfache Themenaufstellung und konventionell periodisch gegliederte Antwortschemata

bestimmt werden. Technisch sind die Stücke anspruchslos mit klarem
Aufbau und einfachen Harmonien, wie man sie von einem Achtjährigen
erwarten konnte. Und doch wird zugleich deutlich, wie der junge Komponist auf seine schlichte Art bewußt das Leistungsvermögen seines
Mediums erkundet, gegenläufige Strukturen und Lagen testet sowie
eine Vielzahl von Begleitungsmustern und einfaches Übergreifen der
Hände ausprobiert.

Vier Jahre liegen zwischen den beiden Stücken von 1817 und dem nächsten erhaltenen Werk, einer **Polonaise in As-Dur**, dem frühesten
bekannten Autograph des Komponisten, bar aller dynamischen Zeichen, Phrasierungs- und Tempoangaben. Es war durchaus angemessen,
daß er dieses Stück Żywny widmete, denn er hatte seine Lehrzeit bei
dem alten Mann gerade beendet; und die weitaus größere Selbstsicher-
heit bei dieser Polonaise wie auch der nachfolgenden in gis-Moll zeigt
klar, wie sehr er von diesem Unterricht profitiert hat.[10] Dies sind nicht
mehr Musikstücke für den Tanz, sondern Tanzstücke für den Salon, mit
denen geglänzt werden soll. Besonders die Kultiviertheit der **gis-Moll-
Polonaise** ist für einen Komponisten in frühester Jugend bemerkenswert. Schon von der kühnen Eröffnungsfanfare an zeigt das Stück einen
beträchtlichen Fortschritt gegenüber den drei früheren Polonaisen. Ein
Blick auf den Part der linken Hand reicht aus, um die neue technische
Souveränität zu demonstrieren. Hier treten erstmals klassische Begleitungsschemata hinter den bezeichnenderweise erweiterten, unterschiedlichen Strukturen zurück, was auch schon auf jene Art verdeckter
Melodie der linken Hand hinweist, die Chopin sich später zu eigen
machen sollte.

Bereits die Polonaisen in As-Dur und gis-Moll sind von bleibenderem
Wert als die Polonaisen, die Chopins ältere Landsleute komponierten.
Polnische Autoren machen viel Aufhebens um deren nationale Bedeutung, doch wahrscheinlich wird dieser Aspekt überbewertet. Ogiński,
Elsner und Żywny ließ er mit Sicherheit hinter sich, wenn es auch
Bezüge zu den Bravour-Polonaisen von Lessel und Szymanowska gibt
(besonders zu dem Trio ihrer f-Moll-Polonaise). Der Zuschnitt der
Themen und die Art der Läufe in den Stücken Chopins weisen jedoch
deutlich darauf hin, daß er sich nun einem viel größeren Einflußbereich
öffnete. In einigen Strukturen finden sich insbesondere bemerkenswerte Parallelen zu der Musik von Hummel und Weber, denen die
Polonaise auch nicht fremd war. Eines der beliebtesten Werke Hummels, das es Anfang des 19. Jahrhunderts auf nicht weniger als 38 Aufla-
gen brachte, war ein Rondo »à la polacca«, *La Bella Capricciosa* op. 55;

Hummel, *La Bella Capricciosa* op. 55

Chopin, Polonaise As-Dur

Bsp. 1 (1)

Weber, *Grande Polonaise* op. 21

Chopin, Polonaise gis-Moll

Bsp. 1 (2)

Bsp. 1 (1) zeigt einige der Beziehungen, die zwischen diesem Stück und Chopins As-Dur-Polonaise bestehen. Vergleichbare Parallelen zwischen Webers *Grande Polonaise* op. 21 und jener von Chopin in gis-Moll finden sich in Bsp. 1 (2).[11]

Solche Beziehungen müssen natürlich nicht bedeuten, daß Chopin die Werke Hummels und Webers als direkte Vorbilder genommen hat; an ihnen läßt sich vielmehr zeigen, wie er die für einen Virtuosenstil charakteristischen Floskeln verarbeitete, der zu Beginn des 19. Jahrhunderts in der Literatur für Soloklavier international immer mehr Verbreitung fand. Hinzu kommen in der gis-Moll-Polonaise etwa verschiedene Arten von traditionellen Rollfiguren, mit denen ein einfacher chromatischer Abstieg beendet wird (T. 9–10). In dieselbe Richtung weist im Trio das aufsteigende Arpeggio bzw. der Intervallsprung, gefolgt von absteigenden skalenförmigen Terzen, wodurch ein vorläufiger Abschluß angezeigt wird (Bsp. 1 (3)).

Kalkbrenner, Fantasie F-Dur op. 68

Chopin, Polonaise gis-Moll

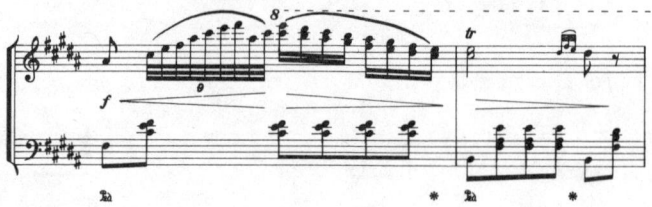

Bsp. 1 (3)

Diese Kunstgriffe bilden einen wesentlichen Bestandteil der ungewöhnlichen Virtuosität der rechten Hand in der gis-Moll-Polonaise, bei der kaum etwas ohne Verzierung erklingt, was besonders im Trio auffällt. Hier gleitet die rechte Hand fast über die ganze Tastatur mit einer ver-

blüffenden Parade von Doppeltrillern, parallelen Terzen und Zweiund-
dreißigstel-Kaskaden über einem gleichmäßig pulsierenden Schlag der
linken Hand. Natürlich ist es einfach, das Stück deswegen zu kritisieren, weil diese üppigen Verzierungen, vor allem zu Beginn des Trios,
einen Mangel an echten melodischen Reizen und einen unangenehm
schwülstigen Rhythmus des Klangwechsels verschleiern. Doch für
Chopin stellte das Stück in erster Linie einen Versuch in Sachen Virtuosität und Ornamentik dar, zwei Grundvorstellungen, die in der Kon-
zertpianistik des frühen 19. Jahrhunderts eng miteinander verknüpft
waren; und am allermeisten in der Musik seines Mentors Hummel. Wie
dieser war Chopin außerdem schon ein Meister der Improvisation, ein
Umstand, der bedeutsamen Einfluß auf die Entwicklung seines Kom-
positionsstils hatte. Die Kunst der Auszierung erhielt viele Anstöße
durch die seinerzeit verbreitete Praxis, über bekannte Themen zu
improvisieren, diese in vielfach verschiedener Gestalt, häufig mit allmählich sich steigernder Virtuosität, vorzustellen. Man weiß, daß viele
Tanzstücke von Chopin als Improvisationen ihren Anfang nahmen. So
hat auch das reichlich verzierte melodische Geflecht der gis-Moll-Polonaise etwas von dem rhapsodischen, scheinbar impulsiven Fließen einer
schriftlich festgehaltenen Improvisation.
Etwas zu wenig von diesem impulsiven Fließen findet sich in dem
Rondo c-Moll, das Brzezini & Co. 1825 als Chopins Opus 1 veröffentlichten. Freie Rondos waren im frühen 19. Jahrhundert äußerst beliebt,
und die Bezeichnung beinhaltete eindeutige Angaben über die allgemeine Stimmung eines Stückes sowie über seine formale Gliederung.[12]
Der Charakter des Instrumentalrondos wurde nachhaltig von der
Opera buffa beeinflußt und tendierte zu einer angemessen melodiösen,
heiteren Stimmung, klarem Aufbau und einem Tempo, das lebhaft,
doch mäßig genug sein konnte, um für rasche Läufe Spielraum zu lassen. Der letzte Aspekt ist deswegen wichtig, weil das Rondo unter den
Händen des komponierenden Virtuosen eine Art Bravourcharakter
erhielt; wurden dann noch zur Abwechslung nationale Elemente beige-
mischt, war die Beliebtheit beim Konzertpublikum und natürlich bei
den Verlegern gesichert. Chopins Opus 1 gehört dieser Tradition an,
und sowohl die großen Griffe als auch die weiten Sprünge der linken
Hand bei einer Stelle wie in Takt 101–108 sind ein Beleg für seine eigene
hochentwickelte Technik als Interpret sowie für seine früh entwickelte
kompositorische Beherrschung aller Facetten seines Instruments.
Trotz alledem wurden die virtuosen Elemente einer gewissenhaften
Auseinandersetzung mit klassischen Konstruktionsmethoden behut-

sam untergeordnet. Schließlich versuchte sich Chopin hier erstmals an einer größeren musikalischen Form, und es sollte nicht überraschen, daß es deren Material an Geschliffenheit mangelt und der Aufbau noch unsicher ist. Die Schwächen sind offenkundig bei der Gestaltung des Rondothemas selbst. Dieses beginnt auf einer dominantischen Harmonie und wird deshalb eingeleitet durch eine viertaktige Bekräftigung der Tonika, deren Trivialität kaum durch einen Versuch nachträglicher Rechtfertigung (T. 28–30 ff.) gemildert wird. Man kann froh sein, daß sie wegfällt, wenn das Rondothema später noch zweimal aufgegriffen wird. Das Thema selbst beschreibt einen melodischen Bogen, eine Struktur, wie sie Chopin in seinen späten Werken eindrucksvoll zur Geltung bringen sollte, insbesondere wenn er sie mit einer subtilen harmonischen Gestaltung verknüpfte. Hier enthält sie kaum mehr als eine Reihe von Skalen und Arpeggien, die ausschließlich von Harmonien in der Tonika und Dominante gestützt sind. Sowohl das melodische Profil als auch der harmonische Unterbau unterstreichen den in sich geschlossenen Charakter der achttaktigen Periode, so daß nachfolgende Vorstellungen des Themas, ins parallele Durgeschlecht ›erhöht‹, jeglichen Schwung vermissen lassen und den Eindruck vermitteln, als handele es sich um drei Materialblöcke, die ziemlich kunstlos ›aufeinandergestapelt‹ sind.

Der zweite Teil des Themas kommt klassischen Prinzipien dann noch näher durch rhythmischen und satztechnischen Kontrast, der von einer zweitaktigen periodischen Phrasierung betont wird. Bsp. 2 zeigt den mozartischen Themeneintritt und das Antwortschema. Die folgende Sequenzierung ist wieder deutlich im Stile klassischer Verfahren gehalten, obwohl darauf hingewiesen werden muß, daß das Schema auf einer chromatischen Symmetrie in der großen Terz aufgebaut ist, was das Passagenwerk des späten Chopin bereits ahnen läßt. Insgesamt wird

Opus 1

Bsp. 2

jedoch durch diese Sequenzierung nicht die Spannung gehalten, die mit dem Kontrast in der Einleitung (Bsp. 2) aufgebaut wurde. Der nachfolgende Übergang nach E-Dur durch einen exponierten Dominantnonakkord – ebenfalls eine spätere Bezugnahme auf Vorbilder – gelingt nicht überzeugend.

Bereits die einleitenden Takte von Opus 1 machen deutlich, daß Chopin zu diesem Zeitpunkt noch weit davon entfernt war, mit den klassischen Formentypen zurechtzukommen. Zwei Probleme beschäftigen ihn dabei. Er hatte Schwierigkeiten, zwischen den Gegensätzen, die durch klassische Denkweisen vorgeschrieben waren, eine überzeugende Verbindung herzustellen sowie die Spannung und den Schwung beim ersten Eintritt eines Themas beizubehalten. Für den Versuch eines Fünfzehnjährigen, die Formen nachzuahmen, erweist sich der Abschnitt zwar als durchaus erfolgreich, doch entbehrt er der Frische und Geläufigkeit, die die gis-Moll-Polonaise kennzeichnete. Einiges von dieser Frische fängt das zweite Thema in E-Dur wieder ein (T. 65–99), dessen Spritzigkeit Anspielungen auf die Rondothemen der frühen klassischen Sonate, und damit auch auf die Oper, erkennen läßt. Einmal mehr enttäuscht die Fortspinnung. Die Lebendigkeit des Themas erschöpft sich durch übermäßige Wiederholungen, und das Seitenthema (T. 81–92) ist schwach.

Das folgende Material wird bestimmt durch virtuoses Passagenwerk, nun für beide Hände. Immer mehr nimmt es den Charakter einer Kadenz an, die das dritte Thema vorbereitet, welches in As-Dur symmetrisch zum ersten und zweiten Thema in c-Moll bzw. E-Dur gesetzt ist. Erstmals findet sich hier bei Chopin jene nocturneartige Begleitung – dahinplätschernde Sechzehntel mit weiträumiger Arpeggierung –, die, von John Field eingeführt, in einen großen Teil der Klaviermusik des frühen 19. Jahrhunderts einging; übrigens auch bei Maria Szymanowska, etwa in Teilen ihres B-Dur-Nocturnes. Chopins Melodik entspringt aus einem rhythmischen Motiv, wie es im Virtuosenstil fast überall zu finden ist. Es sollte beim Hauptthema der im folgenden Jahr (1826) komponierten »Adieu«-Polonaise in b-Moll und wieder in den Themen der beiden Klavierkonzerte auftauchen. Das Motiv wird als eine Art Brücke zum zweiten Eintritt des Rondo-Themas verwendet, dem zentralen Punkt in der freien Bogenkonstruktion des Stückes. Außerdem findet sich das gleiche Motiv im Zentrum des Des-Dur-Zwischenspiels, das sich an diese zentrale Stelle anschließt. Eine sofortige Wiederholung des dritten Themas, für eine genaue formale Symmetrie eigentlich erforderlich, wäre so kurz nach dem ersten

Erscheinen unannehmbar gewesen; als Ersatz ein neues Zwischenspiel einzuführen, das trotzdem in Rhythmik und Begleitung Elemente des dritten Themas bewahrt, ist ein gelungenes Detail. Die Wiederkehr der anderen Themen vervollständigt die Symmetrie auf folgende Weise:

Hauptthemen	A	H	[X]	C	A	D[Y]	H	A
Haupt-Tonbereiche	c	E	gis	As	c	Des	Des	c

Großbuchstaben stehen für Durtonarten, Kleinbuchstaben für Molltonarten.

Eine genaue Betrachtung des Rondothemas von Opus 1 erinnert daran, daß Chopin mit der taktweisen Fortschreitung eines nach klassischen Mustern konstruierten Abschnitts Schwierigkeiten hatte. Ein Blick auf das gesamte Werk offenbart weitere Schwächen, vor allem beim losen Nebeneinander des Themenmaterials, das zu unterschiedlich entwikkelt ist, um ein zusammenhängendes Ganzes zu bilden. Derartige formale Schwächen werden in gewisser Weise noch deutlicher, wenn man sie an der Souveränität der beiden etwa gleichzeitig mit Opus 1 entstandenen Polonaisen mißt. Beide bilden wesensmäßig einen scharfen Gegensatz, sie spiegeln zwei ausgeprägte Formen der frühen Polonaise in Polen wider. Die **Polonaise d-Moll op. 71 Nr. 1** (1824/25)[13] ist ein Bravourstück, ihrer Art nach verwandt mit jener in gis-Moll und mit nicht weniger reichhaltigen, manierierten Verzierungen versehen. Die b-Moll-Polonaise hingegen beschwört eine edlere Welt. Sie wurde 1826 als Abschiedsgeschenk für den Schulfreund Wilhelm Kolberg komponiert; die Verwendung eines »Abschiedslieds« aus Rossinis *La Gazza Ladra*[14] im Trio, gepaart mit ihrem ziemlich melancholischen, gar sentimentalen Ton, rückt sie in die Nähe der von der Oper angeregten »Polonaise triste«, die im Polen des frühen 19. Jahrhunderts verbreitet war. Gelegentlich enthält sie Wendungen, die unmißverständlich auf den späteren Chopin hindeuten.

Keine der Polonaisen ist ein Meisterwerk, aber sie wirken wesentlich flüssiger und ungezwungener als das Rondo, was deutlich zeigt, daß Chopin sich zu diesem Zeitpunkt bei einfachen Tanzminiaturen eher heimisch fühlte als bei der großen Form. Das 1826/27 komponierte **Rondo »à la mazur« op. 5** stellte dann zumindest gegenüber Opus 1 einen merklichen Fortschritt dar. Im Jahre 1826 begann Chopin auch mit seiner offiziellen musikalischen Ausbildung am Warschauer Konservatorium, und es ist verlockend, Vergleiche zwischen seinem Opus 5 und den beiden Rondos »à la mazur« seines Lehrers Józef Elsner anzustellen. Chopin mögen Elsners Stücke durchaus bekannt gewesen sein, doch es ist schwierig, in Opus 5 dafür viele Belege zu finden.[15] Eher ist man von dem starken persönlichen Profil der Musik beeindruckt. Zweifellos ist es größtenteils Chopins künstlerische Gestaltung der für die Mazurka charakteristischen Merkmale (von denen die lydische Quarte nur eines ist), die Opus 5 individuelles Gepräge verleiht sowie im Ganzen den Eindruck größerer Einheitlichkeit und Homogenität erweckt. Wie bei vielen echten Volksmazurken gehen die Melodien auf Weiterentwicklungen von ein oder zwei winzigen Motiven zurück, die durch Wechsel in rhythmischen Details und durch Ornamentik Schwung und Vielfalt erhalten. Allein das Rondothema ist bezeichnend dafür. Sein sehr langer melodischer Abschnitt – insgesamt 36 Takte – ist mit rhythmischen Variationen und melodischen Auszierungen ausschließlich aus Weiterentwicklungen der einleitenden zweitaktigen Zelle gestaltet. Die melodische Gestalt, die man sowohl hier als auch beim zweiten Thema in der Subdominante erkennt, und auch ihre Harmonik lassen folkloristische Ursprünge erkennen. Gerald Abraham hat die Aufmerksamkeit auf Chopins Harmonisierung der lydischen Quarte mittels eines verminderten Septakkords gelenkt,[16] aber darin ist, wenn überhaupt, eher eine Gefälligkeitsgeste zu sehen, die den volkstümlichen Tonfall in ein größeres schon zur Genüge vertrautes Umfeld diatonischer Verwandtschaften einbezieht. Mehr beeindruckt, daß im Kontext des parallelen Mollgeschlechts die erhöhte Quarte gegen einen unveränderlichen Tonika-Akkord gesetzt wird, wodurch eine Eigenständigkeit linearer und vertikaler Elemente angedeutet wird, die ihren Ursprung durchaus in bäuerlichen Bordunbaß-Harmonien haben mag. Diese Eigenständigkeit ist vielfach für die Würze bestimmter Harmonien in Opus 5 verantwortlich. Im zweiten und vierten Takt des Themas in seiner harmonisierten Fassung ergeben beispielsweise der harmonische Rhythmus und seine Stimmführung eine Halbton-Reibung mit der Melodie, und es finden sich ähnlich deutlich dissonante Stellen, wenn das zweite Thema mit einem Pedal-Bordun harmonisiert wird, eindeutig ein folkloristisches Gestaltungsmittel, zusammen mit einer Ostinato-Figur im Mazurka-Rhythmus.

Die Unterdrückung oder doch zumindest sparsame Verwendung von virtuosen Elementen bei der Komposition von Opus 5 werteten einige Kommentatoren als Hinweis darauf, daß Chopin den Virtuosenstil noch nicht völlig beherrschte, besonders wenn man das Rondo mit einem Werk wie den Variationen über »Là ci darem la mano« op. 2 vergleicht, das im folgenden Jahr entstand. Doch auf Chopins meisterhafte Fingerfertigkeit in seinen früheren Werken wurde bereits hingewiesen, und es ist eher wahrscheinlich, daß er, als er sich mit der Mazurka befaßte, seinem Einfallsreichtum in dieser Hinsicht bewußt Beschränkungen zugunsten der Ausdrucksqualitäten des folkloristischen Materials auferlegte. Sein ganzes Leben lang sollte er für die Mazurka persönlichste Empfindungen bewahren, zum Teil vielleicht deshalb, weil sie im Gegensatz zur Polonaise niemals von nicht-polnischen Komponisten dazu verwendet wurde, auf herkömmliche Weise polnisches Kolorit zu schaffen.

Natürlich ist es schwierig, hier klare Grenzen zu ziehen, doch es scheint, daß von der Mazurka als Nationaltanz erst im späten 18. Jahrhundert Notiz genommen wurde, als sie Bestandteile älterer regionaler Tänze wie Mazur, Oberek und Kujawiak in sich aufgenommen und miteinander verknüpft hatte. Die komponierten Mazurken des frühen 19. Jahrhunderts – Salonstücke und Lieder, häufig für Vaudevilles geschrieben – stilisierten einige Merkmale dieser Tänze, bis hin zu Fußstampfen nebst Ausrufen, und behielten Charakter und Tempounterschiede der drei wichtigsten regionalen Gattungen bei, aber sie reduzierten das folkloristische Material auf seine Zweckmäßigkeit, indem viele der dynamischeren Stilmerkmale geglättet wurden. Chopin waren diese städtischen Mazurken von Kindheit an geläufig, und bei seinen Sommerurlauben in Szafarnia lernte er deren ländliche Urformen kennen. Er war es gewohnt, von Jugend an Mazurken zu improvisieren; deshalb sind auch einige seiner frühen schriftlich festgehaltenen Mazurken in zwei verschiedenen Fassungen vorhanden, wie der G-Dur- »Kulawy« und die B-Dur-Mazurka – beide entstanden 1825–26 – sowie die in D-Dur von 1829. Es gibt sogar einen Bericht von Oskar Kolberg darüber, wie Chopin die Urformen für alle drei beim Tanz im Hause von Dr. Samuel Linde improvisierte.[17] Alle drei Mazurken weisen auch Anzeichen von Zukünftigem auf, doch nichts erscheint so ›fortschrittlich‹ wie eine frühe Fassung von Opus 7 Nr. 4, die in Wilhelm Kolbergs Handschrift das Datum 1824 trägt.[18]

Die Mazurka spielte also eine wesentliche Rolle in Chopins früher musikalischer Betätigung, und der einfachere Aufbau und die größere Einheitlichkeit der musikalischen Sprache im Rondo »à la mazur« sind zweifellos von ihr angeregt. Das Werk ist indes nicht ohne Mängel. Zuweilen ist da eine unangebrachte stilistische Diskrepanz zwischen der wohltuenden Natürlichkeit des folkloristisch gefärbten Materials und Stellen selbstbewußt auftrumpfender Entwicklung einerseits sowie reichlich nichtssagendem Passagenwerk andererseits. Aber gerade die Anlage eines Rondos, bei der das Ritornell zumindest teilweise geschlossen bleiben kann, läßt diese Unterschiede annehmbar, wenn nicht gar wünschenswert erscheinen; zudem zeigt Chopin nun mehr Geschick bei der Gestaltung reibungsloser Übergänge zwischen gegensätzlichen Elementen des Stücks.

Eine gewisse Zurückhaltung im virtuosen Bereich hebt das Rondo »à la mazur« nicht nur von Opus 1 ab, sondern auch von den nachfolgenden Rondos op. 73 und op. 16. Ursprünglich entstand das **Rondo op. 73** 1828 für Soloklavier, noch im selben Jahr legte Chopin eine Version für zwei Klaviere vor.[19] Es handelt sich um ein Bravourstück, technisch souveräner als Opus 1, aber unter dem äußeren Glanz ist kaum etwas von Chopins Individualität auszumachen. Er schrieb à la mode, griff bereitwillig auf Klischees zurück, die er schon bei einigen früheren Stücken aufgegeben hatte. Wie bei den meisten Komponisten in ihren Lehrjahren vollzog sich seine Entwicklung zur Eigenständigkeit alles andere als geregelt und kontinuierlich. So ist es nicht überraschend, daß Opus 73 wenig von der Individualität des zwei Jahre früher komponierten Rondos »à la mazur« besitzt. Immerhin enthält es Besonderheiten, die stilistisch äußerst reizvoll sind, sowie Spuren eines peripheren Einflusses Beethovens, die sich ungezwungen über den tonangebenden virtuosen Stil erheben. Chopins Meinung über Beethoven war zwiespältig. Im allgemeinen glaubte er, daß jener mit seiner Musik die Grenzen des guten Geschmacks überschritten habe und daß Hummel ein ausgefeilteres und ausgewogeneres musikalisches Erlebnis vermittle, doch er erkannte schon frühzeitig die erregende Kraft und Ursprünglichkeit von Beethovens Werk. »Etwas ähnlich Großes habe ich schon lange nicht gehört, Beethoven höhnt darin die ganze Welt«, schrieb er an Woyciechowski, nachdem er ein Trio Beethovens gespielt hatte.[20] In einigen von Chopins reiferen Kompositionen finden sich konkrete Hinweise darauf, daß Beethovens Schaffen nicht ohne Auswirkungen auf ihn geblieben ist,[21] und bereits in Opus 73 gibt es Anzeichen für einen solchen Einfluß. Das Rondothema selbst mit seinem Weberschen Glanz bleibt davon unberührt, doch die Einleitung gemahnt an Beethoven durch ihre Verstärkung der klassischen rhythmischen und strukturellen Kontraste zwischen den vorherrschenden Sechzehntel-Oktaven und choralartigen Klängen (die sf-Zeichen stammen hier von Chopin, was seine geistige Verwandtschaft mit anderen komponierenden Virtuosen deutlich macht)[22], während das a-Moll-Thema (T. 73–81) gleichfalls an Beethoven erinnert. Dies sind höchstens tendenzielle Bezüge, um so mehr, als die naheliegenden, unmittelbaren Vorbilder für Opus 73, Hummel und Weber, ihrerseits der gleichen Quelle in hohem Maße verpflichtet waren. Doch ob direkt oder indirekt, diese Verbindung unterstreicht, in welchem Grade Komponisten, selbst wenn sie ihrer Veranlagung nach Beethoven fernstanden, seinem Einfluß ausgesetzt waren. Seine Musik bildete eine Art Resonanzboden für die Bemühungen einer ganzen Generation nachfolgender Komponisten, zu denen auch Chopin gehörte.

Der virtuose Stil von Opus 73 ist abermals das hervorstechende Kennzeichen des **Rondos op. 16**, das 1829 in Warschau begonnen und einige Jahre später in Paris vollendet wurde. Nur in der langsamen Einleitung finden sich deutliche Hinweise auf den späten Chopin, und besonders in dem bemerkenswerten *agitato*-Teil, dessen leidenschaftliches Rezitativ sich erbarmungslos an einem harmonischen Orgelpunkt reibt. Doch selbst hier erfüllte Chopin die Erwartungen an ein Rondo *brillante*, in dem eine Einleitung nach Art eines improvisierten Vorspiels eher auf harmonische Exkurse und leidenschaftliche Stimmungs- und Tempowechsel hinauszulaufen pflegte. Hummel stand ganz offensichtlich Pate bei Opus 16, wie auch bei vielen Kompositionen aus Chopins späteren Jahren in Warschau. Seine Vorliebe für das Rondo ist freilich selbst ein Hinweis darauf, daß er sich zu dieser Zeit dem Stile brillante widmete.[23]

Rondos wetteiferten im frühen 19. Jahrhundert hauptsächlich mit den vielen *airs variées*, die das musikhörende und -kaufende Publikum gierig konsumierte. Komponisten wie Hummel, Moscheles, Kalkbrenner, Field und Weber schrieben Dutzende davon. Sie waren nur in bescheidenem Maße an den speziellen formalen Anforderungen der Variationenform interessiert; Anforderungen, denen sich Bach, Haydn und Beethoven ernsthaft gestellt hatten und die in der Ära nach Beethoven vornehmlich den langsamen Sätzen zyklischer Formen vorbehalten blieben, insbesondere den Klaviersonaten und Streichquartetten. Vielmehr betrachtete man Variationen als eine Gelegenheit, Virtuosität und raffinierte Verzierungskunst zu demonstrieren, wobei dem formalen Zusammenhalt eine untergeordnete Bedeutung zukam.[24] Diese Variationen waren *pièces d'occasion*, die sich von den überall anzutreffenden Improvisationen über bekannte Opernmelodien und Volkslieder nicht sehr unterschieden; ferner waren sie für gewöhnlich eher lose aneinandergereiht. Häufig gab es eine langsame Einleitung, gefolgt von Variationen mit einer allmählich sich steigernden Virtuosität, einer Molltonarten-Variation, um die harmonische Kunstfertigkeit hervorzuheben, und einem beliebten Tanz oder einem fugierten Finale. Läßt man Qualitätsfragen unberücksichtigt, so übte damals Mozart den wichtigsten

Einfluß auf die Entwicklung der ornamentalen Variationen aus; auf den frühen Chopin wirkten jedoch abermals Hummel und Weber am stärksten ein.

Sofort erkennbar wird der Zusammenhang bei **Introduktion und Variationen in E-Dur über ein deutsches Lied (»Der Schweizerbub«)**, die »in wenigen Viertelstunden« herausgeschleudert wurden.[25] Die Introduktion, die das Thema melodisch vorwegnimmt, weist mit raschen Wechseln in Aufbau und Stimmung sowie mit ›floskelhaften‹ Kaskaden an skalenförmigen Figuren in freiem Rhythmus Merkmale einer Improvisation auf. Wenn Davis Hummels Introduktionen beschreibt als »der Nachwelt überlieferte Beispiele seiner Improvisationskunst«[26], trifft das auch für Chopin zu. Das Thema selbst, bezeichnenderweise ein bekanntes Volkslied,[27] ist mit *senza ornamenti* bezeichnet, was über die zeitgenössische Aufführungspraxis Bände spricht. Die fünf Variationen sind nach klassischen Mustern ausgeführt, wobei Phrasenlängen und Harmonik erhalten bleiben, mit einer obligatorischen Wendung nach Moll in der Quart. Anklänge an Weber tauchen bei den Sechzehnteln der linken Hand in der dritten Variation und – noch deutlicher – beim abschließenden Walzer auf, wobei derartige Taktwechsel im Finale allgemein üblich waren. Die Anforderungen an den Interpreten und an die Zuhörer sind bescheiden, wie auch im **Souvenir de Paganini**, das 1829 entstand, nachdem der Geiger in Warschau eine Reihe von Konzerten gegeben hatte. Es ist sogar gut möglich, daß Paganini dort sein Opus 10 mit dem »Le Carnival de Venise« gespielt hat, worauf Chopins *Souvenir* basiert. Chopin sollte später in seinen eigenen Etüden op. 10 eine wohldurchdachte Antwort auf Paganini geben. Das *Souvenir* hingegen ist ein banales Stück, die rechte Hand spielt pausenlos eine Kette von Variationen über einem stetigen, unveränderten Barkarolen-Baß; Aufmerksamkeit verdient es hauptsächlich wegen der konzeptionellen Ähnlichkeit mit der später entstandenen, größeren Berceuse.[28]

In späteren Jahren griff Chopin sowohl auf Elemente des Rondos wie auf solche der Variationen zurück, um aus ihnen die Form umfangreicher einsätziger Werke zu schaffen, wobei er diese Bestandteile auf subtile Weise mit anderen archetypischen Formen verschmolz. Als eigenständige Gattungen interessierten sie ihn jedoch nur in diesen frühen Jahren seiner Entwicklung, wobei zwei Werke für Klavier und Orchester – die Variationen über »Là ci darem la mano« op. 2 von 1827–28 und das Krakowiak-Rondo op. 14 von 1828 – am bekanntesten wurden. Seine letzten wichtigen Kompositionen dieser Art sind das

Rondo op. 16 und die *Variations brillantes* op. 12, letztere entstanden 1833 in Paris zu einer Zeit, als der Stile brillante für Chopin rasch an Anziehungskraft verlor.

Bereits während seiner Warschauer Jahre gab es Einflüsse, die dem Virtuosenstil entgegenwirkten. Seine Ausbildung am Konservatorium hatte natürlich Konsequenzen für alle Seiten seines sich entfaltenden schöpferischen Talents, nicht zuletzt für seine Versuche mit der Variation. Aber unter der Anleitung von Józef Elsner erfuhr er auch eine andere, strengere Schulung. Elsner war eine führende Persönlichkeit im Warschauer Musikleben, an der Leitung der Oper ebenso beteiligt wie am Konservatorium, Gründer der »Gesellschaft der Freunde der Kirchen- und Volksmusik« sowie Mitbegründer der »Resursa Muzyka« (»Musikverein«). Er war als Pädagoge ebenso anerkannt wie als Komponist. Chopin nahm am Konservatorium jede Woche mehrere Stunden an seinen Vorlesungen über Kontrapunkt, Theorie und Generalbaß sowie die Komposition von Sonatensätzen nach Wiener Vorbild teil; eigentlich keine Bereiche, die man ohne weiteres mit seiner Musik in Verbindung brächte. Die indirekten, langfristigen Auswirkungen dieser Studien waren jedoch zweifellos von Bedeutung, denn Chopin wurde in seinen reifen Kompositionen ein Meister des ›verdeckten‹ Kontrapunkts, und er sollte bei seinen späteren umfangreichen Werken auf die Prinzipien des Sonatenaufbaus zurückkommen, und das nicht nur in den Sonaten selbst. Kurzfristig zeitigten seine Studien freilich nur einige nicht sehr glückliche Ergebnisse.

Zwei Werke, die während der Jahre am Konservatorium komponiert wurden, die **Sonate in c-Moll op. 4** und das Klaviertrio op. 8, stellten den Versuch dar, mit der traditionellen viersätzigen Form zurechtzukommen. Die Sonate entstand 1828 und gehörte zu den Stücken, die Chopin 1829 zusammen mit »Der Schweizerbub« und den »Là ci darem la mano«-Variationen an Haslinger schickte. Die Kritiker sind für gewöhnlich mit Opus 4 nicht gerade freundlich verfahren, und das aus gutem Grund. Es erscheint sehr wohl angemessen, daß die Sonate Elsner gewidmet worden ist; denn sie trägt den Stempel des angestrengten Bemühens eines hochbegabten Schülers, der seinen Lehrer mit einem anspruchsvollen, ›gelehrten‹ Werk beeindrucken möchte. Die ungekünstelte Lyrik, in den früheren Miniaturen so reichlich entfaltet, wurde im Interesse der motivischen Einheitlichkeit und Ökonomie streng beschnitten. Durchaus charakteristisch ist das imitierende Element, verkörpert im Thema der Einleitung, dessen Ähnlichkeit mit Bachs zweistimmiger c-Moll-Invention mehr als einem Kommentator aufgefallen ist (Bsp. 3).[29] Es taucht erneut im Menuett und im Trio auf. Dieser im ersten Satz der Sonate sehr weit vorangetriebene Versuch, den

Opus 4

Bsp. 3

Aufbau motivisch straffer zu gestalten, erfolgt auf Kosten der Melodik und der Begleitung, die Chopin in diesem Stadium seiner Entwicklung viel vertrauter wurden. Eine Variante des Motivs im zweiten Takt wird ausgiebig auf die übliche sequenzierende Weise unter Ausblendung jeglichen bedeutsamen thematischen Kontrastes verarbeitet, so als ob die trockensten Durchführungen in Opus 1 und Opus 73 zu ausgedehnten Sätzen aufgebläht worden wären. Dabei kommt es zu einigen recht verschlungenen harmonischen Exkursen, die freilich in der Exposition ausnahmslos wieder zur c-Moll-Tonika zurückkehren.

Der monothematische, monotonale Charakter dieser Exposition bedarf einiger Anmerkungen. Zunächst naheliegende Vergleiche mit dem späten Haydn oder dem späten Beethoven helfen hier nicht recht weiter. Chopin greift vielmehr auf Verfahren zurück, die vor der Klassik üblich waren, insbesondere bei Bach, mit dessen Musik er sich von Jugend an befaßt hatte. Die Durchführung mit ihrer ständigen Achtelbewegung, gewissenhaften Imitation und Sequenzierung innerhalb des Quintenzirkels läßt mitunter barocke Methoden anklingen, ohne daß jedoch ernsthaft versucht wird, diese in Beziehung zur klassischen Periodisierung und Kontrastierung zu bringen. Die chromatischen Elemente in der Harmonik sind nicht so sehr wegen ihres durchaus beträchtlichen Umfangs interessant, sondern weil sie aus streng motivischer Themenverarbeitung und komplizierter Stimmführung heraus entstehen, was für Chopin zu diesem Zeitpunkt alles andere als typisch war und übrigens zu verkrampften, faden Strukturen führt, die weit entfernt sind von der Brillanz der Rondos. Etwas von jenem Glanz ist noch erhalten im *moto perpetuo* des Finales, das von den vier Sätzen den entsprechenden, damals aktuellen zeitgenössischen Stilen sicherlich am nächsten kommt. Besonders im langsamen 5/4-Satz erhascht man flüchtige Ausblicke auf den vertrauteren Chopin. Freilich haben das rhythmisch geschmeidige Geflecht der Takte 21–31 und die leicht verzierte Wiederholung des Hauptthemas (T. 32 ff.) ihre Ursprünge eindeutig bei der dekorativen Melodik von Field und Hummel; doch sie enthalten auch etwas von jener schwer faßbaren Qualität, die man im nachhinein als chopinesk erkennt.

Kaum mehr geglückt erscheint das **Klaviertrio g-Moll op. 8**, das für Privataufführungen auf Schloß Antonin komponiert wurde, wo Chopin 1829 einige gesellige Wochen verbrachte. Die musikalischen Ideen ›atmen‹ hier zwar wesentlich leichter als in der Sonate, doch dem verwendeten Klangkörper ist das Werk denkbar unangemessen. Chopin war offensichtlich nicht imstande, etwas Ansprechendes für Streichinstrumente zu schreiben (der arme Geiger kommt während des ganzen ersten Satzes kaum aus der ersten Lage heraus)[30], und man erkennt wenig Verständnis für jenes *concertante*-Wechselspiel der Instrumente, das gute Kammermusik ausmacht. Selbst wenn der thematische Gehalt frisch und lebendig ist, scheint Chopin nicht gewußt zu haben, wie er die Begleitstimme, seien es Streicher oder Klavier, handhaben sollte. Wenn das Klavier die Melodie führt, liefern die Streicher sehr häufig einen amorphen Hintergrund, wobei lediglich der Baß und eine Mittelstimme verdoppelt werden oder, was noch schlimmer ist, auf die banalsten Stimmkreuzungen der Streichinstrumente zurückgegriffen wird.

Wie bei der Sonate ist auch im ersten Satz des Trios die Anlage der Tonarten, gelinde gesagt, verblüffend. In Opus 4 ist die Exposition monotonal, und die Reprise beginnt einen Ganzton tiefer in b-Moll, bevor die erforderlichen tonalen Anpassungen vorgenommen werden. Im ersten Satz des Trios ist die Exposition wiederum monotonal, doch

diesmal beginnt die Reprise mit einer thematischen *und* tonalen Wiederholung, und das zweite Thema wechselt in die Moll-Dominante über;
eine kuriose Umkehrung klassischer Verfahrensweisen, die im ersten
Satz des e-Moll-Konzerts seinen Widerhall fand. Während der Warschauer Zeit bestätigte sich noch in seinen Konzerten, daß Chopin von
der Beziehung zwischen Tonalität und formaler Anlage in den Sonaten-
Sätzen eine unorthodoxe Auffassung besaß. Es ist leicht, dies einer
mangelnden Erfahrung mit den größeren Formen und einer unsicheren
Handhabung des tonalen Aufbaus zuzuschreiben (wie Charles Rosen
trocken feststellt: »Dort hinten in Warschau hatte man offensichtlich
keine sehr genauen Vorstellungen von Sonaten«[31]). Doch es stimmt,
daß selbst in den späten Sonaten Chopins Auffassung der tonalen Beziehungen weit entfernt ist von klassischen Mustern. In bezug auf die
formale Anlage (nicht jedoch, wie sich zeigen wird, auf die zugrundeliegende Struktur) findet sich eine Lockerung jener Polarität zwischen
Tonika und Dominante, die für das klassische Denken so entscheidend
ist. Die Entwicklung stellte ebensosehr eine Quelle für neue Möglichkeiten dar, wie sie alte Prinzipien zerstörte, doch bislang hatte Chopin
noch wenig Positives vorzuweisen.
Die Sonate und das Trio sind die am wenigsten verlockenden Versuche
Chopins während seiner letzten Warschauer Jahre; denn sie zeigen eine
Unverhältnismäßigkeit der Mittel, die für ihn keineswegs typisch ist.
Die anderen längeren Werke aus dieser Zeit, die Rondos und Variationen, verdienen weniger wegen ihre kunstvollen Ausführung Beachtung, sondern aufgrund ihrer stilistischen Eigenart. Sie zeigen besonders die souveräne Beherrschung aller Facetten des virtuosen
›Umgangs‹ mit der Tastatur. Ein mitreißender Überschwang kenn-
zeichnet diese Werke Chopins. Die gesamte Skala pianistischer Möglichkeiten wird erkundet, und die Strukturen werden mit übergroßer
Sorgfalt und einem Blick fürs Detail formuliert, die für einen Komponisten von noch nicht einmal zwanzig Jahren erstaunlich sind und die
gewiß über das provinzielle Milieu der Warschauer Musik hinausgehen.
Genau derselbe Prunk wird in den drei Polonaisen aus den letzten
Warschauer Jahren entfaltet. Sie gehören voll und ganz der Welt des
Stile brillante an, stehen Weber ebenso nah wie dem reifen Chopin fern,
obgleich es natürlich Andeutungen auf Zukünftiges gibt. Unter den drei
Polonaisen weist die in B-Dur **op. 71 Nr. 2** am weitesten voraus; sie läßt
bereits den erhabenen Gestus und die formale Spannweite der reifen
Polonaisen ahnen und führt die Ornamentik zu einem Höhepunkt, der
eher auf Kraft abzielt als auf bloße Virtuosität. Das gilt auch für Details,

beispielsweise die Ketten von Dominantseptakkorden in Takt 71, in der Gegenbewegungs-›Brücke‹ im Trio[32] sowie in der Verwendung von Baß-Trillern und melodischen Schlußwendungen, wie sie später zu den hervorstechendsten Merkmalen einer Chopin-Polonaise gehörten. Die Polonaise in f-Moll **op. 71 Nr. 3**, deren Entstehungszeit ungewiß ist, und die 1829 komponierte in Ges-Dur sind eher traditionell konzipiert und weniger anspruchsvoll. Die f-Moll-Polonaise war auf Schloß Antonin besonders beliebt. Dies mag ihn dazu angeregt haben, während seines dortigen Aufenthalts noch eine weitere Polonaise zu schreiben. Fürst Radziwiłł komponierte selbst und spielte Cello; so setzte Chopin das neue Stück für Cello und Klavier, damit es der Fürst mit seiner Tochter spielen konnte. Später fügte er eine Introduktion hinzu, und das Werk wurde als Opus 3 mit einer Widmung an Josef Merk veröffentlicht. Die eigene Einschätzung des Komponisten über die Musik ist keineswegs ungerecht: »Nichts außer Blendwerk darin, für den Salon, für die Damen [...].«[33]

Es wäre vergebliche Mühe, während Chopins Lehrjahren in Warschau nach einer stetigen Entwicklung zu suchen. Er eignete sich die Beherrschung des Metiers allmählich an, und in dieser Hinsicht bedeuten die **Variationen op. 2** einen wichtigen Schritt vorwärts, vor allem was die Handhabung des virtuosen Umgangs mit der Tastatur anbelangt. Aber die technische Souveränität in Opus 2 und in den folgenden Konzertstücken ging ein wenig auf Kosten stilistischer Individualität. In einigen der weniger anspruchsvollen Miniaturen der späten Phase in Warschau wurde dann eine persönlichere Stimme immer stärker erkennbar; es entstehen Stücke, die sich dem virtuosen Stil völlig entziehen. Beispielsweise der **Walzer in As-Dur**, der ausdrucksmäßig bereits den reifen Walzerkompositionen nahesteht: vom fließenden *moto-perpetuo*-Thema bis hin zum rhythmischen Motiv und der melodischen Kontur des Trios, das dem Hauptthema von op. 34 Nr. 1 auffallend ähnlich ist. Ferner die **a-Moll-Mazurka**, von Fontana als Opus 68 Nr. 2 herausgeben, bei der die lydische Quarte sowohl die harmonische Struktur als auch die melodische Gestalt beeinflußt, insofern Chopin es unterläßt, sie diatonisch einzugliedern. Weitere Einzelheiten dieser Mazurka weisen voraus; etwa die Verknüpfung tonartlicher ›Verwandter‹ bei der Antwort auf das Hauptthema (T. 17–28), die Bordun-Quinte im Trio sowie die kurzen Andeutungen auf harmonische Kühnheiten in Takt 34–35 und erneut in Takt 39. Wichtig ist vor allem auch das e-Moll-Nocturne, nicht unbedingt, weil es das erste ist, sondern weil es Hinweise auf einen neuartigen Umgang mit Melodik und Ornamentik enthält. Die dem Eröffnungsgedanken folgenden ornamentalen Variationen versuchen weniger, diesen mit phantasievollem Zierat zu umkleiden, sondern seine expressiven Qualitäten zu steigern und zu intensivieren und ihn in ständig wechselndem Licht zu präsentieren. Kurzum, die Verzierungen werden zu einem integralen Bestandteil der Melodik. Auch harmonisch zeigen sich neue Feinheiten und Raffinessen, weniger was das verwendete Material anbelangt als im Umgang mit den größeren Satzgebilden. Besondere Beachtung verdienen hier die Takte 14–22, mit denen die harmonische Stabilität sowohl des Hauptthemas als auch des zweiten Gedankens aufgehoben werden soll.

In seinen Lehrjahren eignete sich Chopin also nicht nur einen souveränen Umgang mit großen Konzertstücken an, sondern zeigte auch in einigen Miniaturen bereits vorsichtige Anfänge eines individuellen Stils. Doch auch den Stücken, die am meisten in die Zukunft weisen, mangelt es noch am Profil des reifen Komponisten. Die jüngste Rezeptionsgeschichte der Musik Chopins spricht in dieser Hinsicht eine deutliche Sprache. Die Werke aus den Warschauer Jahren werden gelegentlich ausgegraben, aber sie haben Interpreten und Publikum nur zeitweise zu begeistern und sich keinen Platz im Standardrepertoire zu sichern vermocht. Die einzigen wichtigen Ausnahmen zu dieser allgemeinen Regel bilden die beiden Klavierkonzerte.

Stile brillante

Werke für Klavier und Orchester

Die Konzerte stellten nicht die ersten Versuche Chopins dar, für Orchester zu schreiben. Er hatte sich bereits außerhalb Polens einen Namen gemacht, als er in Wien die »Là ci darem la mano«-Variationen aufführte, jenes Werk, das Schumann zu seinem berühmten Ausspruch »Hut ab, ihr Herren, ein Genie« veranlaßte. Chopin hatte 1827 mit der Arbeit begonnen und bis zum folgenden Jahr nicht nur die Variationen vollendet, sondern noch zwei weitere Kompositionen für Klavier und Orchester, das Krakowiak-Rondo op. 14 und die Fantasie über polnische Themen op. 13. Das Rondo wurde 1829 beim zweiten seiner Wiener Konzerte gespielt, und beide Stücke erklangen vor seiner endgültigen Abreise bei verschiedenen Konzerten in Polen.

Es wäre zwecklos, von Stücken, die in erster Linie als Vehikel für virtuoses Brillieren gedacht waren, formale Geschlossenheit und eine wohldurchdachte thematische Arbeit zu erwarten. In einem Brief aus Wien schilderte Chopin den stürmischen Applaus, der auf jede Variation in Opus 2 folgte. Das war damals durchaus gang und gäbe, und es hätte allein schon genügt, das Streben des Komponisten nach musikalischer Einheit zunichte zu machen.

Seit den Bach-Abel-Konzerten in London war es für Komponisten, die ihre eigenen Interpreten waren, üblich geworden, mit Bravourstücken für Klavier und Orchester Berühmtheit zu erlangen.[1] London leitete diese Entwicklung ein und blieb für einige Zeit das wichtigste Zentrum für derartige Konzerte. Clementi veranstaltete ab 1780 am Hanover Square eine längere Konzertreihe, und zu den Londoner Pianisten gesellte sich 1790 Johann Ladislaus Dussek. Dussek hielt es nie längere Zeit in einer der musikalischen Hochburgen. Er kam auf seinen Tourneen weit herum, und man kann ihn wohl als einen Prototyp der heutigen von Ort zu Ort reisenden Konzertpianisten ansehen. Seit der Zeit Dusseks wurde es für Virtuosen allgemein üblich, ihr Können in jeder Stadt darzubieten. Um die Jahrhundertwende veränderte sich die Geographie des Konzertlebens, Wien begann London als Mittelpunkt der internationalen Klavierkunst Konkurrenz zu machen. Bekanntlich lebte Beethoven dort, auch Czerny und Ries, während Moscheles und Thalberg nur ihre frühen Jahre in der österreichischen Hauptstadt verbrachten. Als Chopin dorthin kam, war Wiens Stern jedoch schon im Sinken. Weimar, Dresden und Leipzig errangen in den deutschsprachigen Ländern eine Vormachtstellung, doch die wirkliche Herausforderung für London stellte Paris dar, selbst wenn die heimischen französischen und die englischen Pianisten durch Abwesenheit glänzten. »Wie Heuschreckenscharen kommen die Klaviervirtuosen jeden Winter nach Paris«, schrieb Heine.[2] In den dreißiger Jahren des 19. Jahrhunderts konnte Paris mit Persönlichkeiten wie Liszt und Chopin, Kalkbrenner, Hiller und Pixis aufwarten, um nur einige der herausragenden Talente zu nennen. Diese Männer übten ihre Kunst in den Salons, den Sälen der Verleger und in öffentlichen Benefizkonzerten aus, wobei die Programmauswahl der Musikgattungen und Mitwirkenden willkürlich schien. Das Solokonzert, wie man es heute kennt, war eine verhältnismäßig späte Erfindung.[3] Das Programm eines Benefizkonzerts glich eher einem gewaltigen musikalischen Festschmaus, der etwa eine Ouvertüre oder eine »Sinfonia« bot, ferner eine obligatorische Auswahl von Liedern und Arien, einige Sätze aus einem kammermusikalischen Werk, eine Improvisation sowie ein Konzert oder ein Rondo für Soloinstrument und Orchester.[4] Dabei war es durchaus üblich, zwischen die Sätze eines Konzerts andere Programmpunkte einzuschieben – Chopins Konzerte wurden auf diese Weise in Warschau aufgeführt –, auch bei ›Konzerten‹, die sich aus je einem Satz von drei verschiedenen Werken zusammensetzten. Konzerte bildeten natürlich einen Teil des ›Hauptgerichts‹ bei Benefizkonzerten, doch brillante Soloauftritte und Improvisationen waren nicht weniger gefragt. Besonders beliebt waren leichtere Stücke für Klavier und Orchester, wie Rondos, Variationen oder Potpourris, die für gewöhnlich eine außerordentlich virtuose Koda besaßen, welche als unmißverständlicher Wink für die Claqueure galt.

In diese Kategorie der leichteren Orchesterstücke gehören die drei Werke Chopins. Um diesem Typus zu entsprechen, bauen sie entweder auf bekannten Opernmelodien (Opus 2) oder auf volkstümlichen Liedern (Opus 13) bzw. Tänzen (Opus 14) auf. Zu Beginn des 19. Jahrhunderts wuchs die Begeisterung für die Volksmusik, besonders für die der keltischen Gegenden und Osteuropas, und sowohl Komponisten als auch Verleger zögerten nicht, daraus ihren Nutzen zu ziehen. Auch Chopin verwendete in allen drei Werken folkloristisches Material; kaum mehr als ein Tropfen im Strom der damaligen Mode. Die Gattungen – Variationen, Rondos und Fantasien (»Potpourri« wäre eine genauso passende Bezeichnung für Opus 13, und Chopin nannte es auch so) – entsprachen ebenfalls dem weitverbreiteten Geschmack. Schon bei Dussek finden sich Rondos und Variationen für Klavier, die auf Volkslieder zurückgehen, eine Praxis, die eine spätere Generation noch viel weiter trieb. Von Hummel, Kalkbrenner, Moscheles, Thalberg und anderen gibt es solche Werke im Überfluß. Falls die Komponisten Bezeichnungen wie »Grande« oder »Brillante« wegließen, wurden sie oft vom Verleger hinzugefügt. Stücke dieser Art wurden als *pièces d'occasion*, als Gelegenheitswerke, komponiert, vor allem um dem Publikum das zu geben, was es hören wollte, also gefällige, vorzugsweise bekannte Melodien mit einem Übermaß an Virtuosität. Die Orchesterbegleitung spielt dabei nur eine untergeordnete Rolle. Die Vortragsbezeichnungen schreiben häufig »ad libitum« vor und könnten, falls erforderlich, mit einem Streichquintett gespielt oder ganz weggelassen werden.[5] Chopin selbst hatte die Gewohnheit, alle seine Werke für Klavier und Orchester, die Konzerte eingeschlossen, als echte Soli zu spielen, womit er nachdrücklich betonen wollte, daß der Pianist als Virtuose eindeutig im Mittelpunkt des Interesses stehen sollte.

Zu Chopins Zeit galt das Klavier bereits als Virtuoseninstrument par excellence, obwohl es als solches erst recht spät Aufmerksamkeit erregt hatte. Die Virtuosen des 17. und 18. Jahrhunderts waren vor allem in den Opernhäusern zu finden, wo das Publikum Primadonnen und Kastraten auf eine Art und Weise feierte wie im 19. Jahrhundert die großen Pianisten und heutzutage die Dirigenten. Die Gefahren liegen in allen drei Fällen nur allzuklar auf der Hand, und zu Beginn des 19. Jahrhunderts schien man sich allgemein darüber einig zu sein, daß die Sänger die Hauptschuldigen für den schlechten Geschmack waren, besonders da sie ihre Vorträge oft maßlos verzierten. Doch gerade diese vokale Ornamentik hatte einen weitreichenden Einfluß auf Klavierkompositionen des späten 18. und frühen 19. Jahrhunderts, und dem konnte sich natürlich auch Chopin nicht entziehen.

Die Virtuosität der Geige, die sich auf eine lange, lebendige Tradition gründete, wurde nur von jener der menschlichen Stimme übertroffen. Und wiederum kam es im frühen 19. Jahrhundert zu einer deutlichen Verschlechterung des Geschmacks, als Konzertdarbietungen oft aus nichts mehr als dem Vorführen von vokalen bzw. instrumentalen Dressurkunststücken bestanden. Die renommierten komponierenden Virtuosen waren natürlich über solche Dinge erhaben und vermochten dem Bravourstil eine künstlerische Note zu verleihen, ohne ihn freilich als grundlegenden stilbildenden Impuls anzutasten. Ein treffendes Beispiel dafür war Louis Spohr. Bei seinen frühen Konzerten erhielt er viele Anregungen von Virtuosen wie Rode und Eck. Viel wichtiger aber waren für ihn stets die Einflüsse, die von Cherubini und Beethoven ausgingen; sie fanden bevorzugt Eingang in seine Orchester- und Kammermusikwerke. Im frühen Stadium seiner Karriere unternahm er als Solist ausgedehnte Konzertreisen, daher unterschied sich sein Lebensstil von dem der früheren Generationen komponierender Geigenvirtuosen. Der reisende Virtuose wurde im Musikleben des frühen 19. Jahrhunderts zu einer vertrauten Erscheinung. Man erwartete von ihm auch nach wie vor, daß er in aristokratischen Kreisen verkehrte, doch sein Musizieren ging mehr und mehr auf den Geschmack und die Moden eines wachsenden Publikums

aus dem Mittelstand ein, das vor allem nach dem Ungewöhnlichen und Prunk-
haften verlangte. »Ungewöhnlich« und »prunkhaft« waren genau die Attribute, die die Kompositionen und die Auftritte von Nicolò Paganini am zutreffendsten beschrieben; des
Mannes, der zum Sinnbild für den Kult um die Virtuosität im 19. Jahrhundert
wurde. Dieser Kult war in seiner Art eine unmittelbare Reaktion auf den Geist
des romantischen Individualismus, wobei hinzukam, daß der Interpret einem
Helden gleich die Grenzen seines Instruments überschreiten wollte. Selbst das
fast übernatürliche Echo, das Paganini fand, war im Zeitalter der Wiederbelebung der Gotik nichts Ungewöhnliches. Paganinis überragendes technisches
Können war nach Auffassung seiner Zeitgenossen gewiß bemerkenswert, und
seine Kompositionen erweiterten die Möglichkeiten des Instruments beträchtlich, selbst wenn vieles davon auf eher oberflächliche Tricks abzielte. »Die Ken-
ner hingegen meinen [. . .], daß ihn aber gerade das, was den großen Haufen
entzücke, zum Scharlatanen erniedrige«, merkt Spohr in seiner *Selbstbiographie*
an und schreibt später im Anschluß an ein Konzert Paganinis: »In seinen Kompositionen und seinem Vortrage fand ich aber eine sonderbare Mischung von
höchst Genialem und kindisch Geschmacklosem [. . .].«[6] Klagen dieser Art,
bereits lange vor dem 19. Jahrhundert ein ständiger Topos der Musikkritik,
wurden immer häufiger und heftiger, je mehr sich der Virtuosenkult ausbreitete.
Paganinis Rolle kann dabei schwerlich überbewertet werden. Gerade neue Entwicklungen in der Tastenspieltechnik stellten zumindest teilweise eine Reaktion
auf sein technisches Können dar, dazu gehörte das Element der Nachahmung,
für das es freilich bereits bekannte Beispiele im Barock gab. Liszt und Schumann
waren nur zwei von vielen jungen Komponisten und Pianisten, die seine Kapri-
cen umschrieben, wobei sie die pianistischen Möglichkeiten voll ausschöpften.
Chopin vermied derartige Transkriptionen und zog es vor, Paganinis Errungenschaften in eine eher dem Klavier angemessene Sprache zu übertragen. Das
wichtigste Ergebnis dieser Vermittlungstätigkeit war seine frühe Etüdensamm-
lung, die als Opus 10 erschien.

Während die neue Klavierkunst sehr viel von der virtuosen Behandlung
der Stimme und der Geige lernte, kam der unmittelbare Ansporn durch
die Entwicklung des Klaviers selbst. In der ersten Hälfte des 19. Jahrhunderts war, wie das Verlegen von Musik, auch die Herstellung von
Klavieren eine Wachstumsindustrie, oder zumindest ein sich ausdeh-
nendes Gewerbe, das für den in der neuen wohlhabenden Mittelklasse
immer größer werdenden privaten Bedarf produzierte. Die Geschichte
der Anfangszeit des Klaviers wurde schon vielfach erzählt,[7] und es
genügt, hier deutlich zu machen, welch enge Beziehung zu jedem Zeitpunkt seiner Entwicklung zwischen dem Klavierhersteller, dem Interpreten, dem Komponisten und dem Verleger bestand. In vielen Fällen
erfüllte die gleiche Person sogar alle vier Funktionen. Clementi, Cramer

und Dussek versuchten sich mit wechselndem Erfolg in allen vier Berufen. Zu Chopins Zeit war eine größere Aufgabenspezialisierung die Regel, doch bei den Interpreten war es noch üblich, eine enge Beziehung mit einem bestimmten Hersteller zu pflegen. Die einst äußerst beliebten Vorführ-Konzerte blieben auch weiterhin eine Attraktion in den *salles*, den Sälen der Klavierfabrikanten. Chopin fand Gefallen an der besonderen Tonqualität verschiedener Klavierfabrikate, aber er schätzte besonders den leichten Klang der Instrumente von Pleyel. Viele seiner Pariser Konzerte fanden denn auch in den Pleyel-Sälen statt.

Inzwischen waren die Unterschiede zwischen den Klavieren weniger gravierend als früher, und ihr Einfluß auf kompositorische und interpretatorische Stilrichtungen erschien weniger ausgeprägt.[8] Die Pianisten und Komponisten aus Chopins Generation griffen ungeniert auf die Errungenschaften einiger früherer Vortrags-›Schulen‹ zurück, die noch unmittelbarer von den unterschiedlichen Eigenschaften der beiden wichtigsten frühen Klaviermodelle, des Wiener und des englischen, abhingen. Die Klassifizierungen waren alles andere als eindeutig,[9] doch allgemein läßt sich feststellen, daß das Wiener Instrument mit seinem klaren Klang, leichtem Anschlag und guter Dämpfung einen »brillanten« Stil mit raschem, *non-legato*-Passagenwerk und einer Kantilene mit eleganten Verzierungen anregte. Dies war der von Mozart bevorzugte Stil, den Hummel und Kalkbrenner zum Teil übernahmen. Das schwerere, voller klingende englische Instrument hingegen begünstigte einen *legato-cantabile*-Stil, wie er vor allem bei Clementi zu finden war und von Cramer und Dussek weitergeführt wurde.[10]

Der Klavierstil Chopins gründet auf beiden Entwicklungslinien, wobei er in seiner Anfangszeit eher die erstgenannte bevorzugte. Was die zeitgenössische Vortragsweise anbelangte, stand er in diesen frühen Jahren der »brillanten« Manier von Kalkbrenner und Moscheles näher als den wohlklingend sanften Darbietungen Fields.[11] Natürlich war er sich der Grenzen des Bravourstils bewußt, den jene Unbeschwertheit charakterisiert, durch die der Glanz von heute schon morgen zum leeren Klischee wird. Er machte sich jedoch ebenso wie Kalkbrenner und Moscheles mit Begeisterung daran, jede Facette des instrumentalen Leistungsvermögens zu entdecken und zur Entfaltung zu bringen.

Das zeigt sich etwa bei einer Untersuchung des Notenstecherexemplars des Soloparts der **Variationen op. 2** (K. 8).[12] Chopin mußte zwar unter der Willkür der Herausgeber viel leiden, doch wird zuweilen fälschlich angenommen, die reichlich vorhandenen dynamischen Angaben, Vor-

tragsbezeichnungen und Phrasierungshinweise seien zwangsläufig ver-
legerischem Übereifer entsprungen. Auffallend ist im Autograph von
Opus 2 die peinlich genaue Sorgfalt, mit der Chopin selbst solche Details behandelt hat, obgleich – im Gegensatz zu den Konzertstücken – in
den Miniaturen aus der Warschauer Zeit derartige Angaben in den noch
erhaltenen Autographen oft weggelassen wurden. Beim ersten Einsatz
des Solisten in Opus 2 gestaltet Chopin jede Nuance der sich entfaltenden Linie, läßt die Kontraste, das Anschwellen und Abebben und die
leidenschaftlichen Stimmungswechsel durch äußerst präzise Angaben
zu Phrasierung, Dynamik, Vortragsbezeichnungen und Pedalführung
klar hervortreten. Bemerkenswert sind im Aufbau sowohl hier als auch
während der gesamten Introduktion die Kontraste, wobei die imitierende Durchführung des Hauptmotivs hinter zarten Fioritúren, kapri-
ziös springendem Passagenwerk und einer lyrischen Kantilene zurücksteht. Dieses Verfahren ist zum großen Teil auf die Improvisation
zurückzuführen, und es erscheint nun angebracht, deren Bedeutung als
fruchtbaren Einfluß für Musikkompositionen im Bereich des Stile brillante eingehender zu untersuchen.
Die Kunst der Klavierimprovisation hat bekanntlich eine sehr lange Geschichte, doch ihre Blütezeit im frühen 19. Jahrhundert verband sich
besonders harmonisch mit einer Phase, in der die Spontaneität in allen
Bereichen der Kunst Vorrang hatte. Ihre Bedeutung im Konzertleben
jener Tage läßt sich daraus ersehen, daß ›Stegreif-Konzerte‹ auf Plaka-
ten und Anzeigen häufig einen besonderen Platz einnahmen und daß
sich Klavierlehrbücher recht eingehend mit diesem Aspekt befaßten.[13]
Solche Lehrbücher wie auch eine Fülle zeitgenössischer Kritiken ermöglichen es, sich ein Bild von der Improvisationspraxis zu machen,
obwohl es natürlich an Belegen aus erster Hand mangelt.[14] So wirkte die
Improvisation beispielsweise auf die weitverbreitete Praxis ein, die
Kantilene der langsamen Sätze auszuzieren, und dies wiederum beeinflußte die auskomponierte ornamentale Melodik, insbesondere die
Variationssätze. Improvisation und Verzierungskunst standen in enger
Beziehung zueinander. Ferner waren beide mit dem Begriff der Virtuosität verwandt, wie die Lehrbücher hinreichend deutlich machen. Virtuosität war natürlich vor allem Zweck der Kadenz, eines der am läng-
sten bestehenden Freiräume für die Improvisation, und das nicht nur
bei Konzerten. Kadenzen finden sich in Chopins Musik in den verschie-
densten Zusammenhängen. Dies ist an den Nocturnes, Balladen und
ganz besonders am Schluß der Introduktion zu Opus 2 deutlich zu
sehen. Gleichfalls ausgeprägt war das Improvisieren bei ›präludie-

renden‹ Kompositionen, bei denen häufig rezitativisches Material oder
arpeggiertes Passagenwerk verwendet wurde, das auch in den auskomponierten langsamen Introduktionen zu Rondos, Variationssätzen und
Potpourris Spuren hinterließ. Besonders gefragt waren jedoch Stegreifvorträge über ein vorgegebenes Thema (meistens eine Opern- oder
Volksliedmelodie), bei denen sowohl kunstvolle Verzierungen als auch
virtuose Ausbrüche, motivische Durchführung und kontrapunktische
Verarbeitung des Themas, oft in Verbindung mit anderen bekannten
Melodien, zu dem allgemein erwarteten Arsenal gehörten.[15] Berichte
über solche Stegreifvorträge machen deutlich, daß es hier weitaus größere und häufigere Wechsel von Stimmung, Tempo und Tonarten gab,
als bei auskomponierter Musik akzeptiert worden wäre. Auf diese
Weise pflegte die Improvisation »die Konventionen zu sprengen«[16],
indem sie eine musikalische Anlage ermöglichte, die erst später zum
Bestandteil der ›Kompositionslehre‹ wurde und somit im begrenzten
Maße stilbildend wirkte. Etwas davon wird bei den in »freier« Form
auskomponierten Werken des späten 18. und frühen 19. Jahrhunderts
spürbar, besonders den als »Fantasia« bzw. »Fantasie« bezeichneten
Stücken. Die ausgeprägten Kontraste und unerwarteten Ausbrüche in
den Fantasien Carl Philipp Emanuel Bachs oder auch in Beethovens
Fantasie op. 77 sind hierfür treffende Beispiele.
Für die komponierenden Pianisten im frühen 19. Jahrhundert war die
Grenze zwischen Improvisation und Komposition jedenfalls weitaus
weniger klar gezogen als heutzutage.[17] Sehr oft entwickelte sich eine
Komposition aus einer Improvisation. So gibt es Berichte über Chopins
verzweifelte Bemühungen, eine Idee, die er auf dem Klavier bereits
vollständig ausgeführt hatte, auf dem Papier festzuhalten. Natürlich hat
der Ideenreichtum und das ansteckende, lebhafte Passagenwerk der
Introduktion zu Opus 2 etwas vom Charakter einer auskomponierten
Improvisation, eines Stegreif-Präludiums zum eigentlichen Gegenstand
des Stückes, dem Thema und seinen Variationen.[18] Die Grundidee ist
eine Kantilene, die sich aus dem Thema heraus entfaltet; doch diese
wechselt sich mit üppigen Figurationen ab, deren Vielfalt und Einfallsreichtum bemerkenswert sind, und läßt zuweilen deutlich Strukturen
des späten Chopin ahnen. Diese Figurationen sind von unterschiedlicher Qualität. Am traditionellsten ist eine Akkordauflösung, wie sie
Mozart gebrauchte, um ähnliche Strukturen zu erweitern und zu vertie-
fen. Typischer sind die langen Fioriituren über einem gleichbleibenden
Impuls der linken Hand, Verzierungen der Melodie, doch mit einer
Tendenz zu einer Chiaroscuro-Wirkung, die den Kontakt zur Melodie

Hummel, Sonate fis-Moll

Field, Nocturne A-Dur

Chopin, »Là ci darem la mano«

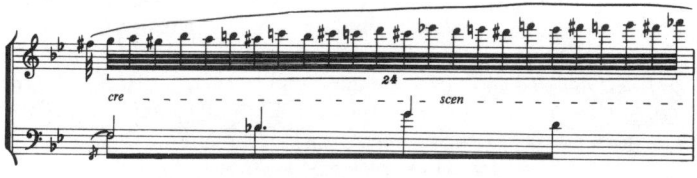

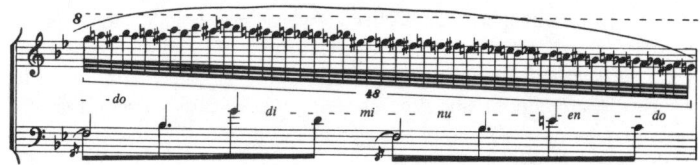

Bsp. 4

verliert. Bis 1827 waren solche Fiorituren in der Klaviermusik durchaus üblich, wobei die entscheidende Anregung von Hummel und Field kam, wie Bsp. 4 zeigt. Chopin hat später dieses Kunstmittel erheblich verfeinert, indem er es vollständig in die melodische Substanz eines Stückes integrierte. Von der Wirkung her ganz anders sind hingegen jene Stellen, bei denen die Melodie einfach in einen »glänzenden Hagel chromatischer Partikel« zersplittert, wie Gerald Abraham die Takte 19–20 treffend beschreibt.[19] Solche Passagen wurzeln harmonisch in der linken Hand, sind aber darauf gerichtet, sich von der Harmonik zu lösen, um die Form eines unabhängigen Satzes anzustreben. In der Tat kristallisiert sich sowohl in den Fiorituren als auch in den »glänzenden Partikeln« die feine Ausgewogenheit der Chopinschen Musik jener Zeit heraus, die durch die Unterordnung der Figurierung unter Melodik oder Harmonik und durch ihre wachsende Befreiung von diesen einschränkenden Einflüssen gekennzeichnet ist.

Die Virtuosität dieser langsamen Introduktion gibt den Ton für das Folgende an. Die Variationen selbst weisen viele individuelle Züge auf, aber im wesentlichen steht ihre Charakterisierung mit der landläufigen Praxis in Einklang. In seinem *Dictionnaire de musique moderne* von 1825 beschreibt Castil-Blaze den typischen ornamentalen Variationssatz ziemlich nüchtern auf folgende Weise: »Zuerst werden einfache Achtel und Triolen verwendet, dann Arpeggien, Synkopen und Oktaven, ohne daß das Adagio in der verwandten Tonart und das *tempo di polacca* vergessen wird.«[20] Der Weg bis hin zur Schablone ist offensichtlich nicht weit, und Castil-Blazes Beschreibung trifft auf Chopins Opus 2 auch recht genau zu. Das Adagio in Moll ist ebenso vorhanden wie das *tempo di polacca* (Variationen 5 und 6), auch die Triolen-Variation (Variation 1). Die anderen drei Variationen sind recht unterschiedlich, doch spiegeln sich in ihnen verschiedene Stilmittel gleichzeitig wider: ein *moto perpetuo* in vorwiegend mäßiger Bewegung, eine gleitende linke Hand mit Tonwiederholungen und Arpeggierung, ein Merkmal, das stilistisch auf Weber verweist, und eine Sequenz springender Figuren für beide Hände, die John Fields Einfluß erkennen läßt.[21] Gleichfalls typisch für diese Gattung ist die fortschreitende rhythmische Belebung und die sich steigernde Virtuosität des musikalischen Satzes in Verbindung mit einem doppelten Ziel in den letzten beiden Variationen, der Dramatik und Rhetorik der Quinte (typisch für langsame Variationen in ihrer freieren Behandlung des Themas) sowie der Brillanz und dem Schwung der Polonaise. Dies weist bereits auf die einige Jahre später komponierte *Grande Polonaise Brillante* hin.

Die Virtuosität der **Fantasie über polnische Themen op. 13** geht über die von Opus 2 noch hinaus. Bei diesem Werk handelt es sich eigentlich um ein Potpourri von drei Themen und ihren Varianten. Es ist noch weniger dicht gearbeitet als die früheren Variationen, mit denen es ziemlich viel gemein hat. Einer langsamen, improvisatorischen Introduktion mit Fiorituren und brillantem Passagenwerk folgt abermals ein Tanz-Finale mit einem Kujawiak, der in einem vorhersehbaren Ausbruch von Virtuosität gipfelt. Die Behandlung der anderen Themen, eines ländlichen Volkslieds und einer Melodie aus einer der Opern Kurpiśskis, erweckt in starkem Maße den Eindruck, als sei hier ein nicht zusammengehöriges Paar von Variationssätzen verknüpft. Die Sätze präsentieren sich nach vergleichbaren Mustern, wobei jedes Thema melodisch vom Solisten entwickelt und dann vom Orchester ›verarbeitet‹ wird, während das Klavier mit nicht-thematischen Figurationen beteiligt ist. Die verschärfte Differenzierung von Lied und virtuosen Grundmustern innerhalb des Klavierparts ist ein Merkmal des brillanten Stils, wie sich auch in den beiden Klavierkonzerten zeigt.

Es gibt noch andere Bezüge zu den Konzerten. Das Hauptthema des Kujawiak stellt der Solist in Oktavgängen auf eine Weise vor, die die folkloristisch beeinflußten Episoden in den Finalsätzen der beiden Konzerte unmittelbar vorwegnimmt. Enge Analogien bestehen ebenso zum Anfang des **Krakowiak-Rondo op. 14**, das den Untertitel »Grande Rondeau de Concert« trägt. Der Reiz der Oktaven gibt diesem Einleitungsteil sogleich eine schöne Eingängigkeit (Chopin selbst war damit sehr zufrieden), so daß auf das persönlichere Idiom des Rondos behutsam vorgegriffen werden kann. Trotz des pompösen Titels ist es ein anspruchsloses Stück, das zu Opus 2 und Opus 13 in ähnlicher Beziehung steht wie das Rondo »à la mazur« zu Opus 1 und Opus 73. Bei konzentrierter Virtuosität sind Stimmungen und Themen enger verknüpft, teilweise als Antwort auf das Nationaltanz-Idiom. Allein der Orchesterpart ist interessanter als in den beiden Bravourstücken, worauf Gerald Abraham hingewiesen hat.[22]

Es fällt nicht schwer, in allen drei Werken Details des Klaviersatzes und des thematischen und harmonischen Verfahrens auszumachen, die auf einige der bedeutendsten reifen Werke hindeuten.[23] Es wäre in der Tat überraschend, wenn solche zukunftsweisenden Spuren nicht vorhanden wären. Aber der formale und stilistische Rahmen, innerhalb dessen sie auftreten, ist noch konventionell und von den internationalen Konzertpodien entlehnt. Die ›chopinesken‹ Elemente verstärken sich in den beiden Klavierkonzerten; den ersten umfangreicheren Werken, in denen Chopins persönliche Stimme klar und deutlich zu vernehmen ist. Doch selbst bei diesen liegen die Eigenarten mehr im Detail als in der gesamten Anlage und der formalen Gestaltung. Sie gehören ganz der Welt des »brillanten« Konzerts an und weisen engste Berührungspunkte mit Hummel, Moscheles, Kalkbrenner und Field auf.

Das Virtuosenkonzert des frühen 19. Jahrhunderts ist vor allem als Reaktion auf die Konzerte Mozarts zu begreifen. Nur selten jedoch wird Mozarts elegante Balance (und zuweilen schöpferische Intensität) zwischen Ritornell-Charakter und sinfonischem Denken, zwischen beinahe opernhafter Dramatik der Stimmen und Gestalten und dem Bemühen um strukturelle Festigkeit erreicht. Virtuosität war bei Mozart natürlich ein Hauptanliegen, doch auch hier findet sich ein kreatives Gleichgewicht zwischen meisterlichem Passagenwerk und thematischen Elementen sowie zwischen Verzierung und Melodie. Es ist schwierig, allgemein darüber zu urteilen, wie die komponierenden Virtuosen auf das Mozartsche Vorbild reagierten, aber deutlich sind zwei Strömungen zu erkennen, die freilich im Vergleich mit Mozart strukturell unausgereift wirken. Zentral ist dabei die sich wandelnde Rolle des Orchestervorspiels. Selbst in den Konzerten Mozarts, die besonders stark sinfonisch geprägt sind, bewahrt das Vorspiel seine traditionelle Funktion als Ritornell. Dies wird durch eine thematische Vorstellung mit offenem Ende und ein monotonales Gerüst erreicht, das dennoch eine bemerkenswerte harmonische Vielfalt aufweist und als ein Spannungsbogen bis zum Einsatz des Solisten hin erscheint.[24] Die Richtung, die die komponierenden Pianisten im frühen 19. Jahrhundert einschlugen, war von einer gründlichen Verkürzung des Vorspiels geprägt, bis es strukturell keinem weiteren Zweck diente, als einen einfachen Rahmen für ein ›begleitendes Solo‹ zu entwerfen. Oft waren die Vorspiele zu den Chopin-Konzerten tatsächlich nach diesem damals üblichen Brauch zurechtgestutzt.[25] Eine andere Methode bestand darin, das Vorspiel mit der tonalen und thematischen Dialektik einer sinfonischen Exposition auszustatten – wie es Beethoven in seinem dritten Klavierkonzert macht –, so daß der Einsatz des Solisten eigentlich zu einer zweiten Themenaufstellung wird, was bei Mozart niemals der Fall ist. Webers Konzerte waren in dieser Hinsicht Übergangswerke, die ein monotonales Vorspiel beibehielten, aber Mozarts straffe Abfolge der Gedanken durch scharf umrissene, selbständige Themen ersetzten, die der Solist mehr oder weniger unverändert wiederholte. Hummel und Field gingen noch einen Schritt weiter, sie verzichteten auf das monotonale Vorspiel und näherten sich so der vollständigen sinfonischen Exposition an.

Zweifellos waren Hummels Konzerte formal und stilistisch die wichtigsten Vorbilder für Chopins Klavierkonzerte. Wie Gerald Abraham überzeugend nachwies, ging dies sogar so weit, daß das motivische Material des e-Moll-Konzerts nahezu identisch ist mit dem aus Hummels a-Moll-Konzert.[26] Abraham meint auch, daß Arnold Schering sich durch die Widmung des e-Moll-Konzerts »irreführen ließ«, als er es, weit weniger überzeugend, mit Kalkbrenners d-Moll-Konzert in Verbindung brachte. Doch derartige Erörterungen zeigen nur nachdrücklich, daß solche Bezüge im Umfeld einer auffallenden Einheitlichkeit von Gestaltungsfloskeln innerhalb des »brillanten« Konzerts gesehen werden müssen; diese wiederum laufen in Wahrheit auf ein reichhaltiges, allgemein verwendetes Repertoire von kurzen, rhythmisch vorangetriebenen motivischen Formen, synkopierten Begleitmustern und virtuosen Strukturen hinaus, von denen viele lediglich dazu dienen, in Ermangelung einer wirklichen harmonischen oder motivischen Entwicklung dem Werk Triebkraft zu verschaffen. Es war eine Kunst des Sich-Anpassens in einer Zeit des wachsenden Individualismus. Das eigentliche Eröffnungsmotiv des f-Moll-Konzerts besitzt eine rhythmische Charakterisierung, wie sie sich auch bei Hummels Klavierkonzert in a-Moll, bei Fields in As-Dur und Kalkbrenners in d-Moll findet, um nur drei der bekannteren von den vielen »brillanten« Konzerten jener Zeit zu nennen,[27] und die synkopierten Muster in dem folgenden Nachsatz sind kaum weniger charakteristisch.

Derartige Vergleiche stellen das **f-Moll-Konzert** in einen aufschlußreichen, ja in den erforderlichen Zusammenhang; aber sie sagen nichts über das Können aus, mit dem Chopin sein Material zusammenschweißt. Er gibt dem konventionellen Gestus viel stärkeres künstlerisches Profil als irgendeiner seiner unmittelbaren Vorgänger und Zeitgenossen. Dem Vorspiel beispielsweise, das oberflächlich gesehen denen von Hummels Konzerten in a-Moll und h-Moll ähnlich ist, verleiht er einen vorwärtsdrängenden, spannungserzeugenden Charakter, indem er einzelne Elemente zur Unterbrechung des anscheinend ungestörten Flusses einsetzt; neue rhythmische Motive werden sorgfältig plaziert, um zu vermeiden, daß die Struktur nachgibt und an Schwung verliert. Die Technik ist mozartisch, ebenso wie das klug durchdachte Gleichgewicht zwischen Kontrast und Kontinuität, wie Bsp. 5 zeigt. Das Beispiel umreißt die drei rhythmischen Motive, die im Einleitungsteil als verbindende und vorantreibende Kräfte fungieren, und es veranschaulicht, in welchem Maß dem ungestörten Fluß der Musik ein ›klassisches‹ Gleichgewicht der kontrastierenden rhythmischen und harmonischen Elemente zugrunde liegt. Solch eine Darstellung kann die Feinheiten dieses Abschnitts natürlich nicht vollständig vermitteln, die unauffällige

Opus 21

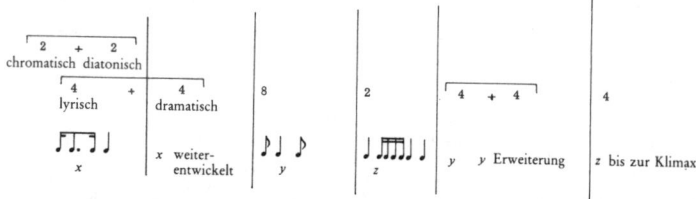

Bsp. 5

Übertragung von *y* aus der Begleitung in die Melodie, die spätere Vergrößerung von *y* in der Baßlinie und der kaum beachtete Einschub einer zweitaktigen Passage, deren rhythmisches Profil *z* später in verschiedenen thematischen Zusammenhängen Bedeutung gewinnt. Das Ganze ergibt ein wohlausgewogenes Wechselspiel kontrastierender und doch aufeinander bezogener Elemente. Wie Hummel wechselt Chopin beim zweiten Thema in die verwandte Durtonart im Anschluß an eine kurze ›Puffer‹-Passage, die unerwartet zum Ausgangspunkt für spätere Einfälle wird. Das zweite Thema selbst ist als ein stabiler Bereich konzipiert, wenn es auch kaum das penible Wiederholen und Sequenzieren durchhält, das Chopin von ihm verlangt. Der glücklichste Einfall ist die Wiedereinführung des rhythmischen Motivs *z* in diesen neuen thematischen und tonalen Zusammenhang, während wir beim Einsatz des Solisten zur Tonika zurückgeführt werden.

Der Soloeinsatz mit seinen Fortissimo-Oktaven entspricht den vom Virtuosenkonzert (Pixis, Ries, Klengel) gewohnten Verfahrensweisen, doch die Einleitungs-Floskel wird von Chopin umgestaltet zum kraftvollen, ungemein aufregenden Zupacken eines energischen Solisten gegenüber einem verhaltenen, erwartungsvollen Orchester. Von diesem Augenblick an konzentriert sich die Aufmerksamkeit auf den Solisten, während das Konzert nun seine wahre Gestalt als ein Solo mit Begleitung annimmt. Der Solist durchmißt eine Folge leidenschaftlich wechselnder Rollen – auf Wirkung bedachter Künstler, Kämpfer und Poet – mit einer gewinnenden Natürlichkeit, die der Sonate oder der Sinfonie versagt ist. Ferner gibt es keine bloß verzierte Reprise des Vorspiels, trotz der tonalen Wiederholung seiner wichtigsten thematischen Elemente. Kaum hat nämlich der Solist das Material des Beginns vorgestellt, geht er zu einem unerwarteten ›neuen‹ Thema über, das die harmlose ›Puffer‹-Passage erweitert und abmildert, welche die wichtigsten tonalen Bereiche des Vorspiels miteinander verbindet, eine Floskel, die wieder mehr an Mozart erinnert als an Hummel und seinen Kreis, die zudem dem ersten Solo eine ganz neue Bedeutung gibt. Interessant ist, daß Chopin dieses neue Thema mit Verzierungen überhäuft, doch viel größere Zurückhaltung übt, wenn der Solist das zweite Thema aufgreift, was so weit geht, daß es bei unmittelbarer Wiederholung vereinfacht statt entwickelt wird. Dies verleiht den reichen Verzierungen am Beginn des Themas in der Reprise zusätzliche Bedeutung und Schönheit. Die Floskel ist um so wirkungsvoller, als die Reprise auf das probate Hilfsmittel der tonalen Synthese verzichtet, nur dem ersten Thema eine beiläufige Erwähnung gestattet

und das zweite Thema wieder einmal in der parallelen Durtonart vor-
stellt. In Übereinstimmung mit den Gepflogenheiten des »brillanten« Konzerts bleiben die Bravour-Elemente beim ersten Solo den beiden Blök-
ken von Passagenwerk vorbehalten, die auf jedes Thema folgen und eine
Brücke schlagen zu den Hauptpunkten tonaler Klärung, f-Moll, As-
Dur und schließlich dem c-Moll des zweiten Ritornells. Diese deutliche
Dualität von Lied und Schema in jedem tonalen Bereich bestätigt die
allgemeine Neigung des Stile brillante, den Gegensatz zwischen lyrischen und strukturellen Elementen des Mozart-Konzerts zu verschär-
fen. Da das Bravour-Material immer virtuoser wurde, nahmen zum
Ausgleich liedhafte Passagen breiteren Raum ein und wurden ganz
deutlich lyrischer, obwohl die klassische Phrasenstruktur dem zuwi-
derlief. Die Lied-Schema-Sequenz wird auch beim zweiten Solo bzw.
beim Mittelteil des Chopin-Konzerts beachtet. Das Schema fungiert
anfangs als Begleitung zur Durchführung des Einleitungsmotivs bei den
Holzbläsern, aber es löst sich allmählich davon und wird zum Spiel-
thema, das die Musik kraftvoll zum dritten Ritornell führt. Die Sequenz
ist recht überzeugend, besitzt aber nicht ganz die Einheit von Form und
Idee, wie sie dem späten Chopin eignet, und ihre Schwachpunkte liegen
zum Teil in einer Schwäche der Gattung selbst begründet. Das wesentliche Element des Virtuosenkonzerts sind die (für Ausschmückungen
und Variationen empfängliche) Melodik und ein Bravour-Schema –
kurzum Poesie und Pomp. Aspekte des Sonatengedankens ruhen unbe-
quem auf dieser Basis, und die Mittelteile oder ›Durchführungen‹ sind
häufig die Phasen, die am wenigsten zusagen, weil sie nur zu leicht in
routinierte Sequenzmuster und unmotivierte Themenverarbeitung zu-
rückfallen.

Das zweite Solo des **e-Moll-Konzerts** folgt genau der gleichen Sequenz
wie sein Vorgänger. Die Parallele wird noch durch die Ähnlichkeit der
Motive hervorgehoben (Bsp. 6). Doch im e-Moll-Konzert besitzt die
nocturneähnliche Melodie eine Schönheit und Natürlichkeit, die eher
über die formale Schwäche hinwegsehen läßt. Wiederum sind die Floskeln vertraut. Es war allgemein üblich, daß das zweite Ritornell eben
einem solchen grüblerischen Solo wich (Webers C-Dur-, Hummels a-
Moll-, Fields As-Dur- und Kalkbrenners d-Moll-Konzert), aber Chopins Melodie verströmt eine Frische, die ihn unverkennbar macht.
Wenn überhaupt, enttäuscht es in der formalen Gestaltung. Das Stück
bietet einzelne Momente von hinreißender Schönheit (etwa das zweite
Thema), doch ist die Struktur weniger überzeugend als in dem früheren

Opus 21

Opus 11

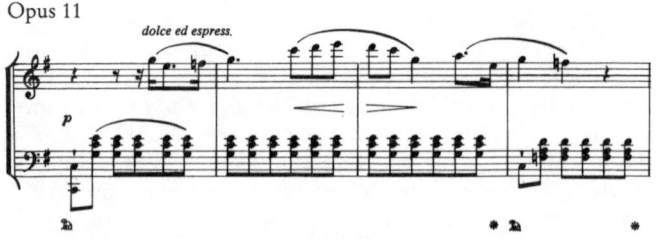

Bsp. 6

Werk. Den ausgedehnten, in sich geschlossenen Themen des Vorspiels fehlt die subtile Ausgewogenheit offener Elemente, die dem f-Moll-Vorspiel seinen Reiz verleihen, so daß der erste Soloeinsatz kaum noch als zwangsläufiges Ergebnis des Vorangegangenen erscheint. Die Verpflichtung, mit einer viel größeren, anspruchsvolleren Anlage fertig zu werden, scheint Chopin jedenfalls zu einem selbstbewußteren Rückgriff auf seine Vorbilder veranlaßt zu haben. Es liegt nahe, abermals auf die Untersuchungen von Abraham und Schering zurückzukommen. Abraham weist eine enge Beziehung zwischen dem motivischen Material von Chopins e-Moll- und Hummels a-Moll-Konzert nach. Nimmt man die von Schering angeführte Parallele zu Kalkbrenner hinzu, findet sich bei den ersten und zweiten Soli durchweg eine bemerkenswerte Übereinstimmung der Floskeln. Die ersten Soloeinsätze weisen verblüffende Ähnlichkeiten auf, und sie münden in eine vergleichbar angelegte punktierte Rhythmusmelodie über einer pochenden akkordischen linken Hand, gefolgt von Bravour-Schemata. Die zweiten Soli haben beide Nocturnecharakter, wirkungsvoll durch ihr Gefühl für entfernte Tonartbereiche, und auf beide folgt eine treibende Sechzehntel-Bewegung hin zum dritten Ritornell.

In einem Hauptpunkt weicht Chopin jedoch von Hummel und Kalkbrenner ab. Die tonale Struktur des ersten Satzes ist, gelinde gesagt, exzentrisch und hat von vielen Seiten Kritik hervorgerufen. Donald Francis Tovey bezeichnete sie als »selbstmörderisch«. Das zweite Thema tritt in der Dur-Variante sowohl im Vorspiel als auch im ersten Solo auf, so daß eine Abwechslung im tonalen Bereich bis zum Beginn des zweiten Solos hinausgeschoben wird, das mit ganz besonderer Schönheit gestaltet ist, jedoch kaum den vorherigen Mangel an tonalem Kontrast und Spannung rechtfertigt. In der Reprise erscheint das zweite Thema andererseits in der parallelen Durtonart, eine seltsame Umkehrung klassischer Verfahren, und das Problem wird durch einen langsamen Satz, der gleichfalls in der Dur-Variante steht, nicht aus der Welt geschafft. Chopins frühere zyklische Formen haben uns freilich schon auf eine unkonventionelle Auffassung von Tonartverwandtschaften innerhalb der sonatenähnlichen Strukturen vorbereitet. Auf die Monotonalität des Expositions-Teils von Opus 4 und Opus 8 wurde bereits hingewiesen, während in den Reprisen des Trios und des f-Moll-Konzerts das zweite Thema jeweils außerhalb der Tonika steht. Das Unbehagen, das man bei all diesen tonalen Schematisierungen empfindet, beruht nicht auf ihrer Widerstandslosigkeit – die klassischen Meister hatten dies bereits in großem Maße demonstriert – und auch nicht auf der Mißachtung eines wesentlichen Grundsatzes des Sonatengedankens, der tonalen Synthese, die entsteht, wenn das ursprünglich außerhalb der Tonika angesiedelte Material in sie hineingebracht wird. Es ergibt sich eher aus einem Unvermögen, das Detail zum Ganzen in Beziehung zu setzen. Paradoxerweise wird Chopins Distanz zur deutsch-österreichischen Tradition nirgends deutlicher als dort, wo er sich an den formalen Archetypen dieser Tradition versucht. Das ist bereits bei diesen frühen Versuchen mit größeren Formen offenkundig. Noch hat er nicht gelernt, diese Distanz für kreative Zwecke zu nutzen. Die Konzerte zeigen, daß er tonalen Kontrast weniger unter dem Aspekt seiner strukturellen Möglichkeiten betrachtete, sondern als ein Mittel für wechselndes Lokalkolorit, bei dem der Gegensatz von Dur und Moll an sich oft schon genügte. Nun kann der Zusammenhalt großer Strukturen natürlich auch durch andere Mittel als durch tonale Architektur erreicht werden, wie Chopin selbst später beweisen sollte. In den Konzerten indes ist die harmonische Sprache in erster Linie diatonisch, und tonale Funktionen bestimmen die kurzfristige akkordische und lineare Bewegung. Der Fehler besteht darin, daß diese auf ein höheres Niveau katapultiert wird, was zu einer nahezu vorsätzlichen Mißachtung eines formalen Hilfsmittels führt, welches das Material selbst erforderlich macht. Selbstverständlich wurden auch Stimmen laut, die Chopins tonale Verfahrensweise in den Klavierkonzerten rechtfertigten, gelegentlich sogar in esoterischer Richtung.[28] Was man allenfalls ehrlicherweise sagen kann, ist, daß die Neigung, eine Reprise des ersten Themas zu verkürzen oder wegzulassen (ein übliches Verfahren bei Virtuosenkonzerten) und das Gewicht der tonalen Bewegung in die Reprise statt in die Exposition zu legen, frühe Anzeichen von Chopins späterer Vorliebe sind, die letzten Phasen eines Werks weniger als Synthese denn als Apotheose zu betrachten. Doch dies ist nur eine versuchsweise Erklärung, keine Rechtfertigung. Schließlich bleiben die Klavierkonzerte wegen der Poesie ihrer Details, nicht jedoch wegen der Kohärenz ihrer Strukturen im Gedächtnis haften.

Dieser Poesie wird in den langsamen Sätzen beider Werke freier Lauf gelassen, in denen Chopins Vergnügen an fein gesponnenen, zuweilen sanften und wehmütigen Melodiefäden vollendeten Ausdruck findet. Der langsame Satz des f-Moll-Konzerts, anscheinend durch eine erwachende Jugendliebe angeregt, ist ein begleitetes Nocturne von erlesener Schönheit, das jener Richtung der lyrischen Klavierkunst, die von Clementi und Dussek bis John Field reicht, ebensoviel verdankt wie der Wiener Tradition von Mozart und Hummel. Letzten Endes handelt es sich aber um unverfälschten Chopin. In den Feinheiten und in der Geschmeidigkeit ihrer ornamentalen Melodik und in der leidenschaftlichen Begeisterung ihres zentralen Rezitativs ist Chopins Musik voll ausgereift. Wenn die Melodik ihre größten Höhepunkte in den späteren Nocturnes erreichen sollte, so erlangt sie in diesen beiden frühen Sätzen bereits eine Frische und Schlichtheit, die um so nachhaltiger den vergleichsweise einfachen harmonischen Satz kaschiert. Der orchestrale Hintergrund bringt ihre besondere Anmut voll zur Geltung; sie ist einzigartig im Schaffen Chopins und auch sonst unvergleichlich.

Indem er seine Finalsätze auf Volkstanzrhythmen aufbaute, auf einer Mazurka im f-Moll- und einem Krakowiak im e-Moll-Konzert, schloß sich Chopin einem Verfahren an, das schon seit langem im Klavierkonzert gebräuchlich war. Das erste Beispiel läßt sich sogar bis zu Johann Christian Bach zurückverfolgen, doch viel unmittelbarer dürften Konzerte von Field und besonders die beiden Klavierkonzerte von Weber gewirkt haben, deren Finalsätze ›volkstümliche‹ Episoden enthalten, die denen von Chopin nicht unähnlich sind. Selbst das *cor de signal* in der virtuosen Coda des f-Moll-Konzerts erinnert noch an das Solohorn in der Bravour-Coda von Webers 2. Klavierkonzert. Auf jeden Fall ist es eine sehr abwechslungsreiche Stelle, und ganz allgemein läßt sich sagen, daß der Orchesterstil des »brillanten« Konzerts gelegentlich ausgesprochen farbig war. Ausgefallene Instrumentierung findet sich reichlich in diesen Werken, und die auffallendsten Details in Chopins Orchestrierung erwecken häufig ganz bestimmte Assoziationen. Die *col-legno*-Streicher im Finale des f-Moll-Konzerts etwa erinnern an Hummels Klavierkonzert in a-Moll, während das Tremolo in der Begleitung im leidenschaftlichen Rezitativ des langsamen Satzes der entsprechenden Stelle im g-Moll-Konzert von Moscheles überraschend ähnlich ist. Doch die Zeiten sind längst vorbei, in denen Chopins viel gescholtene Instrumentierung der Konzerte streitlustig verteidigt werden mußte. Sie erfüllt ihren Zweck auf angemessene Weise.

Vielfach wurde angenommen, daß Chopin in seinem **Allegro de Concert** op. 46, erschienen 1841, alles verwertete, was von seinem unvollendeten 3. Klavierkonzert übriggeblieben war, obgleich nie ein konkreter Nachweis dafür erbracht werden konnte. Zumindest scheint dies aber eine einleuchtende Vermutung zu sein, wenn auch die künstlerische Gestaltung von Ritornell-Concertino-Gegensätzen in der Klavierliteratur durchaus gängig war. Man hat auf die »offenkundigen stilistischen Widersprüche«[29] zwischen der Satzweise von »Tutti« und »Solo« in diesem Werk hingewiesen, doch waren diese vermutlich nicht stärker ausgeprägt als bei Chopins häufigen Aufführungen der beiden Konzerte als Soli. Ob nun das *Allegro de Concert* seinen Ursprung im 3. Klavierkonzert hat oder nicht, seine Struktur entspricht jedenfalls der eines als Solo vorgetragenen komprimierten Konzertsatzes. Als solcher verdient das Werk besondere Aufmerksamkeit, ist es doch Chopins einziger Konzertsatz, der sich an ein mehr oder weniger konventionelles tonales Schema hält. Es gibt ein monotonales Vorspiel, ein erstes Solo, das Lied- (neues Material) und Bravour-Schema wird in der Tonika vorgestellt, gefolgt von einem zweiten Thema und Bravour-Schema in der Dominante. Nach dem zweiten Ritornell führt das zweite Solo eine sorgfältig ausgeformte, nocturneähnliche Fassung des zweiten Themas in der Mollvariante ein, weitere Bravour-Passagen sowie ein abschließendes Ritornell, das thematisch mit dem Vorspiel verbunden ist, folgen.

An seinem 3. Klavierkonzert arbeitete Chopin während seines Wiener Jahres, kurz bevor er nach Paris ging, und seine Briefe zeigen, daß es ihm größte Schwierigkeiten bereitete; offenbar wuchs seine Unzufriedenheit mit dem Stile brillante. Im gleichen Jahr vollendete er noch eine weitere Komposition für Klavier und Orchester, die **Grande Polonaise Brillante** in Es-Dur op. 22, und einige Jahre später in Paris stellte er ihr ein **Andante spianato** voran. Das Andante schrieb er 1834 als Einzelstück, aber sein düsterer lyrischer Charakter paßt nicht so recht zur

Polonaise. Die Polonaise selbst ist im Bravourstil der unbeschwerteren Orchesterstücke aus der Warschauer Zeit gehalten, gewissermaßen eine Übernahme aus dem »polacca«-Finale in Opus 2.[30] Durch unverhohlene Effekthascherei wird sie zu einer passenden Coda für Chopins Beschäftigung mit der Polonaise. Als er sich in Paris wieder dieser Tanzform zuwandte, gewann sie eine ganz andere Bedeutung.

Barocke Einflüsse

Etüden op. 10 und 25 · Préludes op. 28 und 45

Die *Grande Polonaise* stellte in anderer Hinsicht eine Coda dar, sah doch Chopin im Orchester kaum mehr als ein Mittel zur konventionellen Steigerung der solistischen Virtuosität. Sie war sein letztes großes ›öffentliches‹ Bravourstück, doch nahm er damit nicht völlig Abschied vom Stile brillante. Einiges von der Musik, die er während seiner ersten Jahre in Paris schrieb, gehört noch ganz dieser Welt an. Er vollendete das in Warschau begonnene Rondo op. 16 und komponierte die *Variations Brillantes* op. 12 über ein Thema von Hérold, seine letzten Versuche in diesen bei Benefizkonzerten so beliebten Gattungen. Sein *Grand Duo Concertant* für Cello und Klavier über Themen aus Meyerbeers *Robert le Diable*, entstanden in Zusammenarbeit mit Auguste Franchomme, ist ein nicht minder den üblichen Moden verpflichtetes Stück, bei dem eine beliebte Oper als melodische Grundlage für ein elegantes, hübsches Potpourri dient. Dieser Gedanke lag auch einem späteren Gemeinschaftswerk zugrunde, dem *Hexameron*, zu dem sechs komponierende Pianisten je einen Satz über den Marsch aus Bellinis *I Puritani* beisteuerten. Hier aber widersetzte sich Chopin den Erwartungen. Sein Beitrag besitzt eine nocturneartige Schlichtheit, als wolle er allem Virtuosentum um ihn herum eine Nase drehen, und gerade dies spiegelt um so zuverlässiger seine ästhetischen Vorlieben während der ersten Pariser Jahre wider. Es wurde bereits darauf hingewiesen, daß Anzeichen der späteren Reife des Komponisten nicht so sehr in den Bravourkompositionen der Warschauer Zeit zu finden sind als vielmehr in den weniger aufwendigen Miniaturen wie Mazurken, Walzer und vor allem dem e-Moll-Nocturne.

Chopin verleugnete dennoch den Virtuosenstil niemals völlig. Er trug vielmehr wesentlich dazu bei, ihn zu verfeinern, zu erweitern und mit ungeahnter Kraft und Schönheit auszustatten. Satz und Gestaltung wurden der konventionellen Rhetorik und Bravour des Konzertsaals entkleidet und gewannen in ihrer Entwicklung und Realisierung eine neue Feinheit und Mannigfaltigkeit sowie eine neue Rolle als strukturbildende Elemente. Die Verzierungskunst verlor ihre effekthascherische Wirkung und wurde zu einer schließlich untrennbar mit dem

Inhalt verknüpften Ausdruckskomponente. Die Bravour-Codas der Konzertstücke wandelten sich von applaussicheren Floskeln zu formalen Bestandteilen, zur treibenden Kraft der Apotheose. Der »brillante« Stil legte damals die Grundlage für spätere Entwicklungen, doch seine Ausdrucksmittel wurden ganz und gar umgewandelt. Es war eine Veränderung qualitativer Art, die sogar bei scheinbar untergeordneten Aspekten musikalischer Inhalte wie der Dynamik deutlich wurde. In den Autographen aus der Warschauer Zeit zeigt sich an den extremen Kontrasten der dynamischen Vortragszeichen, daß Chopin in seinem musikalischen Denken entweder von der ererbten Vorstellung des klassischen Dualismus ausging oder (und dies häufiger) der Rhetorik des Virtuosenstils.[1] Ein völlig anderes Bild entsteht durch die Autographen der Etüden op. 10. Hier tragen die dynamischen Angaben dazu bei, die einheitlichen, bogenähnlichen Strukturen zu stützen, die in diesen wie in vielen anderen Werken des reifen Chopin sowohl in kleinerem als auch in größerem Rahmen wirksam sind.[2]

Den **Etüden op. 10** kommt in Chopins Schaffen eine besondere Bedeutung zu. Mehr als irgendein anderes Werk aus dieser Zeit bilden sie eine Brücke zwischen dem Stile brillante der Lehrjahre und dem unverkennbaren Ton des reifen Künstlers. Sie wurden wahrscheinlich zwischen 1829 und 1832 komponiert, doch sind nur wenige von ihnen genau datiert.[3] Es ist anzunehmen, daß Chopin 1833 mit der Arbeit an einigen der Etüden begann, die später als Opus 25 veröffentlicht wurden; dieser zweite Zyklus wurde 1836 fertiggestellt. Die Komposition beider Sammlungen erstreckte sich somit über gut sieben Jahre. Im Herbst 1839 schrieb er noch drei weitere Etüden, die sogenannten *Trois Nouvelles Études*, die in die *Méthode des Méthodes* von Moscheles und Fétis aufgenommen wurden. In jeder von ihnen befaßte sich Chopin methodisch mit der Klaviertechnik, aus der der Virtuosenstil hervorgegangen war. Das Ergebnis steht weit über den trockenen Übungen eines Czerny oder den protzigen Kunststücken eines Thalberg. In einem bei früheren Klavieretüden kaum erreichten Maße verlieh Chopin dieser Gattung Inhalt und Poesie, womit er die blendende Kunstfertigkeit auf ihrem ureigensten Feld überwand und sich deutlich aus den ihn umgebenden Niederungen der Mittelmäßigkeit heraushob. Spätere Tändeleien mit dem Stile brillante bedeuteten nicht mehr als bewußte Zugeständnisse an den Publikumsgeschmack, wie sie sich ein Komponist erlaubte, der sich seiner persönlichen Richtung und seines Könnens sicher war.

Kurze Lehrstücke für Klavier waren schon im 18. Jahrhundert nur allzu verbreitet, doch im frühen 19. Jahrhundert nahm ihre Zahl noch um ein Vielfaches zu. Sie erschienen entweder in Form von einzelnen Sammlungen oder als Anschauungsmaterial zu den unzähligen Lehrbüchern, die im Zuge der steigenden Beliebtheit des Klaviers und seiner Durchsetzung auf dem Amateur-Markt herauskamen. Die größte Bedeutung hatte hier Clementi. Von ihm existieren *Präludien und Übungen in allen Tonarten* (1790), seine *Einführung in die Kunst, das Klavier zu spielen* (1803; unter den fünfzig Beispielen finden sich einige originelle Stücke) und natürlich *Gradus ad Parnassum* (1817–27), eine Sammlung von hundert Stücken, die dazu beitrugen, die Grundlagen für die moderne Klaviertechnik zu legen.[4] Bis dahin hatte sein Schüler Cramer bereits zwei Bände mit Etüden veröffentlicht (1804 und 1810), und hier scheint der Begriff »Etüde« auch seine moderne Bedeutung erhalten zu haben. Er brachte, wie Dussek und Czerny, auch ein Lehrbuch heraus. Wie mancher Klavierliebhaber aus eigener Erfahrung weiß, schuf letzterer Hunderte von Etüden, die in Sammlungen wie *Schule der Geläufigkeit*, *Vierzig tägliche Übungen*, *Schule des Virtuosen* und *Kunst der Fingerfertigkeit* erschienen. Die Liste ist endlos. Auch Hummel, Moscheles und Kalkbrenner brachten sowohl Lehrbücher als auch einzelne Etüden heraus; Kalkbrenner, wie einst Clementi, in allen Tonarten. Doch in den späten zwanziger Jahren des 19. Jahrhunderts gab es Anzeichen für neue Entwicklungen, als Etüden weniger vordergründig belehrend, sondern zunehmend ›mit Geist‹ geschrieben wurden. Liszts Sammlung aus dem Jahre 1829 und Moscheles' Opus 70 von 1826 stellten wichtige Schritte in Richtung auf die musikalisch interessanteren und anspruchsvolleren Konzertetüden der dreißiger Jahre dar, wie Hummels Opus 125, Chopins Opus 10 und Opus 25, Moscheles' Opus 95 und natürlich die bekannten späten Versuche von Liszt und Schumann.

Anders als bei manchen dieser späten Etüden steht bei Chopin wirklich noch die Absicht zu lehren im Vordergrund, wobei jedem wesentlichen technischen Problem ein Stück gewidmet ist, das anhand einer einzelnen Form oder Figur konkret behandelt wird.[5] Chopin stand kurz vor seiner Laufbahn als Klavierlehrer, als er mit der Arbeit an den Etüden begann; und es ist sehr interessant, das von ihm gewählte Lehrmaterial eingehender zu betrachten. Seine eigene Musik stand natürlich im Vordergrund, er bezog aber auch Werke von Beethoven, Mendelssohn, Weber und Hummel ein. Besondere Beachtung schenkte er den Nocturnes von Field, den Suiten, Präludien und Fugen von Bach sowie den Etüden von Clementi, Cramer und Moscheles.

Was bestimmte technische Probleme anlangte, hatte Chopin durchaus Vorbehalte gegenüber einigen Grundsätzen seiner ›Kollegen‹, vor allem im Hinblick auf die Gleichstellung der Finger. Das Wichtigste für Chopin war, die Hand entsprechend ihrer Beschaffenheit einzusetzen und die verschiedenen Stärken und Eigenheiten jedes Fingers zu akzeptie-

ren, um so ihre spezifischen Möglichkeiten zu erhalten.[6] Genaue Über-
einstimmungen zwischen seinen Etüden und denen seiner unmittelbaren Vorgänger sind häufig aufgefallen. Doch in jedem dieser Fälle übertrifft Chopin das Vorbild, wie eine Untersuchung der ersten Etüden aus
Opus 10 zeigen wird. Die **C-Dur-Etüde (Nr. 1)**, komponiert während
der letzten Monate des Jahres 1830, ist für die Streckung und Kontrak-
tion der rechten Hand gedacht und ähnelt in ihrer Anlage den Etüden
von Moscheles (Opus 70 Nr. 11) und Cramer. Cramer schrieb zwei
Etüden (D-Dur und d-Moll), in denen er eine gleitende Arpeggierung
zur seitlichen Streckung der rechten bzw. der linken Hand verwendet,
und wie Gerald Abraham gezeigt hat, steht die d-Moll-Etüde von
der Konzeption her Chopins Opus 10 Nr. 1 sehr nahe.[7] Die Chopin-
Etüde stellt jedoch hinsichtlich der technischen Anforderungen einen
beträchtlichen Fortschritt dar. Cramers Oktaven werden zu Nonen
und Dezimen gestreckt, und mit jeder zweitaktigen Arpeggierung gleitet die Hand über eine Spanne von vier Oktaven. Das ganze Stück
verlangt einen Umfang von sechseinhalb Oktaven, praktisch den ganzen Tonumfang des modernen Klaviers. Der Einsatz des Pedals ist nun
unentbehrlich, um die zweitaktigen harmonischen Felder zu verbinden,
selbst wenn seine Wirkung auf einem Broadwood oder Pleyel aus dem
Jahre 1830 ganz anders gewesen sein dürfte als auf einem modernen
Konzertflügel.

Ungeachtet technischer Parallelen und Besonderheiten besteht der
wesentliche Unterschied zwischen den Etüden Cramers und Chopins in
der Qualität der Musik. Die Ausweitung der Arpeggierung, um die
gesamte Klaviatur zu umspannen, ist nicht bloß eine technische Verbes-
serung. Sie wird zu einem Gestaltungsmittel von bemerkenswerter dra-
matischer Kraft, bei dem gewaltige Klangwellen mit unbarmherziger
Wucht von starken unterschwelligen harmonischen Strömungen aufge-
peitscht werden. Hier scheint es schon eher angemessen, der Beziehung
zu Bach Aufmerksamkeit zu schenken, die viel tiefer geht als die vordergründigen Ähnlichkeiten mit Cramer oder Clementi. Am nächsten liegt
der Vergleich mit dem ersten Präludium aus dem *Wohltemperierten
Klavier*, doch ein paar allgemeine Schlußfolgerungen sollten genügen.
Der Eindruck harmonischen Fließens entsteht sowohl bei Bach als auch
bei Chopin durch eine über erweiterte Perioden beibehaltene dissonante Spannung und durch weitreichende lineare Bewegungen, die aus
der Figuration entstehen und einen starken Kontrapunkt mit dem
Melodiebaß bilden. Dieser ›dissonante Kontrapunkt‹ mit einem Melodiebaß ist tatsächlich bei beiden Komponisten sehr ähnlich, und um die

Einer der beiden erhaltenen Pleyel-Flügel, auf denen Chopin spielte. Ausgestellt im Haus der Chopin-Gesellschaft in Warschau

Musik in Richtung struktureller Harmonien voranzutreiben, ist er mindestens genauso wichtig wie die Akkordfortschreitungen, die die diatonischen Hierarchien vorschreiben.[8] Die abschließende chromatische
Steigerung eines Orgelpunkts in der Dominante trägt ebenfalls Bach-
sche Züge – ein ›Kadenz-Orgelpunkt‹ unterstützt eingeschobene verminderte Septimen, ganz wie in den abschließenden Takten des d-Moll-
Präludiums aus dem ersten Teil des *Wohltemperierten Klaviers*. Man
wird erkennen, wie das figurative Muster mit dem Baß zusammenwirkt,
um eine weittragende Bewegung zu tonalen Zielen hin zu erzeugen,
wobei harmonische Wechsel sparsam eingesetzt werden, um die Spannung aufrechtzuerhalten. Dagegen wirken die einfachen Quintenzirkel
bei Cramers Harmonik in der d-Moll-Etüde vergleichsweise primitiv
und mechanisch.

Die zweite und vierte Etüde aus Opus 10 erinnern mit ihrem Sechzehn-
tel-Geflecht über Stakkato-Akkorden gleichfalls an Ursprünge in barocken Techniken, besonders an das *moto perpetuo* einiger Präludien
Bachs. Man könnte aus dem ersten Teil das D-Dur- und das f-Moll-
Präludium herausgreifen. Zu beiden Etüden findet sich indes unmittelbar noch eine engere Parallele in der dritten Etüde von Moscheles' Opus
70. Chopins Ende 1830 komponierte **a-Moll-Etüde (Nr. 2)** kommt ihr
jedenfalls so nahe, daß von Bülow meinte, er könnte sie als Vorbild

Moscheles, Opus 70 Nr. 3

Chopin, Opus 10 Nr. 2

Bsp. 7

benutzt haben (Bsp. 7). Aber auch hier sind die technischen Anforderungen sehr unterschiedlich. Zunächst einmal sind Chopins präzise Angaben zu Dynamik und Fingersatz wesentlich gehaltvoller als die von Moscheles. Speziell der Fingersatz ist hier wichtig! Mit Chopins Etüde soll ein gewandtes Über- und Untersetzen der Finger geübt und die Eigenständigkeit des dritten, vierten und fünften Fingers entwickelt werden. Demgemäß versieht er die chromatische Skala mit einem Fingersatz nach barocker Manier (unorthodox zu dieser Zeit) mit einem Übergreifen des dritten Fingers über vier und fünf, vier über fünf und fünf unter drei und vier, wohingegen Moscheles nur eins und zwei beansprucht. Chopin stellt auch viel größere Ansprüche an den Ausführenden, indem die Lage der Akkorde im Satz für die rechte Hand so gestaltet ist, daß sie von den ersten beiden Fingern bewältigt werden muß, ohne daß der Fluß der Sechzehntel-Bewegung unterbrochen wird, während Moscheles dafür nur den fünften Finger einsetzt.

Ferner bestehen musikalisch große Unterschiede. Wo Moscheles mit einem kecken diatonischen Nachsatz zu dem chromatisch aufsteigenden Ton ein Kontrastelement in die Struktur seines Motivs einbaut, läßt Chopin den barocken Spielfluß mit einer Tour de force wirbelnder Virtuosität ungestört. Die Linie ist als eine Reihe von Bögen gestaltet, und der Reiz des Stückes, in einem Kontext rhythmischer und struktureller Einheitlichkeit, liegt hauptsächlich darin, zu beobachten, wie sich die feinen verschiedenartigen Umrisse dieser Bögen sowie Harmonik und Phrasenrhythmus gegenseitig beeinflussen. Wie so oft bei Chopin sind die Übergänge zwischen ›Melodik‹ und ›Figur‹ fließend. Die ›Grundgestalt‹ erreicht ihren Höhepunkt auf einer schwachen unbetonten Zählzeit eigentlich vor der Hälfte der viertaktigen Phrase, was geringfügige Wellenbewegungen in der absteigenden Linie zur Folge hat, inklusive ausgeschriebener Triller (T. 4) und Wechselnoten-Mustern (T. 8). Diese Wellenbewegungen verändern sich bei Wiederholungen, und ihre Nebenhöhepunkte ›werfen‹ die Phrasierung gegen den Takt, so daß als Effekt eine ungewöhnliche, schlangenähnliche Geschmeidigkeit in der Linienführung entsteht, die wie bei Moscheles von klaren diatonischen Harmonien oder chromatischen Substituierungen im Zaum gehalten wird. Ferner ist es interessant, die verschiedenen Methoden zu vergleichen, die beide Komponisten anwenden, um ihren Mittelteilen eine größere Prägnanz zu verleihen. Moscheles vertraut auf strukturelle Veränderung, an der die linke Hand in den chromatischen Skalen und der Kontrapunktierung der beiden Elemente in seinem originalen Motiv mitbeteiligt ist. Chopin hingegen läßt die satztechnische und rhythmische Disposition unangetastet und setzt Harmonie und Linie deutlich voneinander ab, wie man es auch bei Bach häufig findet. Die Bögen sind auf eintaktige Perioden reduziert oder schon völlig aufgelöst, und die Harmonik befreit sich von ihrer diatonischen Grundlage, um Sequenzmuster im Quintenzirkel bei abnehmender Sequenzperiode zu erkunden. Der Einfall ist ziemlich konventionell, doch Chopin verleiht ihm neuen Reiz, indem er die Annäherung an die Dominante durch Störung der vier- und zweitaktigen Symmetrien in Takt 29 belebt.

Die ersten beiden Etüden enthalten etwas von Chopins wichtiger späterer Technik der rechten Hand, indem sie sowohl Harmonik (ausgedehnte Arpeggierung) als auch Linie (komplizierte chromatische Skalenbewegung) erschließen. Die **dritte Etüde (E-Dur)**, eine seiner beliebtesten und zugleich eine der zuletzt komponierten (August 1832), stellt dazu in Stimmung und Aufbau einen völligen Gegensatz dar. Hier verzichtet Chopin auf das monothematische Konzept und gibt dem Werk statt dessen eine lyrische Note mit einem deutlich kontrastierenden Mittelteil. Die Anlage ähnelt der des Nocturnes op. 15 Nr. 1, das damals vermutlich schon komponiert war. Kaum zu entschuldigen ist ein schleppender, gemächlicher Vortrag dieser E-Dur-Etüde. Im frühesten Autograph (K. 123) findet sich die Tempobezeichnung *vivace*,[9] die später zu *vivace ma non troppo* abgeändert wurde (K. 124) und erst später als *lento ma non troppo* im Druck erschien. Vor diesem Hintergrund sollte man das *ma non troppo* genau beachten.

Die Beherrschung der Legato-Melodik ist ebenso eine Sache der Technik wie die schnellen Läufe, und Chopin vertrat dazu bestimmte Ansichten: so sollte man etwa die Hierarchie der Fingerstärken nutzen, anstatt sie zu leugnen, und einen häufigen Fingerwechsel vornehmen, um die Linie zu verstärken. Auch andere Komponisten hatten natürlich Legato-Melodik in ihre Lehrstücke eingebaut. Moscheles etwa versuchte sich daran in seiner cis-Moll-Etüde aus Opus 70, und seine Melodie besitzt sogar eine ähnliche rhythmische Struktur wie die von Chopin. Aber hier enden die Gemeinsamkeiten auch schon. Moscheles' Melodie ist durchaus gefällig, doch die von Chopin gehört zum Schönsten, was er geschrieben hat. Er hat gegenüber Adolf Gutmann selbst zugegeben, daß sie ihm besonders lieb sei. Es scheint unmöglich, die Qualität und Schönheit einer Melodie wie dieser auch nur annähernd zu erklären. Bereits in seinen ersten Nocturnes hatte Chopin Traditionen lyrischer Klavierkunst des frühen 19. Jahrhunderts für sich erschlossen und weiterentwickelt, besonders die sogenannte »Londoner Schule«,

Opus 10 Nr. 3

Bsp. 8 (1)

Bsp. 8 (2)

wovon einiges im nächsten Kapitel zur Sprache kommen wird. Sicherlich besteht hier ein konstruktiver Zusammenhang, und der Einfluß polnischer Volksmusik, auf den einige Kommentatoren die unregelmäßige Phrasenstruktur der Melodik zurückgeführt haben, hat dabei weniger Gewicht.

Eine derartige Unregelmäßigkeit ist nämlich nur die Oberfläche einer viel weiterreichenden Ambivalenz der rhythmischen Struktur, die zu dem Fluß der sich entfaltenden Linie beiträgt. Es genügt, einen Blick auf die einleitende fünftaktige Phrase zu werfen.[10] Die Achtelnote im Auftakt unterstützt die Auffassung, das Fis und Gis der Takte 1 bzw. 2 funktional sowohl als Vorwegnahme wie auch als Abschluß zu betrachten (Bsp. 8 (1)), eine Tendenz, die in Takt 3 verstärkt wird, wo das Cis nicht als Ziel-, sondern als Drehpunkt in einer übergreifenden Bewegung zum Fis in Takt 4 erkennbar wird.[11] Dies hat den weiteren Effekt, daß der Eindruck eines Abschlusses in Takt 5 abgeschwächt wird und das abschließende E dieses Taktes etwas Vorausweisendes erhält, das es mit der nachfolgenden Phrase verknüpft.[12] Weitere zielgerichtete

Ambivalenz zeigt sich bei Kontur und Motiv. Leicht zu erkennen ist, wie die gesamte Form allmählich Takt für Takt durch Veränderungen des Eröffnungsmotivs aufgebaut wird. Das ist in der Tat kennzeichnend für Chopins Melodik. Doch diese erzählende Entwicklung bzw. der durchkomponierte Charakter bildet einen Kontrapunkt zu einer bogenförmigen Kontur mit Takt 3 als Höhepunkt und den Takten 4 und 5 als umgeformte Reprise von 1 und 2 ((Bsp. 8 (1)). Diese Auslegung wird untermauert durch die harmonischen Entsprechungen an den äußeren Enden des Bogens. Daraus ergibt sich ein Bewußtsein, das beide Deutungen zugleich erfaßt, die eine zeitbezogen und dynamisch, die andere synoptisch und träge, die eine zielt auf Entwicklung, die andere auf Gestaltung.

Es sind also mehrere Faktoren, die diese höchst einprägsame, auf den ersten Blick so einfache, unschuldige Weise auszeichnen. Es findet sich hier ein fruchtbares Zusammenspiel auf verschiedenen Funktions- und Wahrnehmungsebenen, das Chopin weit über formal ähnliche Versuche seiner Vorläufer und Zeitgenossen erhebt und zudem noch den Interpreten mit heiklen Problemen konfrontiert. Der fließende Eindruck der einleitenden Phrase der Melodie hält während der drei folgenden Phrasen an und erreicht seinen Höhepunkt in Takt 17, dem Scheitelpunkt eines ganzen melodischen Bogens, der in Takt 21 wieder zum Ausgangspunkt zurückkehrt.[13] Der Mittelteil der Etüde greift dann eine Phrase der Anfangsmelodie auf und kehrt sie um, damit eine Seiten-Etüde in parallelen Sexten und Tritoni entstehen kann. Dieser Aufbau ist im großen und ganzen bereits von früheren Etüdensammlungen her vertraut (Clementis E- und D-Dur-Etüde aus *Gradus ad Parnassum* sind dafür typische Beispiele). Aber Chopin bemüht sich verstärkt darum, sein Stimmengeflecht aus tonalen Fesseln zu befreien, und weist ihm eine verantwortlichere Rolle in der Struktur zu. Das Passagenwerk ruht natürlich noch auf einer harmonischen Basis, erweitert und verziert kunstvoll dominantische Harmonien, doch gelegentlich zersplittert es in symmetrisch gespiegelte Muster, die in Parallelbewegung geraten, was dazu führt, daß sowohl satztechnische als auch harmonische Gesichtspunkte zur Geltung kommen. Passagenwerk dieser Art fungiert im wesentlichen noch als harmonische Fortspinnung, aber es strebt danach, sich von der Harmonik zu befreien. Weitaus mehr als in jedem früheren Werk wird deutlich, wie sich Harmonie in Farbe auflöst.

Selbst wenn man sie nur unter rein harmonischen Aspekten betrachtet, ist die Kultiviertheit dieses Mittelteils ein Zeichen für Chopins neu gewonnene stilistische Reife. Bis zu einem gewissen Grad stellt sie eine weitere Stufe eines uralten Gegensatzes zwischen diatonischen Hierarchien und nicht-tonalen Symmetrien dar. Passagen wie im Notenbeispiel 8 (2) werden von der Symmetrie bestimmt, wobei diatonische Funktionen unterdrückt werden und die tonale Chromatik im Spiel übrigbleibt. Natürlich ist innerhalb einer solchen Fortschreitung jeder Anflug lokaler Tonreize schwach. Aber bei ihrer Interpretation ist Vorsicht geboten. Selbst auf einer vordergründigen Takt-für-Takt-Ebene bleibt die Harmonik noch als richtungweisend wahrnehmbar, und sie hat einige wichtige Elemente mit diatonischen Fortschreitungen gemein, besonders Halbton-Verbindungen und einen Hang zu Akkordfolgen, um einen ›komplementären‹ Tonlagen-Umfang zu demonstrieren.[14] Außerdem beeinflussen das Tempo der Fortschreitungen – schnell genug, um einzelne Zusammenstöße der Tonarten undeutlich werden zu lassen – sowie die Effekte von Rhythmus und Betonung die weit gefächerten Zusammenhänge, in denen man die Elemente, welche die Tonalität festlegen, in der Harmonik erkennen kann. Bei der Erfassung der Tonalität werden subjektive Maßstäbe immer eine bedeutsame Rolle spielen, und vor einer leichtfertigen Übernahme umfassender Theorien tonaler Strukturen ist zu warnen.

Wie auch immer man solche Stellen theoretisch auffaßt, die Kraft des Höhepunkts, in dem sie gipfeln, ist ebenso über jeden Zweifel erhaben wie die Kompetenz, mit der anschließend zur Vorbereitung der Wiederkehr der Eingangsmelodie die Spannung gelöst wird. Die Umsetzung des musikalischen Inhalts wird hier wie in den Außenteilen mit einer Vollendung ausgeführt, die Chopin bereits als einen Meister der Miniatur ausweist. Dies kann niemals nur eine Sache der Proportionen sein – Musik *fließt* durch den Takt –, genauso interessant ist es, die Stellung der wichtigsten Spannungspunkte in den drei Abschnitten der Etüde zu beachten (A B A^1). Bei A sind die Proportionen 33–8 (gemessen in Viertelschlägen), bei B hingegen 66–16, genau doppelt soviel wie bei A. Die Annäherung an die dominante Harmonie bei B, eine wichtige strukturelle Volltaktigkeit, benötigt 41 Takte – das entspricht der genauen Dauer von A. Sowohl bei A als auch B wird einem Spannungshöhepunkt wenig Zeit gelassen, sich frei zu entfalten. Um als Ausgleich am Schluß Stabilität zu erzeugen, verändert Chopin seine Reprise, so daß die Proportionen zu 17–16 entzerrt und die 33 Takte vom ersten Abschnitt A ersetzt werden.

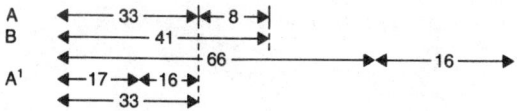

Die fünfte und sechste Etüde – beide stammen aus dem Jahre 1830 –
stellen dem Charakter und den technischen Anforderungen nach krasse
Gegensätze dar. Dennoch sind beide den Bedürfnissen und der Natur
des Klaviers vollkommen angepaßt. Die **Ges-Dur-Etüde (Nr. 5)**, die
sogenannte »Schwarztasten-Etüde«, ist eine Bravourübung, bei der der
Daumen der rechten Hand munter auf den schwarzen Tasten herum-
tollt (Chopins Fingersatz nach dem Autograph, K. 135), während die
linke Varianten einer heiteren improvisierten Begleitung präsentiert.
Wie in der ersten Etüde war Bach der ›Lehrmeister‹, mag die Musik
vordergründig auch noch so andersartig sein. Chopins toccataartige
Motivik drückt für das 19. Jahrhundert etwa das gleiche Empfinden aus,
wie es uns bei Bach in den f-Moll- und B-Dur-Präludien aus dem ersten
Teil des *Wohltemperierten Klaviers* begegnet, und auch in seiner durch
die Figurierung (oft durch vier oder fünf Oktaven verteilt) geschaffe-
nen, sich über viele Takte erstreckenden Auflösung von Dissonanzen
klingt Bach nach. Die Stimmung ist durchweg unbeschwert. Von
Bülow bezeichnete es als ein »Salonstück«, und Chopin selbst hielt es
für das am wenigsten interessante der Sammlung, besonders wenn der
Hörer sich der Beschränkung auf die schwarzen Tasten nicht bewußt
ist.

Die **es-Moll-Etüde (Nr. 6)** ist anspruchsvoller, ihr intensiver, grübleri-
scher Ton steht weit über allem, was zuvor dieser Gattung zugerechnet
wurde. Wie so oft gibt es äußerlich Ähnlichkeiten mit früheren Lehrstücken. So fordern die Harmonien – ungeachtet der Unterschiede in
Stimmung und Tempo – einen Vergleich mit Clementis Etüde in der
gleichen Tonart aus *Gradus ad Parnassum* heraus. In beiden Stücken
erfolgt die Fortschreitung zur Dominante auf ähnliche Weise, wie eine
Übersicht über die harmonischen Zusammenhänge zeigt (Bsp. 9). An

Clementi, *Gradus ad Parnassum* Nr. 60

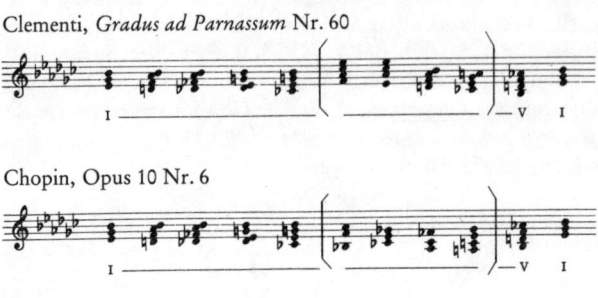

Chopin, Opus 10 Nr. 6

Bsp. 9

diesem harmonischen Befund ist nichts Neues. Doch Chopin geht um einiges weiter als Clementi, ja viel weiter, als es gemäß den harmonischen Regeln des frühen 19. Jahrhunderts allgemein üblich war, indem er Vorschläge expressiv verwendet, um die harmonische Basis der Bewegung aufrechtzuerhalten bzw. zu verwischen, und mit schrittweiser, vorwiegend aus Halbtönen entwickelter Stimmführung den Zusammenhalt gewährleistet. Hier wird ein früher Blick in eine Welt quälend expressiver Chromatik und Dissonanz erlaubt, die schließlich in Wagners enharmonischer ›unendlicher Melodie‹ den Höhepunkt erreichte. Aber bereits Chopins Chromatik blickt sowohl zurück als auch nach vorn. So wie seine chromatischen Symmetrien vieles mit denen Bachs gemeinsam haben, läßt auch seine Freisetzung einer ausdrucksstarken semitonalen Stimmführung gegen den Dreiklang an Bachs chromatischen Affekt denken. Bei einer Arie wie »Betrachte meine Seel'« aus der Johannes-Passion sind die Versuche, einzelne Harmonien jeweils zur Tonika in Beziehung zu setzen, nur im begrenzten Maße hilfreich. Die harmonischen Pfeiler, die das musikalische Gefüge stützen, zeichnen sich deutlich genug ab, doch das dazwischenliegende Material bezieht seinen tonalen Reiz durch die Quinten-Verwandtschaft nur ganz vordergründig. In der gesamten Arie bilden diatonische Hierarchien nur eines von verschiedenen Elementen, die den harmonischen Fluß regeln.

Der Mittelteil der sechsten Etüde verstärkt sowohl die Chromatik als auch die Dissonanz des Anfangs und beschleunigt den tonalen und harmonischen Rhythmus beträchtlich. Hier verwendet Chopin sequenzierende Harmonien, um die Musik weit weg von ihrem tonalen Ausgangspunkt zu führen, und läßt nur einen einzigen Punkt tonaler Klärung zu, das ›neapolitanische‹ E-Dur in Takt 21. Dabei handelt es sich um eine subtil eingefügte Floskel, denn sie reicht zurück bis zu den Anfangsharmonien und gibt zugleich den neapolitanischen Parenthesen in den Schlußtakten eine tiefere Bedeutung.[15] Solche »tonalen Parenthesen«[16], bei denen Chopin eine chromatische Harmonie durch die dazugehörige diatonische Fortschreitung vorübergehend erweitert und dehnt, wurden bei ihm durchaus üblich, und wenn sie ihren Ursprung bei irgendeinem anderen Komponisten haben, dann bei Louis Spohr, dessen Musik er kannte und bewunderte.

In technischer Hinsicht mag die es-Moll-Etüde relativ unkompliziert erscheinen, aber wie alle anderen erfaßt sie die Seele des Klaviers. Die Hauptanforderung besteht in einer sorgfältigen Abstufung des Anschlags, um die vier Strukturelemente zu kontrollieren, eine Melo-

die, eine Gegenmelodie, eine Baßlinie und vor allem eine Sechzehntel-
›Begleitung‹ (um einen völlig unangebrachten Terminus zu verwenden).
Letztere windet sich auf ihrem chromatisch verschlungenen Weg durch
das Stimmengeflecht, fungiert dabei als ein Mikrokosmos der größeren
chromatischen Bewegung in der Harmonik und verstärkt die Stimmung
der nach innen gekehrten Intensität. Das Ganze stellt einen komplizierten Kontrapunkt dar, der jeder harmonischen oder verzierenden
›Akkordausfüllung‹ entbehrt, und dieser ist mit seiner Fähigkeit, Stimmen zu nuancieren und differenzieren, ebenso perfekt für das Klavier
geeignet, wie er es bei Bach für die gleichmäßige Spielart des Cembalos
oder für die Orgel ist.

Ein solcher kontrapunktischer Stil, bei dem Melodiefragmente aus dem
Satz hervor- und wieder zurücktreten, ist auch ein Merkmal der **sieben-
ten Etüde (C-Dur)**, die im Frühjahr 1832 entstand. Die Einleitungstakte bescheren dem Hörer eine scheinbar einfache Struktur, doch das
Ohr neigt wahrscheinlich dazu, sich in wechselnder Folge auf eines der
verschiedenen, im Gleichgewicht befindlichen Grundelemente zu kon-
zentrieren. Es wird beispielsweise das Schema als Schema wahrnehmen.
Gleichzeitig fügt es sich eine melodische Linie entlang den betonten
wiederholten Noten zusammen, eine Melodie der Oberstimmen, die in
schumannesker Synkopierung ›eingeworfen‹ werden, sowie eine melodische Linie der linken Hand, die metrisch drei Notengruppen von zwei
Takten gegen zwei Gruppen von drei Takten der rechten Hand setzt.
Eine Priorität im eigentlichen Sinne gibt es hier nicht; vielmehr eine
Mischung gleichgewichtiger Bestandteile, die eine vielschichtige,
schwer faßbare Struktur bilden, der durch solch gewichtige Details wie
die Verwendung von Tonwiederholungen gegen eine Legato-Linie
noch zusätzlicher Reiz verliehen wird. Wie so oft bei Chopin verbirgt
sich unter einer scheinbar einfachen Oberfläche eine Fülle bedeutender
Einzelheiten.

Tonal durchbrechen die siebente und die achte Etüde – in C- und F-Dur
– das in der ersten Hälfte des Zyklus aufgestellte Schema der verwandten Paare, jedoch kehrt in den letzten vier Etüden ein Paar-Schema in
abgewandelter Form wieder – f-Moll/As-Dur und Es-Dur/c-Moll. Die
zwölf Etüden wurden in einem Zeitraum von gut drei Jahren komponiert und hinterher zu einem Zyklus zusammengefaßt. Trotzdem ergeben sie ein sehr befriedigendes Ganzes, und die tonartlichen Paare deuten darauf hin, daß Chopin sie in den späteren Stadien ihrer Komposition immer mehr als einheitlichen Zyklus betrachtet hat. Selbst die
siebente Etüde, die außerhalb der Tonartengruppierung steht, läßt sich

als ein zentraler Pfeiler ansehen, der den Tonika-Bereich stärkt. Die Glieder zwischen Schluß und Beginn der Stücke sind gleichfalls eng miteinander verknüpft; Chopin schrieb am Ende der dritten Etüde (K. 124) sogar *attaca il presto con fuoco*. Wie Jeffrey Kallberg nachgewiesen hat, gibt es in der Komposition selbst viele Anzeichen, die darauf schließen lassen, daß Chopin vielteilige Werke häufig als künstlerisch einheitlich oder zumindest als aufeinander beziehbare Einheiten ansah,[17] insbesondere die Mazurken und Nocturnes, obwohl er natürlich sehr froh über die allgemein übliche Praxis war, auch einzelne Stücke aus den Zyklen spielen zu können. Es wurde sogar behauptet, daß er in Anbetracht der vielen Vorgänger geplant haben soll, den Etüden-Zyklus fortzusetzen, um alle vierundzwanzig Tonarten einzubeziehen.[18] Diesen Plan soll er nur aufgegeben haben, damit die Etüden erst einmal veröffentlicht wurden; verwirklicht habe er ihn schließlich bei den Préludes. Wie dem auch sei, die Mannigfaltigkeit der Stimmungen, die bereits in der ersten Hälfte von Opus 10 hervorgerufen wird, ist erstaunlich groß; sie umfaßt das erregende Geschehen und die Energie der ersten Etüde, die Lebhaftigkeit der zweiten, die Brillanz der fünften und die grüblerische Intensität der sechsten.

Die **neunte Etüde in f-Moll** erweitert diese Ausdrucksskala noch, indem sie eine neue Stimmung einführt, und zwar eine, die in Chopins Musik wiederkehren sollte. Sie läßt sich vielleicht am besten als unterdrückte Leidenschaft bezeichnen, die die Oberfläche periodisch mit ausdrucksvollen, drängenden Floskeln durchbricht, wobei der individuelle Augenblick mit vorwärtstreibenden, scheinbar spontanen ›Parlando‹-Verstärkungen des originalen Materials emotional gesteigert wird. Ähnliches findet sich in der »Revolutionsetüde«, dem dynamischsten und bekanntesten Stück aus dem Zyklus (Nr. 12), und es mag durchaus nicht seltsam erscheinen, wenn man in ihr sowohl einen Ausdruck slawischen Temperaments als auch ein entferntes Echo der italienischen Oper sieht (Bsp. 10). Mit größerer Gewißheit läßt sich sagen, daß die neunte Etüde in technischer Hinsicht hauptsächlich auf die Kontrolle ausgedehnter Begleitschemata der linken Hand im Nocturnestil zielt. Dies ist an sich schon bemerkenswert, denn bis dahin hatte Chopin in Opus 10 (wie es als Endfassung vorliegt) seine Aufmerksamkeit weitgehend der Entwicklung der Virtuosität der rechten Hand gewidmet. Nur bei wenigen Passagen aus der dritten, vierten und achten Etüde steht wirklich die linke Hand im Mittelpunkt des technischen Interesses, und in dieser verschiedenen Gewichtung der beiden Hände spiegelt sich ganz allgemein seine Musik wider. Die hinsichtlich

Opus 10 Nr. 9

Opus 10 Nr. 12

Bsp. 10

der bloßen Noten relativ unkomplizierte Begleitung der f-Moll-Etüde muß fließend und gleichmäßig erfolgen, und das erfordert eine souveräne Beherrschung der drei Mittelfinger bei weiter Handstellung. Die Bedeutung für Chopins spätere Musik liegt klar zutage.

Im Gegensatz dazu verlangt die **zehnte Etüde (As-Dur)** eine beträchtliche technische Geschicklichkeit beider Hände und, was noch wichtiger ist, die Fähigkeit, die Hände bei Gegenrhythmen und Akzentverschiebungen zu koordinieren. Technisch ist sie eines der anspruchsvollsten Stücke des Zyklus, und sie bestätigt vollkommen die Behauptung von Bülows, daß jeder, der diese Etüde auf eine wirklich vollkommene Weise zu spielen vermag, sich selbst dazu gratulieren könne, die Höhe des Parnaß der Pianisten erklommen zu haben. Abgesehen von Liszts *Feux follets* enthalte das gesamte Klavierrepertoire keine Etüde mit einer so geist- und phantasievollen andauernden Bewegung wie diese.[19] Als erschwerender Faktor kommt hinzu, daß sich Legatissimo-»conpedale«- und Stakkato-Artikulationen sowie weite Sprünge der linken Hand abwechseln.

In Arthur Hedleys Kommentaren zur **elften Etüde (Es-Dur)** klingt wieder von Bülows Bemerkung zur zehnten an. »In der Zeit vor 1830 findet sich nirgends in der Klavierliteratur etwas, das den in dieser Etüde vorgestellten Reihen reichhaltig arpeggierter Akkorde für beide

Moscheles, Opus 70 Nr. 2

Chopin, Opus 10 Nr. 11

Bsp. 11 (1)

Hände ähnelt.«[20] Indes ist es wohl wahrscheinlich, daß Chopin wieder einmal Moscheles' Etüde op. 70 als Anregung gedient hat, wie Bsp. 11 (1) zeigt. Die zweite von Moscheles' Etüden ist eine Übung »pour les deux mains sur les accords dans leur différentes positions. Ils doivent tous être joués en arpège, c'est à dire que les notes dont ils se composent doivent être frappés l'une après l'autre, de la plus basse à la plus haute.«[21] Dieser Anweisung mag einige Bedeutung zukommen bezüglich der Frage, ob Chopin ein einheitliches, fortlaufendes Arpeggio oder zwei gleichzeitige Arpeggien im Sinn hatte, worauf seine und Moscheles' Notierung hinzudeuten scheint. Erwartungsgemäß stellt die Chopin-Etüde wesentlich größere Anforderungen an den Interpreten als die von Moscheles. Der weite Umfang der Akkorde verlangt ein ›Strecken‹ beider Hände, die Melodie muß phrasiert und gleichmäßig intoniert werden, auch wenn sie von Finger zu Finger läuft; auch den

Chopin, Opus 10 Nr. 11

Bsp. 11 (2)

Bruchstücken der Gegenmelodie, die sich bezeichnenderweise aus der
Lage der Akkorde im Satz entwickeln, sollte die rechte Bedeutung bei-
gemessen werden.

Der entscheidende Unterschied zwischen den beiden Etüden besteht
jedoch darin, daß sich Chopin jeglichen strukturellen oder rhythmischen Kontrast versagt. Genau die gleiche Unterscheidung ließ sich
bereits beim früheren Vergleich der Etüden Nr. 2 von Chopin und
Nr. 3 von Moscheles treffen. Bei der Chopin-Etüde muß der Reiz und
die Vielfalt der Musik ebenso wie ihr Gesamtbild bzw. der ›Spannungsbogen‹ durch wechselnde melodische Kontur, zurückhaltend einge-
flochtene kontrapunktische Passagen und vor allem durch Harmonik
geschaffen werden. Unter der fließenden, gleichförmigen Oberflächenstruktur verbirgt sich eine harmonische Sprache von bemerkenswerter
Originalität. Die harmonische Grundbewegung ist langsam und
schlicht, ohne bemerkenswerte Abweichungen vom Tonikabereich.
Nur für einen Augenblick geht die tonale Sicherheit zu Beginn des
Mittelteils verloren. Aber die strukturweisenden Harmonien sind
durch ausgreifende chromatische Bewegung miteinander verbunden,
einschließlich der Passagen mit gleitenden, unaufgelösten Septimen
(Bsp. 11 (2)). Einmal mehr erscheinen die Harmonien selbst nur allzu
vertraut, doch die kaleidoskopische Geschwindigkeit ihres Wechsel-

spiels stellte 1830 etwas Neuartiges dar, und abermals war dies zum Teil eine Reaktion auf die Klangeigenschaften eines Instruments, dessen Möglichkeiten vor Chopin nur zum Teil erkundet worden waren. Zweifellos veranlaßte gerade eine Passage wie die in Bsp. 11 (2) Moscheles zu dem Kommentar: »[. . .] die dilettantisch harten Modulationen, über die ich nicht hinwegkomme, wenn ich seine Sachen spiele, schokkieren mich nicht mehr, weil er mit seinen zarten Fingern elfenartig leicht darüber hingleitet.«[22]

Die Etüden Opus 10 bieten ein nahezu enzyklopädisches Kompendium an Ausdrucksmöglichkeiten des Klaviers und insbesondere das Rüstzeug für die Gestaltung der späteren Werke Chopins. Aber ihre Bedeutung innerhalb seines Schaffens reicht noch weiter; denn sie stellen für ihn die Überwindung der Konvention dar. Selbst dort, wo das Passagenwerk auf geläufige Klaviersätze zurückgeht, werden diese völlig umgestaltet und erhalten durch ungewöhnliche Wechselwirkungen mit Harmonik und Phrasenstruktur oder durch eine zurückhaltende kontrapunktische Verarbeitung eine neue Bedeutung. Die unterschiedliche Behandlung innerhalb der Sätze von Opus 10 sowie die Kompliziertheit und die Finesse ihres Aufbaus sind bemerkenswert. Über jede Kunst der Anpassung erhaben, stellt Opus 10 wirklich eine grundlegende Erneuerung des Klaviersatzes dar.

Mit den **Etüden op. 25** und den **Trois Nouvelles Études** bekräftigt Chopin das Erreichte, während er vielfach dasselbe Terrain sondiert, den Kreis jedoch etwas erweitert und dabei neue Eindrücke sammelt. Besonders der Einsatz der linken Hand ist bedeutend ausgeprägter als in Opus 10. Die letzte Etüde (c-Moll) des Opus 25 beispielsweise erweitert das Grundschema von Opus 10 Nr. 1, indem das Passagenwerk größtenteils harmonische Impulse gibt, wobei aber nun beide Hände an der ausgedehnten Arpeggierung beteiligt sind, so daß sich lineare Elemente (die in Opus 10 Nr. 1 der linken Hand vorbehalten blieben) aus der beidhändigen Figurierung entwickeln müssen. Abermals bestehen Bezüge zu Bach – etwa zum Präludium in der gleichen Tonart aus dem ersten Teil des *Wohltemperierten Klaviers* – bei dem läutenden ›Choral‹, gegen den Seitenmaterial mit beweglichen Rhythmen in Erscheinung tritt.

In der zweiten und vierten Etüde aus Opus 10 wurde die Figuration eher melodisch als harmonisch entwickelt, und auch hierzu finden sich wiederum zahllose Vergleichsbeispiele in den späteren Zyklen. Die **f-Moll-Etüde op. 25 Nr. 2** etwa stellt eine Variation des Themas von Opus 10 Nr. 2 dar. Einmal mehr gibt es ein *moto perpetuo* der rechten Hand,

eine einzelne Linie, die in Bögen von unterschiedlicher Länge und
Weite gestaltet ist. Die stützenden Akkorde in Opus 10 Nr. 2 wurden
jedoch durch eine einfache Linie der linken Hand ersetzt, die das
zugrundeliegende harmonische Schema in Triolen umreißt. Es handelt
sich um einen kargen zweistimmigen Satz, dessen feine, schwer faßbare
Qualität auf den ineinander übergehenden Konturen von Melodie und
Figur der rechten Hand sowie von gebrochenem Akkord und kontrapunktischer Linie der linken Hand beruht. Schwerblütiger klingt derselbe fließende zweistimmige Kontrapunkt in der ersten der *Trois Nouvelles Études* an. Die melodischen Formen sind ebenfalls ähnlich, und
der Kontrapunkt wird wiederum durch eine rhythmische Spannung
zwischen den Stimmen intensiviert. Ein solcher rhythmischer Kontrapunkt, der in Chopins späteren Werken gang und gäbe ist, bildet das
wichtigste technische Charakteristikum mehrerer Etüden, sei es nun
mittels Gegenrhythmen, wie bei Opus 10 Nr. 10 und Opus 25 Nr. 2,
oder Polyrhythmen, wie in der ersten und dritten der *Trois Nouvelles
Études*.
Die melodische Figuration von Opus 10 Nr. 2 wird auf andere Weise in
der sechsten, achten und zehnten Etüde von Opus 25 entwickelt. Hier
wird die Linie, abermals in vorwiegend chromatischen Fortschreitungen, zu parallelen Terzen, Sexten bzw. Oktaven verdichtet. Dabei handelt es sich zwangsläufig um bereits vielfach verwendete Strukturen,
aber ein Vergleich der zarten Terzen Chopins mit denen von Moscheles
(Opus 70 Nr. 13) oder seiner spannungsgeladenen Oktaven mit denen
von Clementi (*Gradus ad Parnassum*, Nr. 44 und 65) unterstreicht
letztlich nur die unvergleichliche Virtuosität der Etüden Opus 25 und
ihre meisterhafte Vollendung.
Die den meisten Etüden zugrunde liegende Figuration zielt auf dynamische Entfaltung, in einigen bleibt jedoch das Schema ein statischer,
wenig aufregender Hintergrund mit Begleitfunktion; doch auch hier
läßt sich verfolgen, wie sich die Technik von Opus 10 zu Opus 25
entwickelt hat. Zum Beispiel wird das Schema der linken Hand in Opus
10 Nr. 9 bei der **ersten Etüde des Opus 25** zu einer dahinplätschernden
Arpeggierung für beide Hände umgewandelt; eine Struktur, die von so
manchem späteren Salonkomponisten übermäßig strapaziert wurde,
die jedoch unter Chopins Händen als Trägerin einer herrlichen Melodie
zurückhaltende Gegenmelodien hervorbringt und eine kühne harmonische Anlage erkennen läßt – eine zauberhafte Wirkung. Schumanns
Beschreibung von Chopins eigenem Vortrag dieser Etüde (der letzten
der für Opus 25 komponierten) ist zu oft zitiert worden, als daß eine

vollständige Wiedergabe hier noch nötig wäre, doch es mag ratsam sein, sich an seine Beschreibung zu erinnern: »[...] immer ein tieferer Grundton und eine weich fortsingende höhere Stimme hörbar [...]; es war mehr ein Wogen des As-Dur-Akkordes, vom Pedal hier und da von neuem in die Höhe gehoben; aber durch die Harmonien hindurch vernahm man in großen Tönen Melodie, wundersame [...]«.[23]
Sowohl in Opus 10 Nr. 9 als auch in Opus 25 Nr. 1 ist die Begleitung harmonisch gehalten. Bei Opus 10 Nr. 8 hingegen geht sie über ihren begleitenden Charakter hinaus und erhält sowohl melodische als auch harmonische Bedeutung. Allerdings handelt es sich bei Chopins dynamisch vorwärts drängenden Sechzehnteln wohl überhaupt nicht um eine ›Begleitung‹, sondern um einen eigenständigen Kontrapunkt zum Marschthema der linken Hand. Eine ähnliche Struktur findet sich in der **elften Etüde des Opus 25**, dem sogenannten »Winterwind«. Wiederum ist der linken Hand ein marschartiges Thema anvertraut, hinzu kommt die ›Begleitung‹ der rechten Hand, die harmonische und melodische Funktionen in einem einzigartig formulierten und nachdrücklich markierten Schema zusammenfaßt, welches über die Tonlagen hinwegfegt und einen dramatischen, wirkungsvollen Kontrapunkt zum Hauptthema schafft. Es ist die leidenschaftlichste Etüde dieser späteren Sammlung, wobei sie mit ihrem heroischen Ton und ihrer strukturellen Bandbreite an die »Revolutionsetüde« erinnert. Obwohl Chopin ein etwas anderes Mittel verwendet, um den heroischen Affekt zu erzielen, lassen sich Vergleiche mit Beethoven nicht ganz von der Hand weisen.
An anderer Stelle von Opus 25 wird der komplizierte Kontrapunkt fragmentarischer Elemente, die typisch sind für Opus 10 Nr. 7, noch weiter ausgeführt. In **Opus 25 Nr. 3** gibt es nicht nur ein Figurationsschema, sondern eine Kombination von vier Elementen, die der Oberflächenstruktur eine melodische Note verleihen. Der wesentliche Vorzug der Etüde beruht auf den einschneidenden Veränderungen, die Chopin bei den folgenden Wiederholungen nicht nur in der Struktur der Motive, sondern auch in deren Dynamik und Artikulation vorgenommen hat. Das berührt einen wichtigen Aspekt. Bei Chopin sind die kleineren Strukturkomponenten im einzelnen inhaltsreicher – *wesentlicher* – als die bei Clementi, Cramer und Moscheles. Dies ist an sich bereits bezeichnend für die Wandlung seiner musikalischen Sprache. Struktur und Klangfarben erhalten in einigen Etüden für sich ein kompositorisches Gewicht, das beinahe dem von Harmonik und Thema gleichkommt. Die Struktur erlangt als ein Bestandteil von Chopins

reifem Stil eigenständige Bedeutung, und ihre Charakterisierung durch
Tonhöhen, dynamische Anweisungen und Artikulation wird äußerst
wichtig. Das trifft auf viele Etüden zu, doch bei einigen werden gerade
diese nicht gespielten Elemente zum vorrangigen technischen Schwerpunkt. Zum Beispiel befassen sich die vierte und neunte Etüde des
Zyklus Opus 25 hauptsächlich mit Stakkato-Artikulation, während die
zweite der *Trois Nouvelles Études* den Wechsel von Legato zu Stakkato
schult.

Alles in allem zeugen die Etüden von Chopins einzigartigem Feingefühl
für das Medium Klavier, und er ist zu Recht mit den Wegbereitern der
für das Cembalo idiomatischen Schreibweise – Domenico Scarlatti und
François Couperin – verglichen worden.[24] Zweifellos gibt es in Chopins Musik auf verschiedenen Ebenen enge Beziehungen zu barocken
Verfahren. Die Liebe zu Bach, die auf seine frühen Studien bei Adalbert
Żywny zurückgeht, hatte ein Leben lang Bestand und spielte bei der
Reifung seines Stils keine geringe Rolle. Bachs 48 Präludien und Fugen
des *Wohltemperierten Klaviers* und die Suiten gehörten ebenso zu seinem Repertoire wie zu seinen wichtigsten Unterrichtsmaterialien; von
ersteren korrigierte er in späteren Jahren sogar einige der Pariser Ausgaben. Bezeichnenderweise nahm er die Präludien und Fugen auch mit
nach Mallorca; denn dort gab er dem Zyklus der **24 Préludes op. 28**, an
dem er mit Unterbrechungen seit 1836 gearbeitet hatte, den letzten
Schliff. Bereits sein Prélude in As-Dur aus dem Jahre 1834[25] machte die
Verbindung zu Bach deutlich (Chomiński wies die Verwandtschaft mit
dem D-Dur-Präludium aus dem ersten Teil des *Wohltemperierten Klaviers* nach).[26] Doch Opus 28 macht insgesamt Chopins Hochachtung
ganz offenkundig. Wie im Bach-Zyklus bilden Chopins Préludes einen
vollständigen Zyklus aller Dur- und Molltonarten, wobei sich aber die
Zusammenstellung an der Parallel-Tonart (C-Dur/a-Moll) orientiert
und nicht an Bachs Monotonalität (C-Dur/c-Moll). Bach hatte natürlich
auch anderen Komponisten von Lehrstücken und kontrapunktischen
Übungen (unter anderem Clementi und Cramer) als Vorbild gedient,
und Chopin selbst schrieb 1829 an Wojciechowski über ein Konzert, in
dem August Klengel seine 48 Kanons und Fugen spielte: »[. . .] sie
schließen an die Fugen von Bach an.«[27] Aber in Opus 28 gehen die
Bezüge über reine Äußerlichkeiten und gewiß auch über die zyklische
tonale Anlage hinaus, die jedenfalls ziemlich weit verbreitet war. Einige
dieser Beziehungen wurden bereits anhand der Etüden untersucht, und
es kann durchaus nützlich sein, sie hier noch einmal in Hinblick auf die
Préludes zusammenzufassen.

Zum einen betrifft dies die Beschaffenheit des virtuosen Passagenwerks. Insbesondere die *moto perpetuo*-Figuration des **H-Dur-Préludes** (**Nr. 11**), eine Art dreistimmiger Invention, oder die des **es-Moll-** (**Nr. 14**) und des **Es-Dur-Préludes** (**Nr. 19**) hat ihren Ursprung ganz deutlich in der Musik für Tasteninstrumente des Barock, etwa dem fünften Präludium aus dem ersten bzw. dem einundzwanzigsten aus dem zweiten Teil des *Wohltemperierten Klaviers*. Wie Bach war Chopin zudem geschickt bei der Ausgestaltung der Figurierung, die einen klaren harmonischen Fluß gewährleistet und linearen Elementen zugleich ermöglicht, aus dem Schema herauszutreten. Typische Beispiele sind das erste und fünfte Prélude, in C- bzw. D-Dur: In beiden wird aus dem komplizierten Schema sorgfältig ein zweitöniges ›Triller-Motiv‹ entwickelt.[28] Man kann diese Stücke etwa mit dem zwölften Präludium aus dem ersten Teil des Bach-Zyklus vergleichen.

Dem Studium der Werke Bachs ist zum Teil auch Chopins äußerst individuelle Behandlung des Kontrapunkts zu verdanken. Im Gegensatz zu den Präludien und Etüden von Clementi, Hummel und Moscheles enthalten die von Chopin keine fugen- oder kanonartigen Fingerübungen. Seine Fuge in a-Moll und sein Kanon in der Oktave sind ihrer Art nach eher Kompositionsübungen als fertige Werke (dies gilt besonders für den Kanon), und auch die imitierenden Sätze, wie sie in einigen seiner frühen Warschauer Stücke reichlich vorhanden sind, klingen mitunter gehemmt und schwerfällig. Erst in späteren Jahren gelang es ihm, derartige musikalische Formen ganz natürlich in sein musikalisches Denken aufzunehmen. Wie außerdem die Untersuchung der Etüden schon gezeigt hat, bildet bei Chopin etwa ein Kontrapunkt häufig den Kern der musikalischen Idee, und zwar gewöhnlich ein solcher, der von den Möglichkeiten des Klaviers ausgeht, die Stimmen mittels nuancierter Dynamik zu ›schichten‹ und sie teilweise aus dem Geflecht hervor- oder wieder zurücktreten zu lassen. Selbst die Figur aus dem ersten Prélude (Bsp. 12 (1)) ist eine subtile Zusammensetzung einzelner, sich jedoch gegenseitig beeinflussender Partikel, eine Struktur, die an Opus 25 Nr. 3 erinnert und die im **achten Prélude in fis-Moll** wieder auftaucht (Bsp. 12 (2)). Wie Bach findet auch Chopin ferner häufig Gefallen an einer echten Polarität von Melodie und ›singendem‹ Baß, wie im **E-Dur-Prélude** (**Nr. 9**), und ersinnt geschickt eine Baßstimme, die eine Doppelfunktion als harmonische Stütze und als polyphone (melodische) Linie erfüllt, wie im **h-Moll-Prélude** (**Nr. 6**).[29]

Diese beiden verwandten Bereiche – Figuration und Kontrapunkt – haben zudem Auswirkungen auf die Harmonik. Sowohl bei Bach als

Opus 28 Nr. 1

Bsp. 12 (1)

Opus 28 Nr. 8

Bsp. 12 (2)

auch bei Chopin bieten die Übereinstimmung der Figuren und kontrapunktische Akkuratesse eine hinreichende Rechtfertigung für scharfe,
oft äußerst unorthodoxe Dissonanzen. Im **a-Moll-Prélude (Nr. 2)** beispielsweise werden in der ostinaten Begleitung ätzende Dissonanzen
geduldet, wie sie unter Chopins unmittelbaren Vorgängern nahezu
unbekannt, bei Bach jedoch keineswegs selten waren, wie etwa in der
Ostinato-Begleitung der reich verzierten Arie, die den langsamen Satz
des *Italienischen Konzerts* bildet.[30] Im allgemeinen ist die Ausgewogenheit zwischen linearen und harmonischen Elementen bei beiden Komponisten ähnlich, während sie sich deutlich vom Stil der Wiener Klassik
unterscheidet. Bei Bach und Chopin bestimmt eine organische Chromatik vielfach die Musik und schreibt ihr die Akkordverbindungen vor,
so daß vordergründige diatonische Funktionen in den Hintergrund
gedrängt werden und sich der Bogen zwischen den Strukturharmonien
erweitert. Ein typisches Beispiel ist das **Prélude in e-Moll (Nr. 4)**, bei
dem eine semitonale Stimmführung die anfängliche Fortschreitung von

der Tonika zur Dominante über zwölf Takte hin ausdehnt. Man könnte es mit dem a-Moll-Präludium aus Bachs zweitem Teil vergleichen. Eine solche semitonale Stimmführung steht häufig in Verbindung mit sequenzierenden Quintenzirkeln in der harmonischen Grobstruktur, wodurch nur eine Form jener tonal schwer faßbaren Symmetrien geschaffen wird, die beide Komponisten bevorzugten.

Erwartungsgemäß spielt in den Etüden und den Préludes der klassische tonale Kontrast nur eine beschränkte Rolle. Ihrem Charakter nach neigen sie dazu, jeweils nur einen Affekt herauszukristallisieren. Zudem hatte Chopin bereits in der Sonate op. 4, im Klaviertrio und in den beiden Klavierkonzerten gezeigt, daß ihm das dramatische Potential großangelegter tonaler Spannungen und die Verwendung der Dominante als Mittel der formalen Gliederung wenig bedeutete, und das selbst in jenen Gattungen, in denen sich solche Merkmale zu Recht vor allem erwarten ließen. Statt einer dialektischen Beziehung zwischen tonalem Kontrast und Synthese bevorzugte er eher einen einzelnen Impuls, der von der tonalen Stabilität weg und wieder zurück führt – ein Prozeß harmonischer Bestätigung und Auflösung. Er bildet den wesentlichen Bestandteil eines im Grunde einheitlichen musikalischen Formbegriffs, der seinerseits barocken Vorbildern näher steht als klassischen. Der musikalische Inhalt der Etüden entwickelt sich oft innerhalb der einfachen dreiteiligen Anordnung, mit einem kontrastierenden oder verstärkenden Mittelteil. Die Préludes stellen häufiger einen einfachen thematischen Gedanken mit dazugehöriger Antwort dar, wobei der abschließende Wechsel in die Tonika hinausgezögert wird, um einen prägnanteren Abschluß zu erzielen. Derartige Anlagen waren in der Barockzeit die Regel, erwiesen sich jedoch als zu statisch, um den Antrieb und die Spannungen des klassischen Denkens miteinander in Einklang zu bringen. Chopin hielt an ihnen fest, was oft als Ausdruck eines unausgereiften, ja primitiven Formgefühls kritisiert wurde.

Eine solche Auffassung erscheint nur plausibel, wenn man »Form« als Synonym für die äußere Struktur versteht. In Wirklichkeit erleben die meisten Menschen (wenn sie nicht analysieren) Musik als etwas ›Fließendes‹, wobei die Zeit durch Spannung und Nachlassen, Entwicklung und Zurücknahme sowie verstärkende und auflösende Impulse geformt wird. Diese wirken zudem auf verschiedenen Strukturebenen, so daß Material, das vordergründig labil bzw. ›dissonant‹ erscheint (auf der Ebene der Phrase beispielsweise), im Hintergrund stabil bzw. ›konsonant‹ sein mag (auf der Ebene des einzelnen Abschnitts bzw. des ganzen Stücks). Die Beziehung zwischen solchen Intensitätskurven und der statischen äußeren Struktur bzw. Anlage eines Stückes, die ihrerseits nur rückblickend zu verstehen ist oder, um genauer zu sein, sich allmählich im Verlauf der Musik abzeichnet, ist entweder wechselseitig oder kontrapunktisch. In gelungenen Miniaturen trifft wahrscheinlich eher letzteres zu.[31] So gesehen ist Chopins Gefühl für Form alles andere als primitiv. In den Préludes fungieren die einfachen zwei- bzw. dreiteiligen Anlagen als unentbehrliche Folie für umsichtig gestaltete, dynamische Intensitätskurven. Selbst wo sie nur einen einzelnen Impuls sanfter Verstärkung oder Auflösung aufweisen, wird dies durch eine subtile Wechselwirkung verschiedener Parameter erreicht, die die Form auf unterschiedliche, oft diskrepante Weise beeinflussen. Eine kurze Untersuchung von vier Préludes soll dies veranschaulichen.

Das **C-Dur-Prélude (Nr. 1)** scheint von allen das einfachste zu sein, doch sein Aufbau ist ausgesprochen subtil. Das Figurationsschema selbst ist schon recht kompliziert (Bsp. 12 (1)): Es bildet eine Grundform, die überwiegend durch die Wechselwirkung von Melodie und Baß bestimmt wird, der gegen Perioden von vier achttaktigen Phrasen kontrapunktisch geführt wird. Wie so oft bei Chopin entsteht der Eindruck vollkommener Symmetrie und Ausgewogenheit durch asymmetrische Mittel. Die Melodie der ersten Phrase legt einen Bereich für den musikalischen Tonraum (die große Sext G–E) durch einen einfachen melodischen Bogen fest. Die zweite und dritte Phrase erweitern ihn, wobei sie zu zwei Höhepunkten gelangen, deren Phrasierung verschoben ist und die zu einer anderen Lesart des Großrhythmus anregen, wie Bsp. 13 zeigt, und zur Steigerung der Spannung in der Phrasenstruktur beitragen. Die vierte Phrase führt dann die Auflösung herbei, die die Art der melodischen Linie verändert, indem sie den Tonraum zwischen

Opus 28 Nr. 1

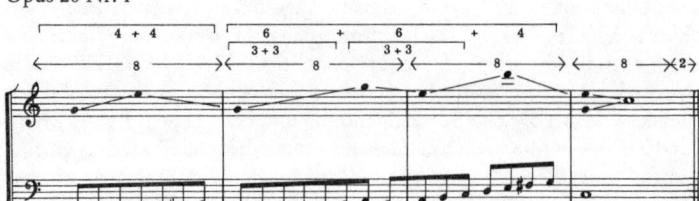

Bsp. 13

den ursprünglichen Endpunkten G und E mittels einer Synthese schließt. Die Harmonik stützt die Form, aber sie etabliert zugleich auch eine eigenständige zweiteilige Struktur. Bezeichnenderweise wird die abwechslungsreiche, lebhafte harmonische Oberfläche von einem diatonischen Mittelgrund verstärkt. Die erste Phrase legt die Bezugspunkte fest, eine einfache I–IV–V–I-Fortschreitung, die in den letzten drei Phrasen erweitert und gedehnt wird (Bsp. 13), wobei zwei sehr unterschiedliche Rhythmen harmonischen Wechsels entstehen.

Harmonischer Rhythmus ist auch ein wichtiges Strukturmerkmal des **dritten Préludes (G-Dur)**, das in seiner gesamten Anlage dem ersten ähnelt, da es wieder einen thematischen Gedanken mit dazugehöriger Antwort behandelt. Das zweitaktige ›ornamental-figurative‹ Schema zu Beginn umreißt den harmonischen Raum und den melodischen Bogen, leitet ein viertaktiges Motiv ein und begleitet es, bis nach und nach ein Tonika-Dreiklang entsteht (Bsp. 14). Obgleich dieser einen melodi-

Opus 28 Nr. 3

Bsp. 14

schen Schluß herbeiführt, scheint es, als ob der Spannungsbogen trotz der gänzlich fehlenden und deshalb auch nicht erwarteten harmonischen Bewegung aufrechterhalten bleibt. Das folgende Material reagiert nach dieser Stauung mit der erforderlichen Instabilität; es bringt eine planvolle Unvorhersehbarkeit ins Spiel, die von der Unterbrechung der Phrasenstruktur in Takt 11 bis zum unerwarteten Ausgang der veränderten Wiederholung reicht, den das Thema nach vier Takten durch Fortschreiten zur Subdominante über einen Krebs der Melodie ›eröffnet‹. Das führt zu einer leichten, aber dauerhaften Verstärkung der gesamten dazugehörigen Antwort bis zur Auflösung in Takt 26. Ein Überblick über das Prélude zeigt einen perfekt gestalteten melodischen Bogen, der wie im ersten Prélude von einer stabilen harmonischen Rahmennotation, die wichtige Funktionen erfüllt, gehalten wird (Bsp. 14). Ein besonders glücklicher Einfall ist es, die Coda von der ›Begleitung‹ übernehmen zu lassen, die sich durch das gesamte Stück eben bis hin zur Coda zieht und nun bestätigt, daß es sich immer um mehr als nur eine Begleitung gehandelt hat.

Beim **zwölften Prélude in gis-Moll** liegt eine *moto perpetuo*-Bewegung vor, deren fließende Achtel zwei verwandte, doch eigenständige Formen entstehen lassen. Was die traditionelle Theorie als tonale ›Verwandtschaften‹ innerhalb einer Tonartvorzeichnung betrachten würde, sah Chopin, wie sich noch zeigen wird, häufig als Teil eines einzelnen musikalischen Gedankens an. Hier sind gis-Moll und H-Dur miteinander verbunden, und innerhalb dieses gesamten Bereichs steht in der

Opus 28 Nr. 12

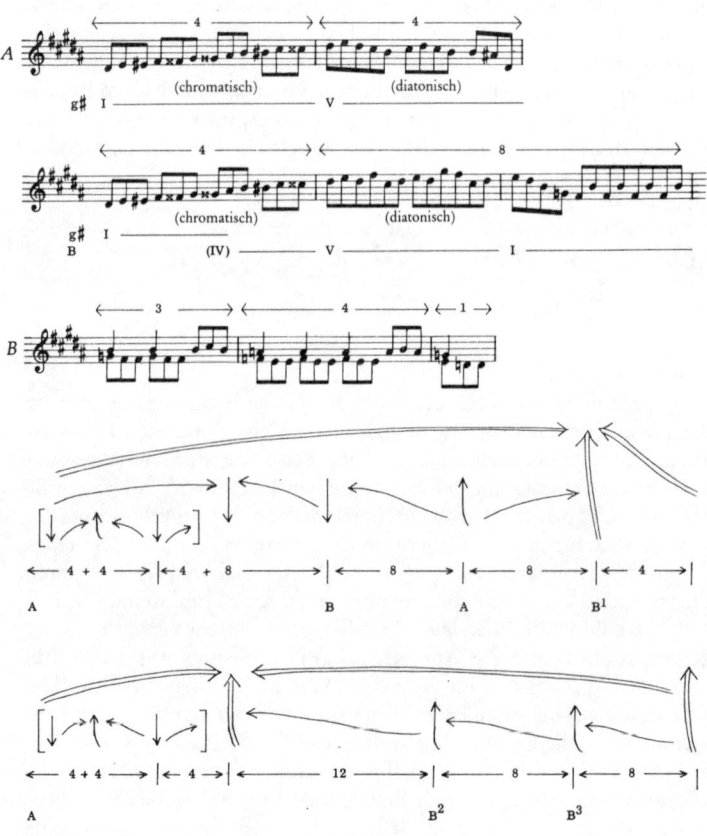

Bsp. 15

Form A chromatisches und diatonisches Material, das ein kleines Spannungs-Auflösungs-Modell bildet, mit gekonnt differenzierten rhythmischen Gruppierungen im Gleichgewicht (Bsp. 15). Die Form B ergibt sich durch eine kadenzartige Erweiterung nach A hin, wobei das Spannungs-Auflösungs-Modell von 4 + 4 zu 4 + 8 verändert wird. Die Verstärkung, die von nun an eintritt, beruht zum einen Teil auf einer Phrasierungsverschiebung (3 + 4 + 1 gegen 4 + 4), zum anderen auf dem weiter entfernten Tonbereich, in dem A, nun diatonisch erweitert (es ›tändelt‹ zwischen C-Dur und e-Moll), aber ohne seinen stabilisierenden Abstieg, wiederkehrt. Die melodische und harmonische Labilität erzeugt hier den wichtigsten Spannungspunkt des Stückes, und die Auflösung erfolgt mit der tonalen und thematischen Reprise genau in der Mitte des Préludes. Betrachtet man nun das größere Gefüge des Stückes, entdeckt man, daß die Form B die erste Themenaufstellung mit dem strukturellen Volltakt in Takt 21 in zwei gleich große Abschnitte teilt.[32] Um einen überzeugenderen Schluß zu erreichen, verlegt Chopin den wichtigsten Spannungspunkt des zweiten Themas ein wenig *vor* den Mittelpunkt, wodurch ihm für Auflösung und Schluß mehr Zeit bleibt. Bsp. 15 zeigt ein Diagramm mit beiden Hälften dieses Préludes, das den Kontrapunkt von Gestalt und Schema veranschaulicht.

Das **siebzehnte Prélude in As-Dur** ist ausgedehnter und in seiner harmonischen Struktur fast noch anspruchsvoller als die drei anderen. Der Beginn ist von bemerkenswerter Eigenart: eine $^6_4$-$^5_3$-Harmonie, bei der die Melodie unmerklich aus der wiederholten Achtelbewegung der beiden Einleitungstakte erwächst und unerwartet auf dem unbetonten Akkord der Harmonie aufblüht. Zu dem erwarteten harmonischen Schluß kommt es weder hier noch bei der vollständigeren Reprise des Eingangsthemas, und Chopin verschiebt ihn sogar noch weiter bis zu Takt 18. Die Tonalität ist durchaus gefestigt, aber sie wird eher durch eine Dominant- als durch eine Tonika-Harmonie erreicht. Nach dem Schluß in Takt 18 bringt uns eine enharmonische Verwechslung zu einem erweiterten Mittelteil, in dem zwei Zwischensätze eine zentrale Aufstellung des hier ausgeprägter ›instrumentierten‹ Hauptthemas einrahmen, welches wiederum in der Tonika steht und am Schluß abermals zum Tonika-Dreiklang hin ausweicht. Die Zwischensätze verwenden die für Chopins Harmonik so charakteristischen sequenzierenden Quinten mit semitonaler Stimmführung, wobei sie harmonische Strukturen erweitern oder dehnen, wie Bsp. 16 zeigt. Die Zwischensätze erzeugen Spannung und lösen sich beide in Vorstellungen des Hauptthemas auf, deren letzte durch ihren glockenähnlichen Orgelpunkt das

Opus 28 Nr. 17

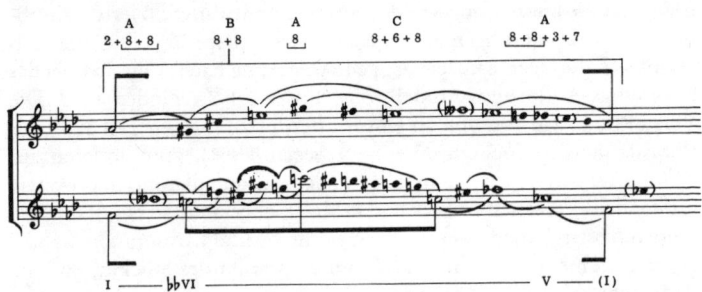

Bsp. 16

Bedürfnis nach Bestätigung und Stabilität erfüllt. Da sich Struktur und rhythmische Bewegung des Prélude nicht wesentlich verändern, entsteht Stabilität hauptsächlich durch tonale und thematische Bestimmung, Labilität hingegen bei fehlender Bestimmung. So gesehen entspricht die Gestalt des Stückes (Intensitätskurve) im großen und ganzen dem äußeren Schema, wie man es von einem umfangreicheren Werk auch erwartet. Auf den ersten Blick würde man von einer fünfteiligen Bogenstruktur sprechen, bei der das zweite Auftreten des Hauptthemas die zentrale Achse bildet.

Chopins Gattungsbezeichnungen bieten nicht immer einen sicheren Anhaltspunkt für das Wesen seiner Musik, und so ist es auch nicht völlig klar, weshalb er Opus 28 als »Préludes« bezeichnete. Die Kunst des Präludierens gehörte einfach zu den Fertigkeiten des Improvisators, und verschiedene Komponisten, vor allem Hummel und Kalkbrenner, hatten bereits in allen Tonarten auskomponierte Stücke vorgelegt, die als festgeschriebene Präludien dienen sollten (Hummels umfassen bloß wenige Takte). Chopins Préludes sind insgesamt von ganz anderer Art, denn sie bilden einen einheitlichen Zyklus voneinander unabhängiger Stücke, die innerhalb des Miniaturbereichs formal etwas nahezu Vollkommenes darstellen, wobei musikalischer Inhalt und begrenzter Zeitumfang in einem geschickt ausgewogenen Verhältnis stehen.[33] Nach diesen Werken fand der Begriff »Prélude« für kurze Charakterstücke weite Verbreitung, Chopin jedoch sollte nur noch einmal auf ihn zurückkommen. Im Jahre 1841, drei Jahre nach der Herausgabe von Opus 28, komponierte er das als **Opus 45** bezeichnete **cis-Moll-Prélude**. Hierbei handelt es sich um ein schönes, ausdrucksvolles Stück, das jedoch die Bezeichnung »Prélude« noch weniger verdient. Mit seiner rezitativischen, langgezogenen lyrischen Melodik und seiner komplexen Begleitung hat es sowohl im Aufbau als auch in der Stimmung wenig mit dem früheren Zyklus gemein, so daß man durchaus Arthur Hedley zustimmen mag, der meint, man hätte es genausogut den Nocturnes zuordnen können.[34]

Belcanto

Nocturnes · Berceuse · Impromptus

Zu der Zeit, als Chopin das Prélude in cis-Moll (Nr. 10) komponierte, waren die meisten seiner Nocturnes bereits fertiggestellt. Titel und Gestus hatte er größtenteils von John Field entlehnt, und er verzichtete auch – wie letzterer – auf jede vordergründige Virtuosität zugunsten eines expressiven, nachdenklichen Gefühlsausdrucks. Bei den Nocturnes handelt es sich vor allem um Charakterstücke, die innerhalb eines bewußt eng gezogenen Rahmens möglicher Emotionen viele Nuancen ausloten, zumeist Schattierungen der Wehmut, der Mattigkeit, des Trostes – die Musik eines traurigen Lächelns.

Seit Schumann ist es Musikschriftstellern zur Gewohnheit geworden, den lyrischen Charakter von Chopins Musik zu einem großen Teil seiner Liebe zur italienischen Oper des frühen 19. Jahrhunderts zuzuschreiben, in der er sich gut auskannte. Zweifellos hatte er ausgiebig Gelegenheit, sich während seiner Lehrjahre in Warschau sowie bei seinen Besuchen in Berlin und Wien intensiv mit dieser Musik zu befassen. In solcher Hinsicht diente das umfangreiche Pariser Opernrepertoire der dreißiger Jahre des 19. Jahrhunderts nur dazu, eine bereits voll ausgeprägte Schwärmerei zu festigen. In stilistischer Hinsicht freilich ist seine ornamentale Melodik in der Tat mit der Koloraturarie der italienischen Oper (insbesondere Rossini) eng verwandt. Zudem pflegte er sehr gute Kontakte zu Gesangskünstlern wie Henriette Sontag, Pauline Viardot und Luigi Lablache, wobei er sich auch häufig über die besonderen Vorzüge ihrer Darbietungen äußerte. Doch hierin teilte er lediglich die allgemeine Begeisterung aller Klaviervirtuosen: Es gibt kaum eine Lehrmethode, die nicht die Stimme als das wesentliche Vorbild für das Legato-Spiel empfiehlt. Außerdem war der Einfluß des Belcanto der Oper auf die Kantilene der Tastenmusik im späten 18. und frühen 19. Jahrhundert so weitreichend, daß Chopins Verarbeitung dieser Elemente sicherlich auf andere, zuvor entstandene Klavierwerke zurückgeführt werden muß.

Bereits Mozart und Haydn hatten in den langsamen Sätzen ihrer Konzerte bzw. Sonaten Floskeln aus dem Bereich der Oper in die Sprache der Tasteninstrumente übertragen, wie es ja auch schon Johann Christian und Carl Philipp

Emanuel Bach vorher auf ihre Weise getan hatten. Eine jüngere Generation, zu deren Repräsentanten vor allem Hummel und Weber gehörten, ging noch einen Schritt weiter bei der Entwicklung einer von der Oper angeregten Kantilene, für die eine ›sangliche‹ Intervallfärbung und eine Stilisierung der vokalen Verzierungskunst kennzeichnend war. Ein Großteil der filigranen Ornamentik in den Frühwerken Chopins läßt besonders an Hummel denken; man vergleiche etwa die Fiorituren am Schluß des langsamen Satzes aus Hummels Klavierkonzert in h-Moll mit denen der langsamen Introduktion zu Chopins Opus 2. Der Einfluß der Oper auf die Instrumentalmusik blieb freilich nicht allein auf das Klavier beschränkt. Die Konzerte, Quartette und Doppelquartette eines Spohr beispielsweise lehnten sich in ihren langsamen Sätzen ebenfalls öfters an die Opernarie an, wobei der ergreifende Charakter seiner Melodik mit ihrer süßen, doch ziemlich düsteren Melancholie dem Chopins häufig nahesteht. Ein treffendes Beispiel hierfür bietet der langsame Satz von Spohrs Klavierquintett, das in seiner Atmosphäre und auch seinen melodischen Konturen auffallend ›chopinesk‹ anmutet; Chopin hörte es übrigens im Jahre 1829.[1]

Die Kantilenen Chopins waren folglich das Ergebnis verschiedener musikalischer Anregungen, doch sie gründen offensichtlich auf einer Tradition der Klavierkomposition, die sich vom Wiener Stil Mozarts und Hummels, welcher seine frühen Bravourstücke so sehr beeinflußt hatte, ziemlich unterscheidet. Die Kategorien verschwimmen zwangsläufig, man kann jedoch eine Richtung der lyrischen Klavierkunst ausmachen, die mehr vom englischen als vom Wiener Klavier ausgeht und die sich von Clementi über Johann Ladislav Dussek bis hin zu John Field erstreckt. Besonders diese Richtung beeinflußte die frühen Nocturnes Chopins. Zum ersten Mal begegnet der Nocturnestil in den Werken Dusseks, die er kurz vor 1800 komponierte, insbesondere in Passagen, wie sie Bsp. 17 aus der Sonate in c-Moll op. 35 Nr. 3 dokumentiert. Bekanntlich zeigte Dusseks Musi-

Dussek, Opus 35 Nr. 3

Bsp. 17

kerpersönlichkeit viele Facetten; in einigen Werken (z. B. der späten As-Dur-
Sonate) ist der doch recht andersartige lyrische Klavierstil eines Voříšek und
eines Schubert noch deutlicher zu ahnen als in Bsp. 17. Aber es war gerade diese
Manier, die in einem sehr frühen Stadium ihrer Entwicklung von George Frederic Pinto und vor allem von John Field übernommen wurde.[2] Sie verband sich
mit den Erfahrungen, die Field während seiner langen Jahre in Rußland mit
Romanzen und italienischen Arien gesammelt hatte.

Dieser Stil drückte sich besonders in den kurzen Charakterstücken aus, die Field
Anfang des 19. Jahrhunderts komponierte. Er belegte sie mit verschiedenen
Bezeichnungen wie »Romanze«, »Pastorale« und »Serenade«, bis er sich schließlich 1814 auf »Nocturne« festlegte. Er verwendete den Begriff im allgemeinen
viel freier als Chopin. Seine Nocturnes (selbst diejenigen, die von Anfang an als
solche geplant waren) enthalten eine Vielfalt an Formen, weisen freilich nicht
immer jene fließende Melodik mit weitgespannter Arpeggierung in der Begleitstimme auf, für die der Einsatz des in dieser Gattung beinahe obligatorischen
Fortepedals erforderlich ist. Selbst den Stücken, die am ehesten ›chopinesk‹
erscheinen, mangelt es an jener werkimmanenten Geschmeidigkeit des rhythmischen Verlaufs und an der Flexibilität der melodischen Linie, wie sie für Chopins
Nocturnes so charakteristisch sind.

Der unüberhörbare Einfluß Fields auf die Kompositionen Chopins
wurde von früheren Kommentatoren wohl etwas unterbewertet; in jüngeren Publikationen wird er dagegen maßlos überschätzt.[3] Fields Ideal-
vorstellung, daß der Ausdruck gegenüber der Virtuosität Vorrang
haben solle, mag zum Teil Chopins Richtungswechsel in den ersten
Pariser Jahren durchaus beeinflußt, wenn auch nicht beschleunigt
haben. Wie nicht anders zu erwarten, ist dieser Einfluß in den frühen
Nocturnes am deutlichsten ausgeprägt. Um dies zu erkennen, genügt es
bereits, das bekannte **Nocturne Es-Dur op. 9 Nr. 2** mit den beiden
Nocturnes von Field in der gleichen Tonart zu vergleichen. Fast scheint
es, als ob Chopin Elemente aus beiden miteinander kombiniert habe.
Das walzerartige Begleitungsmuster und die großräumige harmonische
Anlage des Opus 9 Nr. 2 ähneln Fields zweitem Es-Dur-Nocturne.[4]
Das zweite Thema wird in beiden Werken mit einer sehr ähnlichen
Wendung eingeleitet. Die Gegenakzente der Melodie lassen das erste
der beiden Nocturnes von Field ebenso anklingen wie die typischen
umspielenden Läufe und die abschließende Kadenzfloskel. Weitere
Einzelheiten des melodischen Aufbaus in den drei Nocturnes entspre-
chen einander – der auf den Doppelvorschlag folgende aufsteigende
Sprung, die als Parlando wiederholten Noten und ihr Nachsatz
(Bsp. 18 (1)). Viele solcher Details erinnern aber vor allem auch an Rossini. Seine komische Oper *La Cenerentola* dürfte einen geeigneten

Field, Nocturne Nr. 8

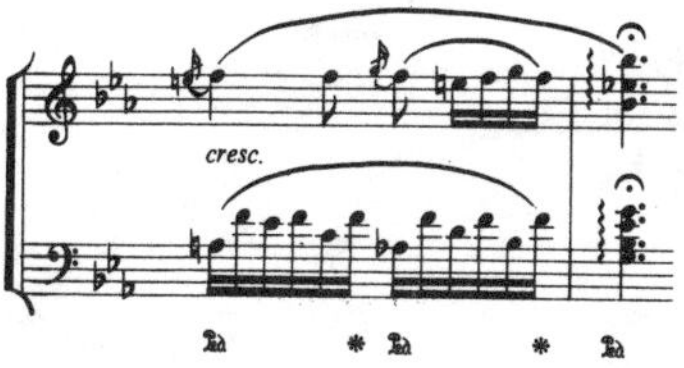

Chopin, Opus 9 Nr. 2

Bsp. 18 (1)

Rossini, *La Cenerentola*

Field, Nocturne Nr. 6

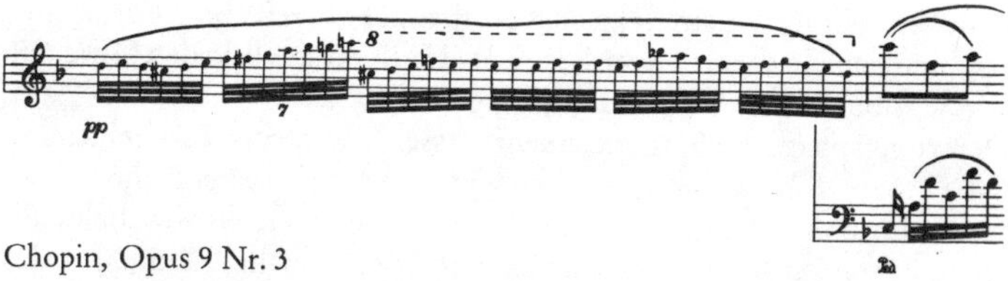

Chopin, Opus 9 Nr. 3

Bsp. 18 (2)

Beleg für weitere operntypische Wendungen bieten, so etwa der Abschluß mit vorausgehender Kadenz, wie man ihn in Fields sechstem Nocturne findet und wie er in Chopins Opus 9 Nr. 3 als Spannungselement eingesetzt wird (Bsp. 18 (2)). Ferner finden sich als charakteristische Merkmale Stilisierungen von Stimmtechniken wie Portamento

Rossini, *La Cenerentola*

rag – – *30* gio a – cu – to

Field, Nocturne Nr. 8

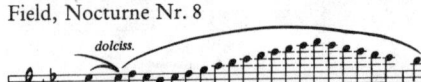

Chopin, Opus 9 Nr. 3

Bsp. 18 (3)

und bogenförmiger Fioritur (Bsp. 18 (3)). Italienisch ist auch die Tendenz, die Melodik durch hinzugefügte Terzen und Sexten gefälliger zu gestalten; ein für Duette typischer Aufbau, der bereits bei Dussek auffällt und auch in Fields Divertissement (H. 13 A) sowie in den Mittelteil von Chopins Opus 9 Nr. 1 Eingang gefunden hat.

Derartige stilistische Spurenelemente lassen also wenig Zweifel daran, daß Chopin sich hinsichtlich der äußeren Merkmale seiner frühen Nocturnes im hohen Maße auf Field stützte, ebenso wie er Moscheles als Ausgangspunkt für einige seiner Etüden op. 10 nahm. Einmal mehr wird jedoch das Vorbild in nahezu jedem Detail des Aufbaus übertroffen. Wiederum genügt ein Blick auf Opus 9 Nr. 2 und Fields Nr. 8, um den größeren formalen und harmonischen Gehalt bei Chopin zu erkennen, d. h. den beweglicheren und abwechslungsreicheren rhythmischen Fluß sowie vor allem die geschmeidigere ornamentale Melodik.[5]

Gerade letztere zielt auf das Wesen von Chopins Nocturnes. In den aufeinanderfolgenden Einwürfen der Hauptmelodie von Opus 9 Nr. 2, die durch anderes Material voneinander getrennt sind, erfüllt die Ornamentik eine entwickelnde, sogar durchführende Funktion; von der Variationsform entlehnt sie das Kulminationsprinzip, das in späteren Werken, wie etwa der f-Moll-Ballade, seinen erregendsten Ausdruck entfalten sollte. Chopins Ornamentik, wie die anderer Vertreter des Stile brillante, diente in seinen früheren Werken hauptsächlich zur Entfesselung von Virtuosität und bot die Gelegenheit, die Melodik in ein

erlesenes, prachtvolles Gewand zu kleiden. Bei den frühen Nocturnes wandelte sich indes Chopins Einstellung zur Verzierung. Anzeichen dafür finden sich bereits im e-Moll-Nocturne, dann in Opus 9 Nr. 2, und am stärksten ausgeprägt im **Fis-Dur-Nocturne op. 15 Nr. 2.** Hier fungiert die Ornamentik als Energiequelle ebenso wie als Variationsmittel; sie ist Bestandteil einer einzigen, sich kontinuierlich entfaltenden Linie, die durch jene geschmeidigen Rhythmen – eher ein auskomponiertes Rubato – des reifen Nocturne-Stils charakterisiert ist. Mitunter vermag die anschauliche Schilderung eines wortgewaltigen Schriftstellers das Wesen der Musik eindringlicher zu vermitteln als jeder Versuch einer analytischen Zergliederung. Man denke nur an Thomas Manns Roman *Doktor Faustus* oder an Prousts Beschreibung von Chopins Melodik, jenen »endlos langphrasierten Themen«, die »so freischwebend, so beweglich, so fühlsicher umhertasten, um einen Platz außerhalb und fern von ihrem Ausgangspunkt zu finden, an dem man dennoch hofft, sie mit weichem Schlag wieder landen zu hören, und wirklich kehren sie nach diesem spielerischen Schweifen der Phantasie desto williger – desto vorbedachter, mit um so größerer Präzision, wie auf einem bis in den schrillsten Diskant vibrierenden kristallenen Spiegel – zurück und treffen den Hörer mitten ins Herz.«[6]
Kennzeichnend für Chopins Leistungen ist auch hier eine Überwindung konventioneller Floskeln, so wie der Individualismus der Romantik über die Gleichförmigkeit des Bravourstils obsiegt und der Virtuose sich zum Poeten entwickelt. In den Kompositionsstrukturen der Nocturnes wird jegliche unreflektierte Übernahme allseits verbreiteter Schemata vermieden. Zu ihren wesentlichen Merkmalen gehören, ganz allgemein gesagt, Leichtigkeit und Klarheit des Klangs, eine Verschlankung über die Register hinweg (wobei den tiefen Lagen geringere Bedeutung zukommt) sowie ein großes Feingefühl für die Nuancen von Dynamik und Artikulation, für unvergleichliches Raffinement im Gebrauch des Pedals. Die hier wiedergegebenen kurzen Auszüge aus Opus 15 Nr. 2 sollen etwas von der Kompliziertheit und Vielfalt vermitteln, wie Chopin sie bei einer Melodie, die innerhalb des Stückes dominiert, und einer Begleitung, die den Rahmen bildet, zukommen läßt (Bsp. 19).
Nicht alle frühen Nocturnes Chopins enthalten indes jene ornamentale Melodik, wie man sie in Opus 72 Nr. 1, Opus 9 Nr. 2 und Opus 15 Nr. 2 findet. Im ersten Stück von Opus 15 ist sie ausgespart; desgleichen im dritten in g-Moll, dessen Funktion, wie Jeffrey Kallberg überzeugend belegt hat, zumindest teilweise darin besteht, den Zyklus als Gan-

Opus 15 Nr. 2

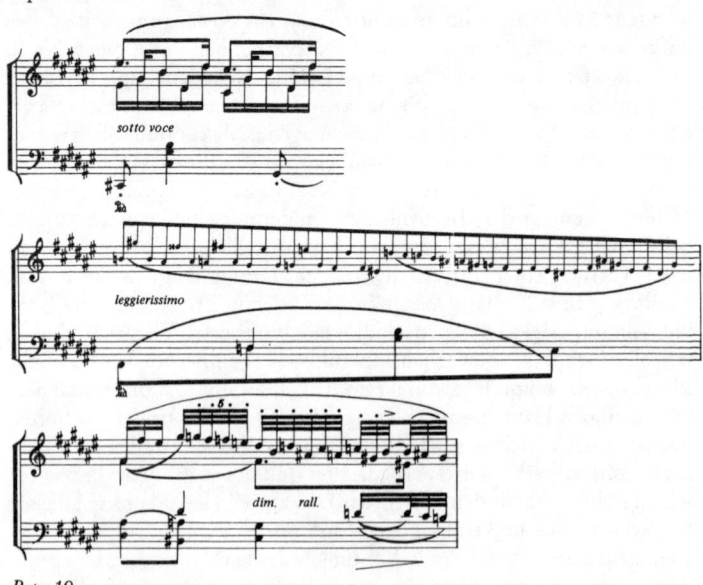

Bsp. 19

zes mittels tonaler Querverweise zusammenzufügen.[7] Der melodische
Zierat kehrt in dem brillanten, wenn auch etwas süßlichen **Des-Dur-
Nocturne op. 27 Nr. 2** von 1836 wieder. In vielerlei Hinsicht scheint es
die wesentlichen Merkmale dieser Gattung in sich zu vereinen. So ist
schon die Eröffnungsphrase in ihrer genau gegliederten Intervallstruktur ein typisches Beispiel für Chopins melodischen Stil; sie definiert
eines der auffallendsten Formelemente seiner Musik, wie Bsp. 20
belegt.[8] Gleichfalls charakteristisch ist die Weiterführung der Phrase
mit ihrer sanften Wellenbewegung, die eine Reihe von Bögen unterschiedlicher Ausdehnung beschreibt, wie auch mit der Verteilung und
Gewichtung ihrer Vorschläge; diese bauen in den Kern der Melodik
jene ausdrucksvollen Details ein, wie sie im ›galanten‹ Stil und bei
Mozart üblich sind, verschieben bzw. verändern jedoch häufig die zu
erwartende Auflösung. Obwohl eine gewisse Vertrautheit naturgemäß
die Wirkung überraschender Wendungen abschwächt, wird man ab
einem gewissen Punkt doch immer wieder in Erstaunen versetzt. Das B
in Takt 6 etwa kommt einen halben Takt später als erwartet, wodurch

Opus 29

Trois Nouvelles Études Nr. 3

Opus 70 Nr. 3

Opus 26 Nr. 1

Opus 31

Opus 27 Nr. 2

Bsp. 20

die Phrase auf 4½ Takte erweitert wird und das zum A aufgelöste As wie ein liegengebliebener Ton wirkt, und dieser merkwürdige Eindruck bleibt auch bei späteren Themeneinwürfen erhalten. Wenn dann das Es in Takt 49 von einem Ces abgelöst wird, erlangt der Gestus noch größere Intensität. Das G in Takt 9 löst sich elliptisch auf, indem es nur flüchtig seinen vorhersehbaren Zielton As ansteuert und dann zu einem stabileren, wenn auch weniger erwarteten F fortschreitet (Bsp. 20). Die rhythmische Flexibilität dieser Anfangsphrase findet sich gleichfalls in vielen Chopin-Kantilenen wieder. Die achttaktige Periode mag recht

konventionell wirken, aber sie zeigt eine ständige rhythmische Veränderung, und während motivische Wiederholungen innerhalb der Linie
vermieden werden, entsteht der Eindruck eines spontanen, scheinbar
natürlichen Fließens unendlicher Melodie.

Das zweite Glied der Melodie B, das die Linie zu Terzen verdichtet,
steht während des gesamten Nocturnes in einem Wechselspiel mit diesem Eröffnungsmotiv; bei seinen Wiederholungen erscheinen durchgehend kunstvolle Verzierungen. Obgleich diese zweite Melodie ganz
selbstverständlich aus der ersten hervorzugehen scheint, sind ihr Aufbau und die Funktion ihrer späteren Ornamentik völlig verschieden.
Dieser Unterschied wirkt sich nachhaltig auf die Struktur und den
Affekt des ganzen Nocturnes aus. Im Gegensatz zur durchkomponier-
ten Form von A handelt es sich bei der zweiten Form um eine Struktur
symmetrischer Periodenhaftigkeit; die acht Takte werden in zweitaktige Einheiten unterteilt; wobei auf je ein Element unverzüglich die
dazugehörige Variation folgt. Es handelt sich um eine Technik, die sich
später bei den russischen Komponisten großer Beliebtheit erfreute und
schließlich sogar in die Musik Debussys und Ravels Eingang fand.

Die unterschiedliche Struktur dieser beiden melodischen Formen wird
vor allem bei ihren verzierten Wiederholungen deutlich. Die Ornamentik von B zielt auf eine größere Intensivierung ab, und gerade durch B
wird die Musik zu ihren entscheidenden Höhepunkten getrieben, wird
Energie und Bewegung erzeugt. Demgegenüber bewirkt die Ornamentik von A eine Art ausdrucksvolle Variation über eine mehr oder weniger unveränderliche ›Arie‹, die gelegentlich in eine atemberaubend
schöne Linie mündet, während kunstvolle Fioriuren in den ununterbrochenen lyrischen Fluß eingebettet sind. Bezeichnend für die jeweiligen Funktionen der Ornamentik ist, daß die drei Themenaufstellungen
in A jeweils acht Takte lang sind, wogegen jene drei in B mit sechzehn,
zwölf bzw. acht Takten im Umfang variieren. Der Spannungsbogen der
Musik erreicht schließlich am Schluß der zweiten Themenaufstellung
von B seinen Höhepunkt, und die erweiterte sechzehntaktige Coda
über einer neuen Kadenzfigur sorgt für die erforderliche Stabilität und
einen zwingenderen Abschluß.

Die Strukturen von A und B unterscheiden sich im wesentlichen
dadurch, daß einmal eine sich kontinuierlich entfaltende Linie ohne
Wiederholungen – im weitesten Sinne rezitativischer Art – vorliegt und
zum andern eine Melodik symmetrischer Periodenhaftigkeit mit internen Wiederholungen, im wesentlichen ein Strophentyp. Einige der
schönsten Melodien Chopins – einschließlich Opus 10 Nr. 3, Opus 55

Opus 48 Nr. 1

Bsp. 21

Nr. 2 und Opus 61 – gehören dem erstgenannten Typus an, doch
herrscht die strophische Anlage bei Chopin (nicht nur in den Nocturnes) vor. Die symmetrischen Phrasen und Schemata sind freilich
selbst bei strophischen Melodien meistens durch rhythmische und
melodische Variation innerhalb der Phrase verborgen, wodurch eine
mustergültige Ausgewogenheit zwischen Schema (sei es Verbergen, sei
es Wiedererkennen) und Entfaltung erreicht wird. Alles untersteht
demnach fortwährender Symmetrie. Das erste der Nocturnes op. 37
kann als ein Beispiel hierfür dienen. Noch eindrucksvoller in dieser
Hinsicht ist aber der melodische Abschnitt zu Beginn von **Opus 48
Nr. 1**, wo die melodische Parallelität unterschiedlich ausgewiesen wird,
jeweils ganz offensichtlich wie in a^1 und subtiler wie in b^1 (Bsp. 21).
Besondere Beachtung verdient die rhythmische Flexibilität des ganzen
Abschnittes. Die späteren Phasen dieses Nocturnes sind interessant,
weil in ihnen die Intensivierung nicht durch Verzierung erreicht wird,
sondern durch einen neuen Hintergrund. Der letzte Themeneintritt der
Melodie kontrastiert mit einer vollständig ausgeführten pulsierenden
Achtelbegleitung, deren rhythmische Spannungen mit der Melodik eine
Energie erzeugen, die die Musik unerbittlich auf den wirkungsvollen
Taktschwerpunkt in Takt 74 vorantreibt. Die letzten Takte des Stückes
bilden eine sorgfältig ausgeführte ›weibliche Endung‹. Eine solche apo-

theosenartige Reprise, die später zu einem wichtigen Faktor in der Musik Skrjabins wurde, sollte in der Polonaise-Fantasie ihren mächtigsten Ausdruck finden.

Die Nocturnes sind vielleicht mehr als alle anderen Werke Chopins aus Stimmungen heraus entstanden; sie spiegeln eine weitverbreitete Tendenz der Musik im frühen 19. Jahrhundert wider, der zufolge die Werke Ausdruck einer privaten romantischen Gefühlsäußerung sein sollten – »Bruchstücke tönender Selbstbiographien«, wie Carl Dahlhaus es nennt. Es war eine Zeit, da ein Komponist in zunehmendem Maße in seiner und durch seine Musik lebte; eine Zeit, in der er (gemeinsam mit anderen) sich immer mehr mit den Ausdrucksmöglichkeiten der Instrumentalmusik auseinandersetzte, um das Gemüt aufs heftigste zu bewegen. Hoffmann sah in der Instrumentalmusik die »romantischste« aller Kunstformen, während Schilling behauptete, daß keine andere Kunst für ihre schönsten und charakteristischsten Elemente derart stark aus den größten Gefühlstiefen schöpfe.[9] Viele legten besonders Wert auf den absoluten Charakter der Musik, ja ihre vielsagende Unbestimmtheit. So erregt Musik nach Herders Auffassung »eine Folge inniger Empfindungen, wahr, aber nicht deutlich, nicht anschauend«.[10] Andere wurden dazu verleitet, die starken Gefühlsregungen, welche die Musik hervorrief, in eine konkretere Sprache zu übertragen, um ihr dadurch größere Bedeutung zu verleihen.

Chopins Musik erfuhr in der Kritik des 19. Jahrhunderts besonders häufig ›Bedeutungszuweisungen‹ dieser Art, er selbst jedoch vermied programmatische bzw. typisierende Gesten. Seine Stimmungsmalerei reduziert Stilisierung auf ein Minimum und läßt sich gewöhnlich auf stark subjektive Werte ein. Zugleich bedient sie sich zwangsläufig konnotativ-assoziierender Gesten, wobei sowohl auf die früheren Affekte als auch auf neuere Ausdrucksmittel, die oftmals aus der Welt der Oper entlehnt sind, zurückgegriffen wird. Typische Beispiele sind die Assoziation von ungeradem Takt mit Zärtlichkeit und Sehnsucht, vor allem in der italienischen Oper, sowie die ›Entdeckung‹ von Ges-Dur als eines Zeichens für Ferne und Tiefe.[11] Solche Metaphern halfen dem Hörer, seine Gefühlsregung zu präzisieren, und zweifellos reizten sie die Kommentatoren dazu, Bedeutungen und Anspielungen genau zu fixieren. Niecks beispielsweise vernimmt im b-Moll-Nocturne op. 9 Nr. 1 »Gedanken, wie sie die Dämmerung, die Stille der Nacht eingeben«, während Huneker anmerkt, das gleiche Stück sei »am besten an einem düsteren Tag der Seele zu hören, wenn die Zeit aus den Fugen geraten ist: Seine seidigen Klänge werden schmerzliche Befriedigung bringen, wenn man sie dann vernimmt.« Überdies ist die Wirkung mitunter beinahe assoziativ – beispielsweise das »religioso« von Opus 15 Nr. 3, das abermals im Mittelteil von Opus 37 Nr. 1 anklingt. In einigen Nocturnes scheint das expressive (bzw. im weiteren Sinne ›programmatische‹) Moment – während der formale Zusammenhalt hinter einer ›Ausdruckslogik‹ zurücksteht – tatsächlich den Vorzug gegenüber der strukturellen Einheitlichkeit zu erhalten. Im ersten der Nocturnes op. 32 sind Stauungen durch die Auslassungen im Hauptthema Bestandteil des Inhalts; damit kann aber kaum die Coda mit ihrem bedrohlichen Trommelschlag und dem dramatischen Rezitativ vorbereitet werden, in der ein (unvollständiger) Dominantnonakkord sorgfältig verarbeitet wird, um den Schluß hinauszuzögern. Der Unterbrechung der liedhaften Linie durch diese überraschende Passage eines instrumentalen Rezitativs liegt keinerlei formale Logik zugrunde, vielmehr rückt sie Chopins Wunsch, die Musik ›sprechen‹ zu lassen, unmittelbar in den Vordergrund.

Wo das Hervorrufen von Stimmungen zu einem Hauptanliegen der Musik wird, kann sie sich leider nur allzuleicht an Klischees und letztlich an den »Kitsch«[12] verlieren, poetische Absicht und ihre Umsetzung sind dann nicht im Einklang, und die Künstlichkeit liegt nur zu deutlich auf der Hand. Chopin mußte unter solchen kitschigen Kreationen sehr leiden. Eine Unmenge kurzlebiger Salonstücke wurde im 19. Jahrhundert von Komponisten produziert, die sich mit Vorliebe äußerlich an den Gestus von Chopins Nocturne-Stil anhängten, der durchaus leicht nachzuahmen ist. Das Ergebnis bestand häufig in einer Art Pose, in der die Sehnsucht zur bloßen Sentimentalität verkam, Tragisches zum Melodramatischen wurde, religiöse Empfindung zu rührseligem Dünkel. Bekanntlich sind in der Musik Wert- und Qualitätsmaßstäbe nur schwer zu definieren,[13] und letzten Endes wird man sich zwischen einem Chopin-Nocturne und einem von Heller, Jensen oder Kirchner rein gefühlsmäßig entscheiden. Dennoch lassen sich hierzu einige Beobachtungen festhalten.
Interessant ist es, bei solchen Vergleichen einige Kriterien hinsichtlich Wert und Größe einzubeziehen, die Leonard B. Meyer aufgestellt hat und die teilweise auf der Informationstheorie beruhen.[14] Legt man Meyers Maßstäbe zugrunde, ließe sich sagen, daß, verglichen mit einem Nocturne Chopins, in den Salonstücken ganz allgemein dem Schluß zu wenig Widerstand entgegengesetzt wird, sie auch zu wenig planvolle Unbestimmtheit und dementsprechend zu wenig Information bieten. Dem musikalischen Material wird ohne Umschweife oder Abweichungen die Richtung gewiesen, die es einzuschlagen gilt, und Beziehungen innerhalb der Parameter müssen sich entsprechend fügen. Das Chopin-Nocturne vermittelt hingegen das Gefühl einer »Unbestimmtheit des Unwahrscheinlichen«, während es uns seine Eigenheiten zu Bewußtsein bringt«. Es besetzt ein weites Feld »funktionaler Mehrdeutigkeit«, um William Thomson zu zitieren.[15] Thomson meinte, daß eine derartige funktionale Mehrdeutigkeit, bei der gegen-

sätzliche Spannungen in ein und dieselbe Struktur eingelagert sind, eine ideale Voraussetzung für große Musik sei. Rein praktisch läßt sich dies durch nicht-kongruente Parameter auf verschiedenen Rangstufen erreichen; die sich daraus gleichzeitig entfaltenden Strukturen bestehen in einer weitläufigen, aber wirklich nur weitläufigen, Beziehung zueinander. Gegenläufige Tendenzen auf unterer Ebene werden dann in bedeutungsvolle Schemata auf der nächsthöheren Stufe eingeordnet.

Etwas von dieser funktionalen Mehrdeutigkeit ist wohl schon bei der Erörterung der rhythmischen Ambivalenz in Opus 10 Nr. 3 (Bsp. 8 (1)) und der melodischen Zusammenhänge in Op. 27 Nr. 2 (Bsp. 20) ange-klungen. Auf Details soll hier noch nicht eingegangen werden; es scheint jedoch sinnvoll, diesen Aspekt anhand des Einleitungsteils des **Nocturnes op. 48 Nr. 1 c-Moll** (Bsp. 21) kurz herauszuarbeiten, einer Passage, in der zahlreiche rhythmische und melodische Feinheiten ent-halten sind. Die Harmonik ist aus Bsp. 21 nicht zu ersehen, aber ein Blick in die Noten zeigt, daß die drei achttaktigen Perioden (ganz allge-mein gesprochen: A B A′) nicht nur durch eine melodische Parallelität verbunden werden, sondern durch ein stabiles c-Moll, das zu Beginn des B-Teils kurz durch eine Neapolitanische Modulation erhöht wird. Die Regelmäßigkeit der Harmonik, die gerichtete Bewegung einer starken Baßlinie und schließlich der melodische Abschluß jeder Periode (Takt 17 inbegriffen) verbinden sich zu einer festen Basis-struktur, welche Unregelmäßigkeiten an der Oberfläche in sich auf-nimmt. Zu solchen Unregelmäßigkeiten gehören die alternativen Harmonisierungen der gleichen Phrase zu Beginn von a und a^1 mit einer in A folgenden Terzenharmonisierung. Die Weiterführung von A^1 (T. 20–24) ist ein Höhenflug von Kadenzfantasien, die allen ver-nünftigen Erwartungen entgegenwirkt, welche auf der Parallelstelle in A gründen. In B muß man sich mit weiteren Unwägbarkeiten und Unbestimmtheiten vertraut machen, wobei sich die viertaktige Phra-senstruktur von A auflöst und der Parallelismus in b^1 nicht nur durch die melodische Veränderung, sondern auch durch eine sorgfältig angelegte Baßlinie verschleiert wird, um Kontinuität zu gewährleisten und in Takt 12 den Eindruck zu mildern, es sei ein Schluß erreicht. Eine noch eingehendere Analyse könnte sich mit den Beziehungen der Parameter untereinander befassen, angefangen bei der fehlenden Übereinstimmung zwischen den rhythmischen, harmonischen und melodischen ›Volltakten‹. Wo sich, wie in Takt 4, ein harmonischer und ein melodischer Schluß miteinander decken, handelt es sich um eine unbetonte Zählzeit. Wo rhythmische und harmonische Akzente, wie in Takt 17, übereinstimmen, bleibt ein vollständiger harmonischer Schluß aus. Nur am Ende des Abschnitts (T. 24) führt Chopin wirklich alle Stränge zusammen.

Derartige Feinheiten und Mehrdeutigkeiten sind in den letzten vier Nocturnes Chopins besonders auffällig: in den beiden von Opus 55 (1843) und denen von Opus 62 (1846). Viele Kommentatoren erkannten hier eine dritte Schaffensperiode in Chopins Entwicklung, und diese Auffassung hat eine gewisse Berechtigung. So weist etwa Kallberg auf den oft erwähnten Umstand hin, daß Chopin seit 1842 weniger komponierte, und bringt eine Vielzahl von Belegen, die darauf schließen lassen, daß Chopin die Arbeit in seinen letzten Jahren zunehmend schwerer fiel.[16] Die Quellen aus der späten Periode zeigen, daß verschiedene Manuskripte verworfen werden, andere mit Korrekturen übersät sind, und daß sich auf Druckfahnen ausgiebige Änderungen finden. Kallberg folgert daraus, daß, unabhängig von biographischen Erwägungen, das Jahr 1842 zumindest »eine überaus kritische Haltung gegenüber seinem eigenen Können« markiert.

Im einzelnen läßt sich diese Einschätzung bzw. Neueinschätzung von Chopins Kompositionsweise kaum belegen. Vielmehr handelt es sich um eine Weiterentwicklung bestimmter, schon vorher in seiner Kunst vorhandener Tendenzen, die nun jedoch qualitative Veränderungen erfahren. Die Coda erhält größere Bedeutung; sie wird häufig zu einem sehr langen, mehrteiligen Abschnitt erweitert, der sowohl als Apotheose-Floskel dienen kann wie auch dazu, das vorher verwendete Material aus einer neuen Perspektive zu betrachten, wobei sogar mitunter die Form auf unerwartete Weise ›strapaziert‹ wird. Ein treffendes Beispiel bietet das **f-Moll-Nocturne op. 55 Nr. 1,** auf den ersten Blick das am wenigsten interessante unter den letzten vier. Und doch erhalten die schier endlosen Wiederholungen seiner indolenten, leicht zum Überdruß führenden Melodie im nachhinein ihre Berechtigung, weil sie dem unerwartet phantasievollen Höhenflug in der Reprise eine zusätzliche Pikanterie verleihen. Nachdem Chopin im ersten Abschnitt jeglicher Versuchung widerstanden hat, die Melodie überreich zu verzieren, leitet er die Reprise mit einer weiteren schmucklosen Aufstellung des Themas ein, so daß man eine Reihe zusätzlicher Wiederholungen gewärtigt. Was jedoch folgt, ist von verblüffendem Einfallsreichtum. Chopin stellt – wie sich bereits ahnen ließ – eine Triolenverzierung vor, die in eine Phrase mit chromatischen Intervallen umgewandelt wird; letztere wiederum leiten unmerklich zu einer Codafiguration über, in der das Tempo angezogen wird, so daß das Nocturne, ohne noch einmal auf das reichlich strapazierte Hauptthema zurückzukommen, ausklingt.

Das **Es-Dur-Nocturne op. 55 Nr. 2** ist in jeder Hinsicht inhaltsreicher und gewagter als das vorangegangene Stück. Zu seinem lyrischen Charakter tragen kontrapunktische Schärfe und harmonische Strenge bei, wie man sie in den früheren Nocturnes nur bedingt findet. Während des Jahres 1842 studierte Chopin die Abhandlungen, die Cherubini und Kastner über Kontrapunkt verfaßt hatten.[17] Häufig sind nun Elemente des strengen Kontrapunkts, einschließlich kanonischer Durchführung, in den musikalischen Fluß eingebunden. Dabei ist besonders wichtig, daß Chopin sich eine freie Stimmführung erlaubt, die zuweilen äußerst originell und ungewöhnlich ist. Schon von den ersten Takten an erzeugt die Begleitfigur einen ›dissonanten Kontrapunkt‹ zur Melodie; die außerhalb der Akkorde liegenden Noten in beiden Stimmen sind mit Bedacht gesetzt, um die harmonische Spannung aufrechtzuerhalten (Bsp. 22) und im weiteren Verlauf der Arpeggierung der linken Hand Linearität und sogar melodischen Charakter zu verleihen. Der Kontra-

Opus 55 Nr. 2

Bsp. 22

punkt gewinnt durch den Eintritt einer dritten Stimme in Takt 4 an
Bedeutung (Bsp. 22), wodurch eine Duett-Struktur mit Begleitung entsteht. Bei den weiteren Verflechtungen der drei Linien treten sie oft in
enge Beziehung zueinander, überschneiden sich gelegentlich, bleiben
jedoch rhythmisch sorgfältig voneinander getrennt. Die rhythmische
Vielfalt ist mitunter wirklich erstaunlich. Es besteht durchweg ein
geschickt ausbalanciertes Gleichgewicht zwischen der Absicht zu verbinden und der Absicht zu schichten, was für einen Großteil der späten
Arbeiten Chopins kennzeichnend ist. Zuweilen scheint es, als sei die
Stimmführung dazu gedacht, unter allen Umständen jegliche Andeutung einer konventionellen vertikalen Ausrichtung zu vermeiden. Der
Eindruck eines grundlegenden harmonischen Fließens besteht natürlich
noch immer, aber sein Impuls hat sich erheblich vermindert und fördert
eine Dissonanz zutage, die zur damaligen Zeit gewiß Kopfschütteln
ausgelöst hat (Bsp. 22). So weit der Versuch, eine vertraute Melodie mit
ihrer Begleitungsstruktur zu überdenken und in einem völlig neuen
Licht zu zeigen.

Die strukturelle, rhythmische und harmonische Vielfalt einiger Teile
dieses Nocturnes lassen, zusammen mit der Gestalt seiner Motive,
bereits viel von der Musik ahnen, die Skrjabin über sechzig Jahre später
komponieren sollte. Diese Parallele unterstreichen auch die ausgehalte-
nen Triller in Takt 52–54. Die gleiche Struktur baut Chopin im ersten
seiner Nocturnes op. 62 sogar noch aus; dort stellt er die Reprise der
Hauptmelodie ausschließlich in Trillernoten vor. Die Ornamentik dieser Reprise ist ohne Zweifel eins der einfallsreichsten Momente in Chopins Œuvre. In den Autographen gibt es Hinweise darauf, daß er in der
Einleitung mit Verzierungen bewußt sparsam umging, auf daß sie dann
um so nachhaltiger zur Geltung kämen.[18] Auch dies ist kennzeichnend
für seine späten Werke, in denen die ornamentale Melodik bis zu einem
vorher nicht gekannten Maß verfeinert wird. Es ist ein gewaltiger
Schritt von den ersten Nocturnes, die der Komponist bei Darbietungen
seiner Kunst nicht selten selbst noch aus dem Stegreif verzierte, bis hin
zu der peinlich genau festgelegten Ornamentik. Im **H-Dur-Nocturne
op. 62 Nr. 1** trägt diese vor allem die Struktur, auch wenn sie nur innerhalb eines recht eng abgesteckten stilistischen Rahmens eingeflochten
wird. Mit Opus 55 Nr. 2 hat dieses Nocturne auch das rhythmische
Motiv x sowie viel von seiner reizvollen Kontrapunktik gemein, ganz zu
schweigen von den planvoll eingesetzten unvorhersehbaren Wendungen im musikalischen Fluß. Typisch dafür ist der Einschnitt im Ablauf
des Hauptthemas bei seiner Wiederkehr in Takt 27, der zu einer merk-

würdigen Verschiebung der Phrasierung führt. Außerdem stellt der Themeneintritt an dieser Stelle und in der mit Trillern versehenen Reprise den Zusammenhang mit dem Anfang des Werks her, das – wie man jetzt erkennt – erst im Verlauf des Themas, sozusagen mitten im Gedankengang, eingesetzt hat. Ich habe bei diesem Nocturne den Eindruck einer sorgsam behüteten Privatsphäre, fernab der Unmittelbarkeit des Lebens; er wird verstärkt durch die seltsam körperlos fließenden Sechzehntel der Coda (ab Takt 11), wo früheres Material chromatisch-modalen Veränderungen unterworfen wird. Dadurch tritt das Dis/Es, das bislang als Bezugston fungiert hat und nun das Nocturne zu einem Abschluß führt, besonders deutlich hervor.

So entsteht eine gelungene ›Auflösung‹ zum ruhigen E-Dur des **Nocturnes op. 62 Nr. 2**, dessen warme, tröstliche Melodie eine vollkommene Ergänzung zu H-Dur bildet und damit den ganzen Nocturne-Zyklus angemessen abschließt. Auf der Höhe seiner Kunst zeigt sich Chopin beim Eintritt des ersten Teils, einer achttaktigen Melodie, gefolgt von drei ›Variationen‹, in denen der ›Sieg der Symmetrie‹ ein geschicktes Ausbalancieren von Wiederholung und Entwicklung, von Einheit und Verschiedenheit erfordert. In A (1) gibt es keine interne Wiederholung, dafür sind die rhythmischen Einheiten besonders ausgewogen, um Themenaufstellung, Wiederholung, Entwicklung und Reprise hervorzuheben (Bsp. 23). A (2) beginnt als Wiederholung mit Ornamentik, weicht aber in der zweiten Hälfte von seinem Ausgangspunkt ab. A (3) bezieht sequenzielle Verarbeitung aus dem ersten Teil von A (1) mit ein, übernimmt jedoch Teile aus der zweiten Hälfte von A (2). In A (4) verschmelzen die Verzierungen aus A (2) und die sequenzierende Verarbeitung aus A (3) miteinander. In harmonischer Hinsicht werden die Variationen zunehmend interessanter; die Diatonik von A (1) und A (2) weicht in A (3) sequenzierender Harmonik sowie tonaler Parenthese in A (4).

Im Mittelteil B verzichtet Chopin auf solche einfachen Melodie- und Begleitungsstrukturen zugunsten linearer Satzweise, deren Stimmführung, besonders hinsichtlich der harmonischen Aufgaben der Baßlinie, abermals unorthodox ist. Die Spannung wird durch einen dissonanten Kontrapunkt, der Bruchstücke kanonartiger Verarbeitung enthält, wie auch durch eine vorantreibende rhythmische Synkopierung aufrechterhalten. Die Reprise des ersten Abschnitts ist zu einer zwölftaktigen Durchführung von A (4) und einer zwölftaktigen Wiederholung von B inklusive einem ›Epilog‹-Thema komprimiert.

Zwischen der Entstehung von Opus 55 und Opus 62 komponierte Chopin zwei Stücke, mit denen er, ähnlich wie mit den Nocturnes, der

Opus 62 Nr. 2

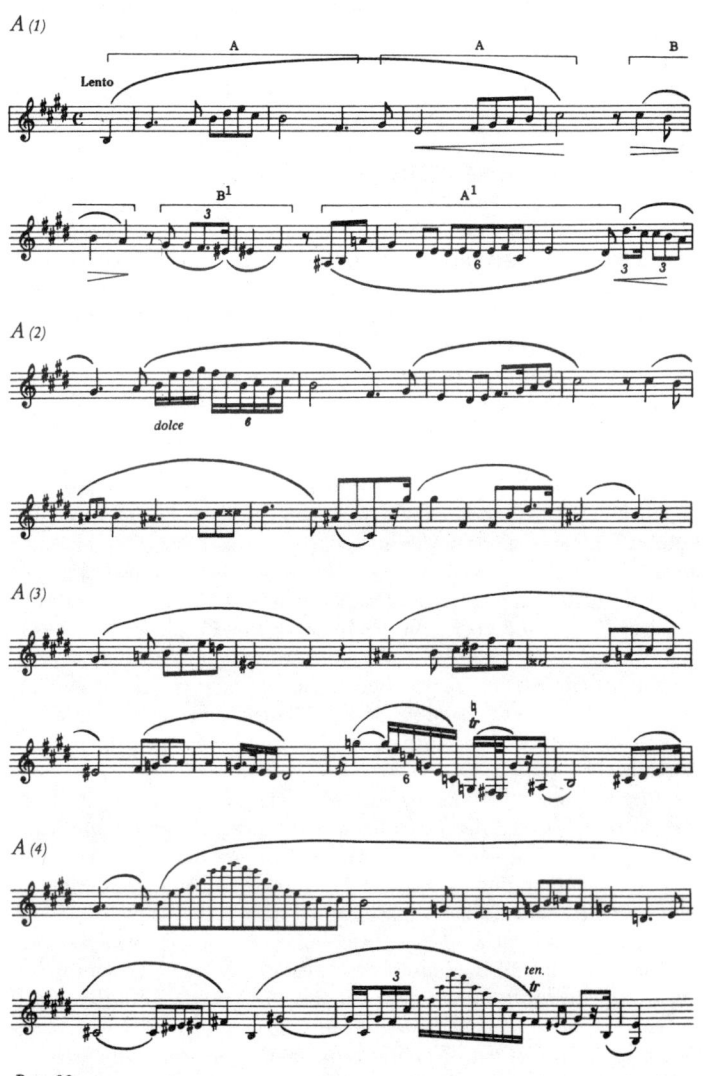

Bsp. 23

Melodie und dem Ornament ein Denkmal gesetzt hat. Die **Berceuse op. 57** stammt aus dem Jahre 1844; zu ihr mag ihn Pauline Viardots Töchterchen angeregt haben – das Baby, das im vorangegangenen Sommer mit in Nohant war, brachte ihm viel Freude. Wie das viel früher entstandene *Souvenir de Paganini* handelt es sich bei dem Stück eigentlich um einen Satz von sechzehn kurzen Variationen über einem Basso ostinato. Chopin bezeichnete sie als seine »Variationen«, und der Entwurf macht das Konzept deutlich.[19] Im Gegensatz zu den *Souvenirs* ist die *Berceuse* jedoch eine Komposition von erlesener Qualität. Das mit verschwenderischer Pracht verzierte Klanggewand versetzt wirklich in Erstaunen; man wird auf einer Woge von Vielfalt und Üppigkeit über die ›Nahtstellen‹ hinweggetragen. Sie beginnt und endet mit einem schmucklosen melodischen Themeneintritt, mit dem Höhepunkt in Takt 43. Eine wirklich zündende Steigerung an dynamischer Intensität ist jedoch ebensowenig zu erkennen wie ein Wechsel in der Harmonik bis hin zum Ces in Takt 55, das innerhalb einer harmonischen Gleichförmigkeit einen energischen Akzent darstellt, der den abschließenden Übergang in die Tonika durch eine Fortschreitung zur Subdominante stärken soll. Die ›äußere Form‹ des Stückes wird dann fast durchgehend von sich ständig ändernden Verzierungen getragen. Die Ornamentik kommt ihrerseits auf viele der geläufigsten Floskeln des Stile brillante zurück, doch diese haben nun an Bedeutung gewonnen, insbesondere durch ihre Ablösung von der harmonischen Fortschreitung, der dynamischen Kurve und auch von der Melodik (die Ornamentik hat sich vom Thema nach Abschluß der Verzierungsnoten-Variation emanzipiert und steht mit ihm nur noch einmal in den letzten Takten deutlich in Kontakt). Somit erlangen sie als selbständige Objekte den Status der Unabhängigkeit, und man erhält den Eindruck, als höre man sie zum ersten Mal.

Als »das schönste aller Nocturnes« bezeichnete Arthur Hedley die **Barcarolle op. 60** (1846), die in der Tat zu den letzten Perlen Chopinscher Poesie gehört. Sein venezianisches Ambiente mit der vertrauten wiegenden Begleitung und Melodik in Terzen und Sexten versinnbildlicht treffend jenen italienischen Einschlag, der in so vielen seiner Melodien anklingt. Chopin ist aber kein gewöhnlicher Gondoliere; denn sein Lied ist lieblich und melodisch, von düsteren Stimmungen unbeeinträchtigt, seine Einfachheit jedoch trügerisch. Es liegt viel Kultiviertheit in den sich nach und nach entfaltenden Linien, wobei teilweise wieder die Technik der Ostinato-Variation angewandt wird. Sie sind durch die denkbar subtilsten Übergänge verbunden, verknüpft durch wiederkeh-

Opus 60

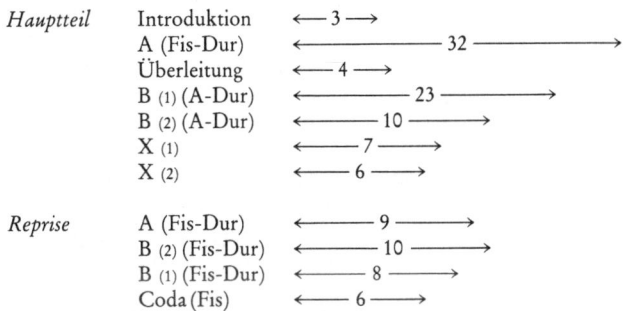

Hauptteil	Introduktion	←— 3 —→
	A (Fis-Dur)	←————————— 32 —————————→
	Überleitung	←— 4 —→
	B (1) (A-Dur)	←———— 23 ————→
	B (2) (A-Dur)	←——— 10 ———→
	X (1)	←—— 7 ——→
	X (2)	←—— 6 ——→
Reprise	A (Fis-Dur)	←——— 9 ———→
	B (2) (Fis-Dur)	←——— 10 ———→
	B (1) (Fis-Dur)	←—— 8 ——→
	Coda (Fis)	←—— 6 ——→

Bsp. 24

rende Kadenzfiguren, und führen schließlich zu unvermutet mitreißenden Höhepunkten. Den Verlauf kennzeichnet – ähnlich der dritten Ballade – eine rasche, zunehmend beschleunigte Steigerung der Intensität in den späteren Phasen; ›publikumswirksames‹ Material gelangt erst in der Apotheose zur Geltung. Bsp. 24 bietet nur einen groben Abriß der wesentlichen Phasen der tonalen und thematischen Abfolge, doch zumindest zeigt es die Gewichtung der beiden Hauptteile, wobei man bedenken sollte, daß die geballte Kraft dem zweiten Abschnitt vorbehalten bleibt, in dem A und vor allem B (2) zu heroischen Themeneintritten gestaltet werden. In der tonalen Synthese von B (2) und B (1) innerhalb der Reprise steckt sogar ein Element von Dialektik, wie sie im Sonatensatz zu finden ist. Vieles von der Schönheit dieses Stücks beruht jedoch auf den Stellen, die einige Lehrbücher der »Modulation« zuordnen würden. Oft sind es unscheinbare Details – etwa die Umkehrung der dynamischen Verstärkung in Takt 32 und 92 oder der wiegende Rhythmus von B, der sich in den Takten 35–38 ganz allmählich bemerkbar macht. An anderen Stellen sind die Bezüge viel wichtiger. X (1) und X (2) haben die Aufgabe, den Hörer aus dem A-Dur in B (2) in die Tonika zu führen, doch es wäre völlig unzureichend, sie als »Modulationen« zu bezeichnen. Die geheimnisvoll pulsierenden Harmonien des ersteren Teils erzeugen einen Auftakt für die erlesene Fioritur des letzteren – um so schöner, da man sie nur einmal hört. Diese wiederum wird zum Auftakt für die Reprise des Hauptthemas.
Die Technik der Ostinato-Variation, wie man sie in der Berceuse und in Teilen der Barcarolle findet, ist ein weiteres Charakteristikum von Cho-

pins spätem Stil. Józef Chomiński führt sie zu Recht als Verbindungsglied zwischen diesen Werken und dem **Fis-Dur-Impromptu op. 36**
aus dem Jahre 1836 an.[20] Das Impromptu bietet eine erste versuchsweise Auseinandersetzung mit dieser Ostinato-Technik, bei der die
Stauung der Harmonik für andere Aspekte des Themas eine Herausforderung darstellt. Im Impromptu werden dadurch Ausflüge zu entlege-
nen, obgleich relativ unveränderten Tonbereichen angeregt, wie auch
die Tendenzen verstärkt, mit möglichst geringer Vorbereitung von
einem zum anderen zu wechseln. Die Anfangsmelodie wird beispielsweise als eine Kette von Varianten über einem zweistimmigen harmonischen Ostinato in Fis-Dur vorgestellt, während das zweite Thema als
eine konventionelle Kadenz V (Moll) – VI erweitert wird, bis in der
D-Dur-Region ein entsprechendes Maß an harmonischer Stabilität
erreicht ist. Hier erweist sich das Ostinato sogar als noch starrer, indem
es spätere Kostbarkeiten wie das Trio in der As-Dur-Polonaise vorwegnimmt. Der anschließende Übergang nach F-Dur, der die Wiederkehr
des Eingangsthemas vorbereitet, stellt dann um so mehr eine tonale
Kehrtwende dar.
Von diesem Punkt an entwickelt sich das Thema höchst interessant
weiter, was dem Verfahren in den letzten Abschnitten von Opus 55
Nr. 1 entspricht. Die Ostinato-Begleitung bricht in eine Triolen-
Arpeggierung ein (T. 61), und diese wiederum beeinflußt bei der Rückkehr des Themas nach Fis-Dur den Charakter der melodischen Veränderung. Es entsteht eine erstaunlich kunstreich ausgedehnte Arabeske
in Zweiunddreißigstelbögen, die jede Verbindung zum Thema verloren
hat. Die üppigen Verzierungen dieses Schlußteils (T. 82 ff.) kommen
unerwartet, jedoch nicht völlig unvorbereitet. Chopin hat die Fiorituren, die in seinen früheren Varianten (vgl. T. 17, 29 und 71) eingebaut
waren, erweitert, so daß ein vertrautes dekoratives Element zum
wesentlichen Bestandteil des Stücks wird. Immerhin gibt es Hinweise
darauf, daß er wegen des unvermittelten Bewegungswechsels in Takt 82
Bedenken hegte. In einer Skizze zu dem Werk (K. 582) hat er einen
zweiten Einfall festgehalten, der darin besteht, einen derart raschen
Wechsel zu Zweiunddreißigstelnoten zugunsten einer Lesart mit Sech-
zehntel-Triolen zu verwerfen, wobei die ursprüngliche Arabeske in
ihren Grundzügen erhalten bleibt. Möglicherweise hat er letztlich
davon abgesehen, weil die damit gewonnene Kohärenz die elegante
Linienführung beeinträchtigen würde. Der Entwurf läßt ferner – wie so
oft bei Chopin – auf Probleme mit der Coda schließen. Zunächst wollte
er das Werk mit einer einfachen Kadenz im Anschluß an die Arabeske

beschließen. Später glaubte er wohl, daß mit einer Reprise der kurzen ›Codetta‹, die auf das erste Thema in Takt 30 folgt, das Gleichgewicht besser gewahrt bliebe. (Es gibt übrigens noch einen weiteren Entwurf – K. 581 –, der eine frühere Version dieser Codetta zeigt, in der die Fortschreitung zum zweiten Thema noch abrupter erfolgt als in der Endfassung.) In Chopins erstem Versuch, den Epilog zu gestalten, ist das Codetta-Thema verkürzt, doch die Phrasenstruktur, die dabei entsteht, ist unausgewogen; in der Schlußfassung greift er wieder auf die ursprüngliche Version des Themas zurück.

Das Fis-Dur-Impromptu wurde aus formalen Gründen heftig kritisiert, und man kann sicherlich darüber diskutieren, ob seine Konzeption allein wegen ihrer Neuartigkeit Beachtung verdient. Der Reiz und die Vielfalt dieses Werks übertrifft jedenfalls die anderen drei Impromptus, die alle in einfachere dreiteilige Anlagen einmünden. Fast wie in einigen von Schuberts bekannteren Impromptus, von denen sie möglicherweise angeregt wurden, wird in ihnen die Welt der »Etüde« und des »Nocturnes« heraufbeschworen. Das erste ist das sogenannte **Fantasie-Impromptu op. 66**, das 1834 komponiert, jedoch von Chopin selbst niemals zur Veröffentlichung freigegeben wurde.[21] Es wurde eines seiner beliebtesten Stücke, doch seine Wirkung wird durch eine beharrliche, offene viertaktige Phrasierung und durch die monotone Wiederholung seiner unveränderten Bestandteile ein wenig beinträchtigt. Ihm fehlen die veredelnden Details des **As-Dur-Impromptus op. 29**, das Chopin drei Jahre später 1837 schrieb. Es wurde ja schon mehrfach erwähnt, daß alle vier Impromptus rein formal sehr ähnlich sind. Die Figurierung in Opus 29 hält sich an die gleiche 1(a) + 1(a) + 2(b)-Anlage wie Opus 66, und die Konturen von a und b sind in beiden Werken ähnlich. Die Baßlinie jedoch ist in Opus 29 viel mehr zielgerichtet, und das Schema umfaßt einige beachtenswerte harmonische Parallelen. Auch die zentrale Liedfigur ist reichhaltiger. Sie wird in der Wiederholung aufwendig variiert und durch einige faszinierende tonale Abschweifungen in Schwung gebracht.

Die Impromptus zählen nicht zu Chopins bedeutendsten Werken. Er selbst bezeichnete das dritte, das **Ges-Dur-Impromptu op. 51**, als ein »Gelegenheitsstück«. Und doch beruhte ihre scheinbare Unmittelbarkeit – »die Musik muß gewissermaßen unter den Fingern des Ausführenden neu entstehen«[22] – auf immer wieder neuen Entwürfen. Darauf deuten die Skizzen für das zweite Impromptu hin, und auch das dritte liegt in einer früheren Fassung vor, die sich in mancherlei Hinsicht von der endgültigen Version unterscheidet. Es gibt in Chopins Unterlagen eine Abschrift dieser frühen Fassung des Ges-Dur-Impromptus. Sie wurde von Carl Filtsch angefertigt, den der Komponist gut achtzehn Monate lang unterrichtete. Dort findet sich auch ein mit seinen Anmerkungen versehenes Impromptu des damals elfjährigen Filtsch, das Chopins Stück nachgebildet ist und das gleiche tonale Schema sowie die gleiche formale Anlage aufweist. Ferdinand Gajewski hat auf diesen einzigen Fall aufmerksam gemacht, bei dem Chopin als Kompositionslehrer auftrat, und er geht davon aus, daß Chopin möglicherweise selbst kurzerhand die kleine Coda zu Filtschs Stück beigesteuert hat.[23] Die frühe Version des Ges-Dur-Impromptus weist noch keine Anzeichen jener für die endgültige Fassung charakteristischen Doppelnotation auf, dafür ist diese kennzeichnend für Filtschs Arbeit. Gajewski leitet daraus die erstaunliche, wenn auch unbewiesene Annahme ab, daß Chopins Überarbeitung ihrerseits möglicherweise durch den jugendlichen Versuch seines Schülers beeinflußt worden sei.

Der Geist Polens

Lieder · Polonaisen · Mazurken

In neueren musikästhetischen Untersuchungen wird betont, der Nationalismus des 19. Jahrhunderts müsse sowohl hinsichtlich seiner Absichten und Rezeption als auch in bezug auf die musikalische Substanz betrachtet werden.[1] Chopin war ein polnischer Nationalist in dem Maße, als er einer sein wollte und als man dies aus seiner Musik heraushörte. Der Volksmusik kommt hierbei natürlich eine beträchtliche Bedeutung zu; diese kann jedoch leicht mißverstanden werden. Zofia Lissas Ansicht, die traditionellen polnischen Melodien für Geige und Flöte seien eine wichtige Anregung für den lyrischen Charakter Chopinscher Werke gewesen,[2] mag man zustimmen oder nicht (ich bin da eher skeptisch); daß die Volksmusik aber zumindest in den Mazurken eine herausragende Rolle spielt, ist unbestritten. Carl Dahlhaus hat daran erinnert, daß man im 19. Jahrhundert beim Rückgriff auf die Volksmusik den regionalen und sozialen Charakter dieser Musik in einen *nationalen* Charakter umformte, der die »Volksgeist-Hypothese«[3] bestätigte. So hatten folkloristische Elemente in Chopins reifen Werken eine nationale Bedeutung, weil sie unter diesem Gesichtspunkt gehört wurden und auch gehört werden sollten. Bei Weber und Hummel hingegen und selbst in Chopins frühen Stücken stellten sie nur eine konventionelle ›exotische‹ Farbe dar. Die subtileren Einflüsse dieses neuen Engagements wirkten sich freilich zu gegebener Zeit durchaus auch auf die musikalische Substanz aus. Dahlhaus weist ferner darauf hin, daß der Begriff des »Ursprünglichen«, der ebenso fragwürdig erscheint wie die ästhetischen Kategorien, die Musikgeschichte insofern verändern sollte, als er die Sprache nicht nur in der herkömmlichen Weise neu färbte, sondern sie schließlich auch veränderte. Diesen Weg beschritt Chopin vor allem mit seinen Mazurken bis zu einem gewissen Punkt.

Unterschwellig mag der Komponist natürlich Elemente einer nationalen (nicht nationalistischen) Tradition reflektieren. Aussagen über den Nationalcharakter sind zwar bekanntermaßen unzuverlässig,[4] aber man bewegt sich auf relativ festem Grund, wenn man zumindest den Einfluß der Sprache in Betracht zieht. Welche Auswirkungen solche offenkundigen Unterschiede in der gesprochenen

Sprache – wie z. B. die offenen Vokale und liquiden Konsonanten im Italieni-
schen, die (relativ) geschlossenen Vokale und explosiven Konsonanten im Deutschen – für die Musik haben, ist immer wieder erörtert worden.[5] Die slawischen
Sprachen trugen auch zu einer gewissen Kontinuität in der osteuropäischen
Instrumental- und Vokalmusik bei, wodurch gegenüber der westeuropäischen
Tradition ein bestimmtes Maß an Unabhängigkeit gewahrt wurde. Insbesondere
Rußland bildete im 19. Jahrhundert eine energische, individuell gefärbte Stimme
in der Musik heraus, die auf die fortgeschrittensten westlichen Musikstile nicht
ohne Wirkung blieb. Die Böhmen und Mähren waren Westeuropa kulturell und
geographisch näher, was sich auch in ihrer Musik zeigt; wenngleich ihr Hang,
sich abzusondern, teilweise einer ganz bestimmten, höchst anfechtbaren kritischen Haltung entsprang. Die polnische Musik entwickelte sich noch weniger
kontinuierlich, und die gemeinsamen Bemühungen hatten gewiß noch weniger
Erfolg als in den tschechischen Gebieten. Der bewegte politische Werdegang
Polens brachte unmittelbare Auswirkungen mit sich und beeinflußte mit aller
Macht die Entwicklung des Musiklebens, so daß es sich selbst in den Phasen,
welche die Gelegenheit eröffneten, neue Kräfte zu sammeln – wie etwa im späten
16. und frühen 17. Jahrhundert –, nicht voll entfalten konnte. Die schwedische
Invasion Mitte des 17. Jahrhunderts, begleitet von den zunehmenden politischen
Machenschaften und Auseinandersetzungen innerhalb des Landes, führte zum
Niedergang der einst so lebendigen polnischen Musikkultur. Erst gegen Ende
des 18. Jahrhunderts findet man wieder Anzeichen für eine Wiederbelebung, für
einen neuen Stil mit nationalen Themen, wie er sich etwa in den *Historischen
Gesängen* von Juljan Ursyn Niemcewicz zeigt, die 1816 in Vertonungen von
Kurpiński, Lessel, Szymanowska und anderen herausgegeben wurden. Aber
trotz der darin aufscheinenden Thematik – einer Art ›lyrischer Geschichte‹
Polens – zeichnet sich ein polnischer Nationalismus kaum ab. Die Werke wurden für Musikliebhaber geschrieben, und von wenigen Ausnahmen abgesehen
(etwa Kurpińskis *Michał Korybut*) sind die Worte wesentlich wichtiger als die
Musik.[6] Musikalisch sind sie größtenteils noch weniger interessant als jene vom
Rhythmus der Volkstänze geprägten »Romanzen« und »Balladen«, die bereits
im späten 18. Jahrhundert bei den musizierenden Laien in Aristokratenkreisen
beliebt waren.

Vor dem Hintergrund einer solchen Liebhabermusik sind auch die meisten Liedkompositionen Chopins zu betrachten. Es ist sinnlos, sie mit
den Liedern Schuberts oder Schumanns vergleichen zu wollen; denn sie
gehen, von wenigen Ausnahmen abgesehen, über den Bereich der kurz-
lebigen, ›häuslichen‹ Ballade nicht hinaus. Für gewöhnlich handelt es
sich um Strophenlieder, denen oft ein Volkstanz zugrunde liegt. Für
Chopins anspruchsloses Vorhaben waren die ziemlich leichtfüßigen
Verse seines Freundes Stefan Witwicki viel besser geeignet als die ambi-
tionierten Dichtungen eines Mickiewicz. Tatsächlich stand Chopin

dem gärenden literarischen Leben der zwanziger Jahre in Warschau relativ gleichgültig gegenüber, einer Zeit, wo der Geist der Frühromantik sich in den ersten Gedichten von Mickiewicz und Słowacki entzündete. Demselben Geist verdankt ja auch das deutsche Lied seine Entstehung, indem die Komponisten voller Eifer eine Art Verschmelzung von Wort und Ton anstreben. Derartige Dinge kümmerten Chopin recht wenig. Sein Leben lang komponierte und (öfter noch) improvisierte er Lieder auf polnische Texte, bemühte sich jedoch kaum darum, sie der Nachwelt zu erhalten. Die 19 noch erhaltenen **Lieder** wurden nach seinem Tod veröffentlicht; 17 davon faßte Fontana als **Opus 74** zusammen.[7]

Ein paar Informationen über das Liedrepertoire in Polen zu Beginn des 19. Jahrhunderts mögen helfen, die Stücke Chopins in ihrem Umfeld zu sehen, denn sie knüpfen stilistisch und thematisch an bestimmte, klar festgelegte Kategorien der Salonmusik an.[8] Die zehn Lieder, die aus seinen frühen Jahren erhalten geblieben sind, zeigen diesen polnischen Hintergrund besonders deutlich. »Hulanka« (»Schenkenlied«) und »Życzenie« (»Der Wunsch«), beide auf Texte von Witwicki komponiert, sind authentische strophische Tanzlieder, das erste ein Oberek, das andere eine Mazurka. In beiden gib es Bordun-Bässe, wobei in »Hulanka« noch die charakteristischen übermäßigen Quarten der masurischen Volksmusik hinzukommen. Bei »Hulanka« handelt es sich um eines der im Warschau des frühen 19. Jahrhunderts beliebten Trinklieder, während »Życzenie« ein wehmütiges Liebeslied ist; seine Verse ähneln denen so mancher Schubert-Lieder, aber durch seinen streng silbischen Satz und seinen vitalen Tanzrhythmus ist es fest in der Volkskultur verankert. Hier findet man keine romantische Verklärung von Folklore und Volkslied.

»Poseł« (»Die Botin«) und »Czary« (»Verzauberung«), abermals nach Witwicki, sind strophische Dumkas bzw. ländliche Elegien, in denen eine unerwiderte Liebe im Krakowiak-Rhythmus beklagt wird, der in diesem Fall unangemessen lebhaft erscheint; dazu kommen Bordun-Bässe und Anflüge von Modalität in der Harmonik. Beide gehören ihrerseits zu einer in Polen geläufigen Art von Volksliedern. Entsprechend wird die strophische Grundform als eine reine musikalische Konvention verwendet und nie der Versuch unternommen, raffinierte Pointierungen von der Art anzubringen, wie sie sich in den deutschen Kunstliedern finden. »Gdzie lubi« (»Mädchens Wunsch«) und »Piosnka litewska« (»Litauischer Tanz«) sind Romanzen im Stil von Vaudeville-Liedern, wie sie Jan Stefani in Polen populär gemacht hatte.

Beide sind durchkomponiert; beim ersten handelt es sich um eine dreiteilige Vertonung eines Textes von Witwicki, bei der im Nachspiel das
Klavier kurzfristig Bedeutung erhält; das zweite (nach einem Gedicht
von Ludwig Osiński) ist ein reizendes Zwiegespräch zwischen Mutter
und Tochter, mit einem Zwischenspiel »à la mazur«, während die Tochter sich an die Begegnungen mit ihrem Liebsten erinnert.
Drei der frühen Witwicki-Vertonungen sind im Stil der populären Stro-
phenballade geschrieben. »Wojak« (»Der Krieger«), das beste davon,
ist mit seinen Reitermotiven vielleicht dem »Erlkönig« vergleichbar,
wobei die Strophen in eine schöne, kraftvolle Klaviercoda münden.
»Smutna rzeka« (»Trauriger Fluß«) ist im bedächtigen archaischen Stil
älterer polnischer Lieder gehalten, sein düsterer Charakter wird durch
ausdrucksvolle Vorschläge beschwörend deutlich. »Narzeczony«
(»Der Bräutigam«) ist dagegen nach einem lebhaften Volkslied stilisiert;
eines der vielen, bei denen Elemente der volkstümlichen ukrainischen
Musik (in polnischen Liedern dieser Zeit nicht ungewöhnlich) verarbeitet sind, und eines der wenigen Lieder aus Chopins Jugendzeit, in denen
der Begleitung mehr als nur untergeordnete Bedeutung zukommt. Es ist
wohl auch kein Zufall, daß das schönste dieser frühen Lieder, »Precz z
moich oczu!« (»Deine Augen schicken mich fort«), nach einem Text
von Mickiewicz entstand. Hier geht Chopin auf die Ausdrucksintensität des Gedichtes ein, um die musikalische Aussage zu verstärken.
Schon die pathetische Introduktion, auf die zwei Strophen folgen, steht
unter dem unmittelbaren Eindruck der Verse Mickiewiczs. Chopins
melodische Linie nimmt in dieser Vertonung viel mehr als in den anderen frühen Liedern Text, Sprachrhythmen, Modulationen und Inhalt in
sich auf. Auch harmonisch findet man eine zusätzliche chromatische
Fülle, die auf einige der gelungensten Lieder in den späteren Jahren
vorausweist.
Viele dieser späten Lieder bewegen sich weiterhin in den bereits
erwähnten populären Formen. »Śliczny chłopiec« (»Ein schöner
Bursch«) und »Pierścień« (»Das Ringlein«) sind Tanzlieder (Kujawiaks)
nach Texten von Józef Zaleski bzw. Witwicki. »Wiosna« (»Frühling«),
abermals nach Witwicki, ist eine Dumka im Pastorale-Stil, ebenso die
beiden Zaleski-Vertonungen »Dumka« und »Dwojaki koniec« (»Dop-
peltes Schicksal«). Letztere enthält abermals ukrainische Elemente. Mit
vier der späten Lieder überschritt Chopin jedoch die Grenzen der
Salon-Romanze. »Moja pieszczotka« (»Meine Schöne«) ist das ausgrei-
fendste und anspruchsvollste der Tanzlieder: Es enthält sowohl Merkmale der Mazurka als auch des Walzers und führt dem heiter-sinnlichen

Liebeslied von Mickiewicz eine Wärme und Zärtlichkeit zu, die durch
die Chromatik am Schluß jeder Strophe noch verstärkt wird. In der
ersten Strophe wird sie ganz vorsichtig entwickelt und steigert sich in
der zweiten mit der wachsenden Glut des Verliebten. Die musikalische
Verarbeitung des »całować« (»Kuß«) vom Höhepunkt der zweiten
Strophe bis zur abschließenden Kadenz ist höchst kunstvoll.

In der Stimmungslage völlig verschieden, doch nicht minder beeindruk-
kend ist die Rhapsodie »Lecą liście« (»Die Blätter fallen«), die lang
ausgesponnene Vertonung einer Verserzählung des Soldaten-Dichters
Wincenty Pol.[9] Es ist eine leidenschaftliche Klage für Polen, und die
Musik läßt uns an einer Vielzahl von Stimmungen teilhaben, von der
sehnsuchtsvollen Mazurka zu Beginn bis zum Krakowiak, der die Ver-
wüstung der polnischen Landstriche durch den Krieg heraufbeschwört.
Der langsame Marsch in der Durtonikavariante schildert die Verteidi-
gung Warschaus, und der auf einem Ton deklamierte Trauergesang
erzählt vom Zusammenbruch der polnischen Armee. Das Lied endet
mit den Reprisen des Krakowiak und der Mazurka. »Nie ma czego
trzeba« (»Was hier fehlt«), Text von Zaleski, ist eine strophische Elegie,
deren beredte Schlichtheit der Linienführung durch archaische modale
Elemente und durch ein ausdrucksvolles Melisma am Schluß jeder Strophe gesteigert wird, auch wenn in der dritten Strophe die Begleitung
problematisch ist. Das wohl schönste Lied von allen ist das zuletzt
komponierte, »Melodia« (»Melodie«), die Vertonung eines Textes von
Zygmunt Krasiński aus dem Jahre 1847. Die Anfangsphrase des Klavierparts ist in eine sehr lange harmonische Fortschreitung eingebunden, die den harmonischen Bogen in der Singstimme dazu benutzt, den
Schluß bis Takt 13 hinauszuschieben. Es ist ein schöner, sorgfältig aus-
gearbeiteter Abschnitt. Das nachfolgende Material besteht aus harmonischen Elementen, die für Chopins Lieder ungewöhnlich kühn erscheinen. Diese verbinden sich mit dem deklamatorischen Gesangsstil
zu einem bezaubernden Schlußteil, bei dem die Einleitungsphrase des
Klaviers in den letzten Takten der Singstimme aufgeht.

Diese wenigen späten Lieder verraten deutlich die gleiche Herkunft wie
die von volkstümlichen Elementen angeregten Balladen und Romanzen, die im späten 18. und frühen 19. Jahrhundert in großer Zahl von
polnischen Komponisten geschrieben wurden. Sie bringen aber Anmut,
Finesse und zuweilen eine Gefühlstiefe in den stilistisch festgelegten
Satz, so daß man sie beinahe auf eine Stufe mit den Liedern Schuberts
und Schumanns stellen kann – und doch sind die Lieder immer (zu
Recht) als eine periphere Erscheinung in Chopins Œuvre angesehen

worden. Bei der Herausbildung seines empfindsamen Klavierstils haben Gesangstechniken natürlich eine Rolle gespielt, aber die menschliche Stimme an sich war nicht sein bevorzugtes Ausdrucksmedium. In keinem der Lieder gelingt es ihm, den polnischen Geist mit der gleichen Überzeugungskraft zum Leben zu erwecken, wie dies in den Mazurken und den reifen Polonaisen der Fall ist.

Als sich Chopin in den frühen dreißiger Jahren mit seinem Opus 26 Nr. 1 in cis-Moll wieder der Polonaise zuwandte, hatte sich seine gesamte Einstellung zu dieser Gattung grundlegend gewandelt. Diese Tanzform wurde für den an Heimweh leidenden Exilpolen zu einem sinnfälligen Symbol für seine Heimat und ganz besonders für das unterdrückte Land. Die vertrauten rhythmischen und melodischen Formeln bildeten die Brücke für eine stolze, mitunter kämpferische Erinnerung an den vergangenen Ruhm Polens. Die Polonaise, die nun nicht länger ein konventionelles Vehikel für polnisches Lokalkolorit war, diente fortan – mal sanft, mal trotzig – zum Ausdruck und zur Bekräftigung nationaler Identität. Während des 19. Jahrhunderts wurde sie sowohl in der Heimat als auch im Ausland von den Polen in diesem Sinne aufgefaßt: als ein Symbol des nationalen Kampfes, das dazu beitrug, den Geist Polens in einer Zeit zu festigen, da dieses Land politisch sozusagen nicht existierte. Für viele galten die reifen Polonaisen als der klavieristische Ausdruck polnischer Historie. Ruhmreiche Ereignisse aus der Geschichte wurden heraufbeschworen: so etwa den Sieg Sobieskis über die Türken im Jahre 1673 (Opus 40 Nr. 1) oder die Schlacht bei Grochów 1831 (Opus 44). Es gibt in Chopins Briefen Hinweise darauf, daß auch der Komponist selbst bestimmte historische Assoziationen damit verband; was freilich unerheblich ist für die allgemeine Erkenntnis, daß der beliebte Nationaltanz hier eine ganz neue Bedeutung gewinnt, indem er – auf Elemente verschiedener früherer Vorbilder zurückgreifend – diese zu einer Darstellung des Monumentalen und Heroischen umformt.

Dieser heroische Charakter entspringt großenteils – ganz anders als beim zarten, lyrischen Charakter der Nocturnes – aus Chopins Bemühen, Kraft und Volumen des Klavierklangs zu steigern. Volle Akkordsätze im rhythmischen Unisono wechseln mit kraftvollen Oktavpassagen ab, während Verzierungen, weite Sprünge und natürlich das Pedal dazu beitragen, metallische Oktaven in extremen Lagen mit dem Akkordsatz in der Mittellage zu verbinden. Daraus ergibt sich wie bei vielen Klaviersätzen Webers zuweilen ein orchestraler Effekt. Viel besser als Weber gelingt es Chopin jedoch, die Durchschlagskraft des

Orchesters vollkommen in das Idiom des Klaviers zu übertragen. Es ist bezeichnend, daß Polonaisen nicht gut zu orchestrieren sind. Für den heroischen Affekt ist eine bewußt eingesetzte Deklamation entscheidender. Diese soll klare, einfache Konturen – Skalen- und Arpeggio-Motive, schlichte diatonische Harmonien – mit üppigen ›theatralischen‹ Gesten überziehen, in denen Verzierung und Substanz deutlich voneinander abgesetzt sind, anders als in den Nocturnes, wo sie ideal verwischt bzw. miteinander verschmolzen wurden. Viele dieser Gesten besitzen einen rhythmischen Impuls, eine prägnante rhythmische Charakterisierung des jeweiligen Augenblicks, die sich ganz deutlich vom breiteren Fluß der Musik abhebt. Andere zeigen eine melodische Ornamentik, die eher auf Kraftentfaltung als ausdrucksvolles Brillieren abzielt. Wieder andere sind fast völlig durch einen echten dramatischen Gegensatz der dynamischen Ebenen bzw. eines richtungweisenden Gebrauchs der abgestuften Dynamik gekennzeichnet. Das deklamatorische Element kann auch noch in anderer Form vorkommen, beispielsweise als ständige Wiederholung des Hauptthemas und als Tendenz zum Trugschluß innerhalb der Phrase; eine betonte Kadenzformel, die in Wirklichkeit keine ist. Am eindrucksvollsten läßt sich packende Dramatik jedoch durch die Harmonik erzeugen, die in den Polonaisen auf besonders dynamische Art und Weise eingesetzt wird.

Viele dieser Aspekte lassen sich anhand der ersten der ausgereifteren Polonaisen untersuchen, der **cis-Moll-Polonaise op. 26 Nr. 1**. Die rhythmische Anlage des Einleitungsmotivs und seine Vorstellung in simplen Oktaven sind typisch für die fesselnd-eindringlichen, beinahe brutalen Gesten, wie sie in den Polonaisen gerne verwendet werden, um den individuellen Augenblick in den Vordergrund des Geschehens zu rücken. Die Antwortphrase, der volle akkordische Themen-Eintritt mit einer konventionellen Kadenz, unterstreicht noch, daß Chopin einer einfachen Floskel kraftvoll deklamatorischen Ausdruck verleiht, um der Tastatur ein Maximum an Klanggewalt zu entreißen. Während die viertaktige Phrase eine eindeutige Bekräftigung der Tonika ist, dient sie als Auftakt zum Hauptthema. In allen späten Polonaisen – mit zwei Ausnahmen – gibt es solche charakteristischen stilisierten Introduktions-›Auftakte‹. Dabei handelt es sich um ein Überbleibsel des Hoftanzes, das Chopin zu einer spannungerzeugenden, erwartungsvollen Geste verfeinert und gewöhnlich in den späteren Reprisen des Themas wieder aufgreift. ›Introduktion‹ und ›Vorbereitung‹ erhalten somit in den Polonaisen außerordentlich wichtige strukturelle Funktionen. Ebenfalls bezeichnend sind die dynamischen Kontraste zwischen den

beiden Aufstellungen des achttaktigen Hauptthemas, die einen Echo-
bzw. Antwort-Effekt erzeugen. Das Thema selbst ist klar gerichtet;
teilweise aufgrund seiner melodischen Kontur – drei aufsteigende Figuren, die einen Auftakt für das abschließende Absinken schaffen –,
hauptsächlich aber wegen seines harmonischen Satzes.

Wie immer bei Chopin bringt eine schnelle, scheinbar unberechenbare
harmonische Bewegung tiefer liegende Strukturen mit klarer diatonischer Funktion an die Oberfläche. Bei einer herkömmlichen, etwa auf
Rameau fußenden harmonischen Analyse wird dies allerdings nicht
deutlich, weil in erster Linie nur tonale Bezüge interpretiert und folglich
strukturelle und lineare bzw. kontrapunktische Harmonien nicht
unterschieden werden. Den Akkordreihen, die dem Anfangsthema –
mit deutlich wahrnehmbaren dominantischen Funktionen im unmittelbaren Bereich des Vordergrunds – zugrunde liegen, ist eine »anregende
Originalität« zugesprochen worden.[10] Das trifft – zumindest im hier
dargelegten Sinne – nicht zu. Entscheidend ist, daß der Abschluß durch
einen zweiten Akzent auf der subdominantischen Harmonie und eine
»neapolitanische« Auflösung hinausgezögert wird, was eine metrische
Verschiebung der Schlußkadenz bewirkt (Bsp. 25 (1)). Erneut sollen
dadurch Energie und Schwung erzeugt werden, die überdies im zweiten
Abschnitt des Einleitungsteils erhalten bleiben, wenn auch diesmal
rhythmische Synkopierung, allmähliches Anwachsen der dynamischen
Intensität und eine jagende, aufwärtsspringende, verzierte Figur eindringlichen, herrischen Charakters dafür verantwortlich ist. Solche

Opus 26

Bsp. 25 (1)

Bsp. 25 (2)

Figuren, ganz gleich ob skalenförmig oder arpeggiert, finden sich in fast allen reifen Polonaisen wieder – in gewisser Weise handelt es sich um eine dynamischere Spielart der altvertrauten »Mannheimer Rakete«.

Es wäre sinnlos, bei den Polonaisen die strukturelle Finesse der Etüden und Préludes oder die anspruchsvolle ornamentale Melodik der Nocturnes zu erwarten. Wie auch bei anderen Tanzstücken Chopins sind bei ihnen der gleichbleibende Aufbau, die regelmäßigen Phrasen und die genauen Wiederholungen der Urform weitgehend beibehalten. In der cis-Moll-Polonaise tritt die einleitende achttaktige Periode allein im ersten Satz achtmal unverändert auf. Solche genau zitierten Wiederholungen bewirken die Steigerung des erforderlichen Kontrastes zum Des-Dur-Mittelteil, einem lyrischen Zwischenspiel, bei dem sowohl Ornamentik als auch Harmonik ausdrucksvoll gestaltet sind. Es lohnt sich, die Harmonik etwas genauer zu untersuchen, da sie abermals veranschaulicht, wie Chopin die Verschmelzung von organischer Chromatik in der Stimmführung und sich rasch bewegenden Quintenzirkeln in der Harmonik gelingt, ein Bewegungswirbel an der Oberfläche über einer tonalen Stauung in den Tiefen (Bsp. 25 (2)). Die expressive Qualität dieses Mittelteils wird durch den kontrapunktischen Charakter seines zweiten Abschnitts noch verstärkt, bei dem die linke Hand sowohl einen harmonischen Baß als auch die melodische ›Begleitung‹ des Hauptthemas übernimmt.

Formal entspricht die cis-Moll-Polonaise der traditionellen *da capo*-Anlage, wie sie bei stilisierten Tänzen üblich war. Auch in den beiden Polonaisen op. 40 wird sie bevorzugt angewandt, wenn auch die Entwürfe für die internen Wiederholungen jeweils voneinander abweichen.[11] Bei der **Polonaise es-Moll op. 26 Nr. 2** hingegen gibt es schon Anzeichen für eine formale Ausweitung der Gattung, die schließlich in der Polonaise-Fantasie op. 61 zu einem Höhepunkt geführt wird. Natürlich findet man in der es-Moll-Polonaise Elemente der Dreiteiligkeit bzw. der Bogenstruktur, doch die Anlage ähnelt eher einem Rondo. Die Wiederholungen werden unverändert übernommen, wobei der Eindruck der Auftaktigkeit jederzeit vorherrscht. Dem Hauptthema geht eine sehr lange, zweistufige Vorbereitung voran, die mit den bereits aus Opus 26 Nr. 1 bekannten Mitteln erzielt wird. Die erste Phase, die die dominantische Harmonie vorbereitet, ist durch den Rhythmus charakterisiert: eine wechselseitige Folge kontrastierender Keimzellen, deren deklamatorischer Kern durch *rit. ...a tempo*-Bezeichnungen verstärkt wird. Die zweite Phase, die die Tonika vorbereitet, überlagert den vertrauten Tanzrhythmus mit einer dynamischen melo-

dischen Verzierung: ein Triller nebst einer weiteren ›Rakete‹ *con forza* –
die durch die hohen Lagen schießt, um zum strukturellen Abtakt in
Takt 12 wieder hinabzufallen. Die ganze Passage wird ferner durch ein
langsam anschwellendes Crescendo, das von *pp* bis zu *fff* reicht, zum
Höhepunkt getrieben.

Wie in Opus 26 Nr. 1 bleibt die in der Introduktion erzeugte Energie im
Hauptthema selbst erhalten. Dies geschieht mittels kurzatmiger Phrasen, die sich zu einem Spannungshöhepunkt über sieben von acht Takten aufbauen, wobei ein einziger Takt für die traditionelle »Polacca«-
Kadenz genügen muß. Zum Teil wird die Spannung durch die melodische Kontur und die Dynamik aufrechterhalten, hauptsächlich aber
durch einen dissonanten linearen Kontrapunkt zwischen den äußeren
Teilen, in denen Bezüge zur Tonika-Harmonie auftauchen, welche
jedoch auf die unbetonte Zählzeit beschränkt sind. Der ganze
Abschnitt hält subtil das Gleichgewicht zwischen kontrastierenden
Elementen, bei denen – wie Paul Hamburger es darlegt – den vordergründigen Gegensätzen im Prinzip motivische Entsprechungen zugrunde liegen.[12] Solche Entsprechungen ziehen sich auch durch den
Rest des Stückes. Die beiden Zwischensätze der Rondo-Struktur sind
durch Rhythmus und melodische Kontur verbunden. Chopin achtet
darauf, sie vor allem durch die Tonart vom Hauptthema abzusetzen.
Der zweite in H-Dur weist eine kontrastierende tonale Färbung auf,
die ebenso klare enharmonische Verbindungen mit der es-Moll-To-
nika besitzt; im Gegensatz dazu steht der erste Teil im entlegeneren
Des-Dur und folgt der Tonika-Kadenz ohne Überleitung. Der tonale
Abstand wird in beiden Fällen durch geschickt abgestuftes Rückkeh-
ren zum Rondo und zum Tonika-Bereich hergestellt. Bei Chopin (wie
auch bei Tschaikowsky) geht solchem Übergangsmaterial, so kunst-
gerecht es auch durchgeführt sein mag, für gewöhnlich der Eindruck
des Unvermeidlichen ab, wie er der Verknüpfung der Gedanken bei
Beethoven und Brahms innewohnt. Dies liegt zum Teil an der strukturell unterschiedlichen Funktion. Bei Chopin ist das Übergangsmaterial (besonders in seinen Tanzstücken) buchstäblich als solches zu
betrachten, nämlich als eine Brücke zwischen relativ unabhängigen
Themen und/oder unveränderlichen tonalen Bereichen. Bei Beethoven
und Brahms wird diese Bezeichnung oft fälschlicherweise auf Passagen
angewendet, die in Wirklichkeit integrierende Verbindungen in einer
organischen Reihe von Ereignissen sind, die thematisch oder tonal
bestimmt sein können oder auch nicht.

In den Jahren 1838 und 1839 entstanden die beiden Fontana gewidme-

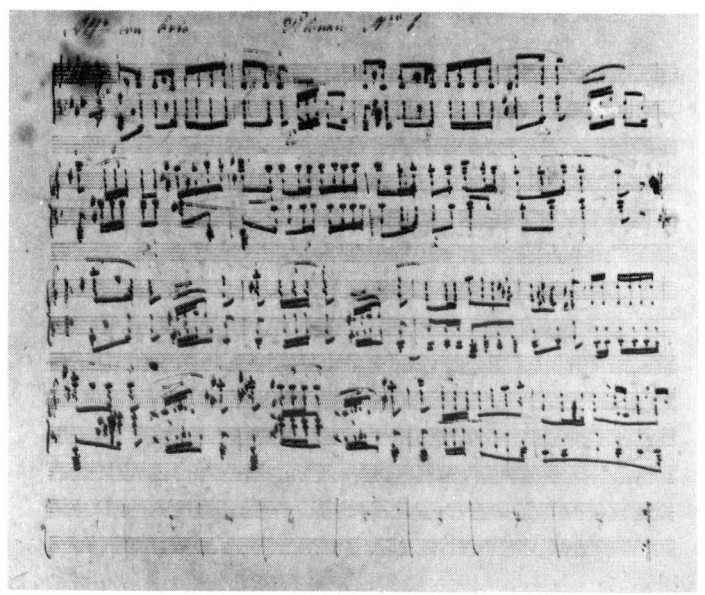

Der Anfang der Polonaise A-Dur op. 40 Nr. 1. Handschrift Chopins

ten **Polonaisen op. 40**. Mit der ersten in A-Dur wird weder formal noch
stilistisch Neuland erschlossen. Sie kann fast als die ›typischste‹ der
Polonaisengruppe angesehen werden: In ihr finden sich sowohl die
charakteristischen rhythmischen und melodischen Merkmale als auch
Kadenzfloskeln und die übliche *da capo*-Anlage des traditionellen Tanzes – jedoch mit jenem kraftvollen und heroischen Zug ausgestattet, der
den späten Polonaisen Profil verleiht. Der heroische Affekt erinnert
zuweilen wirklich an die »Kanonen«, von denen Schumann sprach: ein
Fanfarenthema im Trio, rasselnde Triller im Baß, eine fast orchestrale
Klangfülle und ein kalkuliertes Überspitzen altehrwürdiger diatoni-
scher Verwandtschaften. Die c-Moll-Polonaise gelangt auf subtilere
Weise zu ihrer Wirkung. Harmonisch ist sie eine der inhaltsreichsten.
Andeutungen eines versteckten Kontrapunkts, nicht-thematischer
Figuration und rhythmischer und melodischer Auslassungen lassen uns
mitunter die Verbindung zu den ursprünglichen Tänzen fast aus den
Augen verlieren.

Die **fis-Moll-Polonaise op. 44**, 1841 komponiert, beschwört durch eine
Synthese der beiden wichtigsten Tänze – Polonaise und Mazurka – den
Geist Polens herauf. Es gab in Polen durchaus Vorbilder für dieses
Verfahren, legt man aber den hier intendierten epischen Maßstab an, so
läuft es auf eine Neukonzeption der Tanzstücke hinaus. Einmal mehr
findet man einen ausladenden Auftakt – fast in Lisztscher Manier ein
Crescendo von Doppeloktaven, die den dominantischen Bereich mit
außerordentlicher Kraft umreißen. Dieser gibt für die Polonaise den
Ton an. In gewisser Weise ähnelt sie in der Stimmung der A-Dur-
Polonaise, sie ist aber in der Ausführung energischer. Wie in dem A-
Dur-Stück ist das Material sowohl in der rhythmischen Struktur als
auch im einfachen harmonischen Rhythmus, die dem Hauptthema
zugrunde liegen, eng mit dem Tanztyp verknüpft. Das Thema selbst
erreicht dadurch, daß die linke Hand auf der Tastatur hin- und her-
springt, beide Hände die Begleitung übernehmen und die Ornamentik
bis zu kurzen Baß-Vorschlägen und Trillern ausgebaut ist, ein Höchst-
maß an Klangentfaltung. Besonders wirkungsvoll ist der Themen-Eintritt in den tiefen Oktaven der linken Hand mit einem neuen Kontrapunkt in der rechten. Spätere Wiederholungen werden zudem im Hinblick auf noch größere Kraftentfaltung variiert; dazu gehört auch die
bekannte ›Raketen‹-Ornamentik der linken Hand.

Das kurze skalenförmige Nebenthema wird durch einen harmonischen
Wechsel abgesetzt, der einen starken Kontrast an der Oberfläche
erzeugt, doch nicht wirklich zu einer tonalen Rückung führt, sondern
allmählich durch eine Sequenz absteigender Ganztonschritte in die
Tonika zurückgleitet und dabei den Beginn des Hauptthemas spiegelt

Opus 44

Bsp. 26

(Bsp. 26). Im nachhinein erkennt man, daß eine wichtige Aufgabe dieses Nebenthemas darin besteht, als Auftakt für den Tonika-Bereich zu
dienen. Es füllt diese Rolle auch in bezug auf das neue Material in der
parallelen Durtonart aus, wie Bsp. 26 zeigt. Dieses neue Material hat –

fast wie an der vergleichbaren Stelle in der A-Dur-Polonaise – mit seinen unermüdlichen Wiederholungen eines markanten rhythmischen
Motivs nicht-thematischen Charakter; kombiniert mit nüchternen V–I-
Bekräftigungen erscheint es jedoch sehr kühn. Hier drängt sich die
Rhetorik durch eine fast brutale Ausgrenzung alles Nebensächlichen
vor, um das skelettartige Gerüst des Tanzes freizulegen und mit außerordentlicher Beharrlichkeit zu verdeutlichen. Die Härte des Baß-A
wird noch verstärkt, weil er sich ›weigert‹, auf die allmähliche Abkehr
der Harmonie von ihrer anfänglichen lydischen Beschaffenheit zu antworten.

Anders als bei der erzählerischen Entwicklung der Gedanken, wie sie
für andere größere Werke Chopins – beispielsweise die Balladen und
Fantasien – charakteristisch ist, bleibt bei den großen Polonaisen die
relativ lebendige Partikularisierung des Tanzstücks erhalten, obwohl es
einige Mühe kostet, bei der Charakterisierung der Abfolge des Materials ein Gleichgewicht zwischen Kontrast und Kontinuität sowie
zwischen Verschiedenheit und Einheit zu erzielen. Der erste Teil der
fis-Moll-Polonaise bietet nicht weniger als acht verschieden stark voneinander getrennte, klar fixierte Abschnitte, die auf drei selbständigen
Themen basieren. Aber der überraschendste Gegensatz zeigt sich im
A-Dur-Trio, denn hier gibt Chopin die Polonaise zugunsten der
Mazurka auf – wenn auch im *doppio movimento* –, wobei er die heroische Kraft der einen in die sehnsüchtige Anmut der anderen verwandelt. In diesem Zusammenhang erscheint die Mazurka als eine Art
traumhafter Einschub. Trotz all dieser Kontraste lassen sich die sanften
Terzen und Sexten des Trios nicht nur überaus leicht mit dem Hauptthema der Polonaise, sondern auch mit der virtuosen Introduktion in
Verbindung bringen. Gerade dieses letzte Glied führt uns in einer
äußerst geschickt gestalteten Überleitung wieder zur Polonaise zurück.
Die rhythmische Form des Mazurka-Themas geht ein in die von Intervallen geprägte Gestalt der Introduktion und eine kurze Passage, in der
die wirbelnden Sechzehntel-Oktaven der Eröffnungstakte wieder eingeführt werden. Für die ausgedehnten dreiteiligen Anlagen Chopins ist
es bezeichnend, daß die Reprise hier (und auch an anderen Stellen) so
weit gekürzt wird, bis sie ihren thematischen Gehalt einbüßt. Abraham
bezeichnet dies als »perspektivisches Verkürzen«.[13]

Dasselbe Verfahren wird auch bei der Reprise der 1842 entstandenen **As-Dur-Polonaise op. 53** – auch als »Heroische« bekannt – angewendet. Es handelt sich dabei um die letzte und umfangreichste der Polonaisen. Allein die sechzehntaktige Einleitung ist ein Meisterwerk.

Zwei Arten des Auftakts wechseln miteinander ab: die ›dynamische‹ (*a* T. 1–2), bei der Harmonik und Rhythmus die Musik vorwärtstreiben, sowie die ›temporale‹ (*b* T. 3–4), die zuerst ein Auflösungsmechanismus der ersteren ist, deren fehlende Wechsel und Bewegungen jedoch ihrerseits vorausgreifen. Mit dem Näherrücken des Hauptthemas steigert sich die Intensität durch eine Störung der zweitaktigen Einheiten auf folgende Weise:

$$a \quad b \quad a \quad b \quad a \quad a \quad \begin{cases} a \ b \\ + \\ b \end{cases}$$

Die Triebkraft wirkt elektrisierend und wird durch die dynamischen Bögen und die Harmonik mittels semitonaler Bewegung über einem dominantischen Baß noch verstärkt. Dadurch entsteht ein hohes Maß an Spannung, die der Tonika-Auflösung eine enorme Kraft verleiht. Beim Hauptthema selbst handelt es sich um die denkbar komprimierteste Art von Rhetorik in einer Polonaise: Im wesentlichen finden sich hier Varianten des $^6_4$–$^5_3$-Schemas, die in den ersten drei Takten von nicht weniger als neun Einwürfen einer V–I-Fortschreitung im Baß gestützt werden. Von der Introduktion aus entwickelt sich *a* erneut mit der ›Raketen‹-Ornamentik, die diesmal mit beiden Händen durch vier Oktaven gepeitscht wird, während der Baß mit seinen weiten Sprüngen und die Triller und Praller der rechten Hand ›orchestrale‹ Klangfülle entfalten.

Das Trio hat, wie so oft, ein Fanfarenthema, aber diesmal überlagert es ein ungewöhnliches Ostinato, das dem bereits beschriebenen späten Stil Chopins entspricht.[14] Das Motiv (diesmal wird *b* aus der Introduktion angedeutet) wird beharrlich 42mal wiederholt, bevor die konstante E-Dur-Harmonik unvermittelt nach Es-Dur wechselt. Die sich daraus ergebende Möglichkeit, wieder zur Tonika zurückzukehren, wird jedoch unerwartet verhindert, weil Chopin den ganzen Es-Dur-Abschnitt wiederholt. Diesmal mündet die tonal abwärts orientierte Fortschreitung in den zweiten Teil des Trios ein, dessen besonderer Reiz darin besteht, daß die strenge Diatonik im restlichen Teil des Werkes nun eine Entspannung erfährt. Seine fließende Sechzehntel-Bewegung entwickelt sich zu einem wehmütigen Zwischenspiel, einem kurzen Atemholen inmitten der überbordenden Energie. Die Schlußtakte sind besonders kraftvoll gestaltet; sie binden das Ostinato des Trios in ihren Verlauf ein und steigern die Schlußkadenz durch die Harmonik der Tonikaparallele.

In den **Polonaisen op. 44 und op. 53** wird der Rahmen der Gattung
dergestalt erweitert, daß die Verbindung zu dem traditionellen Typus
des Tanzstückes fast nicht mehr zu erkennen ist. Vielmehr erinnern
diese Stücke an Tondichtungen, die auf dem Tanz beruhen, der Anlage
nach aber viel größer und in der Ausführung viel wirkungsvoller als
jeder der vorangegangenen Versuche sind. Chopin kam nur noch einmal, vier Jahre nach der Vollendung des Opus 53, auf diese Gattung
zurück. Es ist bezeichnend, daß er dann eine **Polonaise-Fantasie** statt
einer Polonaise schrieb. Opus 61 geht über den grundlegenden dreiteiligen Rahmen und die Floskeln der Tanzform, die in Opus 44 und Opus
55 noch beibehalten sind, weit hinaus, und es ist denkbar, daß sich
Chopins Auseinandersetzung mit der Polonaise in diese Richtung weiterentwickelt hätte, wäre er nicht so früh gestorben. In fast allen Ausgaben und wissenschaftlichen Untersuchungen wird die Polonaise-Fantasie den Polonaisen zugeordnet. Dafür gibt es natürlich ebenso hinreichende Gründe wie für das Zusammenfassen der frühen Mazurken mit
den späten, die bereits weit über das einfache Tanzstück hinausragen.
Dennoch hat sich Opus 61 schon so weit von Werken wie Opus 44 und
Opus 53 entfernt, daß es gesondert behandelt zu werden verdient. Bei
ihm handelt es sich nämlich mehr um eine »Fantasie« als um eine »Polonaise«, so daß eine eingehendere Erörterung bis zum letzten Kapitel
aufgespart bleibt.

Eine ganz andere Seite des polnischen Geistes wird in den **Mazurken**
heraufbeschworen. Hatte die Polonaise sowohl als Nationaltanz als
auch als stilisiertes Tanzstück eine sehr lange Geschichte, so erlangte die
Mazurka erst im ausgehenden 18. und frühen 19. Jahrhundert eine
ähnliche Stellung. Als Nationaltanz faßte sie die unterschiedlichen
Besonderheiten jener regionalen Tänze aus Mitteleuropa zusammen,
denen sie Anregungen verdankt; sie löste diese aber nicht völlig auf.
Dazu gehörten die Tänze Powisłak und Światowska (Rundtanz) und
vor allem Mazur, Oberek und Kujawiak. Mit der zunehmenden
Beliebtheit der Mazurka in den Salons und sogar auf den Straßen der
Städte büßte ihre Musik etwas von der Ursprünglichkeit dieser ländlichen Vorbilder ein. Die Anpassung an die Gepflogenheiten der Städte
beeinflußte natürlich die vielen Versuche, die zu Beginn des 19. Jahrhunderts zu ihrer Stilisierung unternommen wurden. Dies lief zuweilen
auf einen ausgesprochen sentimentalen Umgang mit dem Volksgut hinaus. Chopin hingegen, der einzige bedeutende Komponist, der sich
noch bis weit ins 19. Jahrhundert an Stilisierungen versuchte, ging
sowohl auf die städtische Mazurka als auch auf ihre ländlichen Vor-

läufer ein. Diese hatten den Mazurken, die noch in der Warschauer Zeit entstanden waren, eine besondere Note verliehen. So sind etwa die drei wichtigsten regionalen Tänze durch die unterschiedlichen Tempi und Floskeln in den ersten drei Mazurken op. 68 deutlich zu erkennen; ebenso durch ihr monotones Leiern, den lydischen Modus, die charakteristischen rhythmischen Betonungen, die melodischen Formen und die Ornamentik.

Doch erst mit den Mazurken op. 6 gelangte Chopin zu einer voll ausgereiften Fassung der Mazurka als eines in sich geschlossenen, stilisierten Tanzstücks. Sie entstanden indes nicht in Polen, sondern 1830 in Wien. Die Stilisierungen zu Beginn des 19. Jahrhunderts waren entweder zum Tanzen oder zum Zuhören gedacht. Chopin jedoch stellte unmißverständlich klar, daß die Mazurken aus Opus 6 *keine* Tanzstücke waren. Von diesen und den fünf Stücken des Opus 7 (1830–31) an finden sich in den Mazurken einige besonders eindrucksvolle musikalische Einfälle, die zudem zu Chopins originellsten zählen. Natürlich rührt die Originalität im wesentlichen daher, daß das folkloristische Material bei der Umgestaltung selbst mitwirkte. Chopin war freilich nicht der erste Komponist, der sich beliebten Liedern und Tänzen als einer Quelle der Erneuerung zuwandte, aber seine Beschäftigung mit den festen Traditionen war weniger ausschließlich und ließ – mehr noch als in den wichtigsten Strömungen Westeuropas – eine gründliche Erneuerung zu. Seine Mazurken trugen dazu bei, die Grundlagen für die nationalen ›Schulen‹ des späten 19. Jahrhunderts zu schaffen.

Die folkloristischen Elemente in den Mazurken können aber in ihrer Bedeutung auch überschätzt werden. Mindestens ebenso entscheidend ist Chopins eigener Beitrag zu dieser Tanzform. Viele Besonderheiten der Mazurka stammen nämlich nicht aus dem folkloristischen Idiom, sondern hängen mit der bemerkenswerten Erweiterung der Harmonik in Westeuropa zusammen. So behielt sich Chopin gerade für die Mazurken einige seiner erstaunlichsten harmonischen Kühnheiten vor, die mitunter sogar einer Bilderstürmerei gleichkommen. Gerade in der vollkommenen Verschmelzung dieser Welten liegt das eigentlich Neuartige der Mazurken. Bis zur Musik Bartóks findet man nur schwerlich eine vergleichbare wechselseitige Befruchtung von lebensprühender Bauernmusik (mit ihren eigenen Möglichkeiten, das Altvertraute neu zu gestalten) und hochentwickelten zeitgenössischen Verfahren.[15]

Dies läßt sich gut anhand der Mazurken op. 6, op. 7 und op. 17 untersuchen, die alle zwischen 1830 und 1833 entstanden. Bei **Opus 6 Nr. 1** handelt es sich um eine Stilisierung, die von einer der landläufigen rhythmischen Formen dieses Volkstanzes ausgeht.

Bei allen Mazurken fällt auf, daß Chopin den zweiten bzw. den dritten Schlag bevorzugt betont (der häufig genau dem Fußstampfen im Tanz entspricht). Bei seinen pianistischen Darbietungen spitzte er gelegentlich die daraus resultierende taktauflösende Wirkung derart zu, daß manchem Hörer die Verbindung mit dem zugrundeliegenden Dreiertakt verlorenging.[16] Die in die Mazurken eingefügten Akzente gegen den Takt und die rhythmischen Veränderungen verleihen der Musik urwüchsige Kraft und enorme, dynamische Ausstrahlung. Die offenen Quinten zu Beginn des Opus 6 werden folgendermaßen betont:

Im Trio von **Opus 17 Nr. 1** gibt es eine ähnliche Diskrepanz zwischen Betonung und Schwerpunkt (vgl. T. 49–52). Auch die kurzatmige motivische Durchführung in Opus 6 Nr. 1 – ständige Wiederholungen von ein- und zweitaktigen Elementen – ist bezeichnend für die Mazurken (ganz besonders ausgeprägt ist dies in Opus 17 Nr. 3). Auch in diesem Fall kommen die Anregungen von dem folkloristischen Vorbild her, ebenso wie die Vorschläge und die Bordun-Bässe im dritten Teil. Jedoch übertrifft der harmonische Satz diese Vorlagen aufgrund seines ausgewogenen Nebeneinanders von diatonischer Bestätigung der fis-Moll-Tonalität und chromatischem Ausweichen. In ihrem Wechsel zwischen der Moll- und der ›parallelen‹ Durtonart (vgl. Opus 33 Nr. 3, Opus 41 Nr. 4, Opus 50 Nr. 2, Opus 59 Nr. 1) erinnert die diatonische Themen-Aufstellung an Chopins später geübte Verfahren bei den Mazurken. Auch das chromatische Material ist zukunftweisend: Nun fungiert es nicht mehr als Verbindungsglied zwischen gefestigteren Bereichen, wie noch in den Warschauer Mazurken, sondern ist in Melodik und Harmonik integriert. Wie aus Bsp. 27 zu ersehen ist, wird das chromatische Material in allen Stimmen vollständig von einem semitonalen Abstieg bestimmt, dessen Symmetrie – auf der Grundlage von ›untereinander gleichberechtigt verbundenen Noten‹ – eine lokale tonale Bindung aufschiebt und den Septakkord als Richtschnur für die Harmonik beibehält (vgl. Opus 6 Nr. 3, T. 59–62, und Opus 7 Nr. 2,

Opus 6 Nr. 1

diatonisch   chromatisch

Bsp. 27

T. 21–24). Dies wird vor allem durch die regelmäßige Phrasenstruktur abgemildert, die auch die Rückkehr zur diatonischen Harmonik in Takt 9 bekräftigt.

Eine ähnlich ausgewogene Beziehung zwischen diatonischem und chromatischem Material herrscht im Einleitungsthema von **Opus 17 Nr. 4**. Hier jedoch entfaltet das chromatische Material jene seltsam unorthodoxe Stimmführung (exponierte Oktaven in Takt 9 und 10), die verschiedene Mazurken auszeichnet (vgl. Opus 7 Nr. 2, T. 10–12) und erneut den Abstand gegenüber westeuropäischen Normen betont. In

Opus 17 Nr. 4

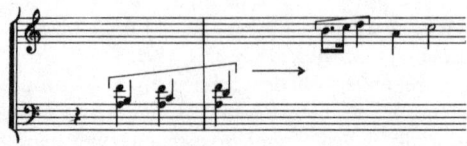

Bsp. 28

einem größeren Zusammenhang betrachtet, ist die harmonische Sprache dieser Mazurka noch in anderer Hinsicht ziemlich kühn. Das Ziel des Einleitungsthemas ist a-Moll, auch wenn die tonale Bestimmung eher durch die Dominante als durch die Tonika-Harmonik (T. 12–13) erfolgt und erst am Ende der veränderten Wiederholung dann ein vollständiger Schluß erreicht wird (T. 20). Vor diesem Hintergrund vermeidet Chopin in der Introduktion sorgfältig Tonika- *und* Dominant-Harmonien zu a-Moll und neigt eher der Subdominante d-Moll zu, obwohl das Ohr durchaus eine tonale Funktion wahrnehmen kann, selbst wenn diese nicht von *ihrer* Subdominante bzw. Dominante getragen wird. Genausogut könnte es F-Dur als Tonika hören; denn Chopin hat in den Beginn Takte mit einer mehrdeutigen Harmonik (und metrischen

Skandierung) eingebaut, die die späteren Schwankungen in Melodik und Harmonik vorbereiten.[17] Die Mehrdeutigkeit ergibt sich aus der Modalität (äolisch auf A?, dorisch auf D?) und aus der Akkordfortschreitung zu Beginn, bei deren Stimmführung über einem Orgelpunkt erst später eine motivische Bedeutung entsteht, die die anfängliche Dissonanz ›rechtfertigt‹ (Bsp. 28). Die Coda greift diese Mehrdeutigkeit des Anfangs wieder auf, natürlich mit dem bedeutsamen Unterschied, daß nun ein tonaler Bezugspunkt feststeht.

Die Mazurka ist in der Art des ausdrucksvollen Kujawiak gehalten; ihr Thema steht dem gewisser Kujawiak-Urformen nahe, obwohl die nachfolgende Durchführung eine empfindsame Fioritur enthält, die eigentlich eher zu einem Nocturne passen würde – einmal mehr werden zwei völlig verschiedene Welten miteinander verbunden. Im allgemeinen überwiegen in den Mazurken melodische Formen des Kujawiak – Geigen- und Flötenmelodien –, selbst dort, wo sich das Tempo an Mazur bzw. Oberek orientiert.[18] Formen des Mazur, ganz besonders die Skalenmodelle, wie man sie etwa in Opus 7 Nr. 1 und 3 findet, sind gleichfalls üblich. Letzteres Werk verwendet auch das beliebteste aller rhythmischen Schemata des Mazur. Stark sind ferner die folkloristischen Einflüsse im Trio von Opus 17 Nr. 4, besonders der offene Quinten-Bordun, der das monotone, holprige Leiern stilisiert, welches die Volkstänze so oft begleitet. Dieser Bordun ist in den Mazurken, vor allem in den Trios, ein geläufiger Kunstgriff, der häufig Melodien von beinahe orientalischer Intervallfärbung stützt. Typisch dafür ist das Trio von Opus 7 Nr. 1 mit seiner übermäßigen Quart, die einen Tritonus gegen den Bordun setzt, und einer übermäßigen Sext, die eine große Sekunde mit den Quintenstufen versieht (Des – E).[19] Oft verwendet Chopin auch variable Noten innerhalb einer Tonart, wobei er wie in Opus 7 Nr. 2 zwischen diatonisch und chromatisch modulierten Tonstufen abwechselt. Auch dafür gibt es bei den originalen Mazur- und Kujawiak-Melodien viele Vorbilder. Die Mazurken erhalten durch sie ein besonders reich verziertes Profil, wie man es sonst nirgends in Chopins Œuvre findet.

Die Modalität dieser frühen Mazurken und die (sich zuweilen daraus ergebende) Mehrdeutigkeit der Harmonik erfahren in dem 1834–35 komponierten Zyklus **Opus 24** eine weitere Bestätigung, vor allem in den übermäßigen Sekunden des ersten Stücks und dem äolischen Charakter des zweiten. Wie Bsp. 29 (1) zeigt, sind auch diese beiden Mazurken wieder eindeutig folkloristischen Ursprungs. Die tonale Festlegung wird in der Sekunde abgeschwächt durch das Fehlen von dominantischer Harmonie und einer erhöhten Septime, ebenso durch die Ten-

Volkslied

Chopin, Opus 24 Nr. 1

(Vgl. H. Windakiewiczowa, *Wzory ludowej muzyki polskiej w mazurkach Fryderyka Chopina*, Krakau 1926, S. 26; und W. Paschałow, *Chopin a polska muzyka ludowa*, Krakau 1951, S. 87)

Volkslied

Chopin, Opus 24 Nr. 2

Bsp. 29 (1)   (Vgl. Windakiewiczowa, S. 37, und Paschałow, ebd.)

Opus 24 Nr. 2

Bsp. 29 (2)

denz, auf doppelsinnige Art C-Dur als einen zuvor untergeordneten, aber letztlich entscheidenden harmonischen Schwerpunkt innerhalb der vorherrschenden a-Moll-Tonalität des Hauptthemas anklingen zu lassen. Diese Ambivalenz wird noch verstärkt durch das Alternieren dieser modalen Themen in A mit Material in C; hier wird die Bordun-Technik ganz in den harmonischen Kosmos des Werkes einbezogen, was schließlich zu altmodisch klingenden Quintenparallelen führt (Bsp. 29 (2)). Selbst winzige Details in der Stimmführung und im melodischen Tonfall gehen häufig auf modale Versatzstücke zurück, wie

zum Beispiel das dissonante lydische H, das der F-Dur-Kadenz in Takt
27 Farbe verleiht. Der lydische Modus ist in der polnischen Volksmusik
mit Abstand am weitesten verbreitet. Er taucht abermals in Opus 24
Nr. 4 auf, der einzigen Mazurka, in der auf eine echte Volksmelodie
zurückgegriffen wird. Besonders eingängig und schön ist er dort in den
unharmonisierten Oktaven (T. 54–61). Chopin kam erst wieder bei den
späten Mazurken – beispielsweise Opus 50 Nr. 1 und Opus 56 Nr. 3 –
auf dieses beziehungsreiche Klanggewand zurück.

Wie in Opus 17 das letzte Stück der Sammlung besonders anspruchsvoll
gestaltet wurde, um bei zyklischer Aufführung einen wirkungsvollen
Abschluß zu garantieren,[20] so trifft dies auf **Opus 24 Nr. 4** zu. Dessen
Anlage könnte man in groben Zügen mit X A B A (B A) C D A A′
skizzieren. Von dieser strukturellen Bedeutung läßt bereits der Tonfall
der viertaktigen Introduktion etwas ahnen, die sich durch einen semitonalen ›Keil‹ von eher geheimnisvoller Kunstfertigkeit der Tonika annä-
hert (Bsp. 29 (3)). Ebenso lohnt es, der für Chopin charakteristischen

Opus 24 Nr. 4

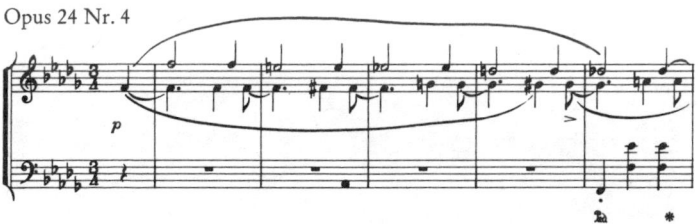

Bsp. 29 (3)

Verdichtung der Reprise zugunsten einer erweiterten Coda Beachtung
zu schenken, die zwar auf dem Hauptthema basiert, es aber völlig
umgestaltet. Man erhält hier bereits einen Vorgeschmack auf die erweiterten ›Epiloge‹ der späteren Zyklen. Die Energie des Hauptthemas
selbst speist sich aus einer einfachen Vorlage-Sequenz-Technik, deren
aufsteigendes Schema drei ›unvollständige‹ und nur eine ›vollständige‹
Themen-Vorstellung erzeugt. Sein Wechsel zwischen Dominant- und
Tonika-Harmonien sowohl in der Dur- als auch in der Molltonart ist
für die späten Mazurken wiederum typisch (Opus 30 Nr. 4). Die thematische Umkehrung und die absteigende Sequenz der Coda kehren das
beim Hauptthema angewandte Verfahren um und bieten nun eine
›unvollständige‹ und drei ›vollständige‹ Themen-Vorstellungen. Die
daraus resultierende Stabilität wird dann – um zu einer Schlußvariante
zu gelangen – durch einen Ausflug in die Durtonart verstärkt, während

die Dur-Harmonik durch das Aussparen der erniedrigten Sext aus der Molltonart eine exquisite modale Färbung bekommt. Der ganze Abschnitt beschert uns einen ruhigen, lyrischen Moment, dessen Länge durch die tonale Unbeständigkeit des Materials in Teil D gerechtfertigt ist, in dem viertaktige Blöcke fast wie bei Spohr tonal verschoben werden (vgl. Opus 7 Nr. 4, T. 33–36).

Die lebhafte Exotik dieser frühen Mazurken ist in den zwischen 1836 und 1838 entstandenen Zyklen **Opus 30 und 33** weniger ausgeprägt. Auf Modalität und Bordun-Orgelpunkte wird auch hier nicht verzichtet, doch sie sind weniger häufig, weil sich der folkloristische Einschlag nun eher im Aufbau als in äußerlichen Details zeigt. In diesen Zyklen werden insbesondere die Frage-und-Antwort-Schemata populärer Volksmusik aufgenommen, wobei sich deren Wiederholungssystem mit geschichteter Dynamik und subtilen Veränderungen in Einzelheiten des harmonischen und strukturellen Verlaufs steigert. In der dritten Mazurka des Opus 30[21] beispielsweise wird das Hauptthema in reharmonisierter Form ›nachgeahmt‹, d. h., diatonische und modale Versionen stehen einander gegenüber (Bsp. 30(1)).

Opus 30 Nr. 3

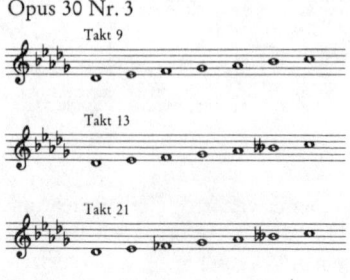

Bsp. 30 (1)

In den ersten beiden Mazurken von **Opus 30**, die sich deutlich voneinander unterscheiden, gibt es in den Außenteilen ein ähnliches Wechselspiel von Solo und Chor. Im Mittelteil der Nr. 2 gestaltet Chopin die beliebten Wiederholungen hingegen zu einem unveränderten melodischen Ostinato um, das acht Einwürfe der gleichen zweitaktigen Phrase mit vier alternativen Harmonisierungen enthält. Bei beiden Mazurken finden sich in der Detailverarbeitung des Materials hübsche Überraschungen. Die Sekund behandelt die Subdominante und dominantische Tonstufen in den drei letzten Noten ihres zweitaktigen Motivs chromatisch variabel, während die Prim mit der Mediante und der Subdominantparallele auf demselben Kadenzpunkt jongliert. Vieles von der Faszination der Mazurken beruht auf solch winzigen Feinheiten in Harmonik und Melodik, wodurch die äußerliche Schlichtheit dieser Musik eine neue Bedeutung erhält.

Oftmals kommt auch noch eine größere Gefühlstiefe hinzu. Vor allem in **Opus 30 Nr. 1** wird die derbe Vitalität des Volkstanzes gänzlich in den Hintergrund gedrängt und zu einem Ausdruck nachdenklicher, wehmütiger Melancholie veredelt, wobei die Reprise des Einleitungsmaterials nach dem Mittelteil einen neuen, noch ergreifenderen Ausdruck annimmt. Dagegen sind die Wiederholungsschemata von **Opus 33 Nr. 2**[22] so angelegt, daß das folkloristische Vorbild ganz in den Vordergrund tritt; übrigens das einzige der acht Stücke, in dem dies geschieht. Die unveränderten, unendlich scheinenden Wiederholungen haben – in Verbindung mit den improvisatorischen diatonischen Harmonien – etwas von der wirbelnden, fußstampfenden Intensität des Oberek. In den Außenteilen der Mazurka finden sich nicht weniger als 24 identische viertaktige Phrasen. Die Regelmäßigkeit wird durch die harmonische Einteilung der Phrasen in sechs Gruppen zu je vier Takten noch verstärkt.

In verschiedenen Mazurken durchdringen die Wiederholungsmuster die Oberfläche der Motive, um sich deren kleinere Bestandteile einzuverleiben. In Bsp. 30 (2) wird die Architektonik des Einleitungsteils von **Opus 30 Nr. 4** auf eintaktige Einheiten beschränkt, um zu verdeutlichen, inwiefern die Struktur auf unveränderten und variierten Wiederholungen der eintaktigen Komponenten ihrer Motive beruht. Von den 32 Takten dieses Abschnitts enthalten 13 unveränderte Wiederholungen von *b*, das selbst ein populäres folkloristisches Motiv ist. Unabhängig davon, ob nun derartige beharrliche Wiederholungen innerhalb eines Abschnitts die Gewohnheiten der Volksmusik direkt widerspiegeln

Opus 30 Nr. 4

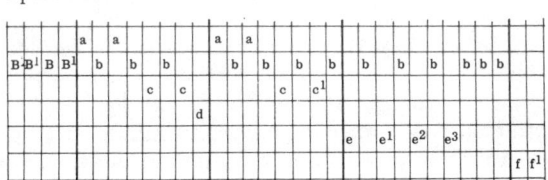

Bsp. 30 (2)

oder nicht, ermöglichen sie doch einen umfassenderen Zugang zu der
weiter angelegten Strukturierung der Mazurka, der eigentlichen Anlage
der Abschnitte. Nur diesem ersten Teil wird eine Reprise zugestanden.
Der zweite, der anfangs ähnlich viele Wiederholungen aufweist, klingt
nur noch einmal kurz in der Coda an, während der dritte, dessen Material sequenzierend in spannungserzeugenden Klangwellen ausgearbeitet
wird, nicht mehr auftaucht. Die Coda pendelt mit einer Variante von *b*,
die in einem harmonischen Zusammenhang mit chromatisch gleitenden
parallelen Septimen vorgestellt wird, bis zum Stillstand aus.

In Opus 30 Nr. 4 kündigt sich bereits die durchkomponierte Anlage
einiger späterer Mazurken an, in denen einfache Tanzsymmetrien den
weiter angelegten Strukturen, unter anderem den Durchführungen,
untergeordnet werden. Arthur Hedley adelte einige dieser späteren
Stücke – vielleicht etwas übertrieben – mit der Bezeichnung »Tondichtungen«.[23] Die letzte Mazurka von Opus 33 geht sogar noch einen
Schritt weiter. Es handelt sich um die bis dahin umfangreichste
Mazurka, deren Grobeinteilung in genau sechzehntaktigen Längenein-
heiten besteht (siehe Bsp. 31), wobei verbindendes Material in den Aufbau integriert ist. Die tonale Struktur, die die Musik fest in h-Moll bzw.
H-Dur verankert, nimmt großen Einfluß auf die Verknüpfungen. So
werden die beiden fallenden Halbtonsequenzen nach B-Dur aufgefangen durch eine neapolitanische Wendung innerhalb der h-Moll-Harmo-
nik – eine Wendung, die in den Schlußtakten am vollkommensten realisiert wird (Bsp. 31).

Opus 33 Nr. 4

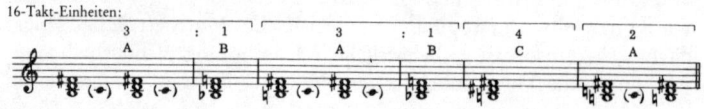

Bsp. 31

Der 1838 verfaßte Zyklus **Opus 41** vereint die harmonischen Veränderungen von Opus 30 und viele der hervorstechenden folkloristischen
Elemente der frühen Mazurken. Alle vier Stücke enthalten Bordun-
Orgelpunkte, während in zwei von ihnen mit den alternierenden diatonischen und modalen Themen-Aufstellungen gespielt wird, wie man es
aus Opus 30 kennt. Etwas Neues kommt hinzu: in beiden Fällen wird –
zum ersten Mal in den Mazurken – der phrygische Modus verwendet.

In Nr. 1 erfolgt die Annäherung an eine e-Moll-Tonika anfangs diatonisch und dann phrygisch, während es sich in Nr. 4 genau umgekehrt verhält: auf phrygisches Material in cis-Moll folgt diatonisches in der parallelen Durtonart. Ähnlich wie in Opus 30 Nr. 1 verändert ein späterer Eintritt des phrygischen Materials in Nr. 4 das Tongeschlecht, um zwischen der zweiten und dritten Tonstufe eine übermäßige Sekunde zu schaffen. Sodann findet man auch hier jene wunderlichen Details, die schon den früheren Mazurken Farbe verleihen – von den tonalen Verschiebungen in Nr. 2, der sogenannten »Palma-Mazurka«, bis hin zum unerwarteten Abbrechen ›mitten im Gedankengang‹ in Nr. 3.

In den Stücken von **Opus 50, Opus 56** und **Opus 59** kann man bei den Chopinschen Mazurken eine wesentliche Veränderung des Klangs wahrnehmen, da die folkloristischen Elemente einer größeren formalen Raffinesse und einer umfangreicheren Ausdruckspalette untergeordnet werden. Oberflächlich betrachtet zeigt sich dies an dominierenden ausdrucksvollen Kujawiak-Vorlagen; wichtiger ist indes, daß auch in den Mazurken etwas von jenem allgemeineren Wandel in Chopins Musik zu Beginn der vierziger Jahre zu bemerken ist. Die dritte und letzte der Mazurken op. 50 (1841–42) ist eine mitreißende Rhapsodie, deren satztechnische Kompliziertheit und Ausdrucksintensität kaum an folkloristische Elemente gebunden sind. Der Charakter des Tanzes tritt jedenfalls ganz zurück. Auf das steigende Interesse Chopins an kontrapunktischen Verfahren wurde bereits hingewiesen; dabei wäre eine strenge Kontrapunktik das letzte, was man bei einer Mazurka erwarten würde. Das Einleitungsthema von **Opus 50 Nr. 3** wird als Imitationsmotiv vorgestellt, dessen sparsame lineare Struktur dem Hörer, selbst wenn es die Bildung eines klareren Nachsatzes ermöglicht, sogleich über die Sphäre des Tanzes hinaushebt. Das Hauptthema alterniert mit lydisch getöntem volkstümlicherem Material, und zwar so, als laufe alles auf die für das Tanzstück charakteristische erweiterte dreiteilige Anlage hinaus; allerdings mit geschickten Auslassungen, während die Dreh- und Angelpunkt (Teil D) die eindringlichen Fragen von A mit einem unerwarteten, tröstlichen lyrischen Moment beantwortet. Wo man dann eigentlich einen Abschluß der dreiteiligen Bogenstruktur erwartet, öffnet sich die Form unmerklich. Das Material von A wird in einen erweiterten, leidenschaftlichen Durchführungsteil eingearbeitet, und harmonisch erzeugt Chopin mittels Modal- und Sequenztechnik eine Intensität, deren chromatische Stimmführung innerhalb eines enharmonischen Kontinuums auf bemerkenswerte Weise Wagner vorwegnimmt. Bsp. 32 zeigt, auf welchem symmetrischen Fundament ein

Großteil dieser Harmonik beruht, wobei das die Sequenz bestimmende Intervall die kleine Terz ist und die Harmonik sich hauptsächlich auf Moll-, verminderte und übermäßige Dreiklänge gründet. Die geschlossene Symmetrie des Tanzes wurde hier in einen zielgerichteten Impuls von bemerkenswerter Energie verwandelt, der in Takt 173 seinen absoluten Höhepunkt erreicht.[24]

Opus 50 Nr. 3

Takt 161

Bsp. 32

Mit den Zyklen **Opus 56 und Opus 59** (entstanden 1843 bzw. 1845) versucht Chopin nicht, die Kraft und Intensität von Opus 50 Nr. 3 zu übertrumpfen. Vielmehr führt er uns in eine eher beschauliche, private Welt ein, in der die unbeschwerte Mazurka mit ihren spritzigen Rhythmen und der exotisch anmutenden Modalität einen wehmütigen, weltschmerzlichen Charakter annimmt. Diese Introvertiertheit resultiert in **Opus 56 Nr. 1** von Beginn an aus der fallenden Sequenz in großen Sekunden, die auf einem ›Pendel-Modell‹ der linken Hand basiert. Die Phrasenstruktur ist dadurch, daß sich die sechs Takte der linken Hand mit den vier Takten der rechten überschneiden, absichtlich ambivalent gehalten. Der Versuch, die Musik durch einen lebhaft aufsteigenden Nachsatz über einer Bordun-Quinte ›emporzuheben‹, wird durch eine kadenzartige Verkürzung vereitelt, welche wiederum das Anfangsmaterial ankündigt. Zudem trägt die Tonalität zur düsteren Stimmung bei, denn der Einleitungsgedanke braucht einige Zeit, um sich über die H-Dur-Tonika wieder einzugliedern. Lediglich die walzerartigen fließenden Achtel der Zwischenspiele – deren Abstand zu beiden Seiten der Tonika eine große Terz beträgt – sorgen für eine kontrastierende unbeschwertere Atmosphäre. Eine solche Folge von Stimmungswechseln kehrt auch in späteren Mazurken wieder. In Opus 56 Nr. 2 baut der Mittelteil abermals auf einer absteigenden Sequenz in der großen Sekunde auf und wird von einer wellenartigen Achtelfigur beantwortet, die – zurückhaltend kanonisch – wie auch der Beginn der Mazurka mit dem Kontrast zwischen diatonischer und lydischer Quarte spielt. Schließlich macht in Opus 68 Nr. 4, der allerletzten Mazurka, eine fallende chromatische Sequenz in f-Moll einer tröstlichen gleitenden Achtelpassage in A-Dur Platz.

Zu der großzügig angelegten Struktur von Opus 56 Nr. 1 mit ihrer ausführlichen Themenverarbeitung in der Coda bilden das dritte und das letzte Stück des Zyklus die passenden Gegenstücke. Ganz einzigartig ist hier die ungebrochene Fähigkeit, neues, wenngleich verwandtes Material zu erfinden, ganz zu schweigen von der ungewöhnlichen Phrasierung des b-Moll-Zwischenspiels in Takt 89–112 (4 + ½ + ½ + ¾ + ¼ + 3) oder der komplizierten Polyphonie der erweiterten Coda. Der versteckte Kontrapunkt in Opus 59 Nr. 2 enthält eine der kompliziertesten gleitenden chromatischen Harmoniefolgen Chopins, und die kanonische Überleitung zur Reprise von Opus 59 Nr. 3 mit ihrer eloquenten, harmonisch äußerst subtilen Coda ist ebenfalls ein Glanzstück. Von den Klangfarben und der Vitalität in Opus 6 und Opus 7 bis hin zu diesen späten Mazurken hat Chopin einen langen Weg zurückgelegt. Jeffrey Kallberg hat mit seiner Analyse der verworfenen Manuskripte von Opus 59 auf jene peinliche Sorgfalt hingewiesen, die der Komponist beim Aufbau dieser Werke walten ließ.[25] Sowohl im Hinblick auf die Tonalität als auch auf die Proportionen hat Kallberg bis ins kleinste Detail drei verschiedene Versuche Chopins unter die Lupe genommen, einen Coda-Abschnitt für Opus 59 Nr. 2 zu schreiben. Eine bis dahin durchaus beachtenswerte Fassung hat der Komponist schließlich verworfen. Darüber hinaus zeigt Kallberg, daß Chopin allein im Sinne der zyklischen Einheit ein Manuskript von Opus 59 Nr. 3 aussonderte und das ganze Stück von g-Moll nach dem endgültigen fis-Moll transponierte, um starke tonale Bande zwischen den drei Stücken der Sammlung zu knüpfen.

Verglichen mit Opus 50, Opus 56 und Opus 59 sind Chopins nachfolgende Mazurken – die drei des **Opus 63**, die zweite und vierte des **Opus 67** sowie die letzte des **Opus 68** – viel weniger anspruchsvoll. Auf den ersten Blick scheint es, als sollten sie eine bewußte Rückkehr zum Stil der frühen Mazurken darstellen. Stilistische Details jedoch, wie etwa die kanonische Satzweise in Opus 63 Nr. 3, sind untrügliche Anzeichen für die Zeit, aus der sie stammen. Auf die Mazurka **op. 68 Nr. 4** muß noch etwas genauer eingegangen werden. Laut Fontana handelte es sich um Chopins letzte Komposition, die nur als Skizze erhalten geblieben ist und zunächst von Franchomme, später von Hedley, Ekier und anderen (unter Einbeziehung des unten auf der Skizze notierten F-Dur-

Mittelteils) rekonstruiert wurde. Ihre Floskeln sind bereits allesamt vertraut: die Ausgewogenheit des chromatischen und diatonischen Materials in der ersten Phrase, das fließende, walzerartige *moto perpetuo* des A-Dur-Zwischenspiels, die Auslassung in der Phrasenstruktur, wenn das A-Dur zwei Takte ›zu früh‹ eintritt, sowie die chromatischen Symmetrien der Takte 32–39. Doch der elegische Ton der letzten Mazurka erscheint ganz besonders schmerzlich und bildet einen würdigen Abschluß jener Reihe von Werken, denen sich Chopin während seines Künstlerlebens am konsequentesten gewidmet hat.

Salons

Walzer

Von der Polonaise und der Mazurka abgesehen, war der Walzer das einzige Tanzstück, von dem sich Chopin immer wieder angezogen fühlte. Dabei ist es keineswegs überraschend, daß seine frühesten Versuche sich unmittelbar an die Polonaisen der Jugendtage anschlossen, gerade zu einer Zeit, als das Walzerfieber Europa im frühen 19. Jahrhundert mit erstaunlicher Heftigkeit erfaßte. Josef Lanner und Johann Strauß d. Ä. – die Komponisten, die dazu den musikalischen Grundstein legten – wurden nacheinander die Idole Wiens, der k. u. k. Monarchie Österreich und der übrigen Welt. Sehr bald schon ahmten andere Komponisten der Gebrauchstanzmusik ihre Walzer nach. Stilisierungen gab es bereits zu Beginn des Jahrhunderts; vor allem Schubert schuf Klavierstücke, die eigens als Walzer ausgewiesen wurden, selbst wenn sie sich kaum von seinen Ländlern oder anderen Gattungen »Deutscher Tänze« unterschieden. Eine wesentliche Anregung brachte Webers *Aufforderung zum Tanz* aus dem Jahre 1819, jenes Werk, das vornehmlich als Muster für spätere Stilisierungen diente. Weber gelang es, die charakteristischen Bewegungen des Tanzes – sein sanftes Gleiten bzw. sein schwindelerregendes Wirbeln – in idealer Art einzufangen. Damit war die typische Anlage des Salon-Walzers vorgezeichnet – ein aus verschiedenen Abschnitten bestehendes Potpourri, dem eine formale Introduktion bzw. Themenvorstellung vorausgeht und dem eine die Themen zusammenfassende bzw. verarbeitende Coda folgt. Auch andere namhafte Komponisten wandten ihre Aufmerksamkeit rasch dem Walzer zu; Schumann z. B. betrachtete ihn als autonomes Klavierstück, Berlioz als Bestandteil der Orchestersinfonik.

Zu Beginn des Jahrhunderts kam dieser Tanz auch nach Warschau. Stilisierungen für das Klavier – Walzer ›zum Hören‹ – machten sehr bald der Polonaise als beliebter Salongattung Konkurrenz. Schon im zweiten Jahrzehnt schrieb Maria Szymanowska Walzer für Klavier zu vier Händen, ferner gibt es Beispiele von anderen führenden Komponisten aus der Zeit vor Chopin, wie etwa Kurpiński, Dobrzyński und Stefani. Bei einigen dieser frühen polnischen Walzer wird zuweilen die Tendenz erkennbar, etwas vom Flair der Mazurka mit aufzunehmen; dann vermischen sich der typische Rhythmus und melodische Motive der Mazurka mit der eher weltoffenen Sphäre des Walzers. Vordergründig betrachtet haben die beiden Tänze natürlich vieles gemeinsam, und in ihrer Herkunft und frühen Entwicklung sind sie einander recht ähnlich. Beide Gattungen traten ungefähr zur gleichen Zeit in den Festsälen und Salons der Städte in Erscheinung, jedoch mit dem bedeutsamen Unterschied, daß die städtische Mazurka ihren ländlichen Ursprüngen ziemlich eng verbunden blieb, während sich der Walzer von seinen Vorläufern in Süddeutschland und Österreich, wie etwa dem Dreher und dem Ländler, viel weiter entfernte.

Chopin hatte also seine Vorbilder, als er die sechs **Walzer** zu schreiben begann, die Opus 18 vorangingen. Zukünftiges deutete sich in diesen frühen Walzern bereits an, wie wir bei dem in As-Dur feststellen konnten. Im allgemeinen aber unterschieden sie sich durch ihre schlichtere Form und das für gewöhnlich langsamere Tempo stark von denen, die der Komponist selbst zur Veröffentlichung freigab. Der Walzer in Es-Dur (1829–30) besitzt die ganze ungestüme Kraft eines prächtigen Menuetts, während jener in h-Moll (den Fontana als Opus 69 Nr. 2 herausgab) eher an den leichten, ausdrucksvollen rhythmischen Schwung eines Kujawiak erinnert. Der für Konstancja Gładowska verfaßte Des-Dur-Walzer op. 70 Nr. 3 und das seltsam schumanneske Stück in E-Dur besitzen schon mehr vom authentischen Fluidum des Walzers; aber es ist vor allem der e-Moll-Walzer aus dem Jahre 1830, der mit seiner Introduktion, dem wiederholten Notenmotiv und der Bravour-Coda dem reifen Stil nahekommt.

Mit dem 1831 entstandenen Werk in Es-Dur op. 18 kristallisierte sich dann im wesentlichen der Ton der späteren Chopin-Walzer heraus, der trotz einiger noch vorhandener Anklänge von dem der Mazurken deutlich unterschieden ist. Leicht und duftig gesetzt, im allgemeinen, wenn auch nicht immer, in rasantem Tempo geben sich die Walzer ebenso extrovertiert wie die Mazurken introvertiert. Wiewohl sprühend und brillant, sanft und anmutig, scheu oder gar kokett, legen sie es immer darauf an, unmittelbar zu gefallen und für das heimische Musizieren ein wenig von der Leichtigkeit und Eleganz des Ballsaals einzufangen. Es ist bezeichnend, daß Opus 18 und die drei Walzer op. 34 wohlhabenden Damen der Gesellschaft gewidmet sind, sie waren in erster Linie Musik für die Salons.

Der Salon war eine Pariser Institution. William Weber errechnete allein für das Jahr 1846 eine Zahl von 850, in denen so umfangreiche musikalische Darbietungen stattfanden, daß man sie als private Konzerte bezeichnen könnte. Er charakterisierte sie als »die Cocktailparties jener Zeit«.[1] Natürlich gab es Unterschiede: Die Palette reichte von den glänzenden Zusammenkünften bei den Rothschilds, wo sich die berühmtesten Künstler jener Tage versammelten und die Gäste viel musikalischen Sachverstand besaßen, bis hin zu den Soiréen wohlhabender Bürger, die sich eifrig darum bemühten, die sozial Höhergestellten nachzuahmen und als Förderer der Künste zu gelten. Bald kam es so weit, daß die Organisation der Salons von den aristokratischen Kreisen mehr in die Hände bürgerlicher Familien überging. Eben dieser bürgerliche Salon vermittelte die stärksten musikalischen Impulse. Und dies war wiederum Teil einer größeren Bewegung, die die Mittelklasse sowohl das kulturelle als auch das soziale und wirtschaftliche Leben Europas in zunehmendem Maße beherrschen ließ. Ihre Wertvorstellungen, die von der kapitalistischen Produktionsweise bestimmt waren, setzten sich durch. Paradoxerweise waren es gerade diese Werte, die im frühen 19. Jahrhundert den Begriff der kunstverständigen, selbstkritischen Avantgarde hervorbrachten, fernab vom Geist aristokratischer Kunst. Jedoch ist diese bedeutsame Entwicklung vor dem Hintergrund der schlichteren Seiten des bürgerlichen Geschmacks zu sehen: seiner Vorliebe für Sensationen, die durch die Große Oper und das Virtuosentum der Benefizkonzerte befriedigt wurde, sowie seines Bedürfnisses nach Gemütlichkeit und solider Häuslichkeit, dem die einfachen, oft im Volkston gehaltenen Lieder und biedermeierlichen Klavierstücke entsprachen.

Vor zu großer Vereinfachung muß man sich freilich hüten. Die gesellschaftliche Entwicklung der Musik des frühen 19. Jahrhunderts ist ausgesprochen kompliziert und weist zahlreiche miteinander verflochtene Stränge auf. Die verschiedenen Musikgeschmäcker des Bürgertums fanden sehr bald in den vornehmsten Salons Verbreitung, und die adligen Kreise wandten sich mehr und mehr der im Aufschwung begriffenen Welt der ›professionellen‹ leichten Muse zu. Hingegen war das Bürgertum bemüht, eher die progressive Musik der ›Avantgarde‹ zu fördern und für jeden ersichtlich zu unterstützen. Schon bei Proust heißt es von M. de Marsantes, einem Aristokraten, dem Offenbach gefiel: wäre er ein »Bourgeois« gewesen, hätte er Wagner gemocht.

Abgesehen von einigen feinen Unterschieden bleibt das allgemeine Grundmuster des Wandels klar: Eines seiner deutlichsten Anzeichen war die starke Verbreitung der Hausmusik in den Familien des Mittelstandes, wobei dem Klavier eine zentrale Rolle zukam. Hier spielte die ›klavieristische Revolution‹ denn auch eine ebensogroße Rolle wie im öffentlichen Konzertleben, da sie die Verbreitung einer auch für reine Liebhaber zugänglichen Musik förderte. Diese reichte von Arrangements für zwei und vier Hände über Tanzstücke und Potpourris bis hin zu Liedern ohne Worte und lyrischen ›Charakterstücken‹. Komponisten wie Heller, Henselt, Döhler und viele andere produzieren – zum Ergötzen und zum Nutzen der Musikverleger – solche Musik am laufenden Band. Dieser Biedermeier-Kunst mit ihrem sentimentalen, vergänglichen Charme und ihren hausbackenen Klischees konnten sich auch bedeutendere Komponisten nicht entziehen, denn ›Kunst‹ und ›Kommerz‹ wurden nicht durchweg als ›Todfeinde‹ im

Berliozschen Sinne betrachtet. Mendelssohns »Lieder ohne Worte« sind dafür ein typisches Beispiel; ebenso einige der unbedeutenderen Charakterstücke Schumanns. Sie entstanden alle für einen wachsenden Markt von Musikliebhabern, die vornehmlich im Bürgertum zu finden waren.

Für diesen Markt waren auch die Walzer Chopins gedacht. Chopin schrieb jedoch ›leichte Musik‹ in einem neuartigen, genauer: in einem viel älteren Sinne, da er die Materialien des Gebrauchstanzes eher im Stile Bachs als in dem klassischer Komponisten oder gar der späten Romantiker behandelte. Bei Mozart und Schubert stellten die Tanzstücke ein einfaches Nebenprodukt ihrer ernsteren Arbeiten dar, so wie bei Beethoven die Volksliedbearbeitungen. Vor allem in seinen frühen Jahren konnte sich auch Chopin diese Haltung zu eigen machen. Sie wird durch andere ›nationale‹ Tanzstücke wie die drei Écossaises hinreichend deutlich. Selbst seine späten ›Ausflüge‹ nach Spanien und Italien (Bolero 1833, Tarantella 1841) gehören zur Trivialmusik; sie entbehren zwar nicht völlig einiger interessanter Wendungen, doch die Einfälle sind insgesamt viel spärlicher als in den reifen Walzern. Dagegen bereiteten Chopin die Walzer nahezu ebensoviel Kopfzerbrechen wie die Balladen, und so lassen sie sich auch nicht einfach als Lohnarbeiten – und seien es die eines Genies – abtun. Es handelt sich um schön ausgeformte Miniaturen, die sowohl die Atmosphäre des Salons als auch die Konventionen des Gesellschaftstanzes aufgreifen und beide zu einer anspruchsvollen Kunstform veredeln.

Der **Es-Dur-Walzer op. 18** war der erste, den Chopin selbst zur Veröffentlichung freigab. Er bezeichnete ihn als *valse brillante*; jedoch sollte man sich von solchen Titeln nicht in die Irre führen lassen, da die Walzer mit dem Stile brillante wenig gemein haben. Sie sind frei von überflüssiger Ornamentik, und jegliche Virtuosität richtet sich auf die natürliche Ausgelassenheit des Tanzes selbst. Auch den a-Moll-Walzer op. 34 Nr. 2 als *brillante* zu bezeichnen, entspricht nur ganz äußerlich der landläufigen Praxis. Durch Opus 18 wird die Grundstruktur der Tanzkonventionen, auf der Chopins spätere Stilisierungen beruhen, bereits klar festgelegt. Es erscheint eine Themenvorstellung, gefolgt von einer Parade verschiedener Melodien, bei denen sich lyrische und figurative Gestaltungselemente abwechseln, sowie eine spannende Coda mit Accelerando- bzw. ›Engführungs‹-Effekt. Die strenge, vom Gebrauchstanz übernommene viertaktige Phrasierung ist für die meisten Walzer üblich. Zu den weiteren charakteristischen Merkmalen gehören die fließende Achtelbewegung des B-Teils, die der Stimmung

und der Struktur eine besondere Leichtigkeit verleiht und den Kontrast
zu den scharf punktierten Rhythmen der Mazurka betont. Ferner findet
man die lieblichen italianisierenden Terzen und Sexten des C-Teils,
deren schwingender Bewegung die zarten Vorschläge noch einen zu-
sätzlichen Reiz verleihen. Ebenso typisch sind die pikanten Gegenrhythmen in Teil D und der Hagel sprühender kurzer Vorhalte auf
einem chromatischen Abstieg in Teil F. Alle diese charakteristischen
Teile kehren in den späteren Walzern wieder. Auf die Reprise des Eröffnungsmaterials folgt eine Sequenz von nicht weniger als sieben verschiedenen Gedanken, die als ABA CDC EFE G ABA Coda eingerichtet
sind. Dadurch ist gleichzeitig die in den meisten – wenn auch nicht allen
– späteren Stücken bevorzugte, potpourriartige Anlage festgelegt.
Natürlich kommt diese in Opus 18 nur teilweise zum Tragen, aber der
›rote Faden‹ ist durch rhythmische Verbindungsteile zwischen A und B,
motivische Verbindungsteile zwischen B und D, strukturelle Verbindungsteile zwischen C und E sowie zwischen D und F gewährleistet.
Teil G, das letzte Thema, stellt zudem die Erweiterung einer auftaktigen
Phrase dar, deren Fundament bereits in D gelegt wird, während die
erweiterte Coda (eingeleitet durch eine absichtliche Unterbrechung des
Zusammenhangs) Elemente von A, B, D und F zusammenfaßt.
Der erste und der dritte Walzer aus **Opus 34**, 1835 bzw. 1838 komponiert, verarbeitet viele Elemente, die bereits in Opus 18 Verwendung
fanden. Für die Themenaufstellung des **As-Dur-Walzers op. 34 Nr. 1**
wird das gleiche rhythmische Schema (T. 1) verwendet wie in Opus 18,
und ihre Weiterführung (T. 2) weist ein mit Opus 18 (B) nahezu identi-
sches Motiv auf. Zwei seiner Themen (T. 17 und T. 81) greifen auf die
schwingenden Terzen und Sexten aus Opus 18 (C) zurück. Dagegen
taucht die fließende Achtelbewegung von Opus 18 (B) in Takt 33 des
späteren Werkes abermals auf. Dieses *moto perpetuo* ist ein Haupt-
merkmal des **F-Dur-Walzers op. 34 Nr. 3**, der die Gegenrhythmen von
Opus 18 (D) wieder aufnimmt und ihre Achtel in drei Gruppen à vier
Noten über eine zweitaktige Spanne arrangiert. Erneut findet man jene
Ketten von kurzen Vorhalten aus Opus 18 (F), diesmal aber als Bestandteil einer arpeggierten Figur. Der Struktur nach ist Opus 34 Nr. 3 ein
relativ prägnantes Stück, behält jedoch das Konzept einer Kette bzw.
einer Sequenz unabhängiger Gedanken bei, angeordnet nach dem
Schema: Introduktion – ABCA – Coda. Wiederum fügt die Coda die
lose verbundenen Stücke zusammen, während sie zugleich neuartige
Elemente einführt. Material aus der Introduktion und aus dem A-Teil
wird ganz allmählich in die rhythmische Unterbrechung und das Ver-

stummen einbezogen, bevor es zu einem mitreißenden Kadenzbezug auf C kommt.

Eine wesentlich anspruchsvollere Komposition ist **Opus 34 Nr. 1**. Wie bei Opus 18 handelt es sich um ein umfangreiches Stück mit einer Überfülle an melodischen Einfällen; es ist aber weitaus subtiler zusammengefügt und gehaltvoller als die früheren Werke. Die Art der Themenaufstellung ist fesselnd und vielversprechend, dabei wird das Hauptthema A in seiner Phrasenstruktur auf geschickte Weise ambivalent gehalten, wie Paul Hamburger es darlegt.[2] Hamburger beschreibt des weiteren das folgende Material als einen »Refrain«, der »die Teile eines ausgedehnten Potpourris miteinander verbindet«. Worauf sich dieses Urteil gründet, ist schwer zu erkennen, denn nach seiner Wiederholung zu Beginn taucht der musikalische Gedanke nur noch ein weiteres Mal (T. 193) als Teil der Reprise von A und in der gleichen Sequenz auf; das heißt als eine Erweiterung des zweiten Gliedes des Hauptthemas. Entscheidender sind die eng miteinander verknüpften Variations- und Durchführungsteile, die in den dazwischenliegenden Abschnitten erscheinen. Das ›neue‹ Material in Takt 49 (B), das besonders durch seine mazurkaartige Betonung auf dem dritten Schlag gekennzeichnet ist, stellt eine Variante des zweitaktigen Motivs der Einleitung dar. Es schließt sich sogleich (T. 65) eine verzierte Variation des gleichen Gedankens an (in B-Dur), die skalenförmige ›Raketen‹ enthält, wie man sie aus den reifen Polonaisen kennt. Der nächste Abschnitt (C) beginnt mit einer weiteren Variation der Einleitung von B. Diesmal wird jedoch bei der Fortspinnung in parallelen Sexten das Hauptthema A wieder aufgegriffen. Die einzelnen Glieder werden durch die Verwendung einer entschiedenen punktierten Rhythmusfigur noch verstärkt, die sowohl in B als auch in C einen Abschluß einleiten soll. Im Zentrum von C steht eine zweiunddreißigtaktige Phrase (C^1) – Exposition und Variation –, in der sich die Empfindung vertieft und das slawische Sentiment deutlich hervortritt. Auf den ersten Blick könnte man diesen Abschnitt für den Dreh- und Angelpunkt des Walzers halten, um den herum das weitere Material einen Bogen beschreibt. Und doch öffnet Chopin völlig unerwartet, fast so wie in Opus 50 Nr. 3, die Form kurz vor der Schließung des Bogens. Die Reprise von A leitet eine ausgiebigere Antwort auf die ›Exposition‹ des Walzers ein. Deren bemerkenswerteste Eigenschaft ist das Einbringen der punktierten, bei früheren Einwürfen noch stark kadenzartigen Rhythmusfigur in das neue *moto perpetuo* von D und der Coda. Die Anlage und die Ambivalenz ihres zentralen Abschnitts ließe sich folgendermaßen darstellen:

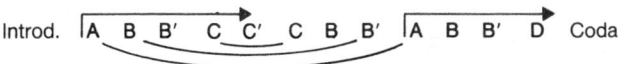

Introd. A B B' C C' C B B' A B B' D Coda

Es ist alles andere als ein ›ausgedehntes‹ Potpourri.

Das flüchtige Auftauchen der Mazurka-Merkmale in Opus 34 Nr. 1 setzt sich in verschiedenen Walzern noch fort, ganz abgesehen von dem Es-Dur-Stück aus dem Jahre 1840 (mit der Bezeichnung *sostenuto*), das für gewöhnlich den Walzern zugeordnet wird, auch wenn es von Chopin nicht so benannt wurde und ebensogut zu den Mazurken gezählt werden könnte. Ein Nebeneinander von charakteristischen Merkmalen des Walzers und der Mazurka findet man beispielsweise in dem beliebten As-Dur-Walzer op. 69 Nr. 1 (1835) und erneut im Ges-Dur-Walzer op. 70 Nr. 1 (1833). Erstaunlicherweise gehören diese Stücke nicht zu den Walzern, die Chopin zur Veröffentlichung freigab. Das gleiche gilt für die Stücke in f-Moll op. 70 Nr. 2 (1841) und in a-Moll ohne Opuszahl (1847–49), die in ähnlicher Weise zwischen Walzer und Mazurka stehen.

Dies trifft auch auf **Opus 34 Nr. 2**, Chopins Lieblingsstück unter den Walzern, zu. Von Anfang an besitzt das a-Moll-Stück eine gewisse – nicht nur flüchtige – Ähnlichkeit mit dem Kujawiak; man denke nur an sein langsames Tempo mit dem auskomponierten Rubato, seine Orgelpunkte und seine melodische Linie. In späteren Abschnitten wird diese Verbindung noch bestätigt und verstärkt. Im Material der Takte 37–52 alterniert a-Moll mit C-Dur ganz nach Art der Mazurken, wobei in beiden Bereichen ein Wechsel lydischer und diatonischer Quarten angestrebt wird. Noch bemerkenswerter ist die harmonische Variation in der Reprise des A-Dur-Themas in Takt 53, bei der die Melodie mit Elementen der phrygischen Tonart nach a-Moll hinübergeführt wird; ein Verfahren, das besonders für die Mazurken des Opus 30 und des Opus 33 üblich ist. Im allgemeinen bildet dieser Walzer einen auffallenden Gegensatz zu seinen ›Pendants‹ in Opus 34, denn er wiegt ihre diatonischen Ausschweifungen mit dunkleren harmonischen Farben und einer expressiven Lyrik voll subtiler Details auf. Ein treffendes Beispiel hierfür ist die Art, in der Chopin einen Teil des ›auftaktigen‹ Einsatzes der rechten Hand beibehält, wenn sie von der Begleitung zur Melodieführung wechselt. Der leichte Verzögerungseffekt, der sich dabei in der Melodie ergibt, und die Mehrdeutigkeit der Phrasierung sind von großer Ausdruckskraft. Noch beeindruckender ist, wie die Melodie der linken Hand in der Coda zu einer tröstlichen Achtellinie aufblüht, die wegen ihrer Harmonik der Dur-Dominante und ihres Kontrapunkts der rechten Hand besticht. Hier dringt das Nocturne in den Walzer ein.

Mit **Opus 42** (1839–1840) kehrt Chopin wieder zur Leichtigkeit der Walzer zurück. Hier wird nicht der Prunk des Ballsaals heraufbeschworen, sondern die Intimität seiner verborgenen Nischen. Die Themenvorstellung schlägt eher verführerische als gebieterische Töne an und leitet zu einem Hauptthema über, das behende mit dem gleichzeitig auftretenden Zweier- und Dreiertakt spielt (welcher ist der Volltakt?). Der Walzer ist ausgesprochen lang und enthält einen echten Refrain, eine *moto perpetuo*-Achtelfigur, die die aufeinanderfolgenden Teile nach dem Schema AXBXCXDXAXCX miteinander verbindet. Die unterschiedlichen Merkmale der Hauptteile sind leicht zu erkennen und reichen von der Lieblichkeit und Zartheit in A über die eher bodenständige, volkstümliche Vitalität in B und den lebhaften, springenden Rhythmus von C bis hin zur tieferen Empfindsamkeit des zentralen Abschnitts D, dessen leidenschaftlicher lyrischer Charakter durch ein reichhaltigeres harmonisches Vokabular unterstützt wird. Der besondere Reiz des Walzers liegt darin, daß er das Gefühl vermittelt, Wachstum und Entwicklung würden im Zaum gehalten oder gar unterbrochen. Bei der Vorstellung des ersten Themas in C machen sich die punktierten Rhythmen mit einem *ff* auf unheimliche Art und Weise bemerkbar, doch der Eindruck einer dramatischen Entwicklung wird sogleich vom Refrain überdeckt. Ebenso wird in D gegen Ende die Periodenstruktur aufgelöst, wenn Sequenzierung die Entwicklung zu blockieren scheint, jedoch vom Refrain wiederum unterbrochen wird. Ähnlich wird auch die Reprise von A zwei Takte vor ihrer Vollendung gestört und geheimnisvoll mit einem Einwurf des Refrains verknüpft, der sich erstmals zu entfalten beginnt. Das Ergebnis dieser Vorboten ist die Vorstellung des zweiten Themas in C. Hier herrscht das Unvorhersehbare vor. Zunächst bewegt sich die Musik spiralenartig auf A-Dur zu, indem sie kurzfristig jene früher als Einwurf fungierenden Akkorde miteinander verflicht, aber mit einem Schluß, dem eine außergewöhnliche, sich über mehr als drei Oktaven erstreckende aufsteigende Tonleiter vorangeht. Wenn die Musik zum Hauptthema zurückkehrt, ändert sich die tonale Richtung erneut, während der Hörer mittels einer Fortschreitung wieder zum abschließenden beschleunigenden Refrain hingeführt wird. Dies ist für Chopin insofern bezeichnend, als in ihr entfernte, tonal suggestive Harmonien so stark verdichtet werden, daß ihr tonaler Reiz schließlich nahezu neutralisiert wird.

Die drei Walzer des **Opus 64** stellen den Höhepunkt von Chopins Beitrag zu dieser Gattung dar. Sie zeigen gegensätzliche und einander ergänzende Auffassungen vom Tanz, während sie zugleich die Floskeln der früheren Stücke stetig wiederholen und verfeinern. Das wirbelnde Moment des sogenannten »Minutenwalzers« (**op. 64 Nr. 1**), der Delfina Potocka gewidmet ist, wird mit einem *moto perpetuo* erzeugt, das wie in Opus 34 Nr. 3 ein hemiolisches Grundmuster in seine rhythmische Struktur einbaut. Der Walzer in cis-Moll (**op. 64 Nr. 2**) kehrt in seinem bittersüßen Hauptthema zu den Terzen und Sexten des Opus 34 Nr. 1 zurück und schließt einen fließenden Achtelrefrain, ähnlich dem in Opus 42, mit ein. Abermals verbindet sich der zentrale Abschnitt in Des-Dur mit jener expressiveren, nocturneartigen Klangsphäre, die wie so oft bei Chopin mit dieser Tonart assoziiert wird, reich in der Harmonik und zugleich herrlich im Bogen ihrer ornamentalen Melodik. Der Charakter des As-Dur-Stückes (**op. 64 Nr. 3**) ist verhaltener; man findet hier erheblich weniger ergiebige thematische Elemente als in den meisten anderen reifen Walzerkompositionen. Bei diesem Walzer legt Chopin mehr Wert auf Finesse und Zurückhaltung. Beispielsweise wird das Hauptthema sowohl in seiner Kontur als auch in seiner Harmonik subtil variiert. Ein Meisterstück ist im Mittelteil die Überleitung zur Melodie der linken Hand: Sorgfältig werden die Reste der alten und neuen Elemente ausbalanciert. Auch in harmonischer Hinsicht ist vieles hochinteressant; nicht allein wegen der lokalen Färbungen, sondern wegen der unerwarteten Ausblicke in entferntere Regionen, die schon wieder entschwunden sind, noch bevor man sie ganz wahrgenommen hat.

In diesen späten Walzern ist die Weltgewandtheit der Chopinschen Kunst am stärksten ausgeprägt. Ihre Komposition bereitete ihm einiges Kopfzerbrechen, wie eine Untersuchung der Entwürfe zeigt,[3] weil er sie mit dem gleichen Raffinement im Detail und dem gleichen Feinschliff gestaltete wie seine vermeintlich anspruchsvolleren Werke. Daraus folgt, daß, ebenso wie die »leichte Musik« unerwartet kultiviert sein kann, auch »ernste Musik« sich wiederholt dem Idiom der leichten Musik zuzuwenden vermag, besonders dem populären Tanz. Dies ist an sich nichts Neues, aber es ist durchaus ungewöhnlich, daß populäre Tanzrhythmen unmittelbar ins Zentrum eines ausgeklügelten musikalischen Gedankens gestellt werden, so daß sich schließlich alle Widersprüche auflösen. Erneut wird man dabei eher an Bach als an die Meister der Klassik erinnert. Bach stilisierte nicht nur populäre Tänze mit äußerster Raffinesse, sondern machte das gesamte Idiom des Tanzes zur

Grundlage einiger seiner wichtigsten (auch der sakralen) Werke. Für
Chopin stellte der Walzer eine Energiequelle zur Erschließung kompli-
zierterer Gedankengänge dar, und jede Untersuchung, die sich damit
befaßt, muß über den Walzer selbst hinausgehen. Ausgedehnte Stücke
wie die Scherzi und die Balladen sowie stimmungsgebundene Werke
wie die Nocturnes verdanken einen Großteil ihrer Substanz dem Walzer. Dem vertrauten Begleitschema der linken Hand kommt in Chopins
Werk eine ähnliche Bedeutung zu wie den von Alberti eingeführten
Baßfiguren in den klassischen Kompositionen für Tasteninstrumente.
Dort wird der harmonische Hintergrund für das thematische Material
in verschiedenen Zusammenhängen artikuliert. Die Hauptthemen des
zweiten Scherzos und der vierten Ballade sind dafür nur zwei von zahlreichen Beispielen. Das Eindringen von Walzer-Elementen in andere
Gattungen reicht jedoch noch weiter bis hin zum Gebrauch einer detail-
lierteren Phrasierungsweise, vor allem der *moto perpetuo*-Achtel, die ja,
worauf bereits hingewiesen wurde, ein wesentliches Merkmal des Cho-
pin-Walzers sind. Man vergleiche dazu die Zwischenspiele in Takt
138–150 der g-Moll-Ballade, Takt 162–178 des Des-Dur-Scherzos und
Takt 124–131 der As-Dur-Ballade.[4] Diese Tendenz des Walzers,
unmerklich zwischen verschiedenen Ausdrucksebenen hin und her zu
gleiten, ist ein wichtiger Grundzug von Chopins Musik, sozusagen ein
behutsamer stilistischer Kontrapunkt, der ohne jede Spur von Ironie
angewandt wird.
Er führt zu einem Dialog des Kultivierten mit dem Volkstümlichen,
gelegentlich sogar zur Fusion der beiden Elemente. Während die Welt
der leichten Musik immer mehr ihre eigenen Wege erschloß und ihre
eigene Sprache entwickelte, reflektierte diese Trennung eine Spaltung
der Kultur des Mittelstands.[5] Im Hinblick auf diese Entwicklung entschied sich Chopin weder für die eine noch die andere Seite, sondern für
beide. Vielleicht war es ein besonderes Verdienst der Slawen, im
19. Jahrhundert nochmals deutlich zu machen, daß zwischen dem leichter Zugänglichen und dem Anspruchsvollen kein Widerspruch bestehen
muß, selbst wenn sich dieser Standpunkt gegen den Strom der Zeit nicht
lange aufrechterhalten ließ. Tschaikowsky zählt in dieser Hinsicht zu
den Nachfolgern Chopins, und auch er mußte einen gewissen Tribut für
seine Popularität zahlen.

Auseinandersetzungen mit deutscher Musik

Sonata funèbre · Sonate op. 58 · Sonate für Violoncello und Klavier op. 65

Der größte Teil von Chopins reifen Schöpfungen weist keinen Widerspruch zwischen Populärem und Bedeutsamem auf. Seinen für den Salon bestimmten Walzern mangelt es nicht an Kunstfertigkeit gegenüber den anspruchsvolleren Balladen und Scherzi, die für den Salon zu tiefsinnig waren, einen Großteil ihrer Energie jedoch aus dem Walzer bezogen. Es gibt indes Werke, die ein wenig außerhalb dieser in sich geschlossenen Welt mit ihrer ständigen Vermittlung zwischen Kultur- und Volksgut stehen. Dazu gehören auf der einen Seite Stücke wie der **Bolero**, die **Tarantella** und die **Variationen op. 12**, die den Ansprüchen des Salons mit der ihm eigenen Oberflächlichkeit entgegenkommen. Andererseits findet man in diesem Spektrum noch die Sonaten, bei denen volkstümliche Elemente nur eine bescheidene Rolle spielen und die sich den Anforderungen des historisch gewachsenen Typs fügen. Die Sonaten stellen Chopins unmittelbarste Antwort auf die Leistungen der klassischen deutschen Tradition dar.

In der Hochklassik wurde die Sonate in Deutschland und Österreich mit größter Hingabe gepflegt. Dies macht William Newman in seinem maßgeblichen Werk *The Sonata since Beethoven*[1] besonders deutlich; er erinnert daran, daß die »deutsche Hegemonie« (wie er es nennt) über die bekannte Handvoll bedeutender Gestalten doch um einiges hinausging. Die ersten Versuche, die schwer zu definierenden Prinzipien der Sonatenhauptsatzform zu kodifizieren, gingen ebenfalls von Deutschland aus und wirkten sich – wenn auch nicht immer zum Besten – auf Pädagogik, Kritik und sogar auf den künstlerischen Schaffensprozeß aus. Diese Bemühungen verstärkten besonders die Tendenz, nicht-deutsche Sonaten oder Sinfonien gemäß gewissen Richtlinien zu kritisieren, in denen a priori festgelegt wurde, was die Sonate war bzw. sein sollte. Diese kritische Haltung – die sich vielfach noch antreffen läßt – betrachtete beispielsweise die russische Sinfonik des 19. Jahrhunderts eher als unglückliche Abweichung von der deutschen Sinfonik denn als eine mögliche spannende Ergänzung zu ihr. Eine derartige Ergänzung, in Wirklichkeit eine Art ›Dialog‹ zwischen ursprünglicher thematischer und formaler Behandlung (wie sie sich sowohl in der Konzertouvertüre, der Tondichtung als auch der Oper entwickelt hat) und Aspekten der sinfonischen Tradition, ist zugegebenermaßen schwierig und mochte gelegentlich zu unbefriedigenden Ergebnissen führen, aber die Musik sollte wenigstens hinsichtlich ihrer Voraussetzungen und Zielvorstellungen untersucht werden. Diese Auseinandersetzungen waren ja oftmals recht fruchtbar und erzeugten eine kreative Spannung, wie sie schließlich im 20. Jahrhundert etwa bei manchen Musikstücken Strawinskys letztmals zum Ausdruck kommen sollte.

Chopin näherte sich, ähnlich wie die russischen Komponisten, wenn auch eine Generation früher, der Sonate auf Umwegen. Die Sonate op. 4 und das Trio op. 8, Kompositionsversuche aus seiner Studienzeit, belegen nur allzu deutlich, daß diese Form zumindest in der Jugend seinem Wesen nicht entsprach. Als Chopin sich 1839 wieder mit der Sonate befaßte, indem er dem zwei Jahre zuvor entstandenen Trauermarsch noch drei weitere Sätze hinzufügte, hatte er sich bereits als ein Meister anderer musikalischer Denkweisen erwiesen. Die **Sonata funèbre** – um diesen beschreibenden Titel zu verwenden, den Chopin (ungewöhnlich genug) selbst billigte – stellt eine Auseinandersetzung zwischen diesen Denkweisen und dem deutschen Sonatenprinzip dar. Wie die russische Sinfonik wurde sie oft energisch kritisiert, da es Chopin angeblich nicht gelungen sei, ein Ziel zu erreichen, das er freilich nie angestrebt hatte.

Schumann gab mit seiner Bemerkung, daß Chopin gerade hier »vier seiner tollsten Kinder zusammenkoppelte«[2] den Anstoß, wonach Kommentatoren sich genötigt sahen, das Werk bezüglich seiner Einheit genauer zu untersuchen. Die traditionelle Kritik des 19. Jahrhunderts meinte, die Sonate sei in zwei Teile gespalten, da die letzten beiden Sätze wenig mit den ersten beiden gemein hätten. Die Autoren des 20. Jahrhunderts reagierten darauf, indem sie eine Vielzahl thematischer Verbindungen zwischen den beiden Hälften deutlich machten. Sowohl Hugo Leichtentritt[3] als auch Józef Chomiński[4] lenkten die Aufmerksamkeit auf eine Verbindung zwischen dem ›Trio‹ des Scherzos und der Ostinato-Begleitung des Trauermarsches. Alan Walker[5] geht sogar noch weiter, indem er einen gemeinsamen Ursprung der Intervalle für das *grave* des ersten Satzes und das *moto perpetuo* des Finales aufzeigt und eine Beziehung zwischen dem ersten Thema des ersten Satzes und der Einleitung des Trauermarsches nachweist. Derartige Beobachtungen zur Einheit des thematischen Gehalts sind natürlich der Sache angemessen. Ihre Bedeutung sollte jedoch nach der strukturellen Gewichtung des Themenprimats im Verhältnis zu den anderen Aspekten der musikalischen Sprache des Werks beurteilt werden. Die Vorzüge von Walkers Auffassung werden zu gegebener Zeit näher erörtert werden.

An dieser Stelle genügt es festzuhalten, daß »Einheit«, über die oftmals leichtfertig debattiert wird, in der Musik ein höchst problematischer Begriff ist, der sich gewiß nicht mit einer einzigen Untersuchungsmethode in den Griff bekommen läßt. Man sollte auf jeden Fall mit Handfesterem, wie etwa der Gestalt des Stückes, beginnen. Und hier kommt Chomiński mit seiner Meinung, das Werk stelle in Wirklichkeit eine Synthese von Chopins früheren Versuchen innerhalb des Rahmens der viersätzigen Sonate dar,[6] dem entscheidenden Punkt sehr nahe. Die viersätzige Anlage liefert ein Gefüge, in dem die figurativen Schemata der Etüden und Préludes, die Kantilene der Nocturnes und sogar die Periodizität der Tanzstücke zusammengefaßt werden können.

Das Finale etwa besitzt die einheitliche Form und die figurative Konsequenz einer Etüde bzw. eines Préludes. Verschiedene Parallelen bieten sich von selbst an. Zum Beispiel das es-Moll-Prélude (op. 28 Nr. 14) oder das Es-Dur-Prélude (op. 28 Nr. 19), auf die auch Chomiński hinweist. Sowohl Opus 28 Nr. 19 als auch Opus 35 (4. Satz) besitzen eine ähnliche Struktur (eine einzelne Linie wird in triolischen Oktaven aufgebaut); beide Préludes haben nahezu die gleiche Länge (71 bzw. 75 Takte) und enden unvermittelt auf einem Fortissimo-Akkord. Nachdem erst einmal die Beziehung zu einer vom Barock beeinflußten Etüde bzw. einem Prélude gesehen worden ist, erscheint das Finale kaum noch »auf futuristische Weise athematisch« und »in der gesamten Literatur für Tasteninstrumente ohne Beispiel«.[7] Zugegebenermaßen unterscheidet es sich auch in einigen wesentlichen Punkten vom Es-Dur-Prélude. So sind die Triolen des Préludes harmonisch deutlicher konzentriert, und sie fungieren in diesem Zusammenhang teilweise als harmonische Stütze für eine Oberstimmenmelodie. Im Finale der Sonate sind die harmonischen und linearen Funktionen weniger leicht zu trennen. Man erlebt eher eine beschleunigte Version jener figurativen Melodien, wie man sie beispielsweise in den Etüden, in Opus 10 Nr. 2 und Opus 25 Nr. 2 oder gar in der ersten der *Trois Nouvelles Études* findet.

Die Konstruktion dieser schlangenförmigen einfachen Linie ist sowohl bezüglich ihrer Phrasierung als auch ihres dazugehörigen harmonischen Hintergrunds außerordentlich subtil. Die harmonischen Implikationen der Linie können wie in den Takten 1–4 durch Transposition auf eine längere Spanne übertragen oder durch sequenzierende Wiederholung wie in den Takten 5–8 neutralisiert werden. Die Linie selbst kann aber auch wie in den Takten 9–10 eine tonale Auflösungsfunktion besitzen, durch eine Folge semitonal gleitender Dreiklänge. Der daraus resultierende Effekt gleicht eher einer Filmsequenz mit abwechselnd scharfen und unscharfen Einstellungen; hinzu kommen diatonisch relativ klare Momente – z. B. die Einleitung, die Takte 24–30 (stabilisiert durch unveränderte Wiederholungen), die Reprise in Takt 34 und die Schlußtakte –, die ihrerseits von der auf Veränderung hin ausgerichteten, scheinbar richtungslosen Beweglichkeit, die sie umgibt, untergraben werden. Diese schwer faßbare Qualität wird zudem durch die ständig wechselnden Spannweiten melodischer Bögen und deren Überschneidungen noch verstärkt, so daß wiedererkennbare (d. h. wiederholte) Formen nur vorübergehend aus der ununterbrochenen Klangflut blitzartig aufsteigen. Als Finale ist der Satz gewiß bemerkenswert, stellt er doch in Länge und Charakter gegenüber dem vorangegangenen Trauermarsch pure Ironie dar. An so etwas mag auch Schumann gedacht haben, als er ihn als »einer Sphinx gleich mit spöttischem Lächeln«[8] bezeichnete.

Der zweite Satz ist nach Nam' und Art ein Scherzo, das seine Impulse von der kraftvollen rhythmischen Energie Beethovens erhält; sein Mittelteil jedoch scheint im Gegensatz zum Trio Beethovens einer anderen Welt anzugehören. Bei ihm handelt es sich um ein sanftes Lied in der parallelen Durtonart, das in einen forschen Tanz eingebettet ist, ähnlich wie die Impromptus ein Nocturne innerhalb einer Etüde umschließen. Viele der Floskeln in den äußeren Teilen erinnern damit an Chopins Polonaisen und selbständige Scherzi; man denke nur etwa an den Einfall mit den Tonwiederholungen, die akkordische Bewegung, die stürmisch durch die Register drängt, sowie die schnellen Passagen von $^6_3$-Akkorden. Man kann eigentlich nicht von einem »Thema« im Sinne einer Reihe rhythmisch gegliederter Skalenpassagen sprechen. Andererseits wird im Mittelteil auf solche rhetorischen Floskeln zugunsten einer begleitenden Melodie verzichtet. Die lyrische Episode steht der Berceuse näher als einem Nocturne (es gibt auch tatsächlich Bezüge zu Opus 57), und ihr zentraler Abschnitt ist wegen der feinen Ausgewogenheit zwischen komplizierter kontrapunktischer Stimmführung, vorherrschender Melodik und Begleitstrukturen bemerkenswert. Abgesehen von den thematischen Verbindungen, beruht der Zusammenhalt des Satzes auf dem geschickten Umgang mit dem tonalen Inhalt, dessen Grundlagen bereits in den Einleitungstakten geschaffen wurden. Hier erzeugen Stimmführung und Charakterisierung einen Übergang von einem strengen es-Moll hin zu einem unbeschwerteren Ges-Dur (Bsp. 33 (1)). So stellt sich der gesamte Übergang im Satz dar, doch die einzelnen Etappen sind nicht weniger interessant. Die variierte

Opus 35

Bsp. 33 (1)

Bsp. 33 (2)

Wiederholung der Einleitung verändert die Fortschreitung enharmonisch, bis sie fis-*Moll* erreicht, und dies wiederum führt die Musik geradewegs in einen neuen Bereich von »Drama und Rhetorik«. Bsp. 33 (1) umreißt den Verlauf und seine Konsequenzen, wobei deutlich wird, wie der lyrische Mittelteil in das tonale Schema eingebunden ist und dort die ausdrucksvolle Ges-Dur-Region realisiert. Die Darstellung zeigt ebenfalls, daß die Rückkehr zur Melodie in den Schlußtakten mehr als eine thematische Reminiszenz ist. Sie bildet eine tonale Synthese, in der die gegensätzlichen Möglichkeiten von es-Moll, sowohl nach Ges-Dur als auch nach fis-Moll zu tendieren, in Einklang gebracht werden.

So wie das Scherzo enthält auch der Trauermarsch ein Nocturne in der parallelen Dur-Tonart, von so gegensätzlichem Charakter, daß Louis Ehlert die außergewöhnliche Bemerkung machen konnte: »Nach so viel schwarzem Krepp sollte man zumindest nicht gleich weiße Spitzen präsentieren.«[9] Dies ist der für die Nocturnes so typische tröstliche Ton. Sowohl die rhythmische Struktur als auch die Begleitungsschemata rücken das Werk in die Nähe des H-Dur-Nocturnes op. 32 Nr. 1. »Ein verzückter Blick auf die verklärten Regionen des Jenseits«, heißt es bei Niecks theatralisch, »die Vision einer Wiedervereinigung dessen, was zeitweilig getrennt ist«.[10] Obwohl das Tempo unverändert bleibt, beruht die Wirkung dieses Mittelteils nicht darauf, daß er natürlich aus dem Trauermarsch herauswächst oder diesen gar ergänzt. Der Abstand zu ihm ist in gewisser Hinsicht ebenso groß wie der zwischen dem Scherzo und seinem ›Trio‹, und er wird dadurch noch besonders betont, daß Chopin – bis auf die fragilsten tonalen und thematischen Überbrükkungen der beiden Abschnitte – auf alles andere verzichtet. Betrachtet man die letzten drei Sätze als Ganzes, dann wird der Eindruck eines Nebeneinanders kontrastierender, in sich relativ geschlossener musikalischer Welten – Tanz und Berceuse; Trauermarsch und Nocturne; Etüde – noch verstärkt. Schumann hatte gewiß recht mit der Bemerkung, daß dieses Werk keine konventionelle Sonate sei, nicht jedoch mit seinen Schlußfolgerungen, die er daraus zog.

Und wie sieht der erste Satz aus, in dem der Schatten der Tradition am größten ist? Abgesehen davon, daß eine ›doppelte Reprise‹ (tonal und thematisch) vermieden wird, respektiert das äußere Schema des Satzes den Rahmen der Sonatenhauptsatzform, jedoch gibt es in seiner Dynamik feine Unterschiede zur klassischen Sonate. Vier Takte einer majestätisch langsamen Introduktion führen zu einem der mitreißendsten Entwürfe Chopins – einem atemberaubenden, leidenschaftlichen Thema mit schroffen, eindringlichen zwei- und dreitönigen Motiven, die durch das einfache Mittel der Akzentverschiebung in den Wiederholungen eine völlig neue Dimension erreichen. Phrasensymmetrien dienen hier dazu, die Musik bis zu einer packenden Klimax voranzutreiben, wobei der Spannungshöhepunkt sich durch ein fließendes ›zweites Thema‹ in der parallelen Durtonart löst. Der Kontrast in der Charakterisierung zwischen dem stürmischen Motiv des ersten Themas und der ›schönen Melodie‹ des zweiten ist bemerkenswert, und er verstärkt noch die Tendenzen der klassischen Sonate, bis sie über tonale Dialektik dominieren. Das Ergebnis ist eher der Eindruck eines ›romantischen‹ Abstandes zwischen den beiden Themengruppen als der einer klassischen Polarität, die eine letzte Auflösung oder eine Synthese erfordern würde. Wie das erste Thema nimmt das zweite – mittels eines anderen Begleitungsschemas und einer neuen Fortspinnung – durch die Wiederholung an Intensität zu, wodurch ein Höhepunkt geschaffen wird, der sich wiederum in einen dritten, abschließenden Abschnitt auflöst. Auch dieser erzeugt Spannung: seine Motive mit Tonwiederholungen ziehen eine Feder an, die erst durch die beiden Akkorde am Schluß der Exposition gelockert wird.

Diese drei Hauptabschnitte weisen folglich drei satztechnische und rhythmische Fassaden mit bemerkenswerten Unterschieden auf, die

sich kurz als motivisch-figurativ, lyrisch bzw. motivisch-akkordisch
bezeichnen lassen. Nachdem Chopin sie durchlaufend auf diese Weise
vorgestellt hat, schließt er die Form mit einer tonal erniedrigten Antwort, die er jedem einzelnen jeweils zukommen läßt. Die Durchführung ist eine Erwiderung auf die Introduktion und das erste Thema, ihre
zwangsläufige Instabilität resultiert zum Teil aus der sich fortwährend
verschiebenden Tonalität, viel unmittelbarer aber aus der Unterbrechung der Kontinuität. Wo die drei Abschnitte der Exposition, allesamt spannungserzeugend, verhältnismäßig unabhängig und homo-
gen waren, verändert die Durchführung Bruchstücke des motivischen
und lyrischen Materials und stülpt sie dann in einer dramatischen Verstärkung dem ursprünglichen Thema über. Die Energie des Höhepunk-
tes ist um so größer, als die Klangstärke nicht durch rhetorisches Passagenwerk erreicht wird, sondern durch eine Konzentration der motivischen Arbeit und eine Gliederung der Tastatur in drei Schichten (Bsp.
33 (2)).

Eine ›doppelte Reprise‹ mit dem ersten Thema in der Tonika hätte wohl
dessen Material, das die Durchführung derart beherrscht, überfordert.
So lautet die übliche Begründung dafür, daß Chopin sich hier über die
festen Regeln hinwegsetzt; obgleich sich dann auch mancher Satz bei
Mozart den Vorwurf der thematischen Überfrachtung gefallen lassen
müßte. Es gibt aber vielleicht einen überzeugenderen Grund. In der
klassischen Exposition werden kontrastierende Materialien vor allem
durch die Tonalität in Spannung und Gleichgewicht gehalten. Die Synthese wird herbeigeführt, wenn der tonale Kontrast des Beginns aufgelöst wird; das heißt, wenn das ›zweite Thema‹ bei der Reprise in den
Tonikabereich gelangt. Chopin hat seinen Satz ganz anders konzipiert.
Statt tonaler Dialektik begegnen uns eher scharf voneinander abge-
grenzte, relativ selbständige thematische Charaktere, und es ist Aufgabe
des lyrischen zweiten Themas, die Spannung und die dramatische Entwicklung des bewegten ersten Themas aufzulösen. Die Erwiderung auf
diese Exposition – die Durchführung und die Reprise – erhält die Beziehung zwischen ihnen aufrecht. Sie steigert die dramatische Entwicklung
sowie die Kraft des einen durch motivische Themenverarbeitung und
erhöht die Stabilität und die Ruhe des anderen durch seine Tonalität,
eine Rückkehr zum Tonika-Bereich. Dies ist die eigentliche Gestalt des
Satzes, und sie gibt der Reprise des zweiten Gedankens eine Vorzugs-
stellung. Dieses Thema ist in der Tat das Herzstück des Satzes: eine
nocturneartige Melodie, die in das leidenschaftlichere Material des
ersten Themas und der Durchführung eingebettet ist. Außerdem wird

hier die Veränderung des motivisch-figurativen und des lyrischen Materials zum Vorbild für spätere Sätze, so daß man das ganze Werk auf diese Weise aufnehmen kann. In Wirklichkeit sind drei ›Nocturnes‹ in das Ganze eingefaßt.

Es erscheint wichtig, die einzigartige Form dieser Sonate zu erkennen, bevor irgendwelche Überlegungen zur thematischen Einheit angestellt werden, besonders da diese sich grundsätzlich vom historisch gewachsenen Grundtypus unterscheidet. Unwillkürlich läuft Chopins Modell auf eine Lockerung der formalen und tonalen Bande der klassischen Sonate hinaus, und die motivischen und thematischen Bindeglieder an der Oberfläche, die innerhalb der Sätze und auch dazwischen reichlich vorhanden sind (viele davon zweifellos bewußt), haben im wesentlichen eine kompensatorische Aufgabe im Gegensatz zu ihrer integrierenden Funktion in den organisch konzipierten Werken eines Beethoven oder Brahms. Auch in der **b-Moll-Sonate Opus 58**, die Chopin fünf Jahre später (1844) vollendete, findet man thematische Verbindungen im Überfluß. Doch in diesem Werk haben sie eine ganz andere Bedeutung. Nachdem Chopin in Opus 35 mit der viersätzigen Sonate zurechtgekommen ist, indem er sich ihr auf indirektem Wege über seine hervorragenden Leistungen auf dem Gebiet der Etüde, des Nocturne und der Tanzstücke näherte, fühlte er sich jetzt bereits dazu befähigt, die Gattung sozusagen ›mit ihren eigenen Waffen‹ anzugehen. Der Unterschied in der Verfahrensweise wird ersichtlich, wenn man die ersten Sätze beider Werke genauer untersucht. Die thematischen Gestalten der b-Moll-Sonate sind weniger selbständig und in ihrer Vorstellung weniger scharf voneinander abgegrenzt als in Opus 35. Zu verzeichnen ist ein Gewinn im organischen Aufbau (ohne Niecks nahetreten zu wollen)[11], dafür jedoch eine Einbuße in der bemerkenswerten, ausgeprägten Qualität des musikalischen Gedankens an sich. Die thematischen Verbindungen dienen nicht nur wie in Opus 35 dazu, die Gegensätze zusammenzufügen; sie tragen ebenso zu einem Prozeß der ununterbrochenen Themenverarbeitung und -verwandlung innerhalb der taktweisen Fortschreitung des Satzes bei, zu einem unversehrten Gewebe verwandter Gedanken. Ferner wird der Prozeß dadurch unterstützt, daß Melodik und Begleitung weitaus enger als in dem früheren Werk einbezogen werden. Der Aufbau ist schlicht und festgefügt, kompliziert ist das motivisch-kontrapunktische Spiel, und nur gelegentlich kehrt Chopin zu einer harmonisch motivierten nocturneartigen Begleitung zurück. Diese Sonate steht in Einklang mit allgemeinen Entwicklungstendenzen in den späteren Musikwerken Chopins.

Auch auf die Gefahr hin, pedantisch zu wirken, seien nun einige Hinweise auf die subtilen, überaus exakten motivischen, harmonischen und rhythmischen Querverbindungen gegeben, die den Zusammenhang des musikalischen Gedankens verbürgen. Hierbei sei auf den Notentext und die Übersicht über die Themen in Bsp. 34 verwiesen. Bei der einleitenden viertaktigen Phrase, die motivisch aus den beiden Hauptgestalten (1) und (2) gebildet ist, handelt es sich sowohl harmonisch, thematisch als auch rhythmisch um eine geschlossene Form. In der veränderten Wiederholung der Phrase wird die Struktur harmonisch ein wenig

Opus 58

Bsp. 34

geöffnet, so daß sie zu einem konventionellen Halbschluß auf der Dominante gelangt, diesem aber eine ›gesteigerte‹ dominantische Funktion zuweist, die zu einer Reprise der Einleitungsphrase im Subdominantbereich führt. Ein zusätzliches Detail in der Begleitung – eine Umkehrung von (1) – ist an sich relativ unbedeutend, doch erzeugt es den erforderlichen Impuls, um eine Abweichung von der in sich geschlossenen thematischen Aussage mittels sequenzierender Verarbeitung von (1), zusammen mit seiner Umkehrung, vorzubereiten. Abermals wird der Abschluß hinausgezögert, indem die ›dominantische Septime‹ in Takt 16 die Rolle einer übermäßigen Sext übernimmt und in Takt 17 eine neue Gestalt (3) einführt. Die Verbindung wird auf der Grundlage des Tonleitermaterials und durch die aufsteigende Bewegung der Oberstimme in den Takten 12–16 gestärkt, wobei die einleitende Note von (3) eine Ausfüllung darstellt. Die Melodik enthält drei Elemente, die für spätere Entwicklungen von Bedeutung sind: die beiden rhythmischen Zellen x – erstmals taucht hier ein Triolenrhythmus auf – und y sowie die Andeutungen von imitierender Verarbeitung, deren man innerhalb der Themenvorstellungen gewahr wird. Die tonale Abweichung an dieser Stelle (in Richtung der g-Moll-Harmonik) wird nur zum Teil vollzogen, da der Schluß mittels einer Kadenz durch die Unterbrechung in Takt 19 verhindert wird – ein ›Puffer‹ von bogenförmiger Gestalt (T. 19–20), dessen Aufgabe hauptsächlich darin besteht, den Sechzehntel-Impuls wieder einzuführen. Dieser Sechzehntel-Impuls stellt ein Bindeglied in der ganzen Begleitung der linken Hand dar, die das ›neue‹ Thema (4) in Takt 23 vorträgt. Sein Eintritt läßt frühere kanonische Verflechtungen nun völlig die Oberhand gewinnen. Das Ziel dieses Themas ist die Kadenz in Takt 29, obwohl hier wie auch in Takt 19 ein g-Moll-Abschluß durch eine unterbrochene Kadenz und einen anderen ›Puffer‹ bogenförmiger Figuration vereitelt wird. Ein neues Figuren-Schema bereitet die zweite Gruppe vor; sein synkopierter thematischer Charakter bildet sich in Takt 31 heraus, seine tonale Funktion erst zwei Takte später. Tonal stellte der ganze Abschnitt von Takt 17 bis hin zu Takt 33 einen erweiterten absteigenden ›Spannungsbogen‹ von der Tonika bis zur parallelen Durtonart dar. Erst mit dem zweiten Thema in Takt 41 wird die Tonalität stabilisiert, und es entsteht wirklich der Eindruck struktureller Volltaktigkeit.

Die Melodik des zweiten Themas (4) ist ein nahezu vollkommener Beleg für jenen ›Sieg der Symmetrie‹, der den schönsten lyrischen Augenblikken bei Chopin innewohnt. Ihre Qualität beruht auf einem fein ausgewogenen Gleichgewicht zwischen latenter Periodizität und Kontinuität, Schema und Entwicklung, Rückgriff und Variation. Dabei werden verschiedene Möglichkeiten ausprobiert, um die gleichen Fragen und Antworten einzubringen (T. 41–48). Man findet subtile rhythmische, von der Harmonik gestützte Aussparungen (T. 48), ferner einen verborgenen Kontrapunkt der linken Hand – kurzum, alle feinen Schattierungen der Chopinschen Melodik. Die Gesamtwirkung ist natürlich die einer sich ununterbrochen entfaltenden Melodie, bei welcher der erforderliche Abstand vom vorausgegangenen Material einerseits durch den Aufbau (die nocturneartige Begleitung ersetzt hierbei die fester gefügte motivische Verarbeitung), andererseits durch den Rhythmus (die Triolen-Arpeggierung ersetzt die frühere Sechzehntel-Bewegung) eingehalten wird. Der Abstand ist beträchtlich, doch bildet eine sorgfältig ausgeführte thematische Rückkehr das Bindeglied. Auch hier wird eine Sechzehntel-Bewegung als Begleitung für das zweite Glied des zweiten Themas (6) eingeführt und eine partielle Variationskonstruktion eingesetzt. In den letzten Phasen des Verlaufs (T. 63–65) ist es nur ein kurzer Schritt bis zum figurativen Material der dritten Gruppe (7) und (8). Die Kontinuität wird durch Querverbindungen, wie sie in den Takten 58 und 79 zu finden sind, gestärkt. Ähnlich wie in einigen klassischen Sonaten enthält das abschließende Material bereits neue Gedanken (9), die zur ersten Phase des Durchführungsteils überleiten.

Der Aufbau dieses Durchführungsteils ist überaus interessant. Hier findet man eine weitere Intensivierung des Ausdrucks, wobei die Kontrapunktik zuweilen eine fast rein thematische Struktur bewirkt (T. 94–98). Dies führt dann etwa zur Kombination von (2) und (3), die zusammen eine selbständige Form bilden (T. 110–117) und somit selbst für sequenzierende Verarbeitung empfänglich werden. Chopin vermeidet aber im Durchführungsteil jegliche Bezugnahme auf das zweite Thema (5), so daß es – wie in der b-Moll-Sonate – die Reprise einleiten kann. Das zweite Glied des zweiten Themas (6) erscheint aber dennoch, weiter entwickelt in entfernten tonalen Bereichen, motivisch erweitert und kurzfristig kanonisch geführt – wie es für den späten Chopin typisch ist. Das kanonische Material fügt sich hier gut ein, dafür wird in der früheren ›Durchführung‹ von (6) der fließende Eindruck abgeschwächt. Dies ist der einzige Schwachpunkt in einer Komposition, die ansonsten als Meisterwerk bezeichnet werden kann. [12]

Verglichen mit Opus 35 steht der Einleitungssatz des Opus 58 der deutschen Tradition noch etwas näher, was wiederum durch die anderen drei Sätze bestätigt wird. Weniger offenkundig wird dies in den Ecksätzen des es-Moll-Scherzos, einem beschwingten *moto perpetuo*,

das Erinnerungen an einige Etüden wachruft und für den Schluß einen
wohlbekannten Kunstgriff Chopins enthält: einen energischen linearen
Abstieg, der hemiolisch aus dem Schema auftaucht. Die warmen, sono-
ren Terzen und die ineinander verflochtene Stimmführung des H-Dur-
Mittelteils verleihen freilich dem Stück einen neuen Charakter, der
weitaus weniger ›chopinesk‹ anmutet. Wenn man so will, ist hier etwas
von jener schwermütigen norddeutschen Lyrik zu finden, sozusagen
mehr Brahms als Field (allerdings nur im Sinne einer geistigen Verwandtschaft). Gewisse musikalische Wendungen (etwa T. 66 ff.) zeigen
diese Parallele unverkennbar auf.

Auch im langsamen Satz schwingen Elemente deutscher Musik mit. Die
bei Chopin so vertrauten Begleitungsschemata wie die gleitende Arpeggierung bzw. der langsame Walzer sind hier durch ein würdevolles,
gemessenes Schreiten ersetzt; dessen punktierter Rhythmus fungiert als
gleichmäßiger, sanfter Antrieb, der der Melodik etwas von der klassischen Ausgewogenheit langsamer Sätze des späten Beethoven oder des
späten Schubert verleiht. Durch den wunderbar langen, klaren Mittelteil – für Niecks eher eine Träumerei als eine Komposition[13] – und seine
fließende Achtelbewegung, die dann und wann innehält, um nachdrücklich eine aus drei Tönen bestehende ›Frage‹ zu stellen, wirkt er
vollkommen ausgeglichen.

Man kann sich kaum einen größeren Gegensatz vorstellen als die beiden
Finali der reifen Klaviersonaten: Ironie und Understatement weichen
Affirmation und Apotheose. Natürlich war Chopin der affirmative, ja
heroische Gestus keineswegs fremd, aber das Rondo-Finale des Opus
58 ist eine derart zielgerichtete Musik, wie sie für sein gesamtes Schaffen
nicht unbedingt charakteristisch ist, und abermals tendiert sie zur deutschen Tradition. Dies ist im eigentlichen Rondothema besonders auffällig. Hier wagt Chopin einige Schroffheiten im Interesse eines harten,
antreibenden Impulses, der allerdings eindimensional bleibt. Das Seitenmaterial klingt vertrauter: eine überschäumende, sich durchgehend
mit dem Rondothema abwechselnde und die aufregende Coda beherr-
schende Virtuosität der rechten Hand.

Drei – wenig ergiebige – Einwände werden gegen diese Sonaten immer
wieder erhoben. Erstens sei Chopin im Grunde genommen ein ›Meister
der Miniatur‹ gewesen und somit nicht in der Lage, größere Formen zu
gestalten. Zweitens würden die strengen Beschränkungen der Sonatenform seine Kreativität in gewissem Sinne hemmen bzw. in die falsche
Richtung führen; und drittens zeigten Chopins Abweichungen von der
konventionellen Praxis, daß es ihm nicht gelungen sei, das Wesen dieser

Gattung zu erfassen. Da der erste Gesichtspunkt die Scherzi, Balladen und Fantasien ebenso wie die Sonaten abqualifizieren würde, zeugt er wohl von allzu beflissener Kritik. Die beiden anderen heben sich offenbar gegenseitig auf. In Wahrheit setzte sich Chopin in seinen späteren Jahren mit dem Prinzip der Sonatenform höchst eigenständig auseinander; in der b-Moll-Sonate paßt er es auf subtile Weise seinen Bedürfnissen an, und von dieser sicheren Grundlage aus nähert er sich in der h-Moll-Sonate stärker dem historischen Sonatenmuster an, ein Verfahren, das sich noch bei seinem letzten großen Werk, der **Cellosonate op. 65**, fortsetzt.

Abgesehen vom Klavier war das Cello das einzige Instrument, für das Chopin bedeutende Musik komponierte. Er hatte bereits gemeinsam mit dem Cellisten Auguste Franchomme an einem *Grand Duo Concertant* geschrieben, und dieser war es auch, der die abschließenden drei Sätze der Cellosonate zusammen mit Chopin bei dessen letztem Pariser Konzert spielte. Nur wenige Kompositionen hatten Chopin mehr Kopfzerbrechen bereitet. Während des Jahres 1845 arbeitete er daran und stellte sie nach vielen Entwürfen und Skizzen im folgenden Jahr fertig. »Ich spiele ein wenig – komponiere ein wenig«, schrieb er am 11. Oktober 1846 an seine Schwester. »Mit meiner Sonate mit Violoncello bin ich einmal zufrieden, ein andermal nicht. Ich werfe sie in die Ecke, dann sammle ich sie wieder auf.«[14] Das Ergebnis dieser Bemühungen ist eine ungewöhnlich große Anzahl von Skizzen.

Eine detailgenaue Untersuchung der Entwürfe zur Cellosonate könnte allein ein Buch füllen,[15] hier genügt es festzuhalten, daß sie sich im Ausmaß ihrer Diskontinuität von allen anderen ›Verlaufsskizzen‹ Chopins unterscheiden. Ein großer Teil des Materials erwies sich für die endgültige Fassung als überflüssig; vieles erhielt des öfteren eine neue Form, bevor es annehmbar schien, und manche Gedanken wurden auf verschiedene Weise fortgeführt. Ein kurzes Beispiel für diese Arbeitsweise ist die leidenschaftliche Vorstellung des zweiten Themas in der ersten Gruppe durch das Klavier bei Takt 36, das im Zusammenhang betrachtet werden soll. Es handelt sich um die Skizze K. 870; die angegebenen Seitenzahlen sind darauf mit einem Bleistift festgehalten. Sie stammen nicht von Chopin.

Seite 9 Die Takte 24–28 kommen der Endfassung nahe. Eine andere Weiterführung vorgeschlagen, dann verworfen zugunsten der Endfassung der Takte 29–33, aber Details des Klavierparts unterschiedlich. Dann folgt (ohne Bindeglied) ein erster Entwurf des Themas (wie Takt 36–39), aber mit einer anderen Weiterführung bei Takt 40–41.

Seite 11 Eine Annäherung an das Thema, später verworfen. In dieser Version zeichnet sich die Endfassung bei Takt 34 bereits ab, hier werden ihr jedoch sechs Takte vorausgeschickt, in denen das Thema auf dem Klavier in g-Moll erscheint, begleitet von Cello-Arpeggierungen (wie bei Takt 36). Dies hätte die Wirkung auf Takt 36 abgeschwächt. Eine (später verworfene) Weiterführung von Takt 40 zu Takt 44, wo sich in der Skizze wieder die Endfassung abzeichnet, obwohl sie an diesem Punkt nicht weiter ausgeführt wird.

Seite 12 Eine weitere Annäherung an das Thema, bei der eine Fassung der Cello-Arpeggierung in g-Moll erhalten bleibt, diesmal wieder mit Anklängen an die Endfassung bei Takt 35.

Seite 13 Ein Versuch, das Thema weiterzuführen. Erkennbar in Takt 39, eine alternative Weiterführung für Takt 40–41, ein Versuch für die Sechzehntel-Passage im Klavier in Takt 42, aber mit anderem Cellopart.

Seite 18 Ein weiterer Versuch, die Takte 40–44 weiterzuführen, wobei das triolische Grundmuster wie S. 11 beibehalten wird. Wiederum zeigt die Endfassung, daß S. 13 die Skalenpassage ein direktes Bindeglied darstellt (T. 42–43). Das Einleitungsthema kehrt in Takt 44 wieder.

Diese keineswegs erschöpfende Erörterung mag dem Leser lediglich einen kleinen konkreten Eindruck von den Schwierigkeiten vermitteln, die Chopin auf dem Weg zu der endgültigen Fassung eines Werkes zu überwinden hatte. Die Skizze macht zudem deutlich, daß die Probleme besonders die Hinführung zu und die Verbindungen unter den eindeutig festgelegten thematischen Formen betrafen, wie in den Takten 36 und 44. Erwartungsgemäß zeigen andere Teile der Skizzen die Widrigkeiten auf, denen Chopin hinsichtlich einer befriedigenden Verbindung zwischen den beiden Instrumenten begegnete. Oftmals entwarf er zunächst den Cellopart, dem dann die Klavierstimme angepaßt werden mußte. Bei einem Komponisten, der ganz in einem einzigen Medium aufging, mußten derartige Probleme von Anfang an durchdacht werden, und dazu gehörte auch die Kontrolle bestimmter Formen seines Klaviersatzes, die ihm inzwischen in Fleisch und Blut übergegangen waren.[16] Das Endergebnis beweist, daß diese Bemühungen sich mehr als gelohnt haben, selbst wenn der Klavierstil teilweise unchopinesk anmutet. Man könnte tatsächlich mit einigem Recht behaupten, daß Saiteninstrument und Klavier bei Chopin eine befriedigendere harmonische Verbindung eingehen als bei den nachfolgenden Meistern wie Brahms und César Franck, die sich beide ohne weiteres die *concertante*-Konventionen der klassischen Kammermusik zu eigen machten, selbst wenn das Material seinem Wesen nach jene Konventionen als zunehmend fragwürdig erscheinen ließ. Auch Chopin verteilt sein Material auf die Instrumente, aber er hat ein Gespür für den jeweiligen Kontext, in dem dies ohne Beeinträchtigungen möglich ist. Die Strukturenvielfalt bei der Vorstellung allein der beiden Themen, welche die erste Gruppe bilden, ist bemerkenswert. Sie reicht vom Klaviersolo, dezent begleitetem Cello, Cello mit Kontrapunkt des Klaviers, Klaviersolo mit Cellobegleitung bis hin zu einem kontrapunktischen Austausch von musikalischem Material gleicher Priorität, kanonische Verarbeitung inbegriffen. Die zweite Gruppe ist nicht weniger einfallsreich gestaltet, angefangen bei einer reinen Gesangsperiode für beide Instrumente, die sich zu einer dreiteiligen Invention mit mehrfachem Kontrapunkt entwickelt.

Wenn die Cellosonate ein Beweis dafür ist, daß Chopin auch in den letzten Jahren seines kurzen Lebens in der Lage war, sich neue Fertigkeiten anzueignen, so zeigt sie ebenso seine Fähigkeit, einige der bereits in den beiden reifen Klaviersonaten erworbenen Kenntnisse zu erweitern. Formal stellt der erste Satz von Opus 65 einen weiteren Schritt in Richtung auf eine festgefügte Sonatenstruktur dar, die organisch aus einem kleinen Fundus verwandter Motive herauswächst. Nicht einmal die 2. Sinfonie von Brahms leitet so viel aus den Einleitungstakten her

Opus 65

Bsp. 35 (1)

wie dieses Werk. Bsp. 35 (1) zeigt einige Ableitungen und Transforma-
tionen im Expositionsteil, doch die motivische Durchdringung ist
umfassend, wobei *x* eine ganz besondere Bedeutung erlangt, weil das
Cello hier zum ersten Mal eintritt, noch bevor es das Hauptthema
präsentiert. Ökonomie ist Trumpf! Selbst das unbedeutende Bindeglied
zwischen dem ersten und dem zweiten Thema in der ersten Gruppe
(T. 20–23) wird später in der zweiten Gruppe sowohl ins Einleitungsthema als auch in Takt 81 eingegliedert, und es taucht auch wieder im
Durchführungsteil bei Takt 141 auf. Auf ähnliche Weise wird der interessante, bogenförmige ›Puffer‹ (T. 5–8), ein bereits aus Opus 58 vertrauter Kunstgriff, in die folgende dialogische Verarbeitung mit einbezogen. Er wird zu Beginn des Durchführungsteils und erneut vor der
Reprise des zweiten Themas erweitert, wobei in beiden Fällen das
Motiv *x* hervorgehoben werden soll.

Der letztgenannte Aspekt ist wegen der elliptischen Annäherung an die
Durvariante besonders wirksam; denn sie spiegelt die harmonische
Struktur des zweiten Themas in der Form wider, wie es in der Exposition auftauchte. In Bsp. 35 (2) ist diese harmonische Struktur zusammengefaßt, wobei sich zeigt, welch unerwarteten Weg die Melodie
nimmt, nachdem die g-Moll-Tonika dominantisch durch eine Kette von
Septimen vorbereitet wurde, um danach nur mit Hilfe ihres zweiten

Opus 65

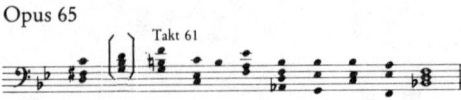

Bsp. 35 (2)

Gliedes zur parallelen Durtonart zu gelangen. Ähnliche Feinheiten in
der Harmonik finden sich in der früheren Hinführung zum Thema bei
Takt 24, und es mag durchaus lohnen, sich auch diese Stelle genauer
anzusehen. Zuerst dürfte auffallen, daß der melodische Schluß, der die
Spannung in Takt 20 auflöst, keine harmonische Basis besitzt, da es vor
dem vollen harmonischen Schluß in Takt 24 zu einem Ausweichen nach
unten um eine Tonstufe kommt. Außerdem ist hier die Kontinuität
durch die Melodik gewährleistet, denn der aus drei Tönen bestehende
Auftakt zum Thema stimmt in exakt der gleichen Reihenfolge mit den
Noten 2–4 des Themas überein, wodurch ein reibungsloser Fluß durch
die Kadenz gewährleistet ist. Wie aus Bsp. 35 (3) ersichtlich, stimmt in
beiden Fällen der melodische mit dem harmonischen Schluß nicht über-

Opus 65

Bsp. 35 (3)

ein. Das ist durchweg für die erste Gruppe charakteristisch. So entsteht der Eindruck einer unablässig sich entwickelnden, organisch wachsenden Form, die diese Musik prägt. Bereits ganz zu Anfang der Sonate wird die symmetrische Periodizität des Hauptthemas selbst angelegt, eine viertaktige Einheit, die zwei gleichberechtigte Phrasen umfaßt. Doch sobald das Cello das Material verarbeitet, geht der Kontakt zu der viertaktigen Phrase verloren, und aus den gleichen Grundformen wird eine sich ständig verändernde Linie gesponnen. Das gilt auch für das zweite Glied des ersten Themas (T. 24), das keine bedeutsame Wiederholung innerhalb der Cellomelodie aufweist. Teilweise liegt es an seiner ununterbrochenen Entfaltungsweise, daß das zweite Thema mit seiner klaren Periodizität und seiner sequenzierenden Wiederholung sich so trefflich in den Kontext einfügt.

Józef Chomiński hat überzeugend nachgewiesen, daß Chopin für die vier Sätze dieser Sonate ganz bewußt einen zyklischen Bezug hergestellt hat.[17] Das »Urmotiv« (x) leitet ebenso das folkloristisch angehauchte

Scherzo wie auch den empfindsam romantischen langsamen Satz und das Tarantella-Finale ein. Dies weist an sich schon auf deutschen Einfluß hin, der durch andere stilistische Merkmale in den nachfolgenden Sätzen bestätigt wird und zuweilen etwas unbehaglich wirkt. Der langsame Satz, in dem Cello- und Klavierphrasen behutsam abwechseln, besitzt einen eigenen Zauber, dagegen ist das Finale weniger geglückt. Von allen vier Sätzen hat es am wenigsten Profil, und seine Floskeln klingen mitunter wie bloße Reflexe auf Mendelssohn oder auch Schumann, deren Musik Chopin so gar nicht mochte. Solche Affinitäten heben freilich nur den einzigartigen Charakter dieses Werkes hervor, das sich von den anderen Arbeiten Chopins vollkommen unterscheidet. Mit allgemeinen Schlußfolgerungen im Hinblick auf Chopins spätere Kompositionen sollte man jedoch vorsichtig sein.[18] Dieses Stück nimmt in seinem Œuvre deshalb eine Sonderstellung ein, weil es ihn vor ganz besondere Probleme stellte. Natürlich deuten sich beim späten Chopin neue Richtungen an, aber wenn wir schon darüber spekulieren wollen, dann müssen wir auch die ganz anderen Gesichtspunkte in Betracht ziehen, die sich aus anderen späten Werken – besonders der Polonaise-Fantasie – ergeben.

Die Préludes in neuem Licht

Die Kunst Chopins besitzt viele Facetten, und bei den Erörterungen in den vorangegangenen Kapiteln wurde versucht, etwas von dieser Vielfalt zu vermitteln. Zugleich sollten einige schwer erfaßbare Aspekte, wie etwa Qualität (vielleicht das Komplizierteste überhaupt bei der Beurteilung eines Werkes) und Struktur, angedeutet werden. Den Ausgangspunkt der Analyse bildete jeweils eine Methode, die David Epstein relativ frei als »historisch-stilistisch« bezeichnete.[1] Ihr Ansatz besteht darin, den musikalischen Verlauf auf der Grundlage vergleichender Methoden zu beleuchten. Dabei wird Chopins Musik vor dem relevanten stilistischen Hintergrund gesehen und ihre Struktur und Sprache nach bestimmten Normen beurteilt, um die Anfänge seines Stils (durch Ähnlichkeiten) und die bestimmenden Merkmale seiner Reifezeit (durch Unterschiede) genau festzulegen. Diese Methode gehört weitgehend der Vergangenheit an, sie erweist sich aber im Hinblick auf Chopin durchaus noch als brauchbar. Denn eine eingehende Untersuchung seiner Musik würde sich offen gegen die Geschichte stellen, wenn sie außermusikalische Faktoren des frühen 19. Jahrhunderts wie das verschiedenartige Repertoire der Benefizkonzerte, die *réunions* und das weitverbreitete, einflußreiche Improvisieren außer acht ließe.[2] Ein Interesse für historische Zusammenhänge würde überdies zur Vorsicht mahnen. So zum Beispiel beim Charakter des zu analysierenden Gegenstands, in Anbetracht der darin enthaltenen Flexibilität, die sich durch die Beziehung zwischen Komponist und Interpret in der Klaviermusik des frühen 19. Jahrhunderts ergab (selbst oder gerade wenn es sich beim Komponisten und dem Interpreten um ein und denselben handelte). Jeglicher Gedanke, es könnte eine endgültig abgeschlossene Fassung eines Chopin-Stücks geben, wird sowohl durch textkritische Untersuchungen als auch durch Forschungen zur Aufführungspraxis in Zweifel gezogen. Gerade die Geschichte der Aufführungspraxis wirft ganz grundsätzliche Fragen auf bezüglich des Doppelcharakters eines Stücks – als festgelegter Notentext und als öffentlich vorgetragenes Werk.[3]

Untersuchungen, die sich mit der Rezeptionsgeschichte befassen, haben ferner zu einer flexibleren Betrachtungsweise des Werks angespornt – was darauf hinausläuft, es weniger unter dem Blickwinkel eines

fest fixierten Gegenstandes zu betrachten, sondern als eine Reihe von
Wechselwirkungen zwischen mehr oder weniger unveränderlichen
Größen (den Symbolen auf dem Notenblatt) und ständig sich verändernden Aufnahmehaltungen, für die intersubjektive Faktoren ausschlaggebend sind. Offenkundig unterschied sich beispielsweise gerade
im 19. Jahrhundert die Haltung, die die Deutschen gegenüber Chopin
einnahmen, völlig von der der Franzosen, die wiederum ganz anders
war als die der Polen oder der Russen. Dabei erscheint es überflüssig, zu
bemerken, daß innerhalb derartiger Rahmenbedingungen für die *Aufnahme* die individuelle *Wahrnehmung* unbegrenzt variabel ist: ein
Gemeinplatz, der alle Bemühungen des Analytikers um naturwissen-
schaftliche Objektivität zunichte werden läßt. In diesem Zusammenhang kann selbst der Wissenschaftler nicht leugnen, daß er eine Person
ist, die Erfahrungen sammelt, und gerade der Musikanalytiker kann
(und sollte) dies auch nicht abstreiten. Leonard B. Meyer macht überzeugend geltend: »Weil Regeln keine Strategien bestimmen, braucht
man den gesunden Menschenverstand, um spezielle musikalische Gegebenheiten zu erläutern. [. . .] Und weil der gesunde Menschenverstand
notwendig ad hoc urteilt, ist Kritik, jetzt und auch künftig, eine Kunst
und *keine* Wissenschaft.«[4]
In der Praxis scheint der größte Teil der analytischen Arbeit ein »tieferes
rezeptionelles Verständnis«[5] vorauszusetzen, welches über die sich
wandelnden Aufnahmehaltungen und die vielfältigen Einzelreaktionen
hinausgeht. Dennoch ist klar, daß der Analytiker seinen Eindruck
durch Wahrnehmung gewinnt, wobei der Punkt, an dem sich beides
überschneidet, bekanntlich schwer faßbar ist. Jonathan Dunsby meint,
daß gerade die Art, wie »die Wahrnehmung der Analyse zugrunde liegt,
nirgends so deutlich wird wie in den theoretischen Abhandlungen zur
Wahrnehmung und denen zur Theorie.«[6] Für eine ältere Methodik der
Beurteilung war dies irrelevant, da es als selbstverständlich galt, daß die
Aufgabe des Kritikers nicht darin bestand, Theorien aufzustellen, sondern seinen Eindruck, den er von einem Werk gewonnen hatte, direkt
an seine Leser zu vermitteln. Man bediente sich dieses Zugangs in den
frühen stilistischen Untersuchungen zu Chopin, wie etwa bei Frederick
Niecks, aus dessen Buch[7] man auch heute noch viel lernen kann. Fachspezifische Erläuterungen sind hier auf ein Minimum reduziert, und das
einzige Kriterium, auf das sich die Beurteilungen stützen, ist intuitive
Musikalität und gesunder Menschenverstand. Glücklicherweise besaß
Niecks genügend von beidem, aber zwangsläufig finden sich bei ihm
auch Bewertungen, die – besonders was die Konzerte und die Sonaten

anbelangt – heute grotesk erscheinen. Die Metapher gehörte zu Niecks wichtigstem Rüstzeug. Der Mittelteil des **15. Préludes** rief in ihm das Bild eines Klosters wach, in dem Mönche in einem Trauerzug einherschreiten. »Schrecknisse und Erscheinungen« sowie ein »beängstigender Traum« sind der Stoff, aus dem der cis-Moll-Abschnitt gemacht ist, bis diese wieder durch die »lächelnde Frische einer lieben vertrauten Landschaft« vertrieben werden.[8] Diese Methode, die Stücke mit sprachlichen Mitteln anschaulich zu beschreiben, wurde von James Huneker weitergeführt, der sich darüber beklagt, daß das **2. Prélude** »häßlich, elend, verzweifelt, beinahe grotesk und unharmonisch« sei, und darin die »tiefste Depression in seiner schwerfälligen, schlangenartigen Fortschreitung«, ja sogar einen »Lebensüberdruß« erkennt.[9] Diese Sichtweise des a-Moll-Préludes wurde im 19. Jahrhundert von vielen geteilt. Auch hier findet man wenige fachspezifische Anmerkungen, die über einen Hinweis auf die »unbestimmte Tonalität, angefangen bei e-Moll« bzw. »den Gebrauch von thematischer Parallelität« hinausgehen.

Gerald Abraham hingegen ist weniger als etwa Donald Francis Tovey daran interessiert, beim Hören der Musik »seinen Puls zu fühlen«, sondern zieht es vor, die gleichen Préludes mit fachspezifischen Mitteln zu erörtern. Im **15. Prélude** wird dabei Chopins übliches Verfahren beobachtet, die Reprise »perspektivisch zu verkürzen« und als Ausgleich einen neuen Gedanken in der Coda hinzuzufügen.[10] Ferner gibt es Anmerkungen zu seinen Symmetrieabweichungen sowie zur entsprechenden Verwendung von Verzierungen. Beim **2. Prélude** geht Abraham sogar noch viel weiter als Huneker, der von »unbestimmter Tonalität« spricht, und stellt fest, daß nicht einmal im Vorspiel zu *Tristan und Isolde* die Tonika so hartnäckig umgangen wird wie in Chopins Prélude. Er entwickelt diese Parallele weiter, indem er darauf hinweist, daß in beiden Werken mit denselben Mitteln die »unterschwellig vorhandene Tonika« eingeführt wird, eine Art Polarisation im Dominant- und Subdominantbereich. Eine durchaus verlockende Analogie, die aber möglicherweise irreführend ist. Das *Tristan*-Vorspiel entwickelt nämlich mehr als lediglich eine »unterschwellig vorhandene« Tonika. Es läßt am Profil der Tonika überhaupt keinen Zweifel aufkommen, obwohl sie durch die Dominantstatt Tonika-Harmonik aufgebaut wird. Chopin beginnt dagegen außerhalb des Tonika-Bereichs. Wenn man der e-Moll-Harmonik eine *dominantische* Funktion zusprechen will, so kann das nur im nachhinein geschehen. Im allgemeinen ist Abrahams Werk typisch für viele Musikbücher englischer Herkunft. Auch heute versucht man,

den Stil des Komponisten zu beschreiben und ›einzuordnen‹, indem
man seine individuellen Eigenheiten im Bereich der Harmonik, Melodik, Struktur usw. zu identifizieren sucht, in der Annahme, daß – wie
Arnold Whittall es nennt – derartige »besondere stilistische Verfahren
zusammen betrachtet werden können, um die ›Sprache‹ des Komponisten zu erfassen«.[11] Ebenso wie Niecks' bildhafte Sprache bleiben die
vielen scharfsinnigen und aufschlußreichen Einsichten in Abrahams
Buch von jeglicher systematisch ausformulierter Theorie über das
Wesen oder den Wert eines Musikstücks unberührt. Abraham hätte
eine solche Theorie wohl nicht als notwendig bzw. ratsam erachtet.
Sowohl die Methode, Musik durch Sprache zu beschreiben, als auch die
stilanalytischen Richtungen wurden von anderen Autoren weiterentwickelt. Der expressionistischen Auffassung von Derek Cooke[12] und in
jüngerer Zeit von Peter Kivy[13], daß Musik nicht nur allgemeine, sondern auch klar umrissene Emotionen und sogar bestimmbare Grade von
Hochstimmung und Depression auszudrücken vermag, wurde in Expe-
rimenten nachgegangen, für die man zum Teil Verfahren aus der empiri-
schen Soziologie verwendete. Diese Experimente reichen zuweilen bis
zu einer Untersuchung der Energien, die der Musik ihr Gepräge verleihen. Marion A. Guck untersuchte das **6. Prélude** Chopins (insbesondere die Takte 11–12 und deren unmittelbares Umfeld) im Hinblick auf
die Beziehung zwischen metaphorischen und analytischen Strukturen
und führte mit einer Gruppe von neun Studenten einen praktischen Test
durch.[14] Aus den verschiedenen angebotenen Möglichkeiten kristalli-
sierten sich übereinstimmend drei ›strukturgebende Metaphern‹ heraus,
von denen jede einzelne ähnliche Vorstellungen vermittelte. Eine dieser
bildlichen Vorstellungen, die des »Atmens bei schwerer Arbeit«, wurde
als die geeignetste erachtet und in bezug auf die Struktur des Préludes
gründlich untersucht. Der Kontrapunkt von melodischer Kontur und
wiederkehrender Akkorde wurde mit dem Kontrapunkt von Atmen
und Herzschlag in Zusammenhang gebracht, und innerhalb dieser
Grundidee ließ eine Verfeinerung und genauere Ausgestaltung dieser
Metapher bemerkenswerte Wechselbeziehungen im Verhältnis zur
musikalischen Sprache erkennen, die bis in Details hinein verfolgt wurden, als ob »Struktur und Reaktion wirklich eins seien«.
Ähnliche Experimente führte Zofia Lissa, die sowohl Psychologie als
auch Musik studiert hat, in Lwów (Polen) durch. Sie hielt sich dabei an
die marxistische Anschauung, daß Musik nicht nur in direktem Bezug
zur sozialen und politischen Wirklichkeit stehe, sondern daß ihr auch
ganz konkrete Bedeutungen inhärent seien, selbst wenn diese in ver-

schiedenen Kulturen anders aussehen. Zofia Lissa befaßte sich hauptsächlich mit ästhetischen Fragen. Zu ihren Untersuchungen über Chopin gehört ein bemerkenswerter Essay über das Wesen seines Nationalismus, während ein Großteil dessen, was polnische Autoren über Chopin geschrieben haben, stilanalytische Fragen behandelt. Zwei Bücher
aus den dreißiger Jahren des 20. Jahrhunderts – *Melodyka Chopina* von
Bronisława Wojcik-Keuprulian[15] und *Harmonika Chopina* von Ludwik Bronarski[16], einem in Polen geborenen Schweizer Musikwissen-
schaftler, führen eine eindrucksvolle Liste analytischer Untersuchungen an.

Relativ deutlich ist dabei der Einfluß von Riemanns Harmonielehre,
insbesondere seiner »Parallelklänge«. Auch heute noch entlehnen polnische Geisteswissenschaftler mit Vorliebe ihre Methoden aus Deutschland. Józef Chomiński, einer der scharfsinnigsten polnischen Musik-
wissenschaftler, hat selbst darauf hingewiesen, daß seine harmonischen
Analysen und seine Symbolik auf Riemann und besonders auf Erpf[17]
zurückgehen. Im Gegensatz zu Bronarski sah Chomiński jedoch ein,
daß die gesamte Anlage eines Werkes unter verschiedenen Blickwin-
keln, seien sie harmonischer oder anderer Art, betrachtet werden muß.
Er legte besonderes Gewicht auf die gegenseitige Abhängigkeit aller
Parameter und verwies auf den engen Zusammenhang von Melodie,
Harmonik und Rhythmus bei Chopin sowie – was besonders wichtig
ist – auf ihren Bezug zu den Möglichkeiten des Klaviers. Chomiński war
indes nicht der erste, der auf diesem Gebiet forschte. So untersuchte
Ernst Kurth das **23. Prélude** in F-Dur hinsichtlich der konkurrierenden
Ansprüche von Harmonik und Struktur,[18] und Hugo Leichtentritt
bediente sich sogar graphischer Darstellungen, um die melodische Kontur und Gliederung des **4. Préludes** zu veranschaulichen.[19] Doch Chomiński geht noch einen Schritt weiter. Seine Untersuchung »Harmonika a faktura fortepianowa Chopina« ist eine von mehreren, in denen
er der strukturellen Rolle von Aufbau und Klang nachgegangen ist.[20]
Chomińskis Methode, gleichzeitig mehrere Parameter zu betrachten,
wird bei seiner Analyse des **5. Préludes** in D-Dur deutlich.[21] Darin zeigt
er auf, wie im Kontext einer gleichmäßigen Sechzehntel-Figuration die
Form durch feine Wechselwirkungen und Gegensätze innerhalb des
motivischen, harmonischen und rhythmischen Verlaufs bestimmt wird.
Dementsprechend legt die motivische Verarbeitung in den ersten sechzehn Takten vor der Reprise folgende dreiteilige Anlage nahe: 1–4,
5–12, 12–16. Chomiński sieht beispielsweise die kontrastierenden Elemente (die der Reihe nach *Energie* freisetzen) zwischen den ersten bei-

den Teilen – Gegensätze nicht nur in der Motivik, sondern auch in Rhythmus und Metrum. Den Einleitungsteil könnte man als ¾-Takt mit drei auftaktigen Sechzehnteln auffassen, eine Deutung, die durch die »Alberti«-Bässe gestützt wird, jedoch infolge des zweiten Abschnitts (nach Chomińskis Einteilung) an Geltung verliert; so entsteht ein erstes kontrastierendes Element.[22] Ein weiterer Gegensatz in der harmonischen Struktur besteht zwischen der stabilen Flächenhaftigkeit des ersten und des dritten Teils sowie der unruhigen Bewegung des Mittelteils. Des weiteren fungieren nach Chomiński Aufbau und Figuration, deren Rolle hier weniger entscheidend ist als in anderen Préludes, nicht nur als verbindende Kraft, sondern auch als Mittel der Abgrenzung (vgl. T. 14–16 und 30–32), was durch einen Vergleich mit dem früheren As-Dur-Prélude bestätigt wird. Beim **2. Prélude** zeigt er zunächst an zwei alternativen Lesarten der harmonischen Struktur (die auf Erpf zurückgehen), daß die funktionale harmonische Analyse ungeeignet ist, die Struktur dieses schwierigen Stücks zu ergründen. Im weiteren Verlauf der Analyse befaßt er sich mit melodischer Tonalität und Modalität, um schließlich die »Emanzipation« reiner Klangwerte zu untersuchen.

So geht auch Zofia Lissa bei einer Untersuchung vor, in der sie sich mit jenen Aspekten der Chopinschen Harmonik befaßt – Parallelität, Ostinati, organische Chromatik –, die, historisch gesehen, von der Norm abwichen und sich als zukunftsweisend für die Methoden des 20. Jahrhunderts herausstellten.[23] Auch sie erörtert zu Anfang das **2. Prélude** im Hinblick auf traditionelle harmonische Funktionen und verweist auf den Unterschied zwischen unserer heutigen Wahrnehmung derartiger tonaler Beziehungen und der des Publikums im beginnenden 19. Jahrhundert. Wo ein ›Vakuum‹ bei den traditionellen tonalen Funktionen besteht, wird es durch andere Elemente ausgefüllt, insbesondere durch die Selbständigkeit bestimmter (dissonanter) Intervallfarben, die durch Ausdünnung, langsames Tempo, Trennung von Stimmlagen und die bewußt eingesetzte Monotonie der Begleitfigur hervortreten. Die Autorin verweist auf die völlig andere Wirkung von ähnlichen Strukturen und Floskeln, bei denen die traditionellen tonalen Funktionen beachtet werden, und kommt dann zu allgemeinen Schlußfolgerungen über die Art des Stilwandels.

Die analytischen Methoden, die bis jetzt in diesem Kapitel behandelt wurden, befaßten sich in erster Linie entweder mit bildlichen Darstellungsweisen oder mit Stilbeschreibungen. In einigen dieser Untersuchungen wurden natürlich auch Versuche unternommen, sich über die

Struktur ganzer Stücke Klarheit zu verschaffen. Von Chomiński einmal abgesehen, läuft dieser Weg aber für gewöhnlich auf eine schematische ›Formanalyse‹ hinaus, die wenig darüber aussagt, wie die einzelnen Elemente einer Struktur im Verhältnis zueinander wirken, da sie die Abhängigkeit vom zeitlichen Verlauf unberücksichtigt lassen und die einzelnen Bestandteile eines Werkes eher als statische Elemente behandeln. Gerald Abraham hat beispielsweise tabellarisch angeordnete Analysen verschiedener Stücke, inklusive der Polonaise-Fantasie, angefertigt. Als ein erster Anhaltspunkt für die Anordnung thematischer Verläufe innerhalb eines Werkes kann dies durchaus von Nutzen sein. Es erscheint aber äußerst bedenklich, wenn dem Komponisten Schwächen in der strukturellen Gestaltung vorgehalten werden und die Kritik nur auf einer Methode basiert, die zudem völlig eindimensional und ungeeignet ist, die Rangordnung und Einbettung bzw. »Verschachtelung«[24] der Strukturen, die das Herzstück tonaler Musik bilden, zu erklären.

Diese Formenlehre hat natürlich als ein Zweig der Musiktheorie eine lange Geschichte. Als ein Hilfsmittel der Analyse jedoch kam sie erst mit Riemann und Leichtentritt zu ihrem Recht. Riemanns Formbegriff ist mit seiner Lehre vom Auftakt in Rhythmus und Phrasierung untrennbar verbunden. Selbst dort, wo ein Stück anscheinend mit einem Volltakt beginnt, wird entweder ein Auftakt vor dem Anfang *angedeutet,* oder der Volltakt führt unmittelbar zu einer auftaktigen Struktur. Die großangelegte rhythmische Struktur besteht dann folglich aus einem Grundmuster, bei dem eine betonte Zählzeit auf eine unbetonte folgt, und beide sich dann miteinander zu Reihen von achttaktigen Perioden verbinden. So entsteht ein Hintergrundmodell für die musikalische Struktur, das derart modifiziert wird, daß der Auftakt unterdrückt und das achttaktige Modul verkürzt bzw. erweitert werden kann. Dies geschieht oft mittels kadenzartiger Wiederholungen. Riemann verfaßte zusätzlich zu seinen Analysen verschiedene ›Phrasierungsausgaben‹, darunter auch für einige Stücke Chopins, als er zu Beginn der neunziger Jahre des 19. Jahrhunderts in Hamburg Klavierlehrer war. Bei diesen Ausgaben handelt es sich um De-facto-Analysen, welche mit Hilfe von Ziffern, die unter den Taktstrichen angegeben werden, einen Überblick über die Hauptbestandteile der Form geben sollen. Auslassungen und Verkürzungen werden durch die Regellosigkeit der Numerierung deutlich. Verschiedene ›Lesezeichen‹ sollen noch detailgenauere Angaben zur Artikulation vermitteln. Andere Zeichen behalten ihre ursprüngliche Bedeutung, sind jedoch mit weitaus größe-

Opus 28 Nr. 4

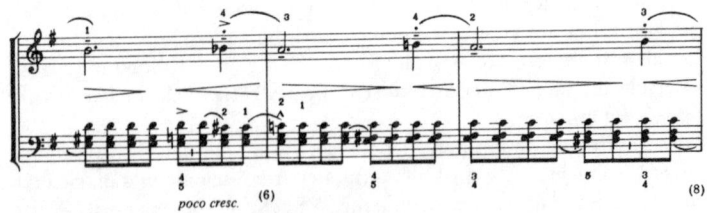

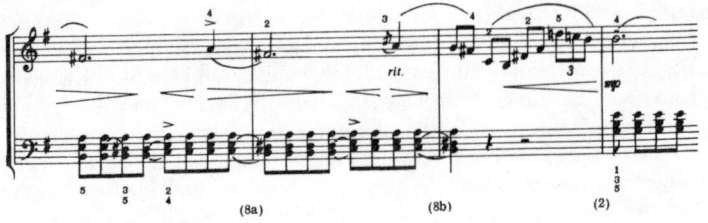

Bsp. 36

rer Genauigkeit behandelt. Unterscheidungen werden im wesentlichen zwischen Schwerpunkt und Akzent, zwischen dynamischen und agogischen Akzenten, getroffen. Als Beispiel hierfür soll ein Teil von Riemanns ›Phrasierungsausgabe‹ des **4. Préludes** dienen, das alle oben angegebenen Punkte enthält (Bsp. 36).

Obgleich Riemanns Prämisse, es gebe ein latentes schematisches Modell achttaktiger Einheiten, bei manchen Musikstücken ernsthafte Schwierigkeiten aufwirft (nicht zuletzt dort, wo die Takte verschieden lang sind!), so bildet sie doch für die Analyse von Chopins Musik einen Ausgangspunkt, der dem zu behandelnden Gegenstand häufig entgegenkommt. Probleme tauchen indes dann auf, wenn man in tiefere Schichten vordringt, und zwar aufgrund der Annahme einer Gleichwertigkeit von Einheiten, die in erster Linie auf der Länge und ihrer eindimensionalen Linearität basieren, wobei alle Bestandteile so behandelt werden, als besäßen sie nur eine formale Bedeutungsebene. Vieles davon trifft auch auf Leichtentritt zu, der ausgiebig über Chopin geschrieben hat und dessen Auffassungen zum größten Teil auf Riemann zurückgehen. Er versteht die Phrasenstruktur ebenfalls als auftaktig und entlehnt von Riemann die Zeichenanalogie und das achttaktige Modell, was auch zu den gleichen Schwierigkeiten führt. »Allem Gestalten in der Musik liegt der acht- oder sechzehntaktige Aufbau zugrunde. In umfangreicheren Stücken wird es sich um Aneinanderreihung mehrerer solcher Phrasen handeln.«[25] Im **3. Prélude** erkennt er beispielsweise die Hintergrundsymmetrie von drei achttaktigen Einheiten mit einer zweitaktigen Introduktion, einem eintaktigen Anschluß zur ersten Einheit und einer abschließenden sechstaktigen Coda. Interessant ist außerdem, wie er den Anschluß zur ersten Einheit versteht, da er dabei die betont-unbetonte Abfolge der Takte 3–4 und 5–6 zur unbetont-betonten Abfolge der Takte 7–8 und 9–10 umkehrt und Takt 11, der für das Folgende einen Auftakt bildet, vor die Wiederholung setzt.[26] Leichtentritt hebt die schematischen Symmetrien häufig durch einfache Diagramme hervor, wie etwa bei seiner Analyse des **5. und 11. Préludes.**[27]

Die Untersuchung der Grundschemata der Komposition und der Phrasenlängen wurde in den letzten Jahren in zahlreichen Arbeiten viel weiter vorangetrieben. Das Hauptaugenmerk wird nun häufig auf den Goldenen Schnitt gelegt. Es gab unter anderem umfangreichere Untersuchungen über Mozart[28], Bartók[29] und Debussy[30], in die auch Chopin einbezogen wurde. Michael R. Rodgers vertritt den Standpunkt, daß beim **2. Prélude** dem gesamten melodischen Abstieg und der grundlegenden tonalen Gliederung ein Verhältnis zugrunde liegt, das dem des Goldenen Schnitts entspricht. Das gleiche gilt auf einer niedrigeren Ebene für die beiden Abstiege in kleinen Septimen.[31] Eine solche Methode geht bezüglich des Kompositionsvorgangs von einer falschen Annahme aus. Denn schon ein flüchtiger Blick auf Chopins Skizzen zeigt, daß er allein um des Zusammenhangs willen regelmäßig Passagen hinzufügte oder strich. Dies läßt darauf schließen, daß bei der bewußten Arbeit mit musikalischem Material solche Überlegungen – wenn überhaupt – nur eine geringe Rolle gespielt haben. Überdies unterliegt eine noch so anspruchsvolle Untersuchung, die sich nur auf Längen und Proportionen bezieht, der gleichen Kritik wie die Formanalyse von Riemann und Leichtentritt. Letztere versuchte, Elemente der Bewegung so zu quantifizieren, als ob sie räumlich festgelegt und statisch seien.

Um Riemann und Leichtentritt Gerechtigkeit widerfahren zu lassen, muß man aber hinzufügen, daß beide Lippenbekenntnisse zu einem weiter gefaßten Konzept von Form und Phrasierung abgaben, dem zufolge das ›Motiv‹ als Energiequelle aufzufassen ist. So beschreibt Riemann das Motiv als einen Impulsgeber für »Höherspannung« und »Abspannung«, während nach Leichtentritts Auffassung die Bewegung ein wichtiges Stilelement darstellt. Solchen Überlegungen wird jedoch in den Analysen praktisch nicht weiter nachgegangen. Dies blieb späteren theoretischen Abhandlungen über die Rhythmik vorbehalten. In ihrem diesbezüglichen Buch lesen Grosvenor W. Cooper und Leonard B. Meyer[32] rhythmische Strukturen an der Anordnung unbetonter Zählzeiten im Verhältnis zu betonten ab, wobei die sich daraus ergebenden Schemata als Versmaße beschrieben und sowohl ausgedehnte Struktur- als auch Phrasierungsebenen einbezogen wurden. Natürlich waren weder das Versmaß-Modell noch das Konzept der strukturellen Ebenen etwas wirklich Neues, aber deren Synthese in der Arbeit von Cooper und Meyer stellte einen wichtigen Fortschritt in der Rhythmus-Theorie dar. Ihre Grundkonzeption zeigt sich in der Analyse des 1. und 4. Préludes, bei der die gleiche melodische Bewegung einmal als trochäisch, ein anderes Mal als jambisch interpretiert wird. Daran läßt sich deutlich erkennen, wie der Rhythmus auf die Melodie einwirken kann (Bsp. 37). In ihrer Analyse des 19. Préludes wird dieses Konzept auf vier ›architektonische‹ Ebenen übertragen; es wird der Versuch unternommen, rhythmische Funktionen nicht nur mittels Melodik und Harmonik in Beziehung zu setzen, sondern auch durch »Beweglichkeit und Spannung«.

Opus 28 Nr. 1   Opus 28 Nr. 4

Bsp. 37

Trotz aller Erkenntnisse, die der dualistische Charakter (betont/unbetont) des Versmaß-Modells ermöglicht hat, kann dies sehr vereinfachten und irreführenden Interpretationen führen.[33] In einer späteren Untersuchung faßt Edward T. Cone den Begriff der Rhythmik weiter, indem er zwischen *drei* Arten von betonten Zählzeiten differenziert – der anlautenden, inlautenden und ablautenden –, die er wiederum auf verschiedene strukturelle Ebenen überträgt. Seine Erörterung des 7. **Préludes** veranschaulicht sehr gut, wie sich das Metrum – um dem Prélude seine umfassende Gestalt zu verleihen – einem organischeren rhythmischen Impuls unterordnen muß, der sowohl die harmonische Linie als auch die Harmonik beherrscht.[34] Gewiß entstammt Cones Methode letztlich der alten Schule traditioneller Formanalyse, aber der Hauptakzent hat sich entschieden vom *Schema* zum *Verlauf* hin verlagert, wobei man sich mit fortschreitenden und rückläufigen Strukturen, mit Spannung und Entspannung auf allen Ebenen befaßt. Im Mittelpunkt dieser Methode steht das Konzept der musikalischen »Bewegung«, die durch die Wandlung innerhalb verschiedener Parameter hervorgerufen wird und im Zusammenhang mit einer grundlegenden Dialektik von ansteigenden und abnehmenden, sich verstärkenden und auflösenden Tendenzen steht.

Dieses Konzept von Welle, Form bzw. Bogenverlauf geht letztlich auf Ernst Kurth zurück, der die Form als das Kontrollinstrument von Energie durch Zeit und Raum verstand und »Bewegung« als die schöpferische Kraft in der Musik beschrieb. Er hatte Vorbehalte gegen alle starren Einteilungen der Musik in äußerliche, formale Schemata, da er ihr Wesen – die »Seele« der Kunst – als »fließende Bewegung« ansah.[35] Wallace Berry vertritt in *Structural Functions in Music*[36] eine ähnliche Auffassung hinsichtlich der musikalischen Form. Er befaßt sich aus führlich mit einigen Préludes von Chopin und stellt wie Cooper, Meyer und auch Cone den Begriff der strukturellen Ebenen in den Mittelpunkt.

Der Spannungsbogen in seiner affektiven wie strukturellen Bedeutung ist auch Teil von Leonard Meyers gehaltvoller Theorie der »verkörperten« – im Gegensatz zur »kennzeichnenden« – musikalischen Bedeutung. Als Grundlage nahm Meyer die ›Gestalt‹-Regeln von »Prägnanz« (das »Normalisierungsverfahren«, bei dem der Verstand auf seiner Suche nach Vollständigkeit und Stabilität der Formen danach strebt, Unregelmäßiges zu regeln, Unvollständiges zu ergänzen und die »beste« aller verschiedenen Deutungen auszuwählen) und »Schluß«. In bezug auf tonale Melodik versteht Meyer unter »Schluß« Elemente wie die Dreiklang-Fortspinnung und den Abstieg zur Tonika als Lückenfüller, und er benutzt sie zur Bildung eines Beziehung–Vollzug-Modells, wobei er sich auf seine Versmaß-Theorie zur Rhythmik stützt, um strukturelle Noten zu bestimmen. Solche Überlegungen wurden erstmals in einem früh erschienenen Buch *Emotion and Meaning in Music*[37] dargelegt, in dem anhand von Chopins **2. Prélude** die »Regel der guten Fortspinnung« veranschaulicht wird, die den Verstand anregt, verschiedene Stimuli zu einer fortwährenden Bewegung bzw. Gestalt zu ordnen. Nach seinen Beschreibungen führt der Komponist bei dem Prélude eine musikalische Entwicklung ein, die fortgesponnen, gestört (T. 12–16) und wie am Anfang wiederaufgenommen wird. Die Bedeutung von Meyers Analyse liegt vor allem darin, daß sich der Akzent vom bisher gebräuchlichen harmonischen Zugang zu diesem Prélude hin zu einer Untersuchung seiner melodischen Struktur verlagert. In bezug auf die »Störung« zeigt Meyer, daß das gleiche harmonische Ziel erreicht worden wäre, wenn Chopin die Sequenz auf normale Weise fortgesetzt hätte, so daß, wie der Autor schreibt, »jegliche technische Erklärung von Takt 12–16 allein hinsichtlich des harmonischen Ziels oder ähnlichem der Sache unangemessen ist [. . .]; die Erklärung dafür liegt in der Bedeutung von Zweifel und Ungewißheit bei der Umsetzung ästhetischer, affektiver Erfahrungen.«[38]

Während Meyer die Theorien der harmonischen Gestaltprinzipien zum Ausgangspunkt seiner Arbeit macht, ist sein Konzept der musikalischen Struktur – im Gegensatz zu der organischen Auffassung von Struktur bei Schönberg und Schenker – im wesentlichen dynamisch und zeitabhängig. Meyers Vorbehalte gegen diese Methoden werden deutlich genug zum Ausdruck gebracht. »Einheitlichkeit besteht nicht darin, eine einzelne Tonart oder einen einzelnen melodischen Kern zur

Grundlage aller Themen eines Stückes zu machen.«[39] Schönberg und Schenker sind Verfechter der Lehre der harmonischen Gestaltprinzipien, sofern sie von einem einheitlichen Ganzen ausgehen, dem in der kompositorischen Anlage Priorität gegenüber den einzelnen Teilen eingeräumt werden kann und das auf einer bestimmten Ebene die Bedeutung dieser Teile festlegt. Dieser grundlegende methodische Unterschied wird in gewisser Weise auch durch Cones Hinweis auf zwei Arten der ästhetischen Wahrnehmung – das zeitabhängige »sofortige Erfassen« und das »umfassende Begreifen« der Anhänger der Gestaltlehre – evoziert.[40] David Epstein hat ebenfalls auf analytische Systeme hingewiesen, die »das Werk in seiner bereits komponierten, voll ausgeformten Struktur betrachten«, und hat sie abgegrenzt von jenen, die sich »mit der inneren Bewegung der kompositorischen Entwicklung, [...] mit den dem Werk eigenen Mechanismen, durch die es sich allmählich entfaltet«, auseinandersetzen.[41]

Schönbergs eng an die organischen Ansätze angelehnte Theorie über den thematischen Gehalt[42] wurde von verschiedenen Verfassern, wie z. B. Rudolph Réti[43] und in England Hans Keller und Alan Walker[44], dargelegt. Walker, ein Schüler Kellers, hat sich umfassend mit Chopin befaßt und versucht, den strukturellen Zusammenhang nachzuweisen, indem er scheinbar gegensätzliche thematische Elemente zu den darin eingeschlossenen Grundgestalten in Beziehung setzte. Dies führt zuweilen zu interessanten Bezügen, wenn es auch fraglich bleibt, inwiefern sie als Beleg für »Einheit« gelten können, besonders da Walker seine Untersuchungen auf Thema und Motiv beschränkt. Józef Chomiński hingegen bedient sich einer etwas anderen Methode, um die *Préludes als Ganzes* zu erfassen. Er versucht sie unabhängig von der tonalen Anlage als einen einheitlichen Variationenzyklus zu analysieren, und zwar mittels formaler Archetypen, die in größeren Gruppierungen aufgehen (1–6, 7–12, 13–17, 18–24), bzw. einer allumfassenden motivischen Integration.[45] Nach Chomińskis Auffassung zieht sich die aus zwei Tönen bestehende motivische Gestalt, die sich aus dem ersten Takt der Nr. 1 heraus entwickelt, wie ein verbindender ›roter Faden‹ in verschiedenen Umformungen durch die späteren Préludes. Da es sich um einen Schritt der Tonleiter handelt, ist dies leicht festzustellen.

Die weitaus zwingendsten und gewiß einflußreichsten analytischen Untersuchungen über Chopin stammen von Heinrich Schenker[46]. Sein Konzept von der »Stufe« als Mittel, diatonische Rahmen in strengem Kontrapunkt im Vordergrund des Werkes »auszukomponieren«, ist hinreichend bekannt und bedarf hier keiner weiteren Erläuterung. Es schließt wesentliche Erkenntnisse, vor allem eine Trennung von Struktur und Prolongation mit ein, die es ermöglichen, zum strukturellen Kern eines Werkes vorzudringen. Welche enorme Bedeutung dies hat, ist offensichtlich; doch zugleich bleiben verständliche Zweifel hinsichtlich mancher höheren Ziele Schenkers bestehen, insbesondere dem, daß es mit seinem Reduktionsverfahren möglich sei, die Einheit und letztlich auch den *Wert* eines Stückes zu bestimmen.

Sicher ist, daß Schenkers Methoden sich für einige Kompositionen besser eignen als für andere, besonders gut für Beethoven und Chopin. Nicht nur ist die Harmonik in sehr vielen Kompositionen Chopins eines der wesentlichen formgebenden Elemente, sondern es steht auch die Unterscheidung zwischen strukturellen und »kontrapunktischen« Harmonien im Mittelpunkt seines musikalischen Denkens. Diese Unterscheidung ist natürlich auch schon von vielen anderen Autoren getroffen worden,[47] doch Schenker bietet einen gewissen Rahmen, innerhalb dessen man ihre strukturellen Auswirkungen erkunden kann. Zudem paßt seine Betonung des Gleichgewichts von Vertikale und Horizontale bei tonaler Musik vorzüglich auf jene weitreichenden linearen Bewegungen, die bei Chopin besonders auffällig sind und sowohl als zielgerichtete wie auch als die Tonalität bestimmende Faktoren fungieren.

Schenkers Analysen sind sehr beeindruckend; nicht nur aufgrund der Wirksamkeit der graphischen Methode selbst, sondern auch wegen der außergewöhnlichen Mischung aus intellektueller Exaktheit und Musikalität, mit der er sie beherrscht. Die Art, wie Schenker den Vordergrund des **3. Préludes** graphisch darstellt, ist ein treffendes Beispiel dafür.[48] Hier wird eine Unterteilung mittels Unterbrechung einer $\hat{3}$–$\hat{1}$-»Urlinie« vorgenommen, die einen bekannten $\frac{2}{\hat{v}}$-»Teiler« erzeugt, bevor sie die lineare Fortschreitung und die Baß-Arpeggierung mit einer Prolongation der Nebennoten des wiedererreichten Kopftons und einem Registerwechsel wiederaufnimmt (Bsp. 38). Als Analyse der tonalen Ereignisse des Préludes ist dies vorbildlich, denn unser Höreindruck von der zugrundeliegenden Struktur wird dadurch geklärt und beleuchtet, jedenfalls soweit es den Klang der Musik betrifft. Gelegentlich überzeugen Schenkers Verkürzungen jedoch weniger, weil entweder die Divergenz zwischen »Hintergrund-Struktur« und formalen Gegebenheiten an der Oberfläche unangenehm groß ist, oder das Requisit einer »Urlinie« offenbar zu herkömmlichen Lesarten verleitet. So bleibt seine graphische Darstellung des **2. Préludes** in mehrfacher Hinsicht problematisch.[49]

Opus 28 Nr. 3

Bsp. 38

Chopin kommt im Werk amerikanischer Autoren, die von Schenker
angeregt wurden, reichlich vor; von Oswald Jonas' geradliniger Erörterung des F-Dur-Préludes[50] bis hin zu komplizierten graphischen Darstellungen wie der Felix Salzers zum 1. Prélude.[51] Einige Analytiker
haben bestimmte Folgerungen aus Schenkers graphischen Darstellungen der Stimmführung gezogen. Charles Burkhart etwa hat sich einige
Schwierigkeiten und gelungene Details vorgenommen, die sich aus der
Doppelfunktion ergeben, welche die Linie der linken Hand im **6. Prélude** als Baßstimme und Melodie übernimmt. Dabei kann er sich auf
eine unveröffentlichte Analyse von Schenker höchstpersönlich berufen.[52] Andere Verfechter der Theorien Schenkers haben sich jenen
Bereichen zugewandt, die bei Schenker nur unzureichend behandelt
worden waren; ob zu Recht oder zu Unrecht, sei dahingestellt. So greift
Carl Schachter die rhythmischen Probleme in seiner Analyse des
3. Préludes auf,[53] wobei er Schenkers Deutung der tonalen Ereignisse
(Bsp. 38) weitgehend zustimmt und versucht, diese mit einer Methode
der rhythmischen bzw. zeitlichen Verkürzung in Einklang zu bringen.[54] Diese beinhaltet die Vorstellung einer Prolongation im Vordergrund als zeitliche Ausdehnung einer Gleichmäßigkeit im Hintergrund.
Bsp. 39 zeigt die graphischen Darstellungen von Vorder- und Hintergrund in den Analysen Schachters, wobei die beiden Mittelteile nicht
angeführt sind. Anhand dieser Darstellung befaßt sich Schachter mit der
Beziehung zwischen den asymmetrischen Proportionen des Werkes
und der ihnen zugrunde liegenden Symmetrie und untersucht die Implikationen, die sich aus der metrischen Stellung der abschließenden
Tonika in der *zweiten* Hälfte eines überlangen Takts ergeben. Bei der
Behandlung des Mittelgrunds legt Schachter unter anderem dar, wie ein
Element des zeitlich begrenzten Rhythmus – die Erweiterung und Beto-

nung von IV – eine tonale Funktion dadurch verdeutlicht, daß die ange-
strebte Tonika den Eindruck von Endgültigkeit vermittelt. Dabei lenkt
er die Aufmerksamkeit auf verschiedene interessante Details im Vordergrund, vor allem die Art und Weise, wie der »Extra-Takt« 11 eine
Vergrößerung der motivischen Nebennoten e–d und c–b hervorhebt,
ist erwähnenswert. Schachters Analyse des 3. Préludes ist Bestandteil
seiner in verschiedenen Aufsätzen gegebenen Darstellung einer allgemeinen Rhythmustheorie. Es ist bezeichnend für den Reichtum der
Methoden Schenkers, daß sie weiterhin Anregungen für derart neue,
umfassende Forschungsarbeiten geben.

Opus 28 Nr. 3

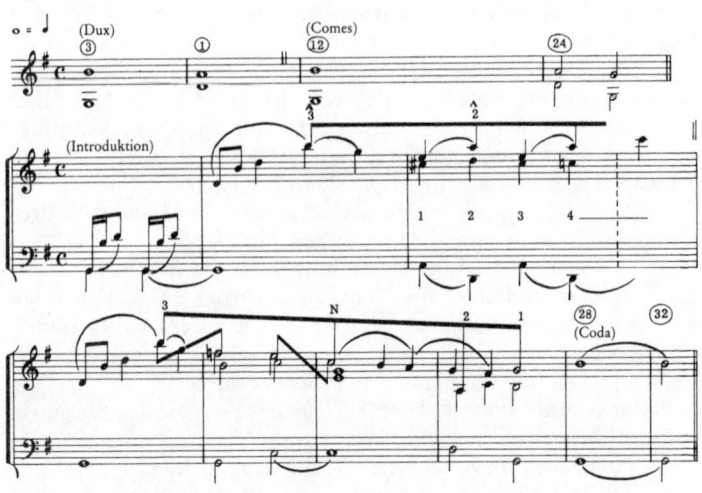

Bsp. 39

Die Scherzi

Im letzten Kapitel wurde gezeigt, wie eine große Vielfalt an Theorien, die sich zum Teil widersprechen und miteinander konkurrieren, auf die Préludes Anwendung fand. Es wäre für eine allgemeine Untersuchung der Musik Chopins wohl unpassend, die Kompositionen von jeder theoretischen Sichtweise aus zu beleuchten; wenigstens beabsichtigt der Verfasser dies nicht. Die Sprache der Musik bildet eine zusammenhängende Einheit, und es ist unwahrscheinlich, daß *irgendeine* analytische Methode sie vollständig zu vermitteln und zu erläutern vermag, auch wenn die Hoffnung auf ein allumfassendes Modell immer noch eine geheime Verlockung darstellen mag.[1] Nicht weniger reizvoll ist die Vorstellung, daß verschiedene Standpunkte auf irgendeine Art und Weise zusammengefaßt werden könnten, um eine einzige, allesumspannende Sicht des Werkes zu eröffnen. Doch wie Jonathan Dunsby zeigt, ist ein pluralistischer Zugang zu theoretischen Standpunkten, die häufig einander ausschließen, eindeutig nicht möglich.[2] Vieles hängt davon ab, welche Ansprüche gestellt werden. Ein teilweise vorhandenes Verständnis unterschiedlicher Aspekte eines Werks läßt sich oftmals schärfer fassen, indem man Modelle zu Hilfe nimmt, und sei es nur durch die Untersuchung des ›Spannungsfeldes‹ zwischen musikalischen Fakten und theoretischen Verallgemeinerungen. Eine eher relativistische als pluralistische Haltung würde es erlauben, sich gleichsam von verschiedenen Seiten an das Werk heranzuarbeiten, indem man einige der zahlreichen sich gegenseitig beeinflussenden Kräfte, die darauf einwirken, graphisch darstellt, wohl wissend, daß ein Schema, das alle Aspekte beinhaltet, unerreichbar bleiben dürfte. Will man eine solche Untersuchung vornehmen, erscheint es angemessen, sich jenen Werken zuzuwenden, in denen der stilistische Hintergrund am wenigsten hervortritt. Bei den Scherzi, Balladen und Fantasien gelangt Chopin zu einer ganz persönlichen Synthese aller Einflüsse, so daß eine vergleichende Analyse kaum aufschlußreich wäre.

Scherzo Nr. 1 in h-Moll op. 20

Das wichtigste Material des Scherzos erhellt ein zentrales Thema für die Analyse Chopinscher Musik, nämlich die miteinander um die strukturelle Vorrangstellung wetteifernden Ansprüche von Struktur, Melodik und Harmonik. Dies belegt ein genauerer Blick auf die Einleitung. Nach den Introduktionsakkorden gibt es zwei Perioden (Dux 9–24, Comes 25–44), harmonische Anhaltspunkte sind spärlich; es erscheint, wie Bsp. 40 (1) zeigt, als eine einfache diatonische Fortschreitung, die durch Akkordbrechungen auskomponiert ist. Die melodischen Anhaltspunkte sind gleichfalls auf ein Minimum reduziert, wobei Phrasierung und motivische Parallelität Dreiklangsschemata auf zwei Ebenen bilden, von denen das eine in das andere ›eingebettet‹ ist (Bsp. 40 (1)).

Opus 20

Bsp. 40 (1)

Angesichts des Schwungs und der Energie der Musik fällt auf, daß diese grundlegenden Tonhöhenstrukturen relativ unbeweglich sind. Dies läßt vermuten, daß die rhythmisch aktivierte Struktur bzw. Klanglichkeit (welche durch Größen bestimmt wird, die vom genauen Toninhalt – wie z. B. Register, Dichte, Artikulation, Dynamik – unabhängig sind) eine wirksamere Energiequelle darstellt als die melodischen und harmonischen Strukturen. Diese These wird zudem dadurch gestützt, daß die melodischen und harmonischen Entwicklungen dazu neigen, durch

Opus 20

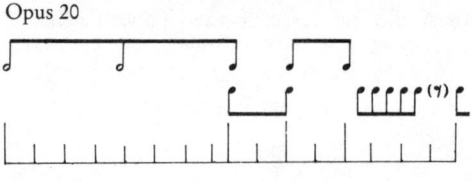

Bsp. 40 (2)

die vertikale wie auch horizontale *Unmittelbarkeit* der Ereignisse in einen allgemeineren Zusammenhang gebracht bzw. verschmolzen zu werden.

Man kann den einleitenden Abschnitt noch von einem anderen Blickwinkel aus betrachten. Die achttaktige Introduktion fungiert harmonisch als Auftakt. Sie gibt auch die ›Maßeinheit‹ für die Periodenstruktur an und legt eine Norm fest, gegen die die rhythmischen Unregelmäßigkeiten der nachfolgenden Figurierung als Kontrapunkt gesetzt werden. In beiderlei Hinsicht wird dadurch Kontinuität mit dem Hauptthema hergestellt. Andererseits bildet sie jedoch auch wieder einen starken Gegensatz aus – sowohl in ihrem homorhythmischen Charakter und ihrer minimalen Verdichtung als auch in ihrer absteigenden Richtung und der (geringfügigen) Reduzierung der Dynamik. Diese kontrastierenden Merkmale sind so stark ausgeprägt, daß die Akkorde am Schluß des Mittelteils als dramatische Elemente genutzt werden können. Während das gegensätzliche Verhältnis von Introduktion und Thema in den Einleitungstakten des Scherzos viel Energie erzeugt, wird diese im Thema selbst durch völlig andere Mittel aufrechterhalten. Der allgemeine Charakter des Rhythmus ist motorisch; es gibt allerdings noch feinere Merkmale, die für Energie sorgen, insbesondere die Auslassung von Anfangs- und Schlußimpulsen bei Takt 9 und 11 sowie die Verkürzung von Gruppierungen bei Takt 13–16. Beide Faktoren bilden einen Energieüberschuß hinsichtlich der metrischen Norm, die durch die Takte 1–8 festgelegt worden war, wodurch eine ›Erholungspause‹ bei Takt 16 nötig wird. Das Notenbeispiel 40 (2) zeigt ein denkbares Rhythmusdiagramm der Takte 1–16.

Auf einer höheren rhythmischen Ebene verbinden sich die Takte 9–16 mit ihrer Wiederholung (T. 17–24), um einen einzelnen, vorausgreifenden Impuls zu geben, der zum Volltakt in Takt 25 führt. Hier löst sich die Spannung erneut. Dies geschieht in erster Linie aufgrund struktureller Gebilde, einer Umkehrung von Richtung und dynamischem Gefälle sowie eines bedeutsamen Wechsels in der rhythmischen Charakterisierung, die von der Diskontinuität und den verkürzenden Einheiten des Dux bis hin zum ununterbrochenen Fluß des Comes reicht. Der Übergang von diesem Comes zur zweiten Gruppe (T. 46) ist geschickt ausgeführt. Ein Dux von zwei parallelen achttaktigen Perioden deutet an, daß sich ebenfalls ein Comes von zwei parallelen achttaktigen Perioden anschließt; und Chopin hat den Anfangsteil auch so konzipiert, als wolle er diese Verbindung zustande bringen. Die Unterbrechung des Verlaufs nach zwölf Takten macht deutlich, daß der Spannungshöhepunkt, den der Dux herbeiführt, nicht vollständig gelöst ist und daß der folgende Wechsel von Richtung und Dynamik einen weiteren Anstieg der Spannungskurve bestätigt, je näher das zweite Thema rückt. Bei der Vorbereitung dieses Themas erlangen Strukturen der Tonhöhe durch jene Unterbrechung allmählich eine größere Bedeutung. Das Ais-H-Cis-Schema bringt ein äußerst subtiles Verbindungsglied zwischen dem von der Struktur dominierten ersten Abschnitt und dem vom Thema dominierten zweiten zur Geltung (Bsp. 40 (2)). Das zweite Thema ist seiner Funktion nach rezessiv. Es stellt weniger eine Antithese zum Einleitungsmaterial dar (die diesem als Gegensatz oder Balance gleichberechtigt gegenüberstünde), sondern eher ein Mittel, um seine Energie auszulöschen. Dies wird noch durch das Verbindungsglied zwischen den beiden Gedanken betont, wobei dem harmonischen Schluß in Takt 45 kein melodischer entspricht. Das Ais-H-Cis-Schema ist ausgesprochen komplex und reicht über den h-Moll-Schluß bis zur ersten Note (D) des neuen Themas (Bsp. 40 (1)). Der rezessive Charakter des Themas wird weiterhin durch den allmählichen Abstieg des zweitönigen Motivs unterstrichen, um beim Doppelstrich einen Ganzschluß zu erreichen (Bsp. 40 (3)). Dies steht im Einklang mit der aus verschiedenen Einzelteilen bestehenden Anlage eines ›Scherzos‹, und es ist eines der wenigen Elemente, die Chopin von Beethovens Modell beibehielt.

Opus 20

Bsp. 40 (3)

Obwohl Kontext und Stimmung oft sehr unterschiedlich sind, ist diese Art der ›Schattierung‹ der Funktionen zwischen Klang, Motivik und Harmonik bei Chopin durchaus üblich und fasziniert immer wieder von neuem. Der erste Teil des h-Moll-Scherzos erzeugt Kraft und Energie durch Figuration und löst sie wieder durch Motivik mittels – wie bereits festgestellt wurde – eines subtilen Übergangs zwischen den beiden. Der zweite, ungefähr gleich lange Abschnitt ist völlig anders konzipiert. Die Folge seiner Phrasen stellt die erforderliche Verbindung zum ersten Teil her, doch indem der Inhalt von vier Takten (9–12) auf acht Takte (69–76) ›erweitert‹ und der einleitende und der abschließende rhythmische Impuls getrennt werden, verändert sich zugleich der Charakter des Materials, da ihm Nachdruck und Beharrlichkeit genommen werden. Sobald die Rhetorik nachläßt, verschafft die Struktur der Stimmführung mehr Raum, um eine gestützte, zielgerichtete Fortschreitung zu bilden, die die Musik weitaus schwungvoller als im ersten Teil zu ihrem entscheidenden Höhepunkt führt. Die Stimmführung hat zu Beginn des ersten Abschnitts nur eine untergeordnete Rolle gespielt. Im zweiten tritt sie durch die Figurierung in verschiedenen Lagen – hauptsächlich jedoch der Oberstimme und im Baß – in Erscheinung. Bsp. 41 (1) zeigt nur die Bewegung in der Oberstimme, wobei ein Aus-

Opus 20

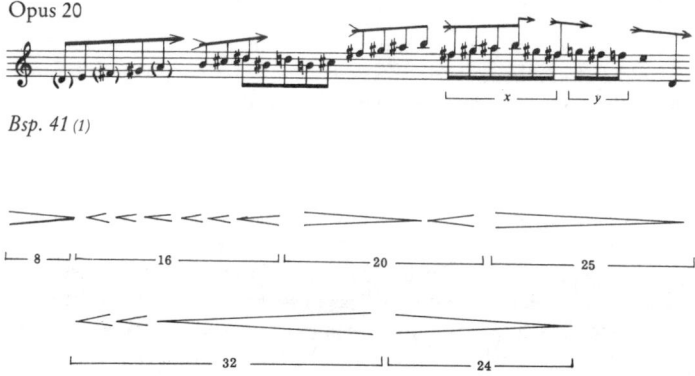

Bsp. 41 (1)

Bsp. 41 (2)

gleich zwischen stark gerichteten Tendenzen und eingelagerten kreisenden Bewegungen, die den Schwung abfangen und ›melodische‹ Qualitäten annehmen, angedeutet wird. In diesem Zusammenhang ist zu beachten, daß unsere Empfindung von *x* aufgrund des Wiederholungseffekts wahrscheinlich Elemente von beidem miteinander verbindet und daß die Unterbrechung dieses Musters bei *y* mit den harmonischen Symmetrien der Takte 102–116 (Parallelität und verminderte Septime) zusammenwirkt, um die Stimmführung zeitweilig aufzuheben und eine konventionellere, beinahe kadenzartige Rhetorik herbeizuführen, bei der die Struktur wieder im Vordergrund steht. Dies erreicht seinen Höhepunkt in einer Bewegung der Mittelstimme in Takt 117–124, die zu einer Wiederkehr des Einleitungsmaterials führt. Der gestalthafte Unterschied dieser ersten beiden Abschnitte ist in Bsp. 41 (2) dargestellt.

Abgesehen von der Coda enthalten diese beiden Abschnitte das gesamte musikalische Material der äußeren Teile des Scherzos. Wie bei den späten Werken Beethovens ist die traditionelle dreiteilige Anlage der Einleitung zu einem ABABA-Schema erweitert worden, während der Schlußteil in einer Bravour-Coda endet, wie in ABAB[1]. Wie man es von einem »Scherzo« erwartet, sind die größeren formalen Komplexe in sich geschlossen und die Abschnitte klar geschieden. Dies wird weiterhin durch die symmetrische Struktur des langsamen Mittelsatzes in der Durtonikavariante, der wieder nach dem Schema ABABA angelegt ist, hervorgehoben. Dieser Abschnitt, das Herzstück des Werkes, gestaltet in delikater Weise ein traditionelles polnisches Weihnachtslied; einer der wenigen Fälle, wo Chopin überliefertes Material direkt zitiert. Das zweite Glied der Melodie stammt von Chopin selbst. Das Weihnachtslied bildet den Ruhepunkt des Werkes, dessen gleichmäßiger Rhythmus und praktisch sich nicht ändernder Strukturrahmen den denkbar größten Kontrast zu den äußeren Abschnitten bilden.

Diese detaillierten Feststellungen hinsichtlich des Eröffnungsmaterials des Scherzos sind für die gesamte Gestalt von Bedeutung. Von den vier Scherzi besitzt dieses die geradlinigste Anlage, da es sich lediglich um eine Erweiterung der einfachen dreiteiligen Form handelt. Auf zwei Aspekte muß jedoch noch hingewiesen werden: auf den Anteil der Wiederholungen, die sich durch diese Erweiterung ergeben – wobei der einleitende Abschnitt sechsmal unverändert erklingt –, sowie auf das Vermeiden jeglichen signifikanten tonalen Kontrastes, der über die Veränderung von Moll nach Dur im Mittelteil hinausginge. Innerhalb einer Struktur, deren wesentliche Bestandteile Harmonik und Themenmaterial sind, könnten diese Gebilde durchaus als formale Schwäche interpretiert werden. Nimmt man hingegen die Struktur des Scherzos beim bloßen Hören als wohlproportioniert und zufriedenstellend wahr, so kann dies als ein weiterer Hinweis darauf gelten, daß Harmonik und Themenmaterial zugunsten von Struktur und Klang (oder ›Farbe‹, um eine beliebte Metapher zu verwenden) als eigenständige kompositorische Elemente zurückstehen mußten. Der zukunftsweisende Charakter dieser Entwicklung ist offensichtlich.

Scherzo Nr. 2 in Des-Dur op. 31

In jeder musikalischen Abfolge gibt es Kräfte, die Gleichheit und Kontinuität, und solche, die Kontrast und Opposition hervorrufen. Im ersten Scherzo ist der Kontrast innerhalb jedes der drei Hauptteile der Gleichheit und der Kontinuität untergeordnet. Nicht allein deshalb, sondern vor allem aufgrund des geringen *tonalen* Kontrastes sind naheliegende Analogien mit der Sonatenform nicht hilfreich.[3] Im zweiten Scherzo hingegen geht es darum, Gegensätze verschiedener Art – floskelhafte, tonale, rhythmische, thematische und sogar stilistische – auf unterschiedlichen Strukturebenen zu integrieren. Deshalb ist diese Komposition eher am Sonatenprinzip orientiert als das frühere Werk, obwohl ihr formaler Ausgangspunkt immer noch ein ›Scherzo‹ und ›Trio‹ ist.

Vieles von der Kraft ihrer Einleitung beruht auf der enormen Spannung zwischen den explosionsartigen Gegensätzen an der Oberfläche und dem stabilen Gefüge von symmetrischen Perioden und tonal bestimmten Harmonien. Diese Art von Spannung, bei der die Komponenten in Opposition stehen und dennoch voneinander abhängig sind, ist in diesem Werk von großer Bedeutung und findet ihren Ausdruck sowohl räumlich als auch zeitlich, d. h. zwischen Vordergrund und Hintergrund sowie zwischen Teil und Ganzem. Die erste Note des Stücks hat ausschließlich eine metrische Funktion. Obwohl sie für das Thema nicht benötigt wird, ist sie doch wesentlich, um einen eindeutigen Ausgangspunkt für die erste achttaktige Periode zu markieren. Bei den nachfolgenden Themeneinwürfen fehlt sie. Entscheidend ist die regelmäßige Takteinteilung dieser einleitenden Periode: sie kann den Oberflächenkontrast ihrer beiden Phrasen, die in Struktur, Rhythmus und Dynamik gegensätzlich und nur durch einen Moment der Stille getrennt sind, ›zügeln‹. Die Spannung zwischen Vordergrund und Hintergrund wird in der zweiten Periode durch einen harmonischen Richtungswechsel aufrechterhalten. In der dritten steigert sie sich erheblich, und die verborgene metrische Regelmäßigkeit wird fast zunichte gemacht durch aufbrechende Oberflächengebilde, das Fehlen eines Volltakts in Takt 21, die versetzte Betonung in Takt 22 und das kühn ausgehaltene Schweigen in Takt 23–25. Genau bemessene Ruhepausen sind innerhalb des gesamten Einleitungsteils ein wichtiges spannungsbildendes Element. Für den Interpreten ist es außerordentlich wichtig, sich hier keine Freiheiten zu erlauben.

Diese drei Einleitungsperioden bilden eine *aab*-Struktur, die unmittelbar darauf wiederholt wird. Der einzige veränderliche Faktor ist die

Opus 31

Abschnitt 1

bb → Db ⟶ (bb)

Abschnitt 2

bb → f   ⟶ (Db)

Bsp. 42 (1)

Takt 1

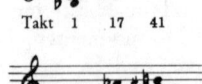

Takt 1 17 41

Takt 1 48 334

Bsp. 42 (2)

Harmonik, die nun genauer untersucht werden soll. Bsp. 42 (1) zeigt die harmonische Richtung des Vordergrunds. Die anfängliche Fortschreitung zur parallelen Durtonart (T. 1–17) ist ein Spiegel der größeren Bewegung der Takte 1–49 und letztlich der gesamten tonalen Fortschreitung des Werkes. Schenker bezeichnet es als ein Scherzo in Des-Dur,[4] wobei er das F von Takt 49 als den Beginn der Grundstruktur festlegt. Zugleich ist das ›Zweiergespann‹ des Mittelgrunds – b-Moll und Des-Dur – sowohl an dieser Stelle als auch im weiteren Verlauf des Stückes von Bedeutung. Schon bei den Mazurken und auch bei anderen Werken wurde darauf hingewiesen, daß Chopin dazu neigte, tonale Beziehungen auf diese Art und Weise miteinander zu verknüpfen. In diesem Stück sowie in der Fantasie op. 49 kommt diese Methode voll zum Ausdruck. Die Fortschreitung nach f-Moll in Takt 41 hat gleichfalls Entsprechungen auf anderen Ebenen. Das Einleitungsmotiv zu einer harmonischen Fortschreitung wird erweitert (Bsp. 42 (2)), und die terzverwandten Bereiche um Des/Cis, die die größere tonale Bewegung des Werkes charakterisieren, werden vorweggenommen. Wie Bsp.

42 (2) erkennen läßt, scheinen die Beziehungen von Detail zu Struktur in diesem Werk besonders eng zu sein, vielleicht wegen der intensiven Auseinandersetzung mit Oberflächenkontrast und -opposition. Die Energie und die Kraft des strukturellen Volltakts in Takt 49 ist einerseits eine Sache des Timing, insofern das in Takt 25 eingeleitete Schema der rhythmischen Wiederholung durchbrochen wird, andererseits eine Sache der Tonalität, da sich die harmonische Folge der Takte 41–48 nicht voraussagen läßt (spätere Einwürfe fügen ein verbindendes, straffes Es hinzu), und auch teilweise der Struktur. Die Stellung von Takt 49 ist außerordentlich bemerkenswert, da sie ein Strukturmotiv bildet, das viele Bezüge enthält und das ganze Werk schließlich zu einem Ende bringt. Das darauffolgende Des-Dur-Material (T. 49–132) bietet einen starken Gegensatz zum Einleitungsteil. Natürlich ergibt sich durch die andere Tonart ein Kontrast, doch noch nachhaltiger ist der Kontrast im Fluß der Musik, wo zum ersten Mal im Werk ein rhythmischer Zusammenhang in der Begleitung hergestellt wird (man findet hier tatsächlich das Grundmuster eines Walzers). Dadurch ergibt sich Stabilität und Bestätigung nach den Spannungen und Fragen in der Einleitung. Des weiteren kommen Gegensätze *innerhalb* des neuen Abschnitts vor; nämlich zwischen dem in Takt 49–64 enthaltenen Material und dem zielgerichteten sequenzbildenden Material der Takte 65–132, wie so oft bei Chopin dadurch eingeleitet, daß I in V^7 von IV übergeht. Die dem Höhepunkt zustrebende, schwungvolle Bewegung dieser Musik enthält viele Feinheiten. Veränderungen in der Stimmführung (vor allem im Baß) fangen die sequenzierenden Wiederholungen der Melodie während der Takte 65–88 auf, und ein geschicktes Verdichten des Geschehens von Takt 97 an trägt dazu bei, auf folgende Weise Spannung zu erzeugen:

$$\begin{pmatrix} x & x' & x'' & y & x' & y' \\ 65 & 73 & 81 & 89 & 97 & 105 \end{pmatrix}$$

Zudem verstärkt ein kurzes Öffnen der Struktur bei Takt 109 die abschließende Kadenzbestätigung des Des-Dur. Die eigentliche Bedeutung dieses ›Öffnens‹ wird erst im späteren Verlauf des Stückes deutlich, aber selbst in seinem unmittelbaren Kontext ist es nicht zuletzt deshalb bemerkenswert, weil es den ersten Bruch in einer sonst festen Einteilung achttaktiger Perioden darstellt. Diese Unterbrechung bei Takt 109 und die folgende Phrasierung machen es erforderlich, y' als 4 + 8 + 8 + 8-Schema zu interpretieren.

Die Unregelmäßigkeiten setzen sich im Trio weiter fort, wo sie Teil einer ungewöhnlichen ›negativen‹ Antwort auf die Ereignisse im Scherzo sind. In der Gedankenfolge zwischen Trio und Scherzo bestehen, ungeachtet der offenkundigen Gegensätze im Charakter, starke Parallelen. Wiederum gibt es eine ›Auflösung‹ von stockendem und labilem hin zu stabilem, fließendem Material, das bei seinem Eintritt sequenziert wird. Die Tonsequenz besteht dabei erneut aus einem Terzschritt nach Des/Cis (Bsp. 42 (3)). Die Struktur des Eröffnungsmaterials

Opus 31

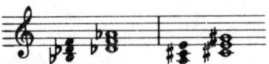

Bsp. 42 (3)

ist als *ccd ccd* angelegt – eine Reminiszenz an das *aab aab* des Scherzos –, doch die Labilität wird durch genau entgegengesetzte Mittel erreicht. Während das Scherzo unterschiedliches Material innerhalb einer regelmäßigen Periodenstruktur umfaßte, bietet das Trio gleichartiges Material in einer unregelmäßigen Periodenstruktur:

Abschnitt 1	$\frac{c}{4}$	+	$\frac{c}{8}$	+	$\frac{d}{8}$
Abschnitt 2	$\frac{c}{4}$	+	$\frac{c}{9}$	+	$\frac{d}{12}$

Auch das nachfolgende Material in cis-Moll, das in seinem musikalischen Fluß gegensätzlicher Art ist, behält diese Ähnlichkeiten in seiner thematischen Substanz bei. Die Hauptform der Takte 265–309 wird dabei sowohl in die Melodie als auch in das Begleitungsmotiv eingebaut (Bsp. 43 (1)). In diesem Abschnitt ergibt sich der eigentliche Kontrast weder durch das Thema noch durch die Harmonik, sondern eher durch den Stil. Er wird in dem Augenblick deutlich, als die vorwärtsdrängende Entwicklung in Bsp. 43 (1) einem Walzer in E-Dur nachgibt, der unverkennbar mit seiner *moto perpetuo*-Arabeske anklingt. Es handelt sich um das letzte neue Material des Werkes. Seine Satzweise bestätigt die terzverwandte Grundierung der gesamten tonalen Anlage. Eine schematische Darstellung der wesentlichen Bereiche würde frühere Themeneinwürfe zum Notenbeispiel 43 (2) erweitern. Ebenso wie das Material des Scherzos wird auch das Trio bis Takt 467 wiederholt, und

ein weiteres Mal deutet eine bestätigende Kadenzfigur (scheinbar) die
Wiederkehr des Scherzos an. Einer der Vorzüge der reifen Werke Chopins besteht darin, daß es ihm
gelingt, das Material nicht nur in Hinblick auf seine besondere Schön-
heit oder seine unmittelbar dem Zusammenhang entsprechende Funktion zu entwerfen, sondern auch mit dem Bewußtsein seiner späteren
Verwendungsmöglichkeiten. Die ersten größeren Kompositionen weisen in dieser Hinsicht Mängel auf, da bestimmte Phasen in der Struktur
relativ vorschriftsmäßig oder gar unmotiviert erscheinen. Chopin erreicht nicht die organisch-motivische Größe Beethovens und versucht
dies auch gar nicht, obwohl die Sonaten in h-Moll und g-Moll zuweilen
dahin tendieren. Vielmehr schenkt er den Möglichkeiten Beachtung, die
sein Material hinsichtlich eines unerwarteten Öffnens der Struktur bieten könnte, wodurch vormals in sich geschlossene Gedanken plötzlich
erstaunliche neue Anstöße erhalten können. Dies fiel zum Teil bereits
bei Opus 50 Nr. 3 auf und wird nun beim zweiten Scherzo besonders
deutlich. Die erwartete Reprise des Scherzo-Materials wird gerade
durch ein solches Öffnen der Form bei Takt 476 ersetzt, wobei die
Kadenzfigur dazu dient, einen wirkungsvollen Durchführungsteil einzuleiten. Diese Figur wird nun von einer Kadenzfloskel gänzlich zu
einem treibenden Impuls umgeformt. Dies führt wiederum zu einer
ausgiebigen Entwicklung des Bsp. 43 (1) (x), die über sequenzierende

Opus 31

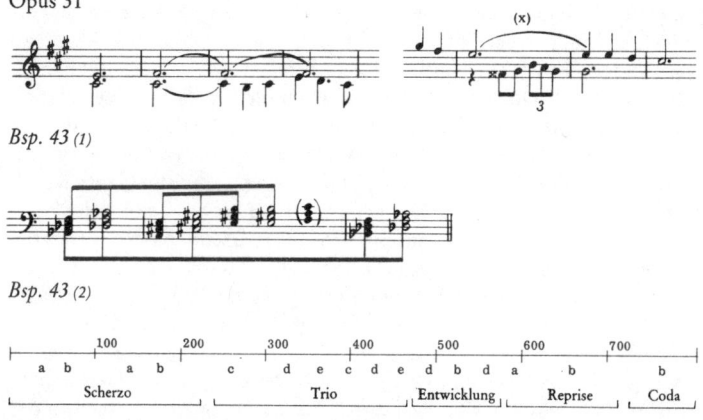

Bsp. 43 (1)

Bsp. 43 (2)

Bsp. 43 (3)

Verarbeitung zu einem wichtigen strukturellen Volltakt in Takt 517 hinleitet. Dieser ist deshalb von Bedeutung, weil er den B-Teil des Scherzos wieder in die neu geklärte E-Dur-Tonalität zurückbringt. So ergibt sich wiederum eine neue Richtung, die durch die Möglichkeiten der tonalen Verbindungen und der thematischen Nebeneinanderstellung bemerkenswert ist. Ihre Intensität wird durch die Wiederkehr von Bsp. 43 (1) (*x*) als Teil einer dominantischen Vorbereitung auf die Reprise aufrechterhalten. Der Hörer vernimmt mit Vergnügen, wie das gleiche Motiv dazu verwendet wird, um Spannung sowohl aufzubauen als auch wieder zu lösen. Die Reprise wird auf mustergültige Weise erreicht: nicht allein durch die thematische Umgestaltung des Einleitungsmotivs, sondern durch das wohlabgemessene Schreiten des ›Rückgangs‹ von Takt 544 an, so daß sich die Reprise einschleichen kann, während sie vorerst nicht mehr ist als ein einzelner erweiterter rhythmischer Impuls. Dieser Moment hat strukturell die gleiche Bedeutung wie die Reprise in der Sonatenform.

Innerhalb der relativ kurzen Dauer der Reprise öffnet Chopin noch zwei weitere Male diese Form, einmal (T. 692) als eine Erweiterung der früheren, bei Takt 109 vorgenommenen Öffnung, wobei sogar ein noch kraftvollerer Impuls zur Kadenzfigur in Des-Dur bei Takt 708 erzeugt wird. Beim zweiten Mal handelt es sich um eine unerwartete, höchst dramatische Unterbrechung dieser Figur durch den B-Teil des Scherzos; an dieser Stelle jedoch im völlig unerwarteten A-Dur-Bereich. In gewisser Weise wird damit eine Entwicklung zum Abschluß gebracht, da beide Kadenzfiguren (sowohl die des Trios als auch die des Scherzos), nun einen neuen Weg, oder – um die Terminologie der Sonate zu verwenden – eine »Durchführung« und eine »Coda« eingeleitet haben. Obwohl das A-Dur im Takt 716 im wesentlichen als eine Modulation der Nebennoten zur Dominante fungiert (als eine unterbrochene Kadenz), so mag gerade sein unerwartetes Auftauchen und besonders seine Beziehung zu B bei manchem Hörer eine Verbindung zum früheren E-Dur-Einwurf von B und sogar zum A-Dur des Trios erzeugen – ein letzter kurzer Verweis auf eine Kreuz-Struktur, die der gesamten b–Des-Fortschreitung entgegenwirkt. Die Tonika ist jedoch bald wieder erreicht, indem Elemente von B in eine triumphale Coda umgestaltet werden, die ungestüm dahinjagt, bis zum letzten Mal auf das bemerkenswerte Strukturmotiv von Takt 49 angespielt wird. Dies ist ein angemessener Abschluß für ein Werk, das mit seiner zielgerichteten Anlage – Gegensätze gelangen durch Entwicklung zur Synthese – der Welt der Sonate näher steht als alles, was man gemeinhin von einem

Scherzo erwarten würde. Diese Qualität wird zudem dadurch betont, daß die formalen Wechsel in noch schnellerer Folge ablaufen – wie die Übersicht (Bsp. 43 (3)) veranschaulicht –, wobei die späteren Phasen des Stückes den Charakter einer Apotheose erhalten.

Scherzo Nr. 3 in cis-Moll op. 39

Zunächst muß noch einmal auf die einfachere Anlage des ersten Scherzos eingegangen werden. Die Introduktion weist eine ungewöhnliche Struktur auf, die jedoch Lobeshymnen wie »übernatürlich«, »außergewöhnlich«, »seiner Zeit um 75 Jahre voraus« usw. wohl doch nicht ganz verdient.[5] Chopin zog den elliptischen Beginn und die allmähliche Klärung der unmittelbaren Festlegung einer Tonart vor. Dies war keines-

Opus 39

Bsp. 44 (1)

Bsp. 44 (2)

Bsp. 44 (3)

wegs neu. Harmonische Unklarheiten, die erst nach und nach in eine Tonika münden, zeichneten bereits in der Klassik einzelne Introduktionen aus; bei den Romantikern waren sie dann besonders beliebt. Chopin bediente sich nun dieses Mittels konsequenter als alle seine Zeitgenossen, so daß die Tonlagenverhältnisse in seinen Introduktionen zuweilen schwer zu analysieren sind. Bei Opus 39 kann man sie vereinfacht als ein Wechselspiel zwischen ›nicht-tonalen‹ Symmetrien und tonalen Hierarchien charakterisieren, wobei sich der Schwerpunkt allmählich von den ersteren zu den letzteren hin verlagert. Es gibt einen Hintergrund mit absteigenden $\frac{6}{3}$-Akkorden (Bsp. 44 (1)), der durch verschiedene Aspekte beeinträchtigt wird. Einer davon ist die Wahl der Töne 3 und 4 des Motivs, da sie eher im Widerspruch zu der angedeuteten Harmonie stehen, anstatt sie zu stützen. Ein anderer betrifft die rhythmische Gestalt der Passage. Wenn das Thema zum ersten Mal anklingt, hört man es als jambisch (◡ —), und seine unmittelbare Wiederholung führt ein bestimmtes Schema ein und ruft eine Erwartung hervor. Der dritte Einwurf bewahrt wesentliche Merkmale dieses Schemas – die semitonale Sequenz und eine intervallische Unveränderlichkeit für Tonlagen 2–4 –, jedoch erweist sich der darüberliegende Vorschlag C–B (die Mutterzelle des Stücks) als störendes Element, da er eher an einen Trochäus (— ◡) als an einen Jambus erinnert und das C in bezug auf den dazugehörigen harmonischen Hintergrund vorzeitig ›auflöst‹. Indem der Rhythmus des Abstiegs auf diese Weise gestört wird, ›bändigt‹ der dritte Themeneinwurf die widerspenstigen Töne 3 und 4 des Motivs, da sie nun an die Harmonik angepaßt sind. Dadurch bekommt die H-Dur-Phase des Abstiegs im Hintergrund vorübergehend besonderes Gewicht. Von nun an gewinnen harmonische Erwägungen (Hierarchien) in zunehmendem Maße den Vorrang gegenüber der Unantastbarkeit des Schemas (Symmetrien). Die zweite Phrase räumt einige Unklarheiten der ersten aus. Der Hörer nimmt jetzt von Beginn der Phrase an eine verborgene trochäische Anordnung wahr, während die Töne des Motivs abgewandelt sind, um eine sich abzeichnende harmonische Richtung zu unterstützen (Bsp. 44 (2)). Die genaue tonale Bestimmung ist zwar noch nicht ganz klar, doch die Palette der Möglichkeiten ist bis Takt 21 wesentlich kleiner geworden.

Das Thema selbst taucht mit bemerkenswerter Deutlichkeit aus den tonalen und rhythmischen Unbestimmtheiten der Introduktion auf. Dabei wird sowohl der ungerade Takt als auch die cis-Moll-Tonika genau festgelegt. Nebenbei sei bemerkt, daß ein Doppeloktav-Einwurf, der eine schwierige Armtechnik erfordert, wie so manches in diesem

Scherzo an Liszt erinnert. Ebenso sind die rhetorischen Akkorde der Introduktion Liszt nachempfunden (vgl. den Beginn seines Es-Dur-Konzerts), wie auch die Schlußwendung des Stücks, bei der ein Orgelpunkt in Cis als Ausgangspunkt für noch ausgedehntere Oktavsprünge dient. Sowohl Dux als auch Comes des Hauptthemas bestehen aus achttaktigen Perioden; aber wie so häufig bei Chopin gibt es in dem Werk Feinheiten, die von der Anordnung der Strukturtöne des Themas bestimmt werden, wie Bsp. 44 (3) zeigt. Die motivische Parallelität bei Takt 35 unterbricht die Zählung bei Takt 33 und hält dazu an, Takt 35 wenigstens zum Teil als einen einleitenden Impuls zu empfinden, und gleichzeitig bei der Wiederkehr des Dux den Eindruck einer formalen Verdichtung bzw. Verkürzung zu vermitteln. Dies wird an der entsprechenden Stelle in der variierten Wiederholung beibehalten (T. 49–57). Zum Teil erklärt es auch die zwei Takte (T. 58–59), die außerhalb der ansonsten gleichmäßigen achttaktigen Periodenstruktur stehen. Es ist fast, als ob diese Takte die Zeit ersetzen, die bei Takt 33–34 und Takt 49–50 ›verlorengingǂ.

Wie beim ersten Scherzo handelt es sich auch beim Trio um ein Lied in der Durtonikavariante. Diesmal ist es jedoch nicht als Zitat übernommen, sondern in der Art eines Chorals gestaltet. Ungeachtet ihrer Schlichtheit bringt diese Passage auf vollendete Weise das Wesen des Klaviers zur Geltung mit den reichen, volltönenden Akkorden und der Obermelodie, denen ein milder Hauch empfindsamer Figurierung in den hohen Lagen antwortet. Der umfassendere Rhythmus ist metrisch und regelmäßig und wird von der ausgedehnten Farbfläche in der Mitte (T. 243–286) kaum beeinträchtigt. Die Wiederkehr des Trios bei Takt 448 steht in der parallelen Durtonart; ein entfernter Anklang an jene früheren Arbeiten Chopins, bei denen die tonalen Anlagen von Exposition und Reprise im umgekehrten Verhältnis zum klassischen Vorbild stehen. Hier nun ist die Wirkung ausdrucksvoll, um so mehr, weil das Material besonders elegant in die Molltonart übertragen wird.

Da sowohl das Scherzo als auch das Trio relativ eigenständige Teile darstellen, verdient das verbindende bzw. überleitende Material des Werkes besondere Aufmerksamkeit. Die rhythmische Gestalt des ›Chorals‹ – Bsp. 45 (1) (a) – ist bereits im Comes des Scherzothemas (T. 36–39) enthalten; hier aber ist die Form wegen ihrer Stellung innerhalb der achttaktigen Periode – Bsp. 45 (1) (b) – nicht so deutlich festgelegt. Auf diese Ambiguität wurde bereits hingewiesen. Die Unterbrechung bei Takt 130–131 ist in melodischer und harmonischer Hinsicht besonders deutlich: H-Dur ersetzt gis-Moll mit den erforderlichen

Opus 39

Bsp. 45 (1)

Bsp. 45 (2)

Takt 287   367

Bsp. 45 (3)

Anpassungen an die Linie, aber der Rhythmuswechsel ist kaum weniger
bezeichnend. Zum ersten Mal paßt sich die rhythmische Gestalt des
Motivs ihrer Stellung im Trio an – Bsp. 45 (1) (c) –, wodurch ein reibungsloser Übergang zum Choralthema bewerkstelligt wird. Leider
wird dieser subtile Einfall bei Aufführungen allzuoft zunichte gemacht.
Nebenbei sei noch auf einen weiteren wichtigen Zusammenhang hingewiesen: Der auffallende Kontrast in Struktur und Dynamik der beiden

letzten Takte des Comes in Takt 39 und Takt 121 büßt in Takt 143 wegen der bereits erwähnten Gleichmäßigkeit des Rhythmus viel von seiner unterbrechenden Qualität ein. Aus dem gleichen Grund geht auch vieles von seiner früheren Aggressivität verloren, und es scheint, als ›regiere‹ er nur noch. Verbunden mit der melodischen Umgestaltung, gerät er so in besonders enge Beziehung zu den zarten ›Nachempfindungen‹ des Trios (Bsp. 45 (2)).

Um eine Wiederkehr des Scherzos herbeizuführen, öffnet Chopin eine der geschlossenen Phrasen des Chorals, behandelt sie sequenzierend, versieht sie mit einem neuen Comes und erweitert sie zu einem Auftakt des Oktaventhemas. Den Ausgangspunkt dazu bildet Takt 312, der einen Schluß in Des-Dur erwarten läßt. Wie eine graphische Darstellung des Vordergrunds zeigt, handelt es sich bei den ganzen Übergang in Wirklichkeit um eine Verlängerung der Tonika-Harmonie (Bsp. 45 (3)). Innerhalb dieser Verlängerung ist jedoch die Illusion von harmonischer Bewegung sehr stark, und deshalb ist es erforderlich, die tonale Stabilität der Bereiche zu sichern. Die neue Achtelfigur, die die Choralphrasen (T. 336–339 und 344–347) trennt, verhält sich gegenüber den früheren ›Nachempfindungen‹ des Trios völlig anders: Sie erweitert und stützt die Kadenz nicht mehr, sondern drängt die Phrasen beiseite, wodurch die Spannung gewährleistet bleibt und die Erwartungshaltung gesteigert wird. In den letzten Phasen des Übergangs werden die Scherzo- und Triothemen übereinandergeschichtet und in eine drängende Wiederholung der ›Mutterzelle‹ A–Gis eingefügt.

Nach dem zweiten Trio in E-Dur und e-Moll nimmt die Musik eine überraschende Wendung. Chopin will als Vorbereitung für den letzten Einwurf des wichtigsten Scherzothemas keineswegs Spannung erzeugen, sondern vermittelt eher den Eindruck einer Verlangsamung des vorwärtsdrängenden Impulses. Das beständige Fortschreiten des Chorals kommt praktisch zum Stillstand, wenn bei Takt 517 der harmonische Rhythmus auf einen einzigen Wechsel bei jeder achttaktigen Phrase zurückgeht (bis Takt 541). An diesem Punkt wird eine neue Struktur eingeführt; eine fließende Achtelbegleitung unterstützt eine getragene Linie, die sich aus dem Choralthema herausbildet. Dabei wird es jedoch von einer entrückten Litanei zu einer überschwenglichen Melodie voll Wärme und Größe umgeformt. Nach dem prägnanten, kurzatmigen Oktaventhema des Scherzos (das wirklich aus kaum mehr als der A–Gis-Zelle besteht) und den unterbrochenen Phrasen des Trios ist dies ein Augenblick von besonderer Schönheit. Der anfangs tröstliche Tonfall gewinnt zunehmend an Leidenschaft und Intensität, bis die explosionsartigen Oktaven bei Takt 567 die Bravour-Coda ankündigen. Einmal mehr hat Chopin die Form unerwartet zu einer kraftvollen Sequenz geöffnet, deren Überschwenglichkeit nach dem in sich geschlossenen Material des Scherzos und des Trios um so eindrucksvoller wirkt. Die Coda erscheint als Höhepunkt dieser allmählichen Umgestaltung des Choralthemas, als abschließende Apotheose mit geringer thematischer Basis, die das frühere Material viel wirkungsvoller ausgleicht, als es ein konventioneller thematischer Rückbezug vermöchte. Es handelt sich hierbei um eine Wendung, die auf den Stile brillante zurückgeht, nun jedoch zu einer wesentlichen formalen Komponente umgewandelt wurde – eine ungekünstelte, nahezu zwangsläufige Folge der vorangegangenen Auseinandersetzung. Auf den letzten Seiten der f-Moll-Ballade fand dann eine solche nicht-thematische Bravour-Coda schließlich ihren vollendeten Ausdruck.

Scherzo Nr. 4 in E-Dur op. 54

Für Chopin war die Gattung nicht ausschlaggebend bei der Wahl seiner kompositorischen Elemente. Jedes Scherzo ist auf einzigartige Weise charakterisiert und unterscheidet sich in Stimmung und Technik deutlich vom andern. Verbindende Elemente sind einzig die Taktart und eine oberflächliche Bindung an die Scherzo- und Trio-Anlage. In formaler Hinsicht ist das zweite Scherzo das anspruchsvollste, da es alle Gegensätze und den ganzen Elan eines Sonatensatzes aufweist. Das erste entspricht formal dem historischen Archetypus, doch sein Material stellt andere Ansprüche, da es einen Schwung und eine Energie hervorbringt, die der statischen Anlage entgegenwirken. Das dritte Scherzo scheint gleichfalls der Gattung zu entsprechen, doch hier reichen die ›subversiven‹ Elemente vom Material bis zur Struktur. Im Verhältnis zu diesen ersten drei Scherzi erscheint das vierte ungewöhnlich, weil es die in sich geschlossenen Komponenten und klaren Gliederungen der – wenn auch erweiterten – dreiteiligen Anlage unbesehen übernimmt, emotionale Extreme meidet und sich durch einen vorwiegend sonnigen, heiteren Charakter auszeichnet.

Es ist interessant, den technischen Ursprüngen dieser Gelöstheit nachzugehen. Dabei macht man zunächst die naheliegende, doch auch zutreffende Beobachtung, daß große dynamische Gegensätze fehlen. Zofia Chechlińska hat darauf hingewiesen, daß 721 der 967 Takte langen Komposition auf einer *piano*-Ebene gehalten sind.[6] Die Phrasenstruktur unterstreicht ebenfalls die gleichmäßige Disposition des Werkes. Die achttaktige Periode ist vorherrschend, und durch jene inneren Doppeldeutigkeiten, welche die Oberfläche der Musik Chopins so oft aufrauhen, wird nur wenig Spannung erzeugt. Vielmehr hat man es mit einem harmonischen Gleichgewicht aller strukturell und rhythmisch variablen Bestandteile zu tun. Die vier ersten achttaktigen Perioden stellen vier Komponenten vor (*a*, *b*, *c*, *d*), die jeweils selbständig und voneinander abgehoben, zugleich jedoch miteinander verwandt sind. Sie bilden eine ausgeklügelte Balance von Gleichheit und Gegensätzlichkeit. Zwischen *a* und *b* besteht durch die dominantisch bestimmten Akkorde eine Beziehung in Takt 5–8 sowie Takt 13–16 und zwischen *c* und *d* durch die arpeggierten Melodiebögen, die für beide charakteristisch sind. Weitere Entsprechungen gibt es zwischen *b* und *d* durch das Thema (T. 9–11, 29–33) sowie zwischen *a* und *d* durch die (einstimmige) Struktur. Die Beziehung zwischen diesen vier Komponenten beruht demnach eher auf einem ausgewogenen Gleichgewicht als auf einem dramatischen Verlauf oder auf Gegensätzlichkeit (Bsp. 46 (1)).

Auch in harmonischer Hinsicht werden in diesem einleitenden Abschnitt Unterbrechungstendenzen zurückgedrängt. Eine ausdrucksvolle Chromatik wird ebenso vermieden wie eine spannungsbildende Sequenz, und die zielgerichtete Stimmführung ist klaren diatonischen Akkordverbindungen untergeordnet. Wenn auch für Chopin ungewöhnlich, würde hier doch eine traditionelle Klassifizierung der Harmonien im Einleitungsabschnitt und deren variierte Wiederholung die Grundtonstrukturen durchaus richtig nachzeichnen. Die klare Diatonik der Harmonik wird zudem für den ersten Abschnitt insgesamt auf eine höhere strukturelle Ebene übertragen (Bsp. 46 (2)). Eine neue Arabeske – *e* – die in Takt 66 auftaucht, in der sich Varianten von *d* abwechseln, unterstützt weiterhin den eher in sich geschlossenen als komplizierten Charakter des musikalischen Materials. Wie *b* und *c* beschreibt sie einen Bogen, der einen eigenständigen Impuls besitzt, welcher aufbricht und zurückkehrt.

Das vierte Scherzo ist das umfangreichste. Seine äußeren Abschnitte enthalten jeweils eine lange Mittelpassage, die mit ihren ausgedehnten chromatischen Verlängerungen und ihrer Übernahme der zielgerichteten Art des zweiten Scherzos in gewisser Weise einem ›Durchführungsteil‹ ähneln. Dem enharmonischen Wechsel nach As-Dur (T. 161) sowie den folgenden Modulationen nach F- und Fis-Dur kommt wegen ihrer Verbindung mit den Themeneinwürfen von *a*, *b* und *c* eine gewisse Bedeutung zu, doch sie sind in eine größere Stimmführung nach V

Opus 54

Bsp. 46 (1)

Bsp. 46 (2)

Bsp. 46 (3)

Bsp. 46 (4)

eingebettet (Bsp. 46 (3)), und dies wiederum löst sich zu I der Reprise in Takt 273 auf. Der Mittelgrund bleibt unverändert diatonisch. Innerhalb der Fortschreitung nach V ist zudem die thematische Darstellung relativ zurückhaltend. Da ist wenig zu spüren von der Instabilität, der Abhängigkeit von der Erinnerung an ›vollständige‹ Themenaufstellungen, wodurch die thematische Behandlung im ursprünglichen klassischen Durchführungsteil gekennzeichnet war. Zweimal werden die Themenaufstellungen von *a–d* praktisch vollständig vorgestellt, woraufhin sich Erweiterungen von *e* anschließen, die ihre in sich geschlossene, bogenähnliche Kontur beibehalten. Der Taktschwerpunkt auf V fällt mit einem neuen Thema *f* im Gegenrhythmus zusammen, und dies wiederum nimmt bei der Vorbereitung auf die Reprise praktisch ›wörtlich‹ bis zum Trio etwas von der Kontur von *a* an.

An dieser Stelle erweitert Chopin kurz das Material von *e*, indem er den ersten Takt der Arabeske und das Motiv der linken Hand isoliert, um sie zur Spannungserzeugung zu verwenden. Dies ist der erste Moment im Werk, der scheinbar über das Schema einer ausgewogenen Anordnung in sich geschlossener Themenaufstellungen hinausgeht. Dieser Vorgang gipfelt in einer überraschenden Umgestaltung von *a* (T. 377), die eher fragend als auftrumpfend klingt. Alles erweist sich nur als eine vorübergehende Episode, quasi als ein flüchtiges Ausschauhalten nach anderen Möglichkeiten, bevor die Spannung wieder gelöst wird und das Trio einsetzt. Die Melodie steht hier in der parallelen Molltonart, obwohl sie bezeichnenderweise mit der Tonika verbunden ist. Wieder einmal beschreibt sie einen Bogen in achttaktigen Perioden. Selbst der spannungserzeugende Übergang zum Trio hatte diese Periodenstruktur beibehalten, deren Unveränderlichkeit sich in zunehmendem Maße als grundlegend für den sanften Charakter des Werkes erweist. In den Außenteilen zeigt sie sich für gewöhnlich als 4 + 4 (*a – e*), obwohl es später Varianten wie 6 + 2 in *f* gibt. Im Trio jedoch bietet die Periodenstruktur eine Hintergrundsymmetrie für flexiblere, geschmeidigere Phrasen. Die variierte Wiederholung des Anfangs (T. 409) ist charakteristisch: Sie ›entlehnt‹ einen antizipierten Takt aus der vorhergehenden Phrase und verändert in dem Moment die Phrasierung der Weiterführung durch Kadenzwiederholungen (T. 423–426) und -überschneidungen, wobei die Melodie zweistimmig wird (T. 432–433). Bsp. 46 (4) verdeutlicht einen Teil dieses Wechselspiels der Symmetrien und Asymmetrien. Selbst die anscheinend so verschlungene einstimmige Linie, die zur Reprise der Triomelodie zurückführt (T. 499), beeinträchtigt nicht den aus achttaktigen Einheiten bestehenden Hintergrund. Dieser wird weiterhin durch die energische, interessante Fortschreitung bis hin zur Wiederkehr des Scherzos gestützt. Die Beziehung der Triomelodie zu ihrer arpeggierten Begleitfigur verändert sich auf subtile Weise beim Näherrücken des Scherzos. Die Melodie verliert an Reiz, und die

Begleitung gewinnt an Bedeutung. Sie läßt deutlich eine zunehmende Intensität erkennen, die in erster Linie durch harmonische Bewegung bestimmt wird. Bei Erreichen der Dominante weitet Chopin die Harmonie durch einen Bezug zu e aus, indem er eine Achtelbewegung einbringt, die geschickt in die reichhaltigere Ausgestaltung der Scherzo-Reprise übergeführt wird.

Die Balladen

Allgemein betrachtet, bilden die Scherzi, wie auch die Polonaisen, ausgedehnte Strukturen aus einfachen Grundmustern, in denen die Groß-
gliederungen klar hervortreten, die Abschnitte sich voneinander ab-
heben und der Schluß jeweils bestmöglich gestaltet ist. Die Balladen dagegen stellen durchkomponierte, richtungsorientierte Strukturen in den
Vordergrund, bei denen Veränderung und Variation Entwicklungs-
funktionen erfüllen und Integration und Synthese als wesentliche Ziele
gelten. Verallgemeinernd ließe sich ferner hinzufügen, daß das zweite
Scherzo sich an die Bedingungen der Ballade anlehnt und die zweite
Ballade an die des Scherzos. Es gibt auch noch einen weiteren wichtigen
Unterschied. Bei den Scherzi und Polonaisen findet man gewisse Wechselbeziehungen zwischen Chopins Praxis und den formalen Archetypen, die – wenn auch erst seit kurzem – bereits deutlich festgelegt
waren. Bei der Gattungsbezeichnung »Ballade« hingegen gibt es keine
bestimmten formalen Erwartungshaltungen, obwohl der Komponist
natürlich auf den einen oder anderen Archetyp (oder gar mehrere)
zurückgreifen kann. In dieser Hinsicht ist die Analogie zur späteren
symphonischen Dichtung durchaus nützlich, unabhängig davon, ob
Chopin auf literarische Quellen zurückgriff oder nicht.[1] Sowohl bei der
Ballade als auch bei der symphonischen Dichtung wird der unvoreinge-
nommene Hörer nicht von vornherein einen Bezugspunkt finden und
ebensowenig eine klare Erwartung gegenüber dem formalen Schema
hegen. Über diese eher negativen Aspekte hinaus gibt es aber andere
Anhaltspunkte dafür, daß Chopin die vier Balladen als Bestandteile
einer einzigen Gattung ansah. Verschiedene Autoren haben den ›erzählenden‹ Charakter hervorgehoben, der zum Teil durch das fließende
¾ bzw. ⅝-Zeitmaß bestimmt wird, in dem die vier Werke stehen.[2] Man
könnte noch anfügen, daß die Balladen in hohem Maße auf das Sonatenprinzip, insbesondere auf den *thematischen* Dualismus der Sonate,
zurückgreifen. Jede von ihnen gelangt irgendwie zu einer Synthese von
anfangs bestehenden thematischen Gegensätzen.

Ballade Nr. 1 in g-Moll op. 23

In der Introduktion ist eine »Neapolitanischer Sextakkord«-Harmonik
in der Art eines Rezitativs auskomponiert. Chopin hatte eine Schwäche
für die neapolitanische Harmonik. Hier formt sie wiederum einen tonal
elliptischen Anfang, wie er in seinen Hauptwerken eher die Regel als die
Ausnahme ist. Das harmonische Ziel ist in den Einleitungstakten noch
nicht auszumachen, es wird jedoch durch das letzte Bruchstück der
ersten Phrase stark angedeutet (Bsp. 47 (1)). Dieses Bruchstück dient
auch dazu, ein motivisches Element *x* und den ersten Ton eines ›vorder-

Opus 23

Bsp. 47 *(1)*

Bsp. 47 *(2)*

Bsp. 47 *(3)*

Bsp. 47 *(4)*

gründigen‹ 8–1-Abstiegs innerhalb von g-Moll zu bestimmen. Die Verknüpfung von »Rezitativ« und »Arie« ist hier ausgesprochen subtil, da
der Schluß bis Takt 9 hinausgezögert wird, wenn das Thema – motivisch
sorgfältig vorbereitet (Bsp. 47 (1)) – bereits einsetzt. Die Stellung eines
solchen Vollschlusses im Verlauf des Hauptthemas ist bemerkenswert
originell und selbst für Chopin ungewöhnlich. Im weiteren Verlauf
verleiht die quasi-kadenzierende Harmonik dem Thema auch bei späteren Einwürfen einen ganz besonderen Charakter.
Die Fortspinnung des Themas behält zudem die $\frac{2}{V}-\frac{1}{I}$-Floskel bei und
wird mit einer kalkulierten Unterbrechung etwas weiter abgeschwächt,
wenn die Tonika durch III und IV abgewandelt wird. Das harmonische
V–I-Schema bleibt hier erhalten, während die melodische Linie weniger
definitiv ist (4–3 bzw. 5–5). Auf jeden Fall geht sie über den sofortigen
harmonischen Schluß hinaus, um später zu ihrem eigenen Ziel zu gelangen. Die Modulation nach III läßt sich wie in Bsp. 47 (2) zusammenfassen. Die Modulation nach IV kündigt eine inhaltsreichere Verlängerung
an, indem die melodische Linie erweitert und die Wiederkehr nach I
hinausgezögert wird, die schließlich gar nicht zustande kommt. Die
weitere Verlängerung bis zu Takt 36 wird durch eine für Chopin kenn-
zeichnende Verbindung von Stimmführung im Baß und Zwischen-
dominanten erreicht. Bsp. 47 (3) zeigt die Stimmführung.
Der Abschnitt von Takt 36 an schafft eine enge motivische Verbindung
zum ersten Thema (Bsp. 47 (4)). Seine eigentliche Funktion besteht
jedoch darin, den Hörer über diesen Bereich hinauszuführen, sowie
einen zunehmenden Impuls und eine steigende Spannung zu erzeugen,
deren Auflösung den Weg für das zweite Thema ebnet. Der Spannungsbogen wird durch den kaum wahrnehmbaren Wechsel vom
Motiv zum Schema (T. 45) sowie von einer regelmäßigen zu einer
unterbrechenden rhythmischen Anordnung (T. 48) gebildet, unterstützt durch Veränderungen in Tempo und Dynamik. Die Rückkehr
zum zweiten Thema ist durch eine Wiederaufnahme des regelmäßigen
Rhythmus und eine Veränderung in der Funktion der Figuration
gekennzeichnet, die von einem primären zu einem sekundären Element wird und nun ein von der linken Hand entwickeltes Motiv, wie
das von Takt 56 an, begleitet. Dieses Motiv bewirkt eine allmähliche
Überleitung zum zweiten Thema, dessen Erscheinungsformen durch
die dominantischen großen Nonen und Tredezimen erhalten bleiben.
Die gesamte Fortschreitung vom ersten zum zweiten Thema ist demnach durch das für Chopin so charakteristische, subtile Changie-
ren der Funktionen gekennzeichnet und könnte in seinem Bogenver-

lauf folgendermaßen dargestellt werden: Thema – Motiv – Schema –
Motiv – Thema.

Das zweite Thema, dessen Verbindungen mit dem ersten von Alan
Rawsthorne auf bemerkenswerte Weise dargelegt wurden,[3] taucht fast
unmerklich auf. Dies ist nicht nur auf die motivische Verbindung
zurückzuführen, sondern auf eine harmonische Elision, die wiederum
für Chopin typisch ist (und in der vorliegenden Ausführung der Kompositionsweise Skrjabins auf bemerkenswerte Weise ähnelt). Die ›Auflösung‹ einer dominantischen Vorbereitung der parallelen Durtonart
wird vermieden, indem der erwarteten Tonika eine weitere dominantische Eigenschaft zugewiesen wird, so daß der eigentliche Ausgangspunkt des zweiten Themas die Tonikaparallele ist. Bereits beim ersten
Thema waren die Elemente eines diatonischen Vordergrunds – III, IV
und V – durch ihre jeweiligen dominantischen Septimen angereichert.
Dieses Verfahren wird beim zweiten Thema fortgeführt und durch

Opus 23

Bsp. 48 (1)

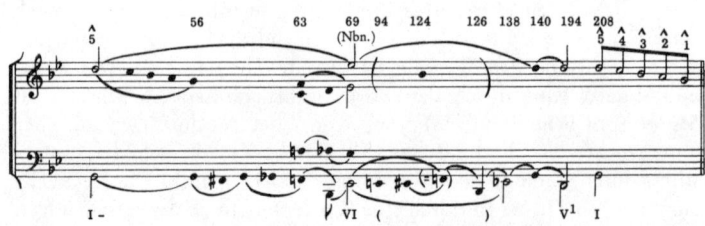

(H. Schenker, *Der freie Satz*, Bd. 2, Wien 1935, Bsp. 153)

Bsp. 48 (2)

Bsp. 48 (3)

andere diatonische Septimen, die sowohl harmonische als auch lineare Funktion haben, ergänzt. An sich stellt dies lediglich eine Erweiterung klassischer Verfahrensweisen dar. Chopin aber treibt diesen Prozeß oft sehr weit voran, indem er großzügig Dominanten auf chromatischen und auch diatonischen Vordergrund ›aufträgt‹, so lange, bis der diatonische Mittelgrund verschwommen wirkt. Traditionelle harmonische Funktionen sind bei solchen Passagen, selbst im unmittelbaren Vordergrund, häufig anderen Kontrollbestimmungen, vor allem der Stimmführung oder symmetrischen Tonstrukturen, untergeordnet. Bei diesem zweiten Thema bleibt der harmonische Impuls jedoch stark, und die harmonischen Grundlagen werden durch ein unverändertes, Es-Dur bestätigendes Seitenmotiv (T. 82) gesichert. Wie das Bsp. 48 (1) zeigt, läßt die zugrundeliegende Harmonik ein im Quintenzirkel angeordnetes dissonantes Schema diatonischer, dominantischer Septimen zu, die V und VI wie auch I betonen. Eine Passage wie *y*, bei der eine nicht aufgelöste Septimenlage durch Arpeggierung der linken Hand auskomponiert ist (man beachte, daß die Melodie mit ihrer Form *und* mit ihrer Bindung bis zu einem gewissen Grad die Sequenz verdeckt), läßt deutlich jenen charakteristischen Ton der Klaviermusik erahnen, den besonders französische und russische Komponisten im späten 19. Jahrhundert anschlugen.

Schenkers Auffassung, wonach die folgenden tonalen Ereignisse (bis Takt 138) eine ausgiebige Verlängerung einer Nebennote in Takt 69 sind, ist besonders angesichts der umfassenden Baßbewegung (Bsp. 48 (2)) sehr überzeugend. Innerhalb der Verlängerung liegt jedoch die Betonung deutlich auf II. In der Tat besteht ein fein austariertes Gleichgewicht zwischen den Faktoren, die II stabilisieren, und jenen, die ihm Übergangscharakter verleihen. Das wichtigste stabilisierende Element ist die mehr oder weniger exakte Wiederholung der frühen Phasen beider Themen in einem neuen tonalen Satz: beim ersten Thema in Moll, beim zweiten in Dur. Dem stehen der dominantische Orgelpunkt des ersten Themas, die Umgestaltungen der späteren Phasen beider Themen (das bestätigende Seitenmotiv des zweiten Themas fehlt) und natürlich die erweiterte Stimmführung gegenüber (Bsp. 48 (2)). All das bewirkt eine Ansammlung spannungserzeugenden Materials, das sein Ziel in Takt 124–126 erreicht, wenn die Rückkehr nach VI bereits angedeutet wird. Die Kontinuität ist bemerkenswert; es ist hier jedoch nicht erforderlich, näher auf die subtilen Verbindungen einzugehen, durch die sie hergestellt wird, wie etwa die Veränderungen in Takt 90–93 zur Vorbereitung des ersten Themas und des zweiten in Takt 99–105, das sich energisch und unvermittelt, jedoch völlig natürlich, aus dem ersten ergibt. Beschrieben die zwei Themen bei ihrem ersten Auftreten Spannungsbögen – Abweichung und Wiederkehr –, so sind sie nun beide spannungserzeugend, indem sie ohne Umschweife zur strukturellen Dominante bei Takt 124–126 gelangen, die das wiedergewonnene Es-Dur ankündigt. Eine Deutung, die die Stabilität von II in diesem Abschnitt favorisierte, würde – entgegen oder ergänzend zu Schenkers Lesart – einen großen tonalen Bogen, wie in Bsp. 48 (3), heraushören. Es geht hier indes nicht um ›richtig‹ oder ›falsch‹.

Das wiedererlangte VI wird, etwa wie beim zweiten Scherzo, mit einem ›Walzer‹ gefeiert. Bereits in der Begleitung des Hauptthemas waren – zurückhaltend, aber unverkennbar – Walzerelemente enthalten, die nunmehr zu einer vollständigen Tanzepisode ausgebaut werden, deren Phrasen sich aus einer für den autonomen Walzer typischen *moto perpetuo*-Arabeske formen. Der stilistische Kontrapunkt wird durch Verbindungen mit dem ersten Thema mittels Phrasierung und Motiv x (siehe Bsp. 47 (1)) sowie mit dem zweiten Thema mittels Harmonik weitaus weniger abgenutzt. Wie beim zweiten Scherzo erscheint die Walzerepisode, nachdem das ganze thematische Material vorgestellt wurde, das als eine Art Puffer zwischen Themenaufstellung und Reprise fungiert. Es ist aber ebenso möglich, dies als den Höhepunkt eines Gesamtbogens zu hören, der aus thematischen Grundmustern zusammengesetzt ist (AB AB C BA Coda), während man zugleich einen zielgerichteten Impuls wahrnimmt, der durch Spannungs- und Entspannungswellen erzeugt wird – was dieser rein formalen Lesart deutlich widerspräche. Bei dieser ›Wellen‹-Interpretation entzieht die Walzerepisode dem A-Dur-Einwurf des zweiten Themas anfangs die Intensität, baut ihn dann aber wieder auf, um die Reprise des gleichen Themas in Es-Dur vorzubereiten.

Tempo und Grad der Spannung sind sowohl hier als auch in der ganzen Ballade ausgesprochen klar, und eine bloße Beschreibung würde nicht ausreichen, um ihre Folgerichtigkeit zu beweisen. Eine graphische Darstellung könnte in der ›Exposition‹ eine leichte Kurve beschreiben, die sich durch Umformungen beider Themen beständig bis zu einem größeren Höhepunkt in Takt 124 ausbaut, dann zum Walzer abflacht und sich abermals zu einem neuen Höhepunkt zur Unterstützung der Reprise des zweiten Themas aufschwingt. Sie würde die Linie durch jenes Thema stützen und erst, wenn die Tonika und der letzte Einwurf des ersten Themas erreicht ist, abfallen. Die Reprise dieses Themas ist selbst spannungserzeugend und stellt nicht etwa, wie der thematische Bogen nahelegt, einen Abschluß dar. Sie wird über einem dominantischen Orgelpunkt (in Form seines zweiten Themeneinwurfs) vorgestellt und strebt dem absoluten Höhepunkt des Spannungsbogens in der Coda entgegen. Wie im dritten Scherzo dient das Fehlen von thematischen und in diesem Fall auch metrischen Beziehungen zum Hauptteil des Werkes dazu, die Coda zu verstärken und sie zu einer endgültigen Auflösung vorangegangener Spannungen zu machen – ein Ziel, das alle Elemente dieses Stückes anstreben. Der kraftvolle, virtuose Aufschwung wird in den Schlußtakten auf dramatische Weise gebremst, um kurz an das Eingangsrezitativ zu erinnern, bevor die abschließende forsche Kadenzfloskel einsetzt.

Ballade Nr. 2 in F-Dur / a-Moll op. 38

Beim zweiten Scherzo und der Fantasie op. 49 zeigen die ›progressiven‹ Anlagen der Tonarten, wie vertraut Chopin mit den tonalen Bezügen innerhalb einer einzelnen Tonartvorzeichnung war.[4] Die Anlage der zweiten Ballade läßt sich damit nicht erklären; sie behandelt einen eher trügerischen Aspekt wie den tonalen Zusammenhang. Im Zeitalter der Klassik und zu Beginn der Romantik gab es bei größeren Werken Ausnahmen in bezug auf die Monotonalität. Diese waren bei ›fantasieartigen‹ Werken, die oft einem Rezitativprinzip folgen, üblich, aber auch bei vielfältigen Strukturen wie Oper oder Oratorium, wo es eine Abfolge tonal in sich geschlossener Nummern gibt. Ein umfangreiches einsätziges oder drei- bis viersätziges Instrumentalwerk, dessen tonale Anlage eher fortschreitend als geschlossen ist, kommt dagegen selten vor. In Interpretationen tonaler Strukturen, die von einem organischen Ganzen ausgehen (Schenker, Schönberg), ist hier oft durchaus vernünftig von »fremder« Einleitung die Rede. Spätromantischen Werken wurde (wiewohl nicht von Schenker!) ein fremdartiger Schluß attestiert – in Extremfällen eine fremdartige Einleitung *und* ein solcher Schluß, ohne daß dabei der Begriff der Monotonalität angetastet worden wäre. Dies ist der zweiten Ballade, bei der das Gewichten in den Hauptbereichen keine eindeutige Priorität erlaubt, nicht angemessen.

Eine andere Auffassung von ›progressiven‹ tonalen Schemata könnte die Monotonalität zugunsten von ineinander verzahnten Bereichen verwerfen, wie es Graham George in einer Untersuchung macht, in der er sich mit einer breiten Palette von Arbeiten, die von Bach über Mahler bis hin

zu Nielsen reichen, auseinandersetzt.[5] Hier wechselt – im Gegensatz
zur vorübergehenden oder untergeordneten Tonika – die Grundtonika
selbst von einer musikalischen Gruppe zur nächsten, so daß der tonale
Zusammenhang eher von der Verknüpfung der Bereiche untereinander
als von einem Hauptbereich abhängt. Diese Auffassung gilt besonders
für Werke, die eine Tonartensymbolik enthalten, eine Praxis, die in
frühen Opernkompositionen weit verbreitet war, doch im späten
19. Jahrhundert auch in Instrumentalwerke und Musikdramen Eingang
fand. Man kam zu einer flexibleren Ansicht über die Beziehung zwischen Tonalität und Struktur, was schließlich in den rein lokalen Rang-
ordnungen bzw. der »Pantonalität«[6] einiger harmonischer Verfahren
des 20. Jahrhunderts gipfelte.

Bezüglich dieser Entwicklung stellt die Unterteilung der zweiten Ballade in F-Dur und a-Moll den deutlichsten Bruch in der allmählich
fallenden ›Festung‹ der Monotonalität dar. Schumann, dem das Werk
gewidmet ist, erinnerte sich an eine frühere Fassung, die in F-Dur –
vielleicht sogar, wie Gerald Abraham meint, mit einer vollständigen
Reprise des Einleitungsmaterials – ausklang.[7] In gewisser Weise hebt
dies nur hervor, daß kein Tonbereich eindeutige Priorität gewinnt.
Zudem ist es interessant, daß Harald Krebs die Ballade im Geiste Schenkers als ein Ineinandergreifen großangelegter F-Dur- und a-Moll-Drei-
klänge auslegt, bei dem jede I–V–I-Fortschreitung die eigene Grundstruktur stützt.[8]

Einleuchten dürfte die Schlußfolgerung, daß der tonale Kontrast nur
eine Dimension umfassenderer Gegensätze in der Charakterisierung
der beiden Themen berührt, die vielleicht sogar eine programmatische
Grundlage besitzen. Die bewußt vorgenommenen tonalen und ander-
weitigen Unterbrechungen bei der ersten Disposition der Form (T. 46)
unterstreichen diese Annahme. Als Hörer gelangt man von einer tonalen Plattform zur nächsten, so als würde man eine neue Welt betreten,
und doch steht diese wiederum in Verbindung mit der alten. Verknüpft
sind die beiden Sphären dadurch, daß das Hauptgewicht auf *beiden*
Tonklassen der Tonika in *jedem* Bereich liegt, verbunden mit der Tendenz, daß das F-Dur-Material nach a-Moll umschwenkt. Die erste
Phrase der Melodie (A), die unmerklich aus einer metrisch ambivalen-
ten Introduktion hervorgeht, kadenziert auf $\frac{3}{1}$, wobei 3 als Dreh- und
Angelpunkt zur zweiten Phrase (B) fungiert. Hier beinhaltet sie ganze
sechs von neun betonten Schlägen (einer weniger als in der ersten Skizze
K. 602[9]). Die gesamte Anlage der Takte 1–9, wiederholt in den Takten
10–17, ist aus Bsp. 49 (1) zu ersehen.

Opus 38

Bsp. 49 (1)

Bsp. 49 (2)

Bsp. 49 (3)

Innerhalb dieser stabilen Struktur ist die Harmonik durch alte Wendungen, den Orgelpunkt im Quintbereich, die parallele Quintenfortschrei-
tung und die ungewöhnlich kadenzierte Stimmführung ausgesprochen
fein koloriert. Dies trägt zusammen mit dem sich wiederholenden
Rhythmus zu der ungetrübten Schlichtheit dieser Musik mit ihrem sanften, hypnotischen Zauber bei. Der leichte Fluß des Rhythmus ist jedoch
trügerisch, denn er verbirgt Feinheiten in der Phrasenstruktur und der
Harmonik, die das Material bereichern und offenbar sogar seine
›Unschuld‹ in Frage stellen. Auf den ersten Abschnitt (T. 1–17) folgen
kurze Modulationen nach III und V, von denen erstere, als eine Stufe in
der Fortschreitung zu letztgenannter, noch relativ labil wirkt. V erlangt
durch eine Reprise von B eine trügerische Stabilität (Alan Rawsthorne

weist darauf hin, daß der Themeneinwurf hier bei Takt 21 unwillkürlich
an die frühere Phrasierung bei Takt 5 erinnert[10]). Eine Kadenzerweiterung führt jedoch zu I und der Wiederkehr von A zurück. Erneut gibt
es einen Trugschluß (T. 33), eine abrupte, diesmal stabilere Rückung
nach III sowie eine Wiederholung von B in diesem Bereich. Die beiden Modulationen nach III sind zusammen mit der Betonung auf A
als einer Tonklasse im Verhältnis zur gesamten tonalen Anlage natürlich von Bedeutung. Sie werden in der abschließenden Kadenz des
Einleitungsteils durch ein Oszillieren von A und F zusammengefaßt
(Bsp. 49 (2)).
Der Anfang des stürmischen a-Moll-Themas bewahrt diese Beziehung,
indem er die beiden Tonlagen zu Beginn jeder Gruppe der rechten Hand
verbindet (Bsp. 49 (3)). Der rhythmische Kontrapunkt sowohl hier als
auch beim folgenden Material, wo die zweitaktige Einheit als

```
4  +  4  +  4  6       +       6
6  +  6        3  +  3  +  3  +  3
```

angeordnet ist, führt zu einer explosionsartigen Energieentladung, die
einen denkbar großen Kontrast zu dem gemächlichen Verlauf des ersten
Themas bildet. Der Gegensatz wird durch die stark richtungsorientierte
Verwendung der Register und die Unbeständigkeit der Harmonik noch
weiter hervorgehoben. In einer aus drei Phasen bestehenden Struktur
dominieren sequenzierende Verarbeitungen. Die erste Phase (T. 46
bis 61), bestehend aus einem achttaktigen Modell und Sequenz, ist relativ stabil. Die zweite (T. 62–67) hat auflösenden Charakter – ein ak-
tiveres sequenzierendes Schema in der zweitaktigen Spanne, das eine
charakteristische Symmetrie von kleinen Terzen erzeugt (Bsp. 50 (1)).

Opus 38

Bsp. 50 (1)

Zum ersten Thema bestehen rhythmische Verbindungen. In der dritten
Phase (T. 68–82) stabilisiert sich für kurze Zeit Es-Dur, wobei jegliche
Versuche von a-Moll, den Status einer Tonika zu erlangen, in dieser
Phase fehlschlagen, bevor sie durch chromatische Parallelität zur Wie-
derkehr des ersten Themas in F-Dur zurückgeleitet werden.

Opus 38

Bsp. 50 (2)

Dieses beginnt beinahe wie eine wiederholte Exposition, bricht jedoch beim achten Takt unvermittelt ab,[11] um wie in Takt 34 ein zweites Glied (B) in a-Moll einzuführen. Bsp. 50 (2) zeigt die zunehmenden Unterbrechungen der Fortschreitung von I nach III innerhalb der Einwürfe des ersten Themas. Dem Bruch bei Takt 87 mag wieder eine verborgene programmatische Bedeutung zukommen, doch ungeachtet seines Ursprungs dient er als Dreh- und Angelpunkt in der gesamten tonalen Fortschreitung von F-Dur nach a-Moll. Wie zuvor kehrt der a-Moll-Einwurf von B nach F-Dur zurück, aber diesmal führt ein Trugschluß zu einem leidenschaftlichen ›Durchführungsteil‹, der auf dem ersten Thema aufbaut. Harald Krebs weist darauf hin, daß sich das zweite größere ›Scharniergelenk‹ innerhalb der tonalen Struktur mit den alternierenden Dominanten in Takt 114–131 herausbildet.[12] Von diesem Moment an geht die Verbindung zum tonalen Ausgangspunkt endgültig verloren. Die Kontinuität wird während dieses kritischen Abschnitts, in dem sich die Struktur befindet, dadurch gekonnt gewährleistet, daß vor allem die Baßlinie die Kadenzen überbrückt, um das neue Kanonmotiv bei Takt 122 einzuleiten und zu ergänzen. Dieses dominiert die ›Durchführung‹ und treibt die Musik voran bis zu einer kurzen Klärung von B-Dur / g-Moll, wobei Elemente von A und B miteinander verbunden werden. Einmal mehr entsteht ein Trugschluß, dem Bezüge in Tenor und Baß zu A folgen, bevor der ganze Vorgang noch einmal einen Halbton tiefer einsetzt.

Es ist schwierig, sich über einige kompositorische Entscheidungen in diesem Durchführungsteil Klarheit zu verschaffen. Seine Funktion ist nur allzu deutlich. Nachdem Chopin zwei völlig gegensätzliche Materialien nebeneinandergestellt hat, ist er sodann darauf bedacht, Verbindungen zwischen ihnen herzustellen. Die erste Phase dieser Vermittlungsversuche dient dazu, dem zweiten Thema zu gestatten, ganz allmählich und kaum wahrnehmbar in das erste einzufließen. In der zweiten Phase (der ›Durchführung‹) soll das erste Thema zu einem solch intensiven Höhepunkt gebracht werden, daß es wie von selbst in das zweite einmünden kann. Verschiedene Elemente scheinen jedoch die Wirkung dieser zweiten Phase abzuschwächen. Eines davon ist die Wiederholung einer vollständigen siebzehntaktigen Phrase, ein weiteres die einschneidende Wirkung eines absteigenden Sequenzintervalls für die ausgedehnte Wiederholung (einen Halbton tiefer) und auch das Material, das der Wiederkehr des zweiten Themas (erst eine große, dann eine kleine Terz tiefer) unmittelbar vorangeht. Zwar ist es relativ leicht, bei den Kompositionen aus Chopins Lehrjahren Schwächen zu entdecken, doch bei seinen späteren Werken findet man nur äußerst selten einen Fehler. Da die negativen Kritiken vergangener Zeiten heute oft nur noch ein mitleidiges Lächeln hervorrufen, wagt man jetzt nur ungern, einen bedeutenden Meister voreilig zu tadeln. Da mag man beim Autobiographischen Zuflucht suchen. Für kritische Hörer zumindest wird die Fortschreitung nach Takt 140, so trefflich sie auch im Detail sein mag, auf struktureller Ebene immer enttäuschend bleiben.

Ein Aspekt, der dazu beiträgt, das Auftreten des zweiten Themas bei Takt 140 zu akzeptieren, ist die tonale Anlage, die nicht wie zuvor aus einem stabilen a-Moll-Dreiklang besteht, sondern aus einem $^6_4$ auf A, der nach nur acht Takten in einen $^5_3$ aufgelöst wird (das A–F bleibt in beiden Anlagen unverändert). Von nun an ist die a-Moll-Struktur gefestigt. Bekräftigt wird sie, indem Material aus dem ersten Thema wieder auftaucht, das kurz in den Bereich des zweiten hineingezogen wird, und durch ein neues Thema der Bravour-Coda, dessen sowohl diatonische als auch chromatische Parallelität beständig zur Tonika zurückkehrt. Die umfassendere Phrasierung dieser Coda verstärkt den Eindruck von

Energie und Impuls, wobei eine Verlängerung mittels Trugschluß bei
Takt 184 den strukturellen Volltakt bei Takt 188 stützt. Hier wiederholt sich das zweite Thema, um die Musik unerbittlich zu dem erwarteten Schluß in a-Moll zu drängen, dem ein Bruch in der Kontinuität
auf einem Dominantseptakkord dramatisch entgegenwirkt. Der nur
schwache Bezug zum ersten Thema in a-Moll dient als Auflösung,
obgleich dies weniger als Synthese wirkt, sondern eher als ein Hinweis
auf den anfänglichen Gegensatz, eine erneute Bestätigung der Identität.

Ballade Nr. 3 in As-Dur op. 47

Die Balladen entfalten sich vor dem Hintergrund des tonalen und thematischen Dualismus des Sonatenprinzips, wobei Chopins Auseinandersetzung mit der Sonatenform frei und umfassend ist. Im einzelnen
versucht er in jedem Werk, zwei anfangs separate Gedanken miteinander in Verbindung zu bringen. In der g-Moll-Ballade bildet Takt 106
den Berührungspunkt, bei dem das erste Thema nahtlos in das verwandte zweite Thema als Teil eines einzigen spannungserzeugenden
Abschnitts einmündet. In der F-Dur / a-Moll-Ballade kommt es zu einer
ähnlichen Vermittlung zwischen wesentlich kontrastreicherem Material, und es kommt zu einer weiteren Geste der Anpassung bei Takt 156,
wo das erste Thema kurzzeitig in der Welt des zweiten aufgeht.
In der dritten Ballade geht Chopin noch einen Schritt weiter, hier läßt er
die beiden anfänglich separaten Gedanken (A, B) im ›Durchführungsteil‹ dadurch, daß er Bestandteile aus jedem Thema miteinander kombiniert, zu einem fest gefügten Ganzen (C) verschmelzen. Wie Bsp. 51 (1)

Opus 47

Bsp. 51 (1)

Opus 47

Bsp. 51 (2)

zeigt, sind die Veränderungen darauf ausgerichtet, die geschlossene
Form von A zu öffnen, um einen einzigen Bogen zu bilden, der beide
Themen – eigentlich eine neue Melodie – umspannt. Die Weiterführung
ist genial: beide Themen werden immer enger miteinander verflochten,
wobei sie eine Spannung zur Vorbereitung der tonalen und themati-
schen Reprise in Takt 213 erzeugen. Die $\frac{A}{4} + \frac{B}{4}$-Struktur in Bsp. 51 (1)
weicht einer $\frac{A}{4} + \frac{B}{2}$- und anschließend einer $\frac{A}{3} + \frac{B}{1}$-Struktur. Die tonale
Sequenz erhöht die Spannung, indem A in einer schrittweise aufsteigen-
den Fortschreitung erscheint, welche die Reprise (T. 207) vorwegnimmt.

Wie so oft in den Kompositionen Chopins wird die thematische Reprise
in eine Art Apotheose umgestaltet. Noch prägnantere Beispiele bieten
später die vierte Ballade und die Polonaise-Fantasie. In der dritten Ballade geht nun die Transformation über die gesamte Strukturierung hinaus und erstreckt sich bis hin zur Ausgestaltung des Themas. Als Melodie in der Oberstimme gewinnt es neu an Bedeutung, opfert dafür
jedoch etwas vom Reiz seines zurückhaltenden kontrapunktischen Ein-
tritts zu Beginn des Werkes. Der kontrapunktische Charakter der Einleitung wird mit der Wiederholung des Dux bei Takt 5 deutlich, wo die
Linien – mit der Melodie im Baß – in mehrfachem Kontrapunkt festgelegt sind. Der Comes bei Takt 3 dient gleichfalls als ein Baß, so daß die
Melodie für die gesamte achttaktige Phrase von der Oberstimme zum

Baß (T. 1–4) und vom Baß zur Oberstimme (T. 5–8) verläuft. Nur der zweite Comes (T. 7–8) ist noch nicht in der Baßstimme geführt worden. Die Kontinuität während des restlichen ersten Themas (bis zur Wiederkehr des Einleitungsmaterials bei Takt 36) bleibt durch eine Kette kausaler Motivverbindungen gewährleistet. Die erste Phrase (T. 9–16) ist eine Variation des Grundmusters 4 + 4. Aus dem Rhythmus und dem fallenden zweiten Intervall ihres zweiten Takts (*a* in Bsp. 51 (2)) ergibt sich die zweite Phrase (*b*) wiederum in einem variierten 4 + 4-Schema. Aus dem Rhythmus *ihres* zweiten Taktes wiederum (*c* in Bsp. 51 (2)) bildet sich das dritte Element (*d*), auch hier ein wiederholtes 4 + 4-Schema. Dies setzt sich, wie im Bsp. 51 (2) angedeutet, weiter fort. Von diesem Punkt an werden die wiederholten Grundmuster zu 2 + 2- und 1 + 1 + 1 + 1-Schemata zusammengefaßt. Der ganze Vorgang gipfelt in einem jener viertaktigen Figurationsbögen, die man so häufig bei Chopin – manchmal als Puffer, hier jedoch als Kadenzwendung – findet. Die erste Gruppe schließt mit einer erweiterten Reprise ihrer Einleitungsphrase ab. Die Erweiterung erhält die Form einer viertaktigen Sequenzeinleitung des ersten Motivs, die zwischen die ursprünglichen zweitaktigen Phrasen ›eingeschoben‹ ist. Man beachte, daß der zweite Comes nun in der Baßstimme erscheint und damit einen Prozeß abschließt (vgl. T. 7–8 und 48–49).

Das zweite Thema übernimmt den jambischen Rhythmus, der in der ersten Gruppe vorherrschte, und steigert seinen charakteristischen Schwung, in dem eher der schwache Schlag statt des starken harmonisiert wird. Der etwas ›unruhige‹ Eindruck, den dies hervorruft, wird durch weite Sprünge der linken Hand noch verstärkt. Dieses rhythmische Motiv als verbindendes Element des Werkes zu charakterisieren, träfe noch nicht den entscheidenden Punkt. Der Rhythmus ist vielmehr so markant, daß er eine gemächliche Monotonie erzeugt, die mit hartnäckigen Wiederholungen implizit Forderungen an die späteren Phasen der Struktur stellt. Es gibt zwei ausgleichende Faktoren: einen Wechsel in der rhythmischen Charakterisierung und eine dramatische Steigerung des Spannungsbogens während der Durchführung des zweiten Themas. Ersterer wird durch eine Walzerepisode erreicht, deren jetzt vertraute *moto perpetuo*-Sechzehntelbögen – eine gelungene Loslösung vom früheren jambischen Schema – nun von einem trochäischen Rhythmus gestützt werden. Die Episode wird verdeckt mittels eines Themas angegangen (T. 116), das eine Sechzehntelbewegung einführt, die jambische Begleitung jedoch beibehält; und das Thema erscheint dann unerwartet als Coda für das ganze Werk. Es dient auch dazu, As-Dur neu zu festigen, was durch eine Reprise des zweiten Themas im Bereich von Takt 146 noch bekräftigt wird. Die Tonalität war bis zu diesem Punkt stabil: Innerhalb des gesamten ersten und zweiten Themas, dem neuen Sechzehntelthema, der Walzerepisode und der Wiederkehr des zweiten Themas umfaßte sie lediglich die tonalen Verwandten innerhalb eines einzigen Tonartbereichs. Diese tonale Unbeweglichkeit unterstreicht den Eindruck, den jener hartnäckige Rhythmus vermittelt, und verstärkt das Bedürfnis nach und die Hoffnung auf Veränderung.

Und dies bringt uns zu dem zweiten Faktor, der das strukturelle Gleichgewicht wiederherstellt. Chopins größere Werke aus seiner Reifezeit sind im allgemeinen ›schwanzlastig‹, häufig handelt es sich um strukturelle Crescendi, die in Bravour-Codas münden. Die As-Moll-Ballade bildet dabei keine Ausnahme, aber sie beschleunigt auffallend die Wechsel innerhalb des formalen Ablaufs und die Entwicklung innerhalb eines Spannungsbogens. Wie bereits erwähnt, ist die Reprise des ersten Themas als Apotheose angelegt, was um so mehr überrascht, als das Thema seit seinem Eintritt kompositorisch nur eine geringe Rolle gespielt hat. Diese Reprise beansprucht nur die letzten 29 Takte eines insgesamt 241 Takte langen Werkes, wodurch ihre Rolle als Kadenz hervorgehoben wird. Außerdem ist die ›Exposition‹ von thematischem Material – tonal gefestigt und in sich geschlossen – genau 156 Takte lang, d. h. etwas mehr als die Hälfte. Die sich daran anschließende Durchführung wiegt die relative Unbeweglichkeit tonaler und rhythmischer Elemente dieser langen Exposition und ihre betonte Zurückhaltung mehr als auf. Bei seinem ersten Eintritt hat das zweite Thema die Möglichkeit einer strengeren Behandlung angedeutet (T. 81 ff.), doch der Hörer wird kaum auf die fesselnde Erweiterung des Themas in cis-Moll vorbereitet, die sich in drei verschiedenen Phasen entfaltet, von denen jede leidenschaftlicher ist als die vorangegangene. Die erste (T. 157–164) ist ein Themeneinwurf der rechten Hand über einer neuen Sechzehntelbegleitung, die zweite (T. 165–173) ein Themeneinwurf der linken Hand mit einem dominantischen Orgelpunkt in der Oberstimme und die dritte (T. 174–183) ein ›vollständig instrumentierter‹ Themeneinwurf, der die Musik zu einem großartigen Höhepunkt treibt. Die ganze Passage (T. 157–183) erweist sich als der erste Abschnitt eines zweistimmigen Durchführungsteils. Der zweite Abschnitt wurde bereits erörtert. Er zeigt jene Verschmelzung der beiden Hauptthemen in einem tonal labilen Kontext, was schließlich in der tonalen und thematischen Reprise in Takt 213 gipfelt.

Ballade Nr. 4 in f-Moll op. 52

Die vierte Ballade ist eines der bedeutendsten Werke Chopins. Sie stellt eine Synthese aus vielen Facetten seiner Kunst dar und zeichnet sich ebenso durch ausgeprägte Volkstümlichkeit wie tiefen Ernst, durch die Eleganz und Anmut eines Walzers wie die Präzision und die Logik eines strengen Kontrapunkts aus. Zudem ist sie ein architektonisches Meisterwerk, eine von Chopins am nachhaltigsten zielgerichteten Kompositionen: In ihrem dem Höhepunkt zustrebenden Elan umfaßt sie zugleich Elemente der Sonatenform, des Rondos und der Variation. Wie auch in den drei anderen Balladen gibt es zwei Hauptthemen; die zweifache Fortschreitung von einem Thema zum anderen bestimmt die gesamte Anlage: A A A^1 B A^2 A^3 B^1. Eine zweiteilige Interpretation bietet sich an durch das Wiedererscheinen der Introduktion X – etwa in der Mitte des Werkes: X A A A^1 B X A^2 A^3 B^1. Das Bild der gesamten Anlage läßt sich erweitern, indem man Y als nicht wiederkehrendes Material einfügt – mit oft thematischem Bravourcharakter – und eine Coda als C markiert:

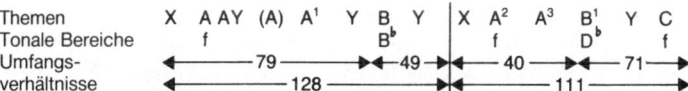

Themen	X	A AY	(A)	A^1	Y	B	Y	X	A^2	A^3	B^1	Y	C
Tonale Bereiche		f				B$^\flat$			f		D$^\flat$		f

Umfangs-
verhältnisse: ◄——— 79 ———►◄—49—►◄—— 40 ——►◄—— 71—►
◄——————— 128 ———————►◄—————— 111 ——————►

Das Diagramm weist auch auf die Proportionen der Hauptteile durch Taktzahlen und auf die der wichtigsten tonalen Bereiche hin. Ein solches Schema ist natürlich sehr grob, hilft jedoch bei der Erschließung einiger Zusammenhänge, bevor die genaue Analyse erfolgt.

Unter den formalen Archetypen fällt das Rondo am wenigsten auf, wird aber indirekt als Hintergrund durch die Wiederkehr von A in der Tonika angedeutet. Die Sonatenform bildet mit dem in der Reprise tonal modifizierten zweiten Thema und einem tonale Labilität hervorrufenden Mittelteil ebenfalls einen relevanten Hintergrund. Auf Variationen deutet die nachfolgende Behandlung von A hin. In der Ballade benutzt Chopin alle drei Komponenten (ist jedoch am Schluß keiner völlig verpflichtet) und paßt ihre einzigartige Struktur den Anforderungen ihres Materials an.

Betrachtet man zunächst das erste Thema und seine späteren Variationen, stellt man Ähnlichkeiten mit dem ersten Thema der g-Moll-Ballade fest. In beiden Fällen verbinden sich eine nicht allzu vielversprechende

Walzerbegleitung und eine Reihe kurzatmiger Phrasen zu einem festen
Ganzen, das vollkommen entwickelt und ausgewogen ist. Das Geheim-
nis liegt teils in den zurückhaltenden Asymmetrien der Phrasenstruktur, teils in einer harmonischen Ausgestaltung, die eine einzige Kurve
der Abweichung und Wiederkehr von Takt 8 bis 23 beschreibt. In den
drei Themeneintritten der Einleitungsphrase zwischen Takt 8 und 23
sind die drei Duces harmonisch immer in sich geschlossen und die drei
Comites immer fortschreitend, wenngleich die harmonische Bewegung
auf einer vordergründigen strukturellen Ebene stattfindet. Bei seinem
ersten Einwurf schreitet der Comes zur parallelen Dur-Tonart weiter,
wodurch es Chopin möglich ist, den Gedanken in diesem Bereich zu
wiederholen. Dies ist eine Verbindung, die in seiner Musik so häufig
vorkommt, daß man sie durchaus als eines seiner Stilelemente bezeichnen kann. Diesmal schreitet der Comes von As-Dur zu einer subdominantischen Harmonik von b-Moll fort. In diesem Bereich kann die
Melodie zu ihrer ursprünglichen Tonlage zurückkehren (T. 18), diesmal aber gestützt von einer F-*Dur*- (statt einer Moll-)Harmonik, die
jetzt als lokale Dominante und nicht als Tonika fungiert. Bei dieser
Gelegenheit führt der Comes den Hörer zur Tonika und zu einer leicht
abgewandelten Reprise der ganzen Sequenz zurück. Bsp. 52 (1) zeigt
diese fehlende Übereinstimmung von thematischen und harmonischen
Strukturen im Einleitungsabschnitt, in der eine thematische Reprise in
der ursprünglichen Tonlage als Teil einer weiter angelegten harmonischen Fortschreitung eingeholt wird. Um so bemerkenswerter ist die
Wirkung dieser Reprise bei Takt 18 wegen ihrer Verschiebung der Phrasenstruktur, bei der die Längen um einen halben Takt gekürzt werden,
um die halbtaktige Erweiterung in Takt 12 auszugleichen.
In keiner Ballade Chopins ist der erzählerische Fluß so natürlich, die
Fortschreitung bis hin zur Apotheose des Finales scheinbar so zwangsläufig wie in dieser vierten. Dies verlangt nicht nur eine sorgfältige
Ausgestaltung des Inhalts, einen strategischen ›Einsatz‹ der wesentlichen Höhepunkte im Spannungsbogen, sondern auch die Fähigkeit,
›das Tempo anzugeben‹, d. h. auf Effekte zu warten. Im Anschluß an
die doppelte Exposition von A gibt es eine Passage von etwa zwanzig
Takten – im Diagramm Y (A) – vor der wichtigen, spannungserzeugenden Reprise von A bei Takt 58 (A[1] im Diagramm). Diese basiert auf
Elementen von A und könnte durchaus als seine Durchführung angesehen werden. Ihre strukturelle Aufgabe besteht jedoch darin, eine erforderliche Ablenkung zu schaffen, um die Themeneinwürfe von A
sowohl in funktioneller als auch »wörtlicher« Hinsicht zu trennen.

Opus 52

Bsp. 52 (1)

Bsp. 52 (2)

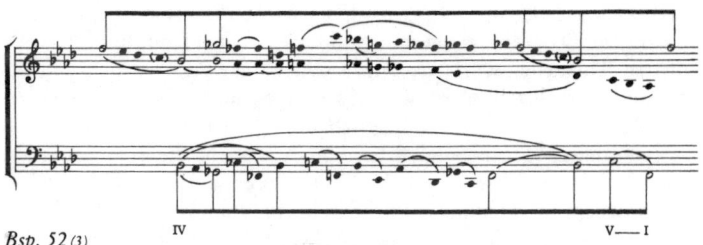

Bsp. 52 (3)

Diese Ablenkung wird durch die Figur der linken Hand bei Takt 12 erreicht, welche die ersten beiden Phrasen von A miteinander verband, wobei seine Fünf-Achtel-Form einen deutlichen Bezug zum Dux des eigentlichen Themas hat. Bezeichnenderweise läßt Chopin diese Figur bei der Reprise von A aus (vgl. T. 12 und T. 26–27), so daß der neue Anfang in Takt 36–37 noch mehr Schlagkraft erhält. Hier ist es abermals nützlich, die entsprechenden Passagen in den beiden Themeneinwürfen von A miteinander zu vergleichen, um so die tonalen und metrischen Veränderungen zu erkennen (Bsp. 52 (2)). Auf tonaler Ebene verstärkt der neue Abschnitt die frühere Tendenz, die Nebennote zu Takt 5 im Subdominantbereich auszunutzen. Bei der gesamten Bewegung von Takt 36 bis zur Wiederkehr von A in Takt 58 handelt es sich um eine Verlängerung der Nebennote, die man wie in Bsp. 52 (3) darstellen könnte. Die Passage gliedert sich in zwei Teile, von denen der erste (T. 38–46) nur indirekt mit dem Hauptthema Kontakt hat, wobei die Oktaven der linken Hand eine Umwandlung von Takt 12 und Takt 36–37 sind und die von der rechten Hand weich wiederholten Noten mit der Introduktion und dem Comes von A in Verbindung stehen. Der zweite Teil (T. 46–57) hingegen ist eine deutliche Durchführung von A, die den Comes verarbeitet und erstmals Elemente der kanonischen Satzweise einbringt, die in einer späteren Phase noch größere Bedeutung erlangen.

Bis zu diesem Punkt (T. 57) ist der Charakter des Werkes eher kühl. Die nun folgende Variation von A (A^1) bewirkt den ersten größeren Intensitätsschub, der seine drei Themeneinwürfe bis zu einem entscheidenden Punkt in Takt 72 ff. verarbeitet. Zu dieser Steigerung trägt vor allem die Gegenmelodie in beharrlicher Sechzehntelbewegung bei. Oft verdichtet sie sich zu Terzen und Sexten; ihr Wechselspiel mit dem Hauptthema ist geschickt angelegt. Um die Kontinuität beider Linien über der Walzerbegleitung beizubehalten, fordert Chopin die gelegentliche Übernahme der Sechzehntelbewegung durch die linke Hand, bis durch den dritten Themeneinwurf das Walzerschema ganz aufgegeben und die Musik mittels kraftvoller Oktaven schonungslos bis zur ›unterbrochenen Kadenz‹ in Takt 72 vorangetrieben wird. Wie in den ersten beiden unveränderten Themeneinwürfen von A erreicht die erste Variation einen Subdominantbereich (b-Moll), der durch seine Dominante gebildet worden ist. Der nicht-thematische Figurationsbogen (T. 72–80) zögert bezeichnenderweise eine Auflösung der Tonika hinaus, wobei jedoch der durch A^1 erzeugte Spannungshöhepunkt aufgefangen und diese Spannung als Vorbereitung auf das ›zweite Thema‹ bei Takt 80 allmählich aufgelöst wird. Frühere Fortschreitungen zu b-Moll werden hier durch den B-Dur-Satz für das neue Thema bekräftigt.

Der nächste vollständige Themeneintritt von A (A²) befindet sich am Beginn der Reprise (T. 136). Die Behandlung dieses Themas soll hier nur kurz erörtert werden. Es genügt der Hinweis, daß es auf eine Kadenz folgt, die eine dominantische Septime in d-Moll, einem Bereich, in dem auch der Themeneinwurf beginnt, sorgfältig entfaltet. Die zweite Hälfte des Themas (von Takt 146 an) verläuft in der gleichen unveränderten Art des Themeneinwurfs zu Beginn und befindet sich im gleichen tonalen Bereich. Die erste Hälfte stellt eine besonders intelligente Transformation dar: Bsp. 53 zeigt, wie die Fortschreitung von I zu III zu Beginn kanonisch neu interpretiert wird. Chopin erweitert auf einfache, aber geniale Weise den Themeneintritt, indem er A² einen d-Moll-Einwurf voranstellt, unter Beibehaltung der Sequenz der kleinen Terz D–F–As. Das kanonische Element wird somit ganz unauffällig in den Fluß des ursprünglichen Materials integriert.

Opus 52

Bsp. 53

Beim zweiten Themeneintritt von A (T. 23–36) findet man eine zurückhaltende ornamentale Melodik des zweiten Taktes des Dux für jeden der drei Themeneinwürfe. Dies geschieht auch wieder am Ende von A², dort als Einleitung für die sich anschließende herrliche *fioritura*-Variation (A³). In dieser Transformation kristallisiert sich der Synthese-Charakter der Ballade, während man vom strengen Kontrapunkt in die Welt der Nocturnes gelangt: eine weite Baß-Arpeggierung gibt den geschmeidigen Bögen der ornamentalen Melodik eine rhythmische Stütze. Da ist der Augenblick erreicht, in dem das ganze Werk sich voll zu entfalten scheint. Die Fio2rituren steigern sich zu immer gewagteren Veränderungen des Originals. Das Thema und seine Variationen sind in Bsp. 53 zu sehen.

Betrachtet man erneut das Diagramm der Form, erkennt man die Parallele zwischen diesen späten Variationen und dem ›Expositionsteil‹ des Werkes. Nach dem kanonischen Beginn entwickelt sich A² wie A, so daß A²–A³ einer ähnlichen Sequenz nach A–A¹ folgt, ein ›neutraler‹ Einwurf nebst einer spannungserzeugenden Variation. Die Parallele wird durch die Behandlung beider Teile noch verstärkt. Bezeichnenderweise nähert sich Chopin verdeckt dem Hauptthema, indem er das Werk mit einer Dominant- statt mit einer Tonikaharmonie beginnt. Die Einleitungsmelodie (X), durch zurückhaltende Anflüge von Kontrapunktik angereichert, ist schlicht, aber einprägsam. Sie entwickelt sich unmerklich aus den in der Einleitung wiederholten Oktaven und gelangt durch einen einfachen Dreiklangsabstieg zum Hauptthema

Opus 52

Bsp. 54 (1)

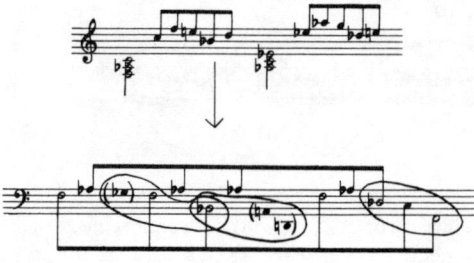

Bsp. 54 (2)

(Bsp. 54 (1)). Seine Beziehung zu A ergibt sich durch die vier wiederholten Noten. Chopin nutzt gerade diese Beziehung dazu, die Reprise kunstvoll zu gestalten.

Der Mittelteil bzw. (nach der Terminologie der Sonate) die ›Durchführung‹ weist drei Strukturen auf, von denen die ersten beiden die notwendige Abwechslung gegenüber dem wichtigsten thematischen Material und dessen relativ stabiler tonaler Anlage bieten, wobei der Komponist größtenteils auf die Sequenzierung figurativer Schemata baut. Die zweite lehnt sich zunehmend an As-Dur an, das durch die dritte Struktur eingeführt wird. Sie erlaubt auch wieder Elemente von A in einem kontrapunktischen Satz, welcher Veränderungen von Dux und Comes hinzufügt und auf die kommenden kanonischen Komplexitäten in A^2 vorbereitet. Der Comes wird in Richtung auf die Introduktion X modifiziert, so daß er, wenn die wiederholte Notenfigur auftaucht, scheinbar sowohl zu A als auch zu X gehören könnte. Wenn Chopin dann den vollständigen Themeneinwurf von X in der Dominante von d-Moll erreicht, erscheint das Überraschende nunmehr als unausweichlich.

Das zweite Thema (B) in B-Dur besitzt jenen leichten trochäischen Fluß, der für das erste Thema der zweiten Ballade und das zweite Thema der dritten charakteristisch war. Seine erste Phrase tritt so betont in Erscheinung, daß man erstaunt ist, daß sie im weiteren Verlauf nicht wieder auftaucht. Vielmehr wird die Antwort (von T. 84) nach A^3 diesmal in Des-Dur wiederholt. Die Beziehung dieser tonalen Bereiche zum f-Moll/As-Dur des ersten Themas ist in Bsp. 54 (2) ausführlich dargelegt. Die Reprise von B ist einer der großartigsten Teile des Werkes; das ursprüngliche Material wird transformiert und mit immer größerer Leidenschaft zum strukturellen Volltakt in Takt 191 hin entwickelt. Hier löst sich sodann die thematische Identität in Figuration auf, wodurch es zu einer der mitreißendsten Passagen im gesamten Schaffen Chopins kommt, die ihren durchschlagenden Höhepunkt in der dominantischen Harmonik in Takt 202 erreicht. Eine wunderbare Sequenz von Pianissimo-Akkorden verlängert die Dominante. Ein bemerkenswerter Moment: denn für kurze Zeit wird die Illusion von Ruhe vermittelt, obwohl wir am Abgrund der harmonischen Spannung balancieren. Die letzten Seiten des Werkes schließlich bieten die beste jener Bravour-Codas, die alle vorangegangenen Gegensätze und Spannungen in einer wahrhaft bis zur Weißglut angeheizten Virtuosität scheinbar auflösen.

Die Fantasien

Chopin schrieb vier Werke mit dem Titel »Fantasie«. Die Wahl des Begriffes scheint aber weder für die frühe *Fantasie über polnische Themen* op. 13 (eigentlich ein Potpourri) noch für das *Fantasie-Impromptu* op. 66, dessen Bezeichnung »Fantasie« sehr wahrscheinlich überhaupt nicht von Chopin stammt, sonderliche Bedeutung zu haben. Erst in den beiden späteren Werken, der *Fantasie in f-Moll* op. 49 und der *Polonaise-Fantasie* op. 61, kommen dann wesentliche Aspekte einer zugegebenermaßen ziemlich frei verwendeten Gattungsbezeichnung zum Tragen. Im späten 18. und zumindest im frühen 19. Jahrhundert wurde die Bezeichnung »Fantasie« häufig für Werke verwendet, die etwas von einer auskomponierten Improvisation hatten; womit natürlich nicht gemeint ist, daß dem Kompositionsvorgang irgend etwas Willkürliches oder Ungeordnetes anhaftet. Vielmehr enthalten diese Werke oft eine breitere Palette kontrastierender Materialien als innerhalb der traditionellen formalen Archetypen üblich, auch solche, auf die – wie in einer Improvisation – später nicht mehr zurückgegriffen wird. Charakteristisch sind auch improvisatorische Elemente. Zur ›Einleitung‹ dienen gewöhnlich Arpeggien oder Rezitative, und die Gestaltung der Themen stammt häufig aus dem reichhaltigen Repertoire des Improvisators, des Volksliedes und beliebter Opern. Die beiden späten Fantasien Chopins stellen in gewisser Weise den engsten Berührungspunkt zwischen dem Komponisten und dem Improvisator Chopin dar. Zwischen den Werken liegen einige Jahre, in denen seine Musik beträchtliche stilistische Wandlungen durchgemacht hat. Das verbindende Element ist jedoch der Einfluß der Improvisation, das Aufbrechen und Überschreiten der Formen, insbesondere von Sonate und Tanz.

Fantasie in f-Moll op. 49

Das Material aus der Einleitung kommt später nicht wieder vor, es ist eher als Introduktion bzw. Prolog zum Hauptteil des Werkes anzusehen. Seine Charakteristik als langsamer Marsch mit punktiertem Rhythmus weist deutliche Bezüge zu den Märschen und choralartigen Chören der französischen Oper aus den dreißiger und vierziger Jahren des 19. Jahrhunderts auf, insbesondere zu denen von Meyerbeer. Zwar erinnert dieses Material an zeitgenössische Improvisationen, aber seine Verarbeitung ist paradoxerweise ein Musterbeispiel für klassische Formgestaltung. In der viertaktigen Einleitungsphrase stehen Frage und Antwort in altehrwürdiger Beziehung zueinander. Die modulatorische Diskontinuität der ersteren (vier) Sequenz-Einheiten wird mit dem in sich geschlossenen Ganzen der letzteren beantwortet, also:

Der Kontrast wiederum wird durch andere Dimensionen in der gewohnten Art und Weise verdeutlicht – auf das Unisono-Gefüge folgt eine harmonisierte Antwort, auf das Baß-Register antwortet der Diskant. Die Einleitung von Mozarts »Jupiter«-Sinfonie ist ein passendes und leicht zu vergegenwärtigendes Vergleichsbeispiel (siehe auch Bsp. 2). Dabei muß wohl kaum erwähnt werden, daß diesem äußerlichen Gegensatz eine Kontinuität in Rhythmus und Harmonik zugrunde liegt.

In diesen Einleitungstakten werden sowohl in den absteigenden Vierteln als auch in den vier aufsteigenden Skalenschritten wichtige motivische Prämissen geschaffen (Bsp. 55 (1)). Eine geschickte Elision leitet einen abwechslungsreichen neuen Gedanken ein. Dieser führt durch As-Dur ein wichtiges *tonales* Grundelement in die Färbung der f-Moll-

Opus 49

Bsp. 55 (1)

Bsp. 55 (2)

Opus 49

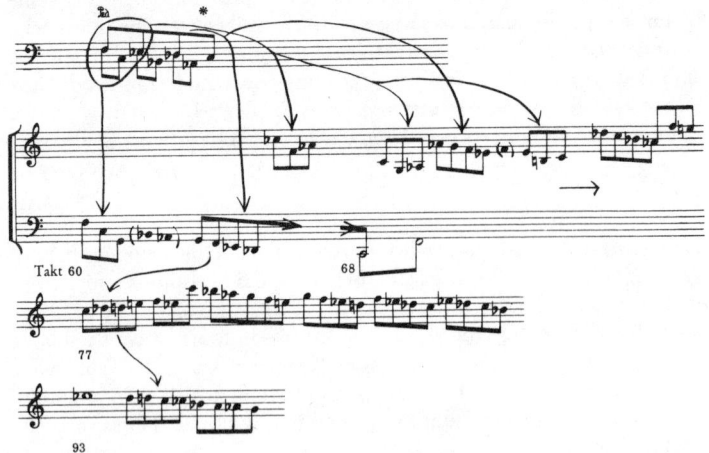

Takt 60

77

93

Bsp. 55 (3)

Tonalität ein. Mehrfach wurde bereits auf Chopins Umgang mit Tonge-
schlechtern innerhalb einer Tonart hingewiesen; er kommt am klarsten
in Opus 49 zum Ausdruck und zeigt sich nicht nur in der gesamten
Tonsequenz von f-Moll bis As-Dur, sondern auch in Einzelheiten der
Harmonik. Hier in der zweiten Phase findet durch die vorübergehende
Sequenzierung nach As-Dur eine treffliche zweitaktige Erweiterung der
Phrase statt, die uns nach f-Moll zurückführt und mit kontrapunktischen und rhythmischen Feinheiten einhergeht (Bsp. 55 (2)).
Die gesamte Sequenz aus 4 + 6 Takten wird dann mit einer harmonischen Abweichung wiederholt, die natürlich in der zweitaktigen Einleitungsphrase angelegt ist. Anstatt die absteigenden Intervallschritte wie
in den Takten 2, 6 und 12 tonal anzupassen, hält Chopin an der Sequenz
fest, um in Takt 16 Ces zu erreichen, wobei er sich vor der Kadenz in F-
Dur einen flüchtigen Blick auf E-Dur gestattet. Es ist der erste von
mehreren Augenblicken dieses Werkes, in denen das Material nach
oben abzugleiten droht und die zentrale H-Dur-Episode bei Takt 199
vorwegzunehmen scheint. Im zweiten Teil des einleitenden Marsches
sind die opernhaften Züge sogar noch verstärkt. Die gleichnamige Dur-
Tonart wird gefestigt, V–I-Modulationen werden durch abfallende
Intervallschritte gedehnt, und die Phrasenstruktur ist regelmäßig, mit

einer wiederholten achttaktigen Periode und einer sechstaktigen kadenzartigen Erweiterung.

Das neue Material ab Takt 43 weckt weitere Assoziationen an Improvisationen, wenn etwa eine ›präludierende‹ Arpeggio-Figur in wechselnden harmonischen Bezügen auftaucht. Die Fermaten verstärken diesen Eindruck, besonders im Zusammenhang mit einer unterbrechenden Phrase: der charakteristischen Oktave in Takt 52–53, die als Orientierungspunkt des gesamten Werkes dient. Die Konstruktion der Passage ist jedoch wiederum peinlich genau, und es wird deutlich, daß improvisatorische Einflüsse wohl im Charakter des Materials und im Gesamtkonzept spürbar sind, die Verarbeitung im Detail aber nicht beeinträchtigt ist.

Wie Lew Mazel gezeigt hat, festigt die harmonische Struktur dieses ›Präludiums‹ nicht nur die terzverwandten Tendenzen der Einleitung, sondern sie eröffnet einen Mikrokosmos der künftigen tonalen Anlage.[1] Die beiden Abschnitte, die durch die dazwischengeschobene Oktavphrase getrennt sind, ergeben folgendes Schema von Takt 43 bis 60:

F   As   C   Es   (G   Es)

Es   Ges   b   Des   (F   Des)   F

Eine Elision vereinfacht einen vollständigen Terzzyklus zu

F   As   C   Es   Ges   b   Des   F

Während Chopin bei Takt 60 wieder nach f-Moll zurückkehrt, bemüht er sich, einen kunstgerechten Übergang zum Hauptthema, sozusagen dem ›ersten Thema‹ bei Takt 68, einzuflechten. Bsp. 55 (3) zeigt Motivverbindungen zwischen der Introduktion und dem ersten Thema, wie sie sich in den späteren Stadien des einleitenden Materials herausgebildet haben.[2] Das Thema selbst wird durch terzverwandte Harmonien gestützt, die bereits im Präludium aufgebaut wurden, obwohl seine sequenzierende Basis, weitgehend in Übereinstimmung mit dieser harmonischen Anlage, geschickt überspielt wird (Bsp. 56). Die umfassendere tonale Bewegung des Themas intensiviert diese Fortschreitungen, indem sein zweites Kontrastglied in Takt 77 in einem As-Dur-Kontext erscheint. Noch mehr als die Introduktion verbindet nun das erste Thema f-Moll und As-Dur zu einer Art zusammengesetzter Tonika. Wie alle anderen bis dahin eingeführten Elemente wird auch dieses zweite Glied des ersten Themas sogleich wiederholt. Seine motivischen Verbindungen

Opus 49

Bsp. 56

mit früherem Material werden durch den diatonischen Abstieg von vier
Skalenschritten klar hervorgehoben, wodurch der chromatische Aufstieg der Einleitungsphrase ein Gegengewicht erhält.

Eine sequenzierende Verbindung, die wie eine zwanglose Umkehrung
des Präludium-Materials wirkt, leitet zum ›zweiten Thema‹ über. Die
tonale Anlage in c-Moll führt die ganze Terz-Fortschreitung weiter,
und ihre unmittelbare Wiederholung in Es-Dur bestätigt diese Tendenz. Das erste und zweite Thema kann nun tonal als f–As bzw. c–Es
charakterisiert werden. Chopin verstärkt die Es-Dur-Tonalität, indem
er eine achttaktige sequenzierende Verarbeitung der zweitaktigen ›ent-
gegenwirkenden‹ Phrase (T. 95–97) dazwischenschiebt, um sie neu
gefestigt bei Takt 109 wiederkehren zu lassen. Die Vervollständigung
der ›Exposition‹ vollzieht sich demnach in zwei Phasen, die beide tonal
gefestigt sind, Es-Dur jedoch auf verschiedene Weise stützen. Die erste
Phase ist rhetorisch; sie opfert thematische Interessen zugunsten von
einfachen harmonischen Bekräftigungen von Es-Dur, wobei durch eine
weitere Abweichung zum Kreuzbereich die Kadenz bei Takt 126–127
verstärkt wird. Die zweite Phase bildet ein neues Codetta-Thema: eine
marschartige Melodie, wiederum charakterisiert durch vier absteigende
Schritte und auf den klarsten diatonischen Harmonien basierend.

Diese Terminologie deutet bereits auf Modelle der Sonatenform hin,
und in gewisser Weise entsprechen auch die Es-Dur-Teile den Archetypen späterer Phasen der Sonatenexposition. Nicht-thematisches, die
Tonalität bestätigendes Material und Codetta-Themen waren jeweils
bewährte Methoden, die tonale Bestimmung der Exposition zu festigen. Allerdings kann diese Analogie sowohl irreführend als auch hilfreich sein. Zweifellos komponierte Chopin die Fantasie auf der Grundlage traditioneller formaler Archetypen, insbesondere der Sonatenform. Aber die Auseinandersetzung mit ihr vollzieht sich – beinahe wie
in einer Improvisation – ausgesprochen frei. Man braucht lediglich die
Proportionen der ›Exposition‹ vom Eintritt des ersten Themas an zu

untersuchen. Das erste und das zweite Thema nehmen zusammen nicht mehr als 33 Takte ein, während der Rest der Exposition volle 42 Takte beansprucht. Mazel faßt dies als beinahe symmetrische 33 + 8 + 34-Form zusammen, wobei er dem wiederkehrenden Es-Dur bei Takt 109 besonderen Vorrang einräumt und die achttaktige Sequenzpassage als zentralen Dreh- und Angelpunkt interpretiert.[3] Zudem sind sowohl Gewicht als auch Bedeutung des Einleitungsmarsches und des Präludiums (67 Takte) wesentlich größer als das, was man gemeinhin von einem Übergang zu einer Sonaten-Exposition von 75 Takten erwarten könnte; das wird durch die tonale Struktur bestätigt. Die außerordentlich lange Passage mit dem stabilen Es-Dur-Material wäre natürlich im Verhältnis zur tonalen Anlage des ersten und zweiten Themas völlig überzogen. Sie ergibt aber Sinn, wenn man das umfangreiche Einführungsmaterial in f-Moll einbezieht. Sonatenverläufe und -schemata stellt man sich am besten als einzelne Elemente vor, die eine Art Rahmen bilden. Dieser verbindet eine Reihe kontrastierender Charaktere, wie sie etwa in der Improvisation üblich sind: langsamer Marsch, Präludium oder Rezitativ, Sonate und später Choral.

Bei der weiteren Untersuchung der tonalen Anlage stellt man nun fest, daß die Reprise des ersten Themas (T. 235), die vom letzten Auftreten der dazwischengeschobenen Oktavphrase ›angekündigt‹ wurde, in der Subdominante auftaucht, was Chopin ermöglicht (wie vielen vor ihm), das zweite Thema in den Tonikabereich zu verlegen, während er die tonalen Bezüge der Exposition beibehält. Die Anlage sieht folgendermaßen aus:

Exposition	Reprise
f - A♭, c - E♭	b♭ - D♭, f - A♭

In anderer Hinsicht entwickeln sich die Ereignisse in der Reprise genauso wie in der Exposition, und das Codetta-Thema gipfelt in der gleichen dramatischen Wendung. Ein Schluß auf der Tonika wird unerwartet durch eine harmonische Unterbrechung vereitelt (Bsp. 57). Läßt man vorübergehend die Bedeutung der Akkorde mit chromatisch veränderten Tönen (x) in Exposition und Reprise außer acht, wird deutlich, daß sie *innerhalb* des vorgegebenen tonalen Bezugs als Dominantnonakkord fungieren können. Wenn der Akkord zum zweiten Mal erscheint, hat er tatsächlich diese Funktion, wobei er sich, wenn auch elliptisch, zur As-Dur-Tonika auflöst, so daß die Unterbrechungstendenzen sich in gewisser Weise beruhigen.

Opus 49

Bsp. 57

Am Anfang des Mittelteils hingegen ist der Akkord modulierend und führt ein Stadium tonaler Labilität in Verbindung mit dem Material des Präludiums ein. Chopin stellt hohe Ansprüche an seine Hörer, indem er einmal E-Dur, dann Des-Dur andeutet und enharmonisch ein dreitöniges Motiv aufgreift, das bei seinem ersten Eintritt im ›Präludium‹ bei Takt 50 nur eine untergeordnete Rolle gespielt hatte. Die Des-Dur-Tonalität erscheint gesichert, wenn die dazwischengeschobene Oktavphrase in As zu hören ist; der gesamte harmonische Schwerpunkt verschiebt sich jedoch, um einen Bezug zum ersten Thema im c-Moll-Bereich einzuführen. Das Thema wird so vollständig präsentiert, daß sogar Mazel Elemente des Sonaten-Rondos erkennt. Es entwickelt sich über die achttaktige ›Achse‹ hinweg bis zu dem Moment, an dem man das zweite Thema erwartet. Harmonisch gibt es jedoch feine Unterschiede. Der Terzaufstieg geht von c-Moll nach es-*Moll* statt nach (T. 158) Es-Dur, und die melodische Reprise der Einleitungsphrase liegt eine Terz höher als in der Exposition, was zur parallelen Ges-Dur-Tonart beim zweiten Teil des Themas führt (T. 164). Dies erweitert den Terzenzirkel eigentlich um eine weitere Stufe nach Ges, d. h.: f – As – c – Es – Ges.

Bis zu diesem Punkt zeigte der Mittelteil wenig Verarbeitung des Materials, wie man es von Durchführungsteilen der Sonatenform gewohnt ist. Hier ging es zunächst um tonale Aspekte, wobei das Präludium und das erste Thema nahezu in ihrer ursprünglichen Form vorgestellt wurden, jedoch in einem tonalen Kontext, der sich mit den originalen Terz-Bereichen überschneidet und dann über sie hinausgeht. Die Folge der Ereignisse – wie beispielsweise in der Exposition – ändert sich bei Takt 180, wenn das zweite Thema durch eine weitere Verarbeitung des Präludiums ersetzt wird, wobei die darin vorkommende Achtelfigur von dem ihr verwandten Motiv getrennt wird. Wieder überschneidet sich die tonale Anlage wie folgt:

f – As – c – Es
   c – es – Ges
      es – Ges – H

Die Passage gipfelt in einem kaum vernehmbaren Bezug zur dazwischengeschobenen Oktavphrase auf Ges. Ein wunderbarer Augenblick, in dem sich deutlich etwas Neues abzeichnet. Ges-Dur fungiert nun als Dominante, während die Oktavphrase eine völlig neue, zauberhafte choralartige Episode in H-Dur ankündigt.

Es gibt verschiedene Möglichkeiten, diese neue tonale Färbung zu interpretieren. Ungeachtet verschiedener Vorgriffe wird hier erstmals ein deutlich abgegrenzter Bereich stabilisiert, der dieser zentralen Episode besondere Schönheit und Distanz verleiht; denn sie bleibt außerhalb der terzverwandten Sequenz, die bis jetzt in der Fantasie tonangebend war. Zugleich ist es möglich, die H-Dur-Klärung als Vervollständigung eines geheimeren Prozesses innerhalb der terzverwandten Sequenz aufzufassen. Die Exposition skizziert die verwandten Paare f–As und c–Es. Im Mittelteil wird dann jedes Paar um eine weitere kleine Terz erweitert:

f - A♭ c - E♭ - G♭ B

Im größeren Rahmen kann die H-Dur-Episode außerdem als eine enharmonische Parenthese aufgefaßt werden. Das tonale Ziel ist hier das b-Moll der Reprise, das über eine Dominantnonakkord-Harmonie auf Ges erreicht wird. Dies kehrt über die H-Dur-Episode zurück zum Ges-Dur in Takt 188–198, so daß die Episode als Teil einer Mittelstimmenbewegung fungiert (Bsp. 58). Der ganze Verlauf ist von der dazwi-

Opus 49

Bsp. 58

schengeschobenen Oktavphrase in Ges sorgfältig ›umschlossen‹. Wie immer man die H-Dur-Episode auffaßt, die besondere Bedeutung der Reprise in der Subdominante wird nun deutlich. Abgesehen davon, daß Chopin die tonalen Bezüge der Exposition beibehalten kann, vermag er den Terzenzirkel auf folgende Weise zu vervollständigen:

f - A♭ - c - E♭ - G♭ - (B) - b♭ - D♭ - f - A♭

Die im Präludium skizzierte harmonische Anlage ist nun auf ein tonal bedeutsames Niveau gehoben.

Die H-Dur-Episode spielt in der Struktur der Fantasie eindeutig eine zentrale Rolle. Die Motivverbindungen wurden bereits dargelegt,[4] am wichtigsten ist jedoch ihre Kontrastfunktion. Sie stellt – eingebettet in das sie umgebende Material des Vorspiels – einen ruhenden Mittelpunkt dar. Der Kontrast besteht in thematischer, tonaler und struktureller Hinsicht (choralartige Akkordbewegung), jedoch ist der metrische Kontrast am bemerkenswertesten. Die Episode wird jedesmal abgetrennt, so daß sie fast als kurzer ›langsamer Satz‹ gelten kann, dem ›langsamen Satz‹ in Liszts später h-Moll-Sonate nicht unähnlich. Außerdem wird ihre Rolle als Ruhe- und Stabilitätspol durch eine regelmäßige Struktur von drei achttaktigen Perioden, die eine dreiteilige Anlage bilden, verstärkt. Dabei wird die chromatische Labilität der mittleren Periode durch die diatonische Stabilität der äußeren Abschnitte völlig ausgeglichen. Die scheinbar zentrale Stellung der Episode bedarf noch einiger Erläuterungen, da sie nicht genau in der Mitte des Werkes steht. Die Proportionen lassen sich folgendermaßen darstellen:

Introd.	Vorspiel	Exposition		Mittelteil ‘langs. Satz’		Reprise	Coda
42	25	75	56	+ 24	+ 12	75	23

←————————— 198 —————————►◄————— 134 —————→

←—————————————————— 332 ——————————————————→

Der Goldene Schnitt liegt demnach zu Beginn der zweiten Phrase des ›langsamen Satzes‹ in H-Dur. Darauf soll jedoch nicht näher eingegangen werden. Hätten solche Einzelheiten zu Chopins bewußter Planung gehört, wäre der Schnitt eher zu Beginn der ganzen Episode bei Takt 199 zu erwarten gewesen. Im Verlauf eines Musikstückes verändert sich die Wahrnehmung der Proportionen ständig, um so mehr, als die verschiedenen Gebilde des Materials diese Wahrnehmung beeinflussen. Verallgemeinerung ist auch hier gefährlich, doch ist der Eindruck von Symmetrie und Balance in der Musik offenbar weniger darauf zurückzuführen, daß ein Einschnitt genau in der Mitte einer Struktur vollzogen wird, sondern eher etwas später, wie bei der H-Dur-Episode. Die Bedeutung des Goldenen Schnitts liegt darin, daß er dieser Tendenz feste Form verleiht.

Auf die Melodie des ›langsamen Satzes‹ wird noch ein letztes Mal Bezug genommen: Das Material, das die Coda einleitet, löst sich zu einem kadenzierten As-Dur hin auf, indem es kurz auf die zentrale Episode zurückgreift. Es handelt sich dabei weniger um eine Reprise als um eine Reminiszenz in der Art einer Unterbrechung, wobei eine geradlinige $^6_4$–$^5_3$-Fortschreitung durch eine rezitativartige Erweiterung der ersten Phrase der Melodie auskomponiert wird. Diese Erinnerung wird schon bald durch die bravourartige Bestätigung von As-Dur in den Schlußtakten des Stücks hinweggefegt.

Polonaise-Fantasie in As-Dur op. 61

Dieses Werk gleicht noch mehr als die f-Moll-Fantasie einer stilisierten Improvisation. Bei der Fantasie op. 49 wie auch bei den Balladen ermöglicht Chopins Auseinandersetzung mit den sich entfaltenden ›erzählerischen‹ und den formalen Archetypen einen analytischen Einstieg in die Musik. Die Polonaise-Fantasie ist weiter als jedes andere größere Werk Chopins von derartigen Archetypen entfernt. Wie eine einfallsreiche Improvisation umfaßt sie eine reichhaltige Palette von Stilmerkmalen – langsame Introduktion, Tanzelemente, sonatenartige Durchführung, nocturneartige ornamentale Melodik, ›langsamer Satz‹ –, die alle in eine bemerkenswert opulente Anlage eingebunden sind. Ein Teil des Materials, das thematisch klares Profil erlangt, taucht nur einmal auf. Die Folge der Ereignisse ist meist nicht vorhersehbar, und den überkommenen Konventionen wird kaum Tribut gezollt.

Trotz ihres großzügigen rhapsodischen Schwungs ist die Struktur des Werkes überzeugend und einheitlich.

Thematische Reminiszenzen sind in der Musik gewiß ein wesentliches formbildendes Element, und Chopin macht sie sich in der Polonaise-Fantasie wie eigentlich in allen seinen größeren Werken zunutze. Sie können in ihrer Bedeutung jedoch auch überbewertet werden, was in der traditionellen Formanalyse oft der Fall ist. So wird ein Werk mit einer unkonventionellen thematischen Anlage, wie etwa einmalig auftretendem Material, gelegentlich scharf kritisiert. Doch man sollte dabei verschiedene Aspekte berücksichtigen: Zum einen, daß bei klassischen Anlagen ein großer Teil dieses Materials als akzeptabel angesehen wird, wenn es keine thematische Funktion hat, sondern beispielsweise als Passagenwerk auftritt, das die Tonalität festlegt. Auch in der Polonaise-Fantasie gibt es einmalige Passagen, wie etwa Y (T. 66–91), bei denen die thematische Identität hinter anderen Funktionen zurücksteht. Andererseits sollte die Einheit der Substanz berücksichtigt werden, auf der verschiedene thematische Oberflächen basieren können. Abgesehen von Fragen nach unbewußten Vorgängen gibt es in der Musik genügend Anzeichen dafür, daß Chopin in seinen letzten großen Werken zunehmend mit der thematischen Einheit beschäftigt war. Die Polonaise-Fantasie bildet da keine Ausnahme. Paul Hamburger hat auf die motivischen Verbindungen zwischen allen wichtigen thematischen Elementen des Werkes hingewiesen.[5] Natürlich müssen genaue Motiv- und Intervall-Entsprechungen nicht die einzige Grundlage für die Verbindung thematischer Formen sein. Ähnlichkeiten zwischen lyrischen Passagen, die auf Kontur, Struktur und Rhythmus beruhen, sind nicht weniger wichtig. So kann man eine Beziehung zwischen der nicht mehr wiederkehrenden Melodie in Takt 116 und den später auftretenden Themen in Takt 182 und in Takt 216 erkennen; diese ist tatsächlich so eng, daß man sie als B^1 und B^2 bezeichnen könnte. Für die Definition der Struktur ist wohl die jeweilige Gewichtung von Tonalität und Thematik insgesamt ausschlaggebend. Dem Reichtum an melodischen Einfällen in Opus 61 entspricht eine tonale Struktur, die bei aller Komplexität ihrer harmonischen Details eine solide Grundlage für die musikalische Konstruktion bietet. Die äußeren Abschnitte des Werks sind fest in As-Dur und dem Quintbereich verankert.

Damit soll nicht geleugnet werden, daß die ›Gestalt‹ der Polonaise-Fantasie schwer zu erfassen ist, aber es wird deutlich, daß die Probleme nur weiter zunehmen, wenn man sich allein auf die thematische Gliederung als Hauptkriterium für die Struktur verläßt. Fast scheint es, als versuche Chopin, diesem Werk erneut etwas von der Spontaneität und dem rhapsodischen Fluß einer Improvisation zu verleihen. Mehr als üblich verfeinert er das Überraschende, zumindest in der Abfolge der Gedanken. Ein naheliegender, wenn auch in der Literatur weitgehend unbeachteter Ausgangspunkt ist die Untersuchung der sich wandelnden Rolle der Tanzmerkmale. Selbst im Unterschied zu den anspruchsvollsten Polonaisen werden sie in Opus 61 relativ sparsam verwendet. Drei rhythmische Elemente, die mit der Polonaise in Verbindung stehen, erscheinen nach und nach in der langsamen Introduktion X:

a 𝄽 ♫♫ ♩.♩ (4); *b* ♩.♩ ♩.♩ ♩.♩ (13); *c* ♪ ♫ ♫♫ (22).

Von diesen ist *c* eindeutig das charakteristischste, und es bleibt auch im Hintergrund erhalten, wenn sich das Hauptthema (A) bei Takt 24 entfaltet. Die Episode bei Takt 66 (Y) befaßt sich weniger mit neuen thematischen Einwürfen als damit, diesen Tanzelementen eine feste Form zu geben. An das Motiv *c* reihen sich zwei andere Polonaisefiguren:

d ▬ ♫♫♪ | ♪

und die Schlußwendung

e ♫♫ ♩ ♪ ,

Alle drei Elemente (*c–e*) findet man in Chopins frühen Polonaisen in reichem Maße.

Des weiteren gibt es einen allmählich hervorspringenden Bogen, der in Y (T. 66–91) gipfelt, der deutlichsten Exposition des Tanzfundaments. Von diesem Augenblick an treten die Elemente der Polonaise zurück. Sogar der nachfolgende Bezug zum Hauptthema (T. 92 ff.) verliert sein Begleitungsmotiv *c* und ebnet so einem Mittelteil den Weg, dessen einzige (subtile) Verbindung mit der Polonaise im Festhalten an *d* als ein Bestandteil von B^1 (T. 116) und B^2 (T. 182) besteht. Das erneute Auftreten von Tanzelementen bei Takt 226 kündigt eine tonale und thematische Reprise an, wobei der erweiterte Auftakt (T. 226–241) die Motive *b* und *c* mit einbringt. Die Reprise des ›langsamen Satzes‹ bei Takt 254 wird dann vom Motiv *b* begleitet. Demnach bilden die Tanzelemente eine der Grundlagen für eine dreiteilige Gliederung, was durch die tonale Struktur des Werkes unterstützt wird. Innerhalb des episodi-

schen Mittelteils werden verschiedene Gedanken in einer komplexen
Sequenz vorgestellt, aber den in tonaler und thematischer Hinsicht
deutlichsten Orientierungspunkt bietet der ›langsame Satz‹ (C) in H-
Dur. Seine Stellung als das ›ruhige Zentrum‹ des Werkes legt unweiger-
lich Vergleiche mit der in der gleichen Tonart komponierten Episode
der f-Moll-Fantasie nahe.

Dies ist aber nicht die einzige Verbindung zwischen den beiden Werken, wie sich zeigt, wenn man die Intervallstruktur der beiden Introduktionen vergleicht (Bsp. 59). Die Introduktion zur Polonaise-
Fantasie gehört zu den schönsten und faszinierendsten Einleitungen
Chopins. Ihre sprunghaften Wendungen haben eindeutig einen improvisatorischen, präludierenden Charakter. Erst allmählich nimmt sie an
Stetigkeit zu, bis hin zum Hauptthema. Harmonisch gibt die Introduktion den kühnen Ton für das gesamte Werk an: Sie beginnt, wie so oft bei
Chopin, außerhalb der As-Dur-Tonika und bewahrt eine feine Balance
zwischen tonalen und nicht-tonalen Tendenzen. Der melodischen entspricht keine genaue harmonische Sequenz, und die Veränderungen
deuten eine *sehr* vage Tonika–Dominant-Fortschreitung in as-Moll für
die Takte 1–5 an (Bsp. 59). Mag dies auch das Endresultat sein, im

Opus 49

Opus 61

Bsp. 59

Kompositionsprozeß spielten solche Überlegungen keine große Rolle.
Chopin gelangte eher intuitiv zu diesen Harmonien. In den Skizzen
zum Werk (K. 815 und K. 816) hat die als f-Moll gekennzeichnete
Einleitung drei Erniedrigungszeichen in der Tonartvorzeichnung
(Bsp. 60).[6] Chopin beginnt eine große Terz höher mit einem c-Moll-
Akkord und hält dies bis Takt 6 durch, wo es zu einer Übereinstim-

Opus 61

Bsp. 60

mung mit der endgültigen Version kommt. Das ›Echo‹ in Takt 7 begann ursprünglich einen Ton tiefer und schuf wie in der Schlußfassung einen Übergang von Takt 6 her. In beiden Fällen wurden die Veränderungen nicht aus Gründen tonaler Integrität vorgenommen, sondern um eine reibungslosere Verbindung und eine größere Kontinuität zu erreichen. Hier findet man den ersten von verschiedenen Hinweisen auf eine (mehr oder weniger) lokale Flexibilität hinsichtlich der tonalen und harmonischen Anlage. In seiner endgültigen Gestalt weckt das Einleitungsmotiv gewisse auf Symmetrie basierende harmonische Erwartungen, die jedoch nicht ganz erfüllt werden. Die gesamte Phrase läßt weiterhin ihr ›Echo‹ im dominantischen Moll erwarten, was aber durch die Kadenzerweiterung in den Takten 10–22 vereitelt wird. Die Mittel dazu sind ganz charakteristisch: Die erniedrigte parallele Tonika (Ces) fungiert nicht, wie erwartet, innerhalb von es-Moll, sondern bildet statt dessen eine enharmonische Parenthese von E-Dur. Die Stimmführung zeigt an dieser Stelle (T. 10–22) eine Finesse, wie man sie nur in Chopins späten Werken findet, und entwickelt allmählich den Charakter einer kanonartigen Vorwegnahme des Hauptthemas. Anhand des weniger ›neutralen‹ Entwurfs, bei dem die Tanzelemente schärfer hervortreten, ist dieser Vorgang gut zu beobachten.

Das Thema selbst stellt die erste Klärung von As-Dur dar, was jedoch nicht untypisch ist für ein Polonaisen-Thema mit verlängertem harmonischem ›Auftakt‹ – drei Takte $\frac{2}{V}$, gefolgt von einem einzelnen Takt $\frac{1}{I}$. Auch dann noch ist der Abschluß nicht endgültig, denn die Harmonik öffnet sich sogleich, um eine Sequenzwiederholung der viertaktigen Phrase zu ermöglichen. Der nachfolgende Verlauf dieses Themas zeigt den Melodiker Chopin auf der Höhe seiner Kunst. Hier erreicht er eine Qualität und eine Reife, an der deutlich zu erkennen ist, wie weit der Weg war, den er seit den frühen Salon- und Konzertstücken der Warschauer Jahre zurückgelegt hatte. Das ganze Thema beansprucht 42 Takte, und es lohnt sich, seine Struktur im einzelnen zu untersuchen. Die erste achttaktige Periode (A^2), die durch ihre Sequenzstruktur (4 + 4) an eine strophische Weiterführung erinnert, erweist sich als der erforderliche ›Anker‹ für atemberaubende asymmetrische Aufschwünge (A^2 und A^3):

A^1	A^2	A^1	A^3
4 + 4	12	4 + 4 (+4)	10

Innerhalb von A^2 und A^3 herrscht der Eindruck einer sich spontan entfaltenden, äußerst leidenschaftlichen Linie vor, die freilich durch eine zurückhaltende motivische Parallelität kontrolliert wird. Die Motive entwickeln sich wie selbstverständlich aus dem vorhergehenden Material, sind aber auf Metrik und Harmonik derart bezogen, daß ähnliche Elemente auf unterschiedliche Weise wahrgenommen werden. So erhält der ganze Abschnitt eine beabsichtigte Mehrdeutigkeit, die inhaltsreich, kompliziert und ungemein fesselnd ist.[7]

Bsp. 61 zeigt die melodische Linie von A^2 und soll einige Parallelen und Zusammenhänge aufzeigen, die diesen Abschnitt mit Leben erfüllen. Beachtung verdienen die rhythmische Flexibilität und besonders die Unterbrechungen der Kontinuität innerhalb einer einzelnen melodischen Gestalt (T. 34–35). Dadurch gewinnt die Musik eine Art drängender, sich steigernder Intensität, und man wird dazu angehalten, Gruppierungen von Tonlagen herauszuhören, die dem zugrundeliegenden rhythmischen Schema nicht entsprechen. Übrigens ist bei der im Druck erschienenen Ausgabe die Intensität zugunsten der Kontinuität

Opus 61

Bsp. 61

abgeschwächt; der frühere Entwurf enthält noch eine weitere Achtel-
pause zu Beginn von Takt 37, unterdrückt Takt 39 (d. h., er geht von
Takt 38 zu einer Vorform von Takt 40 über), behält die ursprüngliche
rhythmische Gestalt des Motivs in Takt 40–41 bei und erreicht die
Kadenz in Takt 44 durch einen synkopierten melodischen Abstieg.[8] Die
gesamte Passage lebt von einer zwingenden Wechselwirkung zwischen
anderen Stimmen und der Melodie, was eine kontrapunktische Wirkung hervorruft; Motive aus der Melodie gehen dabei in die ›Begleitung‹
über. Der zweite Themeneintritt von A^1 erzeugt Spannung und entlädt
sich in A^3; eine absteigende Baßbewegung durch die Oktave betont
seinen Rückzugscharakter. Der Schwung der Harmonik ist hier wie
auch in der gesamten Eröffnungsmelodie so kühn wie kaum sonst bei
Chopin – man beachte die komplizierte Chromatik der Takte 52–55 und
die enharmonischen ›Abenteuer‹ von Takt 56–65. Während der gesamten 42 Takte wird ein Schluß vermieden, so daß der strukturelle Volltakt
in Takt 66 die erste klare Bestätigung des Tonika-Dreiklangs darstellt
und das zweite Thema Y einleitet.
Die harmonische Struktur mit ihren (vermeintlichen) Kadenzfiguren ist
eigentlich für die Polonaise kennzeichnend. Auch das harmonische
Grundmuster bei Takt 70 ist ein kadenzartiges Klischee der Polonaise,
wenn auch hier seine Stellung einen Takt *vor* der Kadenz Chopins
Bestreben charakterisiert, das Altvertraute noch im Moment seines Ent-
stehens zu unterlaufen. Der Abschnitt entwickelt sich über einer statischen harmonischen Grundierung in einer unregelmäßigen Phrasenstruktur auf folgende Weise:

As	C	E	Fis	Gis
6	8	4	2	2

Die ausführliche Fassung des Baßschemas stand ursprünglich im Einklang mit den beiden Einleitungstakten,[9] aber Chopin war wohl der
Meinung, daß die permanenten Wiederholungen der aufsteigenden Ska-
lenfiguren übertrieben wirkten, und führte später die absteigende Figur
ein (T. 68–69 ff.). Ansonsten entspricht der Entwurf dieses Abschnitts
weitgehend der endgültigen Fassung, bis auf die Unterbrechungsfigur
in Takt 92 (nochmals in Takt 97), die das Hauptthema wieder in Es-Dur
einführt; sie war ein späterer Einfall.
Die Tanzepisode fungiert in gewisser Hinsicht als eine Unterbrechung
des Hauptthemas, das sich bei Takt 92 fortsetzt. Seine Gestaltung ist
nun aber völlig anders, da auf die Merkmale der Polonaise zugunsten
eines eher lyrischen Ausdrucks verzichtet wird, der gelegentlich melo-

Opus 61

Bsp. 62

dische Verfeinerungen und eine fließende Triolenbegleitung enthält.
Das erste Glied der Melodie wird sequenziert, wirkt aber nicht spannungserzeugend. Die absteigende Sequenz (drei Themeneinwürfe,
wobei der dritte aus der Figuration der linken Hand hervorgeht) verleiht ihm – bis Takt 105 – einen eher kühlen Charakter. In den folgenden
drei Takten ist die Sequenzeinheit verdichtet, und es kommt zu einer
kontrapunktischen Intensivierung, die für Chopins Spätstil typisch ist.
Bis hierhin sind die Skizzen hauptsächlich wegen einiger Veränderungen im Detail aufschlußreich, während die harmonischen Wechsel in
der Introduktion eindeutig weiter zielen. Dies wird bei Takt 105 deutlich, von wo ab Chopin offensichtlich Schwierigkeiten mit der Fortset-
zung hatte. Dies zeigen verschiedene Versuche an einer ›Nahtstelle‹, die
für Intensivierung sorgt und einen Volltakt in Takt 108 vorbereiten
sollte (Bsp. 62). Obwohl die Reihenfolge der Skizzen schwer zu ent-
schlüsseln ist, erscheint es – nach dem Entwurf zu urteilen – denk-

bar, daß Chopin beabsichtigte, an dieser Stelle die neue Melodie B¹ einzuführen (T. 116 ff. in der endgültigen Fassung). Man kann zumindest anhand der Endungen bei den verschiedenen Versionen des Bindeglieds sicher sein, daß sie in diesem Stadium *nicht* ihre endgültige Bestimmung gefunden hatte. Jedenfalls folgt sogleich ein Entwurf für B¹ (bei dem es sich, genau genommen, um einmalig auftretende Elemente handelt).

Von Anfang an konzipierte Chopin B¹ als eine nocturneartige Melodie, die er geschmackvoll mit Verzierungen versah. Doch sein erster Entwurf unterscheidet sich in mancherlei Hinsicht von der endgültigen Version. Beispielsweise beginnt er anders und schließt im zweiten Takt eine kunstvolle Fioritur ein. Am wichtigsten ist jedoch, daß die ganze Passage einen Halbton höher angelegt ist; eine Entscheidung, die später noch erörtert werden soll. Die Fortschreitung zum ›langsamen Satz‹ ist in dieser Skizze von B¹ nicht vollständig ausgeführt. Es scheint, als ob die Musik einen Abschluß bei Takt 135 anstrebt; das Konzept reicht so weit wie der Trugschluß an dieser Stelle (immer noch einen Halbton höher). Interessant ist, daß hier in der Endfassung die Wirkung der Unterbrechung über die Harmonik bis in die Struktur hineinreicht. Das figurative Schema von Takt 132–133 wird von zwei Takten der Melodie und der Begleitungsstruktur unterbrochen, bevor es bei Takt 136 wieder aufgenommen wird. Die Bedeutung solcher Unterbrechungen wird ebenfalls später behandelt.

Vorerst muß noch einmal das Bindeglied Takt 105 untersucht werden. Chopin war offenbar weiter unzufrieden damit. Vielleicht war er der Meinung, daß die drei Takte 105–107, wie im ersten Entwurf, nicht ausreichten, um den strukturellen Volltakt 116 vorzubereiten, und daß vor dem Thema eine nachhaltigere Steigerung der Intensität erforderlich sei. Oder er mochte Bedenken haben wegen der großen Proportionen, angesichts der 42 Takte, die der erste Einwurf von A in Anspruch nahm. Auf alle Fälle wird eine weitere achttaktige Periode vor das neue Thema ›eingeschoben‹ (T. 108–115), in der A wieder sequenzierend verarbeitet wird, diesmal aber nach völlig neuem Plan und in einer spannungserzeugenden, aufsteigenden Sequenz. Bevor es zu einem letzten Versuch mit diesem neuen Material kommt, entwirft Chopin noch zwei weitere Fassungen des Bindeglieds Takt 105–107 (Bsp. 63). Seine Skizze setzt sich dann gemäß der Endfassung bis Takt 113 fort, wo erneut die verbindende Passage zu B¹ Schwierigkeiten macht. Chopins erste Idee bestand darin, die Triolenbewegung nach Takt 113 zu verstärken, und so komponierte er fünf weitere Takte (Bsp. 63), die er zugunsten von

Opus 61

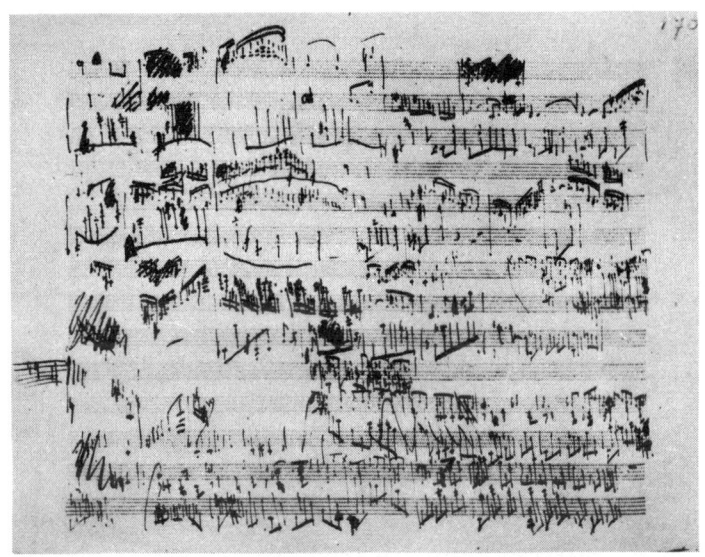

Bsp. 63

Takt 114–115 in der endgültigen Version, die bei Takt 116 in B^1 münden, verwarf.

All dies zeigt, daß Chopins Problem nicht darin bestand, die Hauptthemen des Werkes zu konzipieren, sondern eher, sie zufriedenstellend einzuordnen und vor allem überzeugende Übergänge zu schaffen. Nachdem er die lyrischen Abschnitte ohne Schwierigkeiten entworfen hatte, befaßte er sich intensiv mit den Nahtstellen, die er auf verschiedene Weise veränderte, um sie bestimmten Fortsetzungen und Abfolgen von Ereignissen anzupassen. Diesen Eindruck bestätigen die Skizzen für den ›langsamen Satz‹ (C), der in Takt 152 der Endfassung einsetzt.

Der Entwurf zu C (siehe Bsp. 64) beginnt nach den Einleitungsakkorden (T. 148–151) und wird (abgesehen von Änderungen im Detail bis Takt 181) ähnlich wie in der Schlußsequenz weitergeführt. Chopin war sich von Anfang an bewußt, daß von diesem Punkt an eine neue Phase in der Struktur einsetzen sollte (wobei er in der Skizze sogar einen Dop-

Opus 61

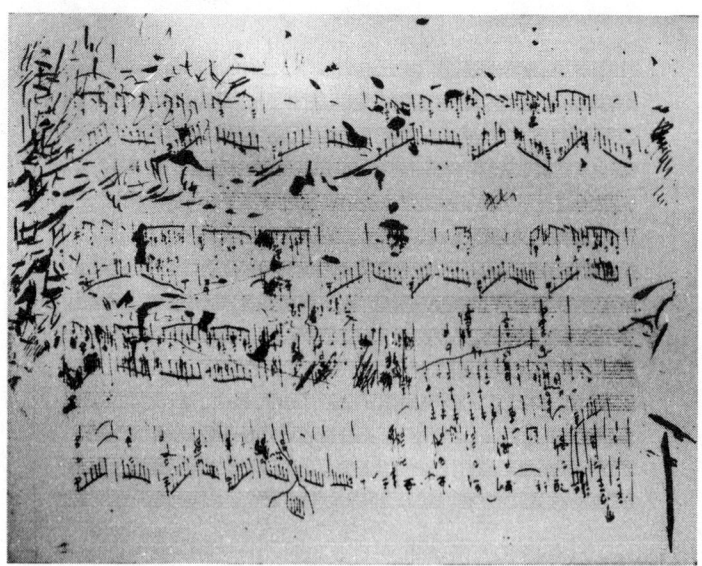

Bsp. 64

pelstrich verwendete). Doch war er sich noch nicht vollkommen darüber im klaren, was nun folgen sollte. Es gibt mehrere Entwürfe von
Takt 181 sowie eine später verworfene Alternative zum Schluß des
Abschnitts wie in Takt 213.
Am auffallendsten beim Entwurf für den langsamen Satz ist jedoch die
tonale Anlage, die nicht wie in der Endfassung in H-Dur, sondern in C-
Dur steht. Anhand der Skizzen kann man diese tonale Diskrepanz tatsächlich bie zu Takt 128 zurückverfolgen. Erneut tauchen dabei Fragen
bezüglich einer größeren tonalen Disposition in Chopins Musik auf. Es
lassen sich keine verbindlichen Regeln aufstellen. Die Struktur eines
Werkes, wie etwa der Fantasie op. 49, weist deutlich auf eine strenge,
vor der Komposition bestimmte Festlegung der tonalen Konturen hin,
während sich Chopin bei Opus 61 gern auf die Veränderung der tonalen
Anlage bei einem wichtigen, langen Abschnitt einließ. Dafür hatte er
wohl zweierlei Gründe. Zunächst einmal liegt die gesamte tonale An-

lage des Werkes bis zu dieser Stelle auf der verminderten Seite des
tonalen Spektrums, während sie sich schrittweise um den Quintenzirkel bewegt: As – Es – b. Die Reprise bestätigt As, und die unmittelbar vorangehende Klärung steht in f-Moll. Chopin mag vorausgeahnt
haben, daß bei seiner ursprünglichen Absicht, den langsamen Satz nur
zwei weitere Schritte um den Quintenzirkel in C-Dur zu plazieren, die
tonale Struktur nicht ausbalanciert gewesen wäre. Deshalb entschloß
er sich – beinahe wie in der f-Moll-Fantasie –, diesen Abschnitt als
deutlichen Gegenpol zum Rest des Werkes anzulegen. Zusätzlich mag
die Assoziation von H-Dur mit Stabilität und ruhiger Schönheit eine
Rolle gespielt haben, wie sie sich bereits in Opus 49 und verschiedenen
anderen Werken manifestiert hatte. Es gibt indes noch weitere Möglichkeiten, die tonale Struktur des gesamten Werks durch Lagenver-
schiebung des Abschnitts B^1 nach B-Dur und C nach H-Dur wesentlich zu verstärken. Diese Aspekte bleiben einer genaueren Untersuchung vorbehalten; hier möge die hochinteressante Beobachtung
genügen, daß die Erniedrigung eines Abschnitts von gut 98 Takten –
nicht weniger als ein Drittel des Werkes, mit mehreren formal unterschiedlichen Teilen – um einen ganzen Halbton zu einem so erfreuli-
chen Ergebnis führt.
Die Nahtstelle in Takt 181 leitet schließlich in ein neues Thema (B^2) ein,
das auf einer anderen Seite skizziert ist und immer noch einen Halbton
höher liegt. Abermals bereitet der Übergangsteil (T. 195 ff.) Schwierigkeiten. Dies zeigen verschiedene Versuche, eine geeignete Fortspinnung zu finden, bevor sich Chopin auf die bekannten dreifachen Triller
in Takt 199–205 festlegt. Interessanterweise stellen die Triller den Punkt
dar, wo Chopin der Tonlage durch die Schaffung einer dominantischen
Harmonik in H-Dur ihre endgültige Gestalt gibt. Der Entwurf für das
folgende Material – die Wiederaufnahme des langsamen Satzes – steht
jedoch in C-Dur, was nahelegt, daß es vor B^2 entstanden ist. Eigentlich
stellt B^2 eine weitere ›Einfügung‹ dar, der langsame Satz wird durch ein
Nocturne unterbrochen, dessen auf Rhythmus und Struktur basierende
Beziehung zu B^1 in Takt 116 klar wird. Diese Phase macht deutlich, daß
das Auf und Ab der Musik in der Polonaise-Fantasie neuartige, ungewöhnliche Unterbrechungen und Einfügungen enthält. Diese werden
nicht wie in vielen anderen Werken Chopins *dramatisch* verwendet,
sondern sind Bestandteil einer neu erlangten Freiheit bei der Aneinanderreihung von Einfällen innerhalb eines musikalischen Diskurses.
Diese bewußte formale Diskontinuität ist im nachfolgenden Material
nicht weniger deutlich. Im Anschluß an den langsamen Satz erklingt

zunächst noch einmal kurz die Introduktion X und dann B², diesmal in f-Moll. Dies führt über einen erweiterten Auftakt (T. 226–241) zur apotheosenartigen Reprise von A und C.

Die Skizzen machen es außerdem möglich, die gesamte Anlage des Werkes als ein Ineinandergreifen verschiedener Elemente aufzufassen, wobei der Eindruck von Kontinuität durch Unterbrechungen und Einschübe während der Entwicklung der wesentlichen Themengestalten beeinträchtigt wird. Besonders auffällig ist dieses Verfahren bei der ›Unterteilung‹ des mittleren Abschnitts (B¹ C B² C X B²), obwohl eine Tabelle allein vom wirklichen *Eindruck* der Diskontinuität kaum etwas vermitteln kann. Sogar die Reprise trennt noch ihre erhitzten Themeneinwürfe A und C durch eine Passage, die tonal und rhythmisch eigentlich nicht dazu paßt. Kurz gesagt, ihre harmonische Anlage erinnert vorübergehend an das H-Dur des langsamen Satzes. Dabei handelt es sich – grob gesprochen – um einen formalen Prozeß, der im großen Maßstab etwas von jener fließenden Asymmetrie bewirkt, welche die Struktur der Hauptthemen selbst auszeichnet.

Es ist schwierig abzuschätzen, ob sich mit der Polonaise-Fantasie in der Musik Chopins neue Wege eröffnet hätten. Natürlich verstärkt sie den Eindruck, den bereits einige der späten Mazurken vermittelten, daß jede weitere Auseinandersetzung mit den Nationaltänzen weit über die einfachen Typen der Tanzstücke hinausgegangen wäre. In formaler Hinsicht ist mehr Vorsicht geboten, da fließender Übergang und Diskontinuität zweifellos hauptsächlich mit der Gattung zusammenhingen. Aber auch so ist diese Komposition bemerkenswert; nicht wegen der ›Freiheit‹ der Struktur, sondern weil aus dieser Freiheit ein Werk von derart überzeugender Geschlossenheit entstanden ist. Chopin scheint sich hier vor allem auf sein intuitives Gespür für Form und Balance verlassen zu haben, das sich durch Anlehnung an konventionelle Schemata nicht zu sehr eingeengt fühlt, vielmehr Timing und Proportionierung in großen Dimensionen mit schlafwandlerischer Sicherheit beherrscht. Nach der Polonaise-Fantasie komponierte Chopin nur noch ein wichtiges Stück, die Cellosonate, die ihn, wie bereits geschildert, vor neue Probleme und Herausforderungen stellte. Dies verleitet dazu, Mutmaßungen über seine weitere Entwicklung zu wagen. In beiden Werken sind neue formale und gattungsspezifische Ausgangspunkte erkennbar, an denen deutlich wird, daß Chopin seine Kunst in zunehmendem Maße unter dem Aspekt der Entdeckung und Erneuerung betrachtete. Beide hätten den Zugang zu zukünftigen Wegen eröffnen können. Zu einer Violinsonate? Zu einer fünften Ballade?

Chopin. Photographie von L. A. Bisson. 1849

Nachwort

In der Musikgeschichte besteht Einigkeit darüber, daß Chopin neue Wege der musikalischen Sprache entdeckte, ja daß er ein Neuerer von herausragender Bedeutung war. Dies ist freilich in gewisser Hinsicht der unwichtigste Aspekt seiner Musik. Alle großen Komponisten waren Neuerer, selbst wenn sie scheinbar problemlos die Formen und Konventionen der Musik ihrer oder auch einer vergangenen Zeit akzeptierten. Umgekehrt stimmt das jedoch nicht; Chopins Neuerungen besäßen ohne die *Qualität* seiner Musik wenig Gewicht. Diese Qualität läßt sich niemals anhand dieses oder jenes Merkmals der Harmonik, Melodik, Rhythmik oder Struktur nachweisen, so aussagekräftig diese Elemente im Hinblick auf einige stilistische Details sein mögen. Chopins musikalische Sprache bildet ein einheitliches Ganzes, und nur mittels eines die verschiedenen Parameter einbeziehenden Ansatzes sollte man versuchen, den Ursprung der Vitalität und Kraft seiner Strukturen zu analysieren. Vorrangiges Ziel einiger der vorausgehenden Untersuchungen war es, damit einen ersten Anfang zu machen. Dabei sollten nicht nur die subtilen, glücklichen Einfälle, die sich an der Oberfläche einer Komposition Chopins vielfältig abzeichnen, aufgezeigt werden, sondern auch die vielen Ebenen, auf denen sie sich abspielen. Denn es ist gewiß eine der Voraussetzungen großer Musik, daß sie sich auf verschiedenen verwandten, wenn auch gelegentlich divergierenden Strukturebenen entwickelt, daß ihre Ereignisse für eine Vielzahl von Deutungen offen sind, daß sie mehr andeutet als klar ausführt, daß folglich ihre Bedeutung größer ist, als man erwartet.

Die besten Werke Chopins, einschließlich der scheinbar einfachsten Miniaturen, verbergen unter ihrer zumeist betörenden Oberfläche gerade diesen Reichtum der Bezüge und vielschichtiger Komplexität. Sie bieten auf geringem Raum eine große Informationsdichte, was sie weit über den Bereich der Salonstücke hinaushebt, für die sie oft als Musterbeispiel galten. Davon gab es bekanntlich mehr als genug. Wie es bei jedem wirklich charakteristischen Idiom der Fall ist, übten die äußeren Merkmale der musikalischen Sprache Chopins eine unwiderstehliche Anziehungskraft auf weniger begabte Tonsetzer aus. Auf dieser vordergründigen Ebene erlangte er im späten 19. und noch bis ins 20. Jahrhundert hinein einen enormen Einfluß. Der Grad und die Art dieser Beeinflussung sind sehr interessante Themenbereiche, doch sie gehören eigentlich zur Rezeptionsgeschichte und bleiben deshalb hier ausgespart. Dafür möchte ich einigen Aspekten von Chopins Vermächtnis nachgehen, die sich unmittelbarer auf die historische Entwicklung der musikalischen Sprache ausgewirkt haben.

Mittels der einzelnen Parameter läßt sich viel über die Art des Einflusses aussagen, mag eine solche Methode auch im Hinblick auf die musikalische Qualität ihre Grenzen haben. Komponisten brauchen sich (im Gegensatz zu den Musikwissenschaftlern!) nicht weiter Gedanken darüber zu machen, wenn sie ihre Haltung gegenüber der von ihnen geschätzten Musik nicht objektiv begründen können. Auf ihrer Suche nach schöpferischen Anregungen werden sie hemmungslos, aber durchaus gewissenhaft, das organische Ganze der Musik eines anderen bis ins Detail analysieren und mit wenig Rücksicht auf die Einheit ihrer Quelle jene Elemente herausgreifen und auswählen, die ihren Absichten entgegenkommen. So findet man im späten 19. Jahrhundert Komponisten, die beispielsweise von Chopins harmonischen Neuerungen profitieren, während sie ansonsten Welten von seiner Musik trennen. Gerade diese harmonischen Neuerungen wurden in der Literatur häufig als Beleg für den zukunftsweisenden Charakter des Chopinschen Œuvres angeführt. In groben Zügen ist folgendes gemeint: Die dominantischen und andere diatonische Septimen- und Nonenharmonien, die – unter Verzicht auf eine Auflösung – durch Arpeggierung in zahlreichen Begleitstimmen Chopins gestützt werden, bilden in der Klaviermusik des späten 19. und frühen 20. Jahrhunderts insbesondere bei den französischen und russischen Komponisten eine harmonische Grundfarbe. Am deutlichsten wird dieser Zusammenhang in den (frühen) Werken von Fauré und Skrjabin, die beide Chopins Vorbild folgten.[1] Chopins Vorliebe für harmonische Symmetrien, die oft auf einem (sich in *einem* Intervall bewegenden) verminderten Septakkord und ebenso häufig auf komplizierter Parallelität basieren (genau und ungenau), trug ebenfalls in späteren Kompositionen Früchte. Anfangs fand diese Art von Harmonik Eingang in das Passagenwerk der Musik für Tasteninstrumente im späten 19. Jahrhundert. In dieser Hinsicht gehörte kein Geringerer als Liszt zu Chopins Erben. Schließlich jedoch spielte diese Harmonik in den späten Werken Liszts, bei Rimski-Korsakow sowie natürlich bei Busoni und Debussy eine grundlegendere, weniger dekorative Rolle und trug mit dazu bei, einige neue tonale Konzepte, die um die Jahrhundertwende aufkamen, zu verwirklichen. In diesem Zusammenhang sei auch die Wirkung von Chopins folkloristischer Modalität besonders auf einige nachfolgende ›nationale‹ Komponisten erwähnt. Smetana war nur einer von vielen, die ihm diesbezüglich unmittelbar ihre Achtung bezeugten. Doch das größte Interesse galt von jeher Chopins ausdrucksvoller Chromatik, die ihm nicht selten den Ruf einbrachte, ein Vorläufer Wagners gewesen zu sein. Er erzeugte sie durch Stimmführung in Halbtönen, durch eine nahezu beispiellose Verdichtung chromatischer Akkordarten innerhalb eines kurzen Kontextes und durch eigenwillige harmonische Erkundungen, die auf dem Weg zu den zentralen tonalen Zielen eingeschoben wurden.

Derartige Behauptungen müssen sorgfältig abgewogen werden. Es ist vor allem (wenn auch nicht ausschließlich) auf Schenker zurückzuführen, daß eine für jeden einzelnen Akkord vorgenommene ›funktionale‹ Analyse der Harmonik Chopins vielfach kritisiert worden ist und daß ein großer Teil seiner reichhaltigen chromatischen Arbeit tatsächlich als Ornament – und sei es noch so verschwenderisch – oder als Verlängerung – und sei sie noch so ausgedehnt – aufgefaßt werden kann. Der Bezug zum Quintbereich ist im Vordergrund von Chopins Harmonik so verbreitet, daß seine tonale Anziehungskraft geschwächt, mitunter sogar neutralisiert wird. Deshalb muß man einen *qualitativen* Unterschied erkennen zwischen seiner Funktion auf dieser Ebene und der auf höheren Ebenen, wo er eine große strukturelle Bedeutung hat.[2] Ginge man von einer Unveränderlichkeit der Ebenen aus, wobei die tonale lediglich als eine Ausweitung der harmonischen Ordnung aufgefaßt würde, so hieße das, bei der Interpretation Entscheidungen auszuweichen. Schenkers grundlegende Einsichten sind über alle Zweifel erhaben, die man hinsichtlich bestimmter Lesarten oder gar fundamentalerer theoretischer bzw. methodischer Aspekte anbringen mag. Seine Leistung bestand darin, den klaren diatonischen Bereich, der sich im Mittelgrund der Harmonik Chopins abzeichnet, sowie die Wirksamkeit seines kontrapunktischen Rahmens aufzuzeigen.[3] Es kann daher gefährlich sein, anzunehmen, trotz aller Parallelen in der Anlage ihrer Stimmführung sei es bloß ein gradueller und nicht ein wesensmäßiger Schritt von der Harmonik Chopins zu der Wagners, wo die tonale Reinheit – als ›Ursatz‹ – wirklich bedroht ist.

Abgesehen von der harmonischen Sprache sind die Berührungspunkte der späteren deutschen Musik mit Chopin (die leichte Salonmusik ausgenommen) zeitlich vorübergehend und inhaltlich peripher, obwohl man durchaus etwa interessante Verbindungen zu Brahms feststellen kann.[4] Es ergeben sich jedoch völlig andere Aspekte, wenn man über die deutsch-österreichische Musik und über die Harmonik hinausblickt. In ihrer charakteristischsten Form gehört die Melodik Chopins zu einer Kategorie, die Mersmann in seiner *Musikästhetik* als »ornamental« bezeichnet. Dergestalt zeigt sie eine größere Affinität zur Arie der italienischen Oper als zum Thema der traditionellen deutschen Sonate oder Sinfonie. Solche Affinitäten gehen über den Charakter der Melodik hinaus und reichen bis in ihre Gestaltung hinein. Natürlich ist motivisches Spiel bei Chopin üblich, vor allem in den Sonaten und auf ganz andere Weise in den Mazurken. Sein eigentliches Genie bestand jedoch darin, lange Bögen von rhythmisch geschmeidigen, chromatisch gewölbten Linien zu gestalten, und darin, diese Linien durch eine Ornamentik zu variieren, die zur ausdrucksvollen Steigerung des Originals dienen kann, als Quelle von Energie und Spannung oder (und in zunehmendem Maße in seinen letzten Jahren) als ein Mittel, um einen bestimmten Aspekt der Struktur besonders hervorzuheben. Indem Chopin in seinen Themen der Verzierung und der Variation den Vorrang gegenüber der Aufspaltung und Entwicklung einräumt, steht er nicht nur der italienischen Oper nahe, sondern nimmt er auch spätere Tendenzen in der russischen und französischen Instrumentalmusik vorweg.

Die russischen Komponisten des 19. Jahrhunderts setzten vorzugsweise – zum Teil wegen des folkloristischen Ursprungs ihrer Themen – Wiederholungen und Variationen statt motivische Verarbeitung als Gestaltungsmittel ein. Dementsprechend waren sie für Chopins Leistung besonders empfänglich, und einige von ihnen, vor allem Balakirew, reagierten unmittelbar darauf. Solche Parallelen in der melodischen Behandlung weisen noch auf weitere Affinitäten hin. Die harmonischen Bezüge wurden bereits erwähnt, aber man könnte an dieser Stelle noch die Ähnlichkeiten in Struktur bzw. im »Satz« hinzufügen. Chopins Strukturen für Tasteninstrumente unterscheiden sich in den Werken seiner Reifezeit – besonders denen im Nocturnestil – ihrem Charakter nach völlig von denen Beethovens, Schumanns und Mendelssohns und auch von denen aus der frühen und mittleren Schaffensperiode Liszts. Sie gaben weitgehend den Anstoß zu einer Satzweise für Klavier, deren wahre Originalität und Qualität nicht nur von den unmittelbaren Nachfolgern aufgegriffen wurde, sondern auch von französischen und russischen Komponisten des späten 19. Jahrhunderts. Dies reicht bis hin zu den frühen Werken Debussys, insbesondere dessen Balladen, Nocturnes, Mazurken und Walzern. Debussy studierte Chopins Musik sehr genau, spielte sie in Konzerten, erarbeitete eine gewissenhafte Ausgabe für Durand und widmete später seine eigenen

Etüden dem Andenken Chopins. In seinen ausgereiften Klavierstücken versuchte Debussy natürlich auf die im Frühwerk noch so offensichtlichen Anklänge an Chopin zu verzichten. Tatsächlich eröffnete er zusammen mit Ravel ganz neue Perspektiven für die Klavierkomposition, die für das 20. Jahrhundert ebenso frisch, originell und einflußreich waren wie die Chopins für das vorangegangene. Trotz des trennenden zeitlichen Abstands und der ganz unterschiedlichen Oberflächen ihrer reifen Musikwerke bleibt die Verbindung zwischen ihnen stark. Letztlich spielt sie eine zentrale Rolle für das Verständnis von Chopins Leistungen.

Seine musikalische Sprache erwuchs aus nicht sehr vielversprechenden Ursprüngen, nämlich der Konzert- und Salonmusik für Klavier im frühen 19. Jahrhundert. Während er den Einfluß solch ›volkstümlicher‹ Musik nie verleugnete, bereicherte und entwickelte er ihr Material in großem Maße, indem er andere musikalische Bezirke – vor allem die Tastenmusik Bachs, die üppig verzierten italienischen Opernarien sowie die thematische Verarbeitung der Sonate der Wiener Klassik – mit einbezog. Zu all diesen musikalischen Bereichen wahrte er jedoch die für einen Außenstehenden größtmögliche Distanz. Diese ermöglichte es ihm, seine Vorbilder zu ›kommentieren‹, und zwar durch pure Selektion. Auf diese Weise nahm er zuerst und vor allem positiv Stellung. Zugleich enthielt eine solche Stellungnahme Elemente kreativer, wenn auch unbewußter Kritik am Hauptstrom der Instrumentalmusik im 19. Jahrhundert; einer Kritik, die im Verlauf des Jahrhunderts immer mehr an Bedeutung gewann. Es besteht die Gefahr, jeden Aspekt einer historischen Periode als normativ anzusehen. Aber selbst wenn wir historiographische Perspektiven einbeziehen, wird deutlich, daß die Instrumentalmusik der deutsch-österreichischen Tradition damals den Rang einer privilegierten ›hohen‹ Kunst einnahm, auf die andere Musikkulturen durch Nachahmung, Ablehnung oder Auseinandersetzung reagierten. Die Entwicklung dieser Kunst, von bemerkenswerter Zurückhaltung gegenüber dem Eklektizismus, gipfelte zu Beginn des 20. Jahrhunderts in einer (diesem Prozeß inhärenten?) Krise des Ausdrucks, als Sonaten und Sinfonien mit wachsender Begeisterung vorzugsweise in Zentren weitab von Mitteleuropa komponiert wurden und die prägende Musik Mitteleuropas die traditionellen Instrumentalformen zumindest so lange ablehnte, bis sie durch Schönberg eine Erneuerung erfuhren. Mahler erscheint dabei als eine der wichtigsten Persönlichkeiten; nicht zuletzt deshalb, weil er auf einzigartige Weise sowohl von innen wie von außen die Tradition kritisieren konnte.

Eigentlich hatte die ›Kritik‹ schon lange vor Mahler eingesetzt. Auf völlig unterschiedliche Weise begannen Berlioz und Chopin damit, Alternativen zum klassischen Erbe aufzuzeigen (von dem sie natürlich auch abhängig waren), und es ist kein Zufall, daß beide auf russische Komponisten im späten 19. Jahrhundert einen wesentlichen Einfluß ausübten. Gerade im damaligen Rußland, das geographisch, kulturell und politisch von Westeuropa abgesondert war, erlangten solche Alternativen zu den deutsch-österreichischen Kompositionsweisen zunehmend Bedeutung, was schließlich in den Anfangsjahren des 20. Jahrhunderts zu radikalen Veränderungen in der musikalischen Sprache führte. Es kam zu Neuformulierungen der tonalen Grundlagen, zu neuen Versuchen mit musikalischer Rede und Form sowie zu einer Neueinschätzung der relativen strukturellen Gewichtung der Grundbereiche des musikalischen Klangs. Dies alles lief auf eine Herausforderung der klassischen Vorherrschaft der Tonalität hinaus, für deren *Bewahrung* sich Schönberg in Deutschland und Österreich so entschlossen einsetzte.

Wenn sich in Anbetracht dieser Herausforderung irgendein Künstler als revolutionär erweist, dann ist es Debussy. Seine Kompositionen stellen hinsichtlich ihrer neuen tonalen Synthese, ihrem Gefühl für musikalischen Fluß und ihrem formalen Aufbau den Punkt dar, an dem die früheren Alternativen zu einer unabhängigen, eigenständigen Stimme verschmelzen. Somit erhält eine allmähliche Anhäufung von Veränderungen eine qualitative Bedeutung, durch die sich das neue Zeitalter der Musik mit Nachdruck bemerkbar macht. Chopin und Debussy stehen also an den entgegengesetzten Punkten eines wichtigen Umschwungs in der Geschichte der musikalischen Sprache; sie bilden den Ausgangs- und den Endpunkt einer Entwicklung mit grundlegenden Veränderungen. Entscheidend ist, daß Chopin auf der Grundlage der klassischen Harmonik, Struktur und Form gewisse Erweiterungen und Modifikationen vorgenommen hat, die später zu den wesentlichen Bestandteilen des musikalischen Denkens Debussys gehörten, wenngleich ihre Bedeutung und ihr Kontext völlig anders waren.

Harmonisch führte Chopin beispielsweise chromatische Substitutionen, Modalitäten und Symmetrien ein, die das diatonische Fundament seiner Musik nicht beeinträchtigten. Man kann den zunehmenden Einfluß aller drei Faktoren (die zur Auflösung der klassischen Tonalität potentiell beitragen) daran ermessen, daß sie im späten 19. Jahrhundert von den russischen Komponisten und schließlich von Debussy aufgegriffen wurden. Bei Debussy indes wandelte sich ihre Bedeutung. Anstatt einfach zur Kolorierung oder zur Ausweitung der diatonischen Harmonik zu dienen, werden sie nun zu mit der diatonischen Harmonik gleichberechtigten Elementen in einer neuen tonalen Synthese, die auf beständigen, feinen Wechselwirkungen zwischen verschiedenen harmonischen Gruppierungen beruht. Auch im Bereich der Melodik ist es möglich, neue Entwicklungen in der Behandlung von Variation und Ornament aufzuzeigen. Im Spätwerk Chopins deutet sich jene melodische Aufsplitterung an, die für Debussy so charakteristisch ist. Doch der auflösende Effekt ist bei Debussy stärker, weil Chopin noch an der verbindenden Funktion der Harmonik festhält.

Auch im Klavier-›Satz‹ kann man bei Chopin die Vorstufen zu einigen typischen Merkmalen der Musik Debussys entdecken. Dies reicht von subtilen Differenzierungen in Artikulation und Dynamik bis hin zu mitunter proportional umgekehrten Beziehungen von dynamischer Ebene und Dichte, wie sie für Debussy bezeichnend sind.[5] Solche Verfahren können außerdem zu einer ›Debussyschen‹ Schichtung der Struktur führen, obwohl bei Chopin andere Elemente und natürlich auch das Pedal darauf abzielen, den Zusammenhalt zu gewährleisten. Bei Debussy laufen sie hingegen darauf hinaus, diese Schichtung hervorzuheben. Auch in der Art der Figurierung nimmt Chopin Debussy gelegentlich vorweg, und er gibt evolutionäre, formbildende Funktionen auf, um eher statische Farbwerte zu schaffen. Wiederum spielt das Pedal hierbei eine wichtige Rolle.

Wesentlich bedeutsamer als bestimmte Parallelen in Harmonik, Melodik und Struktur sind jedoch solche in der jeweiligen strukturellen Gewichtung dieser Elemente. Die vorangegangenen Analysen sollten zeigen, daß bei Chopin die Grenzen zwischen melodischer Linie und figurativem Schema sowie jene zwischen harmonisch begründeter Begleitung und selbständigem Klang nicht immer genau festgelegt sind. In den dazwischen ablaufenden Funktionen gibt es häufig feine Schattierungen. Oft werden Melodie und Harmonie auch in die Struktur ›eingebettet‹, so daß letztere eine neue Bedeutung innerhalb der Komposition erhält; ein Mittel, um dem Gedanken Form zu verleihen und zuweilen sogar die Phrase zu gestalten. Ferner ist die ausführliche Information innerhalb einiger Strukturen Chopins – häufig handelt es sich um einen ›Kontrapunkt‹ von winzigen Teilchen – viel dichter als bei anderen Komponisten, etwa Liszt. Auch dies erhöht ihre Bedeutung als Grundbestandteile der Struktur. So scheint Chopin in vielerlei Hinsicht auf Debussy vorauszuweisen. Einmal mehr ist diese Beziehung jedoch noch keimhaft, keineswegs direkt kausal. In Chopins Musik kommt der

Melodik und der Harmonik immer noch die Hauptverantwortung für die Struktur zu. Jedoch finden sich in ihr schon gelegentlich motivische, bewußt geformte räumliche und überraschende rhythmische Verflechtungen, die andeuten, daß diese Satzstruktur allmählich – etwa ein halbes Jahrhundert später bei Debussy – eine ganz wichtige Rolle spielen wird.

Anhang

Anmerkungen

Einleitung

1 Franz Liszt, *Frédéric Chopin*, Paris 1852 (dt.: *Friedrich Chopin*, übers. von La Mara, Leipzig 1852).

2 Vgl. Kinzler, 1977; Rehberg, 1978; Baser, 1980; Noack, 1980; Orga, 1976; Jordan, 1978; Marek/Gordon-Smith, 1978; Zamoyski, 1979; Attwood, 1980 (die Titel sind in der Bibliographie verzeichnet).

3 Gastone Belotti, *Chopin l'uomo*, 3 Bde., Mailand/Rom 1974, und Józef Chomiński, *Fryderyk Chopin*, übers. von Bolko von Schweinitz, Leipzig 1980.

4 Die Beiträge erschienen in: *The Book of the First International Musicological Congress devoted to the Works of Frederick Chopin*, hrsg. von Zofia Lissa, Warschau 1963. Ein zweiter Kongreß fand 1986 statt.

5 Zu beachten ist: Wojciech Nowik, *Proces twórczy Fryderyka Chopina w świetle jego autografów muzycznych*, Diss. Warschau 1978.

6 Krystyna Kobylańska, *Rękopisy utworów Chopina. Katalog*, 2 Bde., Krakau 1977. Die spätere deutsche Fassung (*Frédéric Chopin: Thematisch-bibliographisches Werkverzeichnis*, hrsg. von Ernst Herttrich, übers. von Helmut Stolze, München 1979) enthält ein thematisches Verzeichnis, läßt aber viel von der Beschreibung der Manuskripte in der Originalversion aus. Für eine ausführliche Erörterung, besonders der unzureichenden Informationen zur Publikationsgeschichte bei Kobylańska und Brown, sei der Leser auf Jeffrey Kallbergs aufschlußreiche Besprechungen beider Fassungen des *Katalogs* verwiesen, erschienen in *19th Century Music* 3 (1979) S. 163–169 und *Journal of the American Musicological Society* 34 (1981) S. 357–365. Zusätzlich sei noch gesagt, daß man bei solch einem Verzeichnis davon ausgehen muß, daß eine zunehmende Zahl von Ungenauigkeiten erst bei ständigem Gebrauch zutage treten werden. Im vorliegenden Buch werden die Werke mit Bezug auf den *Katalog* (K.) eingeordnet.

7 Maurice J. E. Brown, *Chopin: An Index of his Works in Chronological Order*, London / New York 1960, rev. Ausg. ebd. 1972.

8 Jeffrey Kallberg, *The Chopin Sources: Variants and Versions in Later Manuscripts*, Diss. Chicago 1982. Von Kallberg erschienen auch größere Artikel in *Notes* und *Journal of Musicology*.

9 Siehe Jean-Jacques Eigeldingers Kommentare zu den Anmerkungen in Jane Stirlings Exemplaren in seiner Einleitung zu: *Frédéric Chopin: Œuvres pour Piano*, Paris 1982.

10 Zur Beurteilung und zum Vergleich von Gesamtausgaben siehe Thomas Higgins, »Whose Chopin?«, in: *19th Century Music* 5 (1981) S. 67–75.

11 Eine Einführung zu diesem Werk in Englisch bieten verschiedene Beiträge in: *Studies in Chopin*, hrsg. von Dariusz Żebrowski, übers. von Eugenia Tarska,

Halina Oszczygieł und Ludwik Wiewiórkowski, Warschau 1973. Eine ausführlichere Fallstudie, in der Autographen und frühe Ausgaben genau untersucht werden, um zu allgemeineren Schlußfolgerungen bezüglich der Aufführungspraxis und der Rezeption zu gelangen, findet sich in Zofia Chechlińska, »Ze studiów nad źródłami do scherz F. Chopina«, in: *Annales Chopin* 5 (1960) S. 82–194.

12 Wie in: Adam Harasowski, *The Skein of Legends about Chopin*, Glasgow 1967.

13 James Huneker, *Chopin, the Man and his Music*, New York 1900 (dt.: *Chopin – der Mensch, der Künstler*, übers. von Lola Lorme und Heinrich Glücksmann, München 1914).

14 Schenkers umfassende analytische Stellungnahme zu Chopin ist über seine ganzen veröffentlichten und unveröffentlichten Arbeiten verteilt.

15 Arnold Whittall äußert sich hierzu in seinem Beitrag zu »Musicology in Great Britain since 1945«, in: *Acta Musicologica* 52 (1980) Nr. 1, S. 57 bis 62.

16 Zofia Jeżewska, *Fryderyk Chopin*, Warschau 1980, S. 64.

17 Raymond Williams, *Culture and Society 1780–1950*, London 1958.

18 Zit. nach: Stanisław Golachowski, »Karol Szymanowski«, in: Ilona Reinhold (Hrsg.), *Begegnung mit Karol Szymanowski*, Leipzig 1982, S. 66.

19 Goethe im Gespräch mit Sulpice Boisserée am 4. Mai 1811 (zit. nach: Friedrich Blume, »Romantik«, in: *Die Musik in Geschichte und Gegenwart*, Bd. 11, München 1989, Sp. 791 f.).

Biographische Skizze

1 Zit. nach: Herbert Weinstock, *Chopin – Mensch und Werk*, übers. von Erik Maschat, München 1949, S. 98 f.

2 Jean-Jacques Eigeldinger behauptet, daß bei dieser Veranstaltung das Klavierkonzert in e-Moll gegeben wurde und nicht, wie gewöhnlich berichtet, das in f-Moll (»Un concert inconnu à Paris«, in: *Revue musicale de Suisse romande* 34,1, 1981, S. 2–9).

3 William Weber, *Music and the Middle Class*, London 1975, S. 16.

4 Dies stand bereits auf dem Programm des ersten Konzerts, doch es kam zu Schwierigkeiten wegen Chopins Abschriften des Orchesterparts.

5 Zit. nach: Guy de Pourtalès, *Der blaue Klang – Friedrich Chopins Leben*, übers. von Hermann Fauler, Zürich 1956, S. 29.

6 Zit. nach: Weinstock, *Chopin* (s. Anm. 1), S. 60.

7 Brief an Józef Elsner vom 26. Januar 1831, (Frédéric Chopin, *Briefe*, hrsg. von Krystyna Kobylańska, übers. von Caesar Rymarowicz, Frankfurt a. M. 1984, S. 116); Brief an die Familie vom 22. Dezember 1830 (ebd., S. 108).

8 Brief an Jan Matuszyński vom 26. Dezember 1830 (ebd., S. 112).

9 Willi Reich (Hrsg.), *Chopin – Briefe und Dokumente*, Zürich 1959, S. 92–94.

10 Brief vom 3. Oktober 1829 (*Friedrich Chopins gesammelte Briefe*, hrsg. von Bernard Scharlitt, Leipzig 1911, S. 60).

11 Louis Spohr, *Selbstbiographie*, Bd. 2, Kassel/Göttingen 1861, S. 135 f.

12 Siehe Józef Chomiński, *Fryderyk Chopin*, übers. von Bolko von Schweinitz, Leipzig 1980, S. 34 f.

13 Zit. nach: Moritz Karasowski, *Friedrich Chopin – Sein Leben, seine Werke und Briefe*, Dresden 1877, Bd. 2, S. 47.

14 Jean-Jacques Eigeldinger gibt ein faszinierendes Bild von Chopin aus der Sicht seiner Schüler in: *Chopin vu par ses élèves*, hrsg. von J.-J. E., Neuchâtel 1979.

15 Charles Hallé, *Life and Letters*, hrsg. von Charles E. Hallé und Marie Hallé, London 1896, S. 31.

16 Adam Czartkowski / Zofia Jeżewska, *Fryderik Chopin*, Warschau 1970, S. 392. Dieses Zitat stammt aus einem der Briefe von Filtsch, deren Authentizität jedoch angezweifelt wird (vor allem von Eigeldinger). Diese Briefe erschienen bisher nur in: Arthur Hedley (Hrsg.), *Selected Correspondence of Fryderyk Chopin*, London 1962, S. 216 f. und S. 221–228.

17 Die umfassendste Darstellung von Chopins Beziehungen zu seinen Verlegern findet sich bei Jeffrey Kallberg, *The Chopin Sources: Variants and Versions in Later Manuscripts*, Diss. Chicago 1982. Siehe auch Kallbergs »Chopin in the Market-place«, in: *Notes* 39 (1983) Nr. 3 und 4.

18 Die Werke mit den Opuszahlen 66 bis 74 wurden von Julian Fontana zumeist 1855 postum veröffentlicht. Die Ausgaben wurden eher nach Abschriften als nach Autographen erstellt; in den Fällen, bei denen letztere vorliegen, haben sich weitverbreitete Unstimmigkeiten ergeben.

19 Chopin wurde Mendelssohn im Dezember 1831 durch Ferdinand Hiller vorgestellt, und er verbrachte später bei Mendelssohns Niederrheinischem Musikfest 1834 einige Zeit mit ihm. Im folgenden Jahr begegnete er erstmals Schumann im Hause von Clara Wiecks Vater.

20 Józef Chomiński hält es sogar für fraglich, daß einige der amourösen Anspielungen in Chopins Briefen aus Wien auf Konstancja gemünzt sind, und weist darauf hin, daß sie nicht namentlich erwähnt wird (*Chopin* – s. Anm. 12 –, S. 180–182).

21 Ich beabsichtige nicht, mich noch einmal über die Argumente für oder gegen die Briefe zwischen Chopin und Potocka auszulassen. Es genügt indes, auf den Bericht von Ordway Hilton aufmerksam zu machen, wie er in George R. Marek / Maria Gordon Smith, *Chopin. A Biography*, New York 1978, wiedergegeben ist.

22 Curtis Gate, *George Sand – A Biography*, Boston 1975, S. 486. Siehe auch: George Sand, *Histoire de ma vie*, Bd. 4, Paris 1928, S. 454 f.

23 Eine neuere Darstellung bietet William Attwood (*The Lioness and the Little One*, New York 1980).

24 Chopin, *Briefe* (s. Anm. 7), S. 163.

25 *Correspondance de Frédéric Chopin*, hrsg. von Bronislaw Sydow, Suzanne Chainaye und Denise Chainaye, Bd. 2, Paris 1981, S. 310.

26 Kallberg, *The Chopin Sources* (s. Anm. 17).

27 Laut Josef Filtsch (*Selected Correspondence of Fryderyk Chopin* – s. Anm. 16 –, S. 217). Bei Eigeldinger (*Chopin vu par ses élèves* – s. Anm. 14 –, S. 201–203) werden Zweifel an der Authentizität der von Hedley erwähnten Filtsch-Briefe laut.

28 George Sand, *Lucrezia Floriani*, übers. von Anna Wheill, Frankfurt a. M. 1985, S. 23.

29 Adam Zamoyski, *Chopin – A Biography*, London 1979, S. 214. (Das Manuskript des unveröffentlichten Tagebuchs befindet sich in der Jagiellonen-Bibliothek in Krakau; Ms. 9261.) Die Tagebucheintragung weist auch auf ein Manuskript hin, das Chopin verschenkte und das später als Opus 9 Nr. 2 mit Anmerkungen Chopins identifiziert wurde. Siehe Virginia Fortescue, »The Unknown Chopin: An Alternative to the Cadenza of the Nocturne Op. 9 Nr. 2«, in: *South African Journal of Musicology* 1 (1981) S. 45–51.

30 Arthur Hedley, »Chopin: the Man«, in: Alan Walker (Hrsg.), *Frédéric Chopin: Profiles of the Man and the Musician*, London 1966.

Lehrjahre

1 Krystyna Kobylańska hat nachgewiesen, daß mindestens fünfzig vor 1825 komponierte Stücke existieren. In Polens bewegter politischer Geschichte haben alle Wissenschaftszweige bittere Verluste an wichtigen Dokumenten erlitten, und so fehlen auch viele Manuskripte Chopins.

2 Die internationale Verbreitung der Polonaise ergab sich aus der Übernahme ländlicher Vorbilder durch den polnischen Adel (hauptsächlich im 17. Jahrhundert), als sie zu einem ›kultivierten‹ Tanz für Zeremonien bei Hofe umgewandelt wurde. Soweit ich weiß, fand die Bezeichnung »Polonaise« jedoch erst im 18. Jahrhundert weite Verbreitung.

3 Die jüngste von vielen Untersuchungen über Telemanns berühmte Verbindungen mit der polnischen Musik ist Zofia Stęszewskas »Elementy polskie w twórczości George Philippa Telemanna«, in: *Muzyka* 25 (1981) Nr. 3–4, S. 71–84.

4 Ogińskis Lehrer Józef Kozłowski (1757–1831) komponierte ebenfalls Polonaisen. Die meisten seiner späten Lebensjahre verbrachte er in Rußland, und so hatte er wenig Einfluß auf die polnische Musik. Doch er schuf die Grundlagen für das blühende Interesse an der Polonaise in Rußland im 19. Jahrhundert.

5 Viele Polonaisen von Kurpiński erklangen erstmals in seinen Opern.

6 Wie viele der begabteren polnischen Komponisten zu dieser Zeit, emigrierte Janiewicz in jungen Jahren, zog erst nach Wien und ließ sich schließlich in England nieder.

7 Lipiński arrangierte mehrere Kompositionen Chopins für Violine und Klavier, unter anderem auch das h-Moll-Prélude op. 28 Nr. 6.

8 Obwohl Lessel bis 1838 lebte, gab er das Komponieren bereits 1822 auf. Die Musik, die von ihm erhalten geblieben ist, gehört zum Schönsten, was zu Beginn des 19. Jahrhunderts in Polen entstand.

9 Wacław Poźniak, »Neueste Forschungen über Leben und Werke Chopins«, in: *Schweizerische Musikzeitung* 104 (1964) S. 224–231; Józef Chomiński, *Fryderyk Chopin*, übers. von Bolko von Schweinitz, Leizpig 1980, S. 38.

10 Jan Ekier nennt als Datum für die gis-Moll-Polonaise das Jahr 1824 (siehe seine Chronologie in *Wstęp do wydania narodowego dzieł Fryderyka Chopina*, Warschau 1974), womit er früheren Quellen widerspricht, die 1822 angeben.

11 Man könnte auch Hummels sechs beliebte Polonaisen op. 70 und Webers Polonaise op. 72 anführen. Allgemein bestehen bemerkenswerte Beziehungen zwischen Chopins frühen Klavierkompositionen und denen Webers.

12 Es gibt durchaus »Rondos«, die sich nicht speziell nach dem formalen Archetyp richten. Siehe Donald Francis Toveys Bemerkungen zum Finale des f-Moll-Konzerts (D. F. T., *Essays in Musical Analysis*, Bd. 3: *Concertos*, London / New York / Toronto [11]1969, S. 106).

13 Es gibt verschiedene Abweichungen zwischen dem Autograph dieses Stückes und der Abschrift von Chopins Vater. Letztere war Fontanas Quelle für die postume Veröffentlichung.

14 Chopin besuchte mit Kolberg eine Aufführung von *La Gazza Ladra* nach seiner Abschlußprüfung am Lyzeum im Juli 1826. Als er mit seiner Familie nach Bad Reinerz reiste (ein vergeblicher Versuch, die Tuberkulose seiner jüngeren Schwester Emilia zu kurieren), überreichte er Kolberg die Polonaise als Abschiedsgeschenk.

15 Tanzrondos waren zu der Zeit ziemlich verbreitet – beispielsweise gibt es von John Field eine *Polonaise en rondeau* –, doch es war weniger üblich, die Mazurka so zu stilisieren.

16 Gerald Abraham, *Chopin's Musical Style*, London 1939, S. 8 f.

17 Bei einer früheren D-Dur-Mazurka ist die Authentizität zweifelhaft. Die Publikationsgeschichte der G-Dur- und der B-Dur-Mazurka ist ziemlich verwickelt, und der interessierte Leser sei verwiesen an den von Krystyna Kobylańska herausgegebenen Katalog *Rękopisy utworów Chopina*, Warschau 1977, S. 357–360.

18 Wie mir Jeffrey Kallberg brieflich mitteilte, sprechen der Stil des Werkes, die Handschrift und das Papier gegen dieses Datum, obwohl kein Zweifel daran bestehen kann, daß Kolberg das Datum dort wirklich angab.

19 Der einzige bemerkenswerte Unterschied ist eine zusätzliche Gegen-Melodie in Takt 73 ff.

20 Brief vom 20. Oktober 1829 (Frédéric Chopin, *Briefe*, hrsg. von Krystyna Kobylańska, übers. von Caesar Rymarowicz, Frankfurt a. M. 1984, S. 70).

21 Siehe Marie Kubień-Uszokowa, »Stosunek Chopina do Beethovena«, in: *Chopin a muzyka europejska*, hrsg. von Karol Musioł, Katowice 1977, S. 25–41.

22 Das Autograph ist mit ausgesprochen genauen Angaben etwa zu Dynamik, Fingersatz, Vortragsbezeichnungen und Pedalführung versehen (K. 1086).

23 Gerald Abrahams Auffassung (*Chopin's Musical Style*; s. Anm. 16), daß Chopin das Rondo bevorzugte, weil er gegenüber großen Strukturen unsicher war, erscheint wenig überzeugend.

24 Teilweise als Protest gegen solche Sammlungen nannte Mendelssohn seinen eigenen Zyklus *Variations sérieuses*.

25 Diese Feststellung mag zweifelhaft sein. Der Bericht stammt von Marcin Antoni Szulc (*Fryderyk Chopin i utwory jego muzyczne*, Posen 1873) und beruht auf Gesprächen mit Oskar Kolberg.

26 R. Davis, »The Music of Hummel«, in: *Music Review* 25 (1965) S. 171.

27 Ein Tiroler Volkslied, das erstmals 1822 veröffentlicht wurde.

28 Auch andere Pianisten-Komponisten, Hummel eingeschlossen, schrieben »Andenken« an Paganini.

29 Józef M. Chomiński, *Sonaty Chopina*, Krakau 1960, S. 13.

30 Chopin war sich der Schwierigkeit bewußt und erwog später, die Oberstimme für Viola umzuschreiben.

31 Charles Rosen, *Sonata Forms*, New York / London 1980, S. 319.

32 Siehe Paul Hamburger, »Mazurkas, Waltzes, Polonaises«, in: Alan Walker (Hrsg.), *Frédéric Chopin: Profiles of the Man and the Musician*, London 1966, S. 96.

33 Brief an Titus Woyciechowski vom 14. November 1829 (*Briefe* – s. Anm. 20 –, S. 72).

Stile brillante

1 Johann Christian Bachs Konzerte op. 13 wurden »für Cembalo bzw. Piano« komponiert. Er soll der erste gewesen sein, der 1768 ein öffentliches Solokonzert auf dem Klavier gegeben hat.

2 Heinrich Heine, *Lutetia. Berichte über Politik, Kunst und Volksleben*, Zweiter Teil, LV; Paris, 20. März 1843 (*Sämtliche Schriften*, hrsg. von Klaus Briegleb, Bd. 9, München 1976, S. 435).

3 Moscheles behauptet in seinen Memoiren, 1837 das erste Solokonzert gegeben zu haben.

4 Wie solche Programme zusammengestellt waren, zeigt Isabella Amster, *Das Virtuosenkonzert in der ersten Hälfte des 19. Jahrhunderts*, Berlin 1931, S. 22, sowie Derek Carew, »The Composer/Performer Relationship in the Piano Works of J. N. Hummel«, Diss. Leicester 1981, S. 21.

5 In Anbetracht des schlechten orchestralen Niveaus in vielen Städten *bevor-*

zugten die komponierenden Pianisten häufig sogar, ihre Konzerte solistisch zu spielen.

6 Louis Spohr, *Selbstbiographie*, Bd. 1, Kassel/Göttingen 1860, S. 299; Bd. 2, ebd. 1861, S. 180.

7 Eine nützliche neue Studie bietet Cyril Ehrlich, *The Piano: A History*, London 1976.

8 Die einzige wichtige Entwicklung zu Chopins Zeit war Érards ›Repetitionsmechanik‹, die er erstmals 1822 konstruierte und die später verbessert wurde.

9 Im 3. Teil seiner *Pianoforte-Schule* (Wien 1839) unterscheidet Czerny zwischen sechs Vortragsstilen bzw. -schulen – Clementi, Cramer und Dussek, Mozart, Beethoven und Ries –, der modernen »brillanten« Schule von Hummel, Kalkbrenner und Moscheles und der neuen Synthese von Thalberg, Liszt und Chopin, die auf verschiedene Weise auf jede dieser früheren Schulen zurückgreift.

10 Clementi beeinflußte auch den schwereren, volleren homophonen Satz von Beethoven und Ries.

11 Der Vortragsstil von Moscheles entwickelte sich, wie es scheint, immer mehr vom ›brillanten‹ hin zum lyrischen in späteren Jahren, was bis zu einem gewissen Grad eine Parallele zu Chopins eigener Entwicklung darstellt.

12 Im Gegensatz zu Krystyna Kobylańskas Angabe befindet sich das sogenannte »Arbeits-Autograph« von Opus 2 (K. 6) in der Pierport-Morgan-Bibliothek. Sie hat dies selbst berichtigt in »Autograf roboczy partytury Wariacji B-Dur op. 2 Fryderyka Chopina«, in: *Ruch muzyczny* 23 (1979).

13 Eine Untersuchung darüber, auf welche Weise sich die Lehrbücher mit der Improvisation befassen, findet sich bei Irena Poniatowska, »Improwizacja fortepianowa w okresie romantyzmu«, in: Zofia Chechlińska (Hrsg.), *Szkice o kulturze muzycznej XIXw*, Bd. 4, Warschau 1980, S. 7–26.

14 Ganz fehlen sie freilich nicht. Siehe Jean-Jacques Eigeldinger, *Chopin vu par ses élèves*, Neuchâtel 1979, S. 215 f.

15 Liszt forderte seine Schüler in Budapest stets dazu auf, sich im Improvisieren ausbilden zu lassen.

16 Diese Formulierung stammt von Derek Carew. Carews Dissertation *The Composer/Performer Relationship in the Piano Works of J. W. Hummel* (Leicester 1981) bietet den umfassendsten Beitrag über die Improvisation in der Klaviermusik des frühen 19. Jahrhunderts. Sie enthält auch nützliche dokumentarische Belege und Erörterungen zum Konzertleben jener Zeit.

17 Zur Erörterung der ästhetischen Stellung einer Improvisation als ein Werk siehe Zofia Lissa, »Über das Wesen des Musikwerkes«, in: Z. L., *Neue Aufsätze zur Musikästhetik*, Wilhelmshaven 1975.

18 Häufig diente die übermäßige Länge der langsamen Einleitungen zu leichten ornamentalen Variationen dazu, ein Publikum, das ungeduldig das Erklingen eines vertrauten Themas erwartete, auf die Folter zu spannen.

19 Gerald Abraham, *Chopin's Musical Style*, London 1939, S. 19.

Anmerkungen

20 François-Henri-Joseph Castil-Blaze, *Dictionnaire de musique moderne*, Bd. 2, Paris 1825, S. 262 f.

21 Robin Langley, »John Field and the Genesis of a Style«, in: *Musical Times*, Januar 1982, S. 92–99.

22 Gerald Abraham, »Chopin's Orchestral Style«, in: *The Book of the First International Musicological Congress devoted to the Works of Frederick Chopin*, hrsg. von Zofia Lissa, Warschau 1963, S. 85–87.

23 Vgl. Friedrich Niecks, *Friedrich Chopin als Mensch und als Musiker*, übers. von Wilhelm Langhans, Bd. 1. Leipzig 1890, S. 123.

24 Zugestandenermaßen gibt es einige Konzerte Mozarts, bei denen man den Solo-Einsatz weniger als strukturelle Volltaktigkeit empfindet, sondern als einen Abschnitt in einer viel größeren Gliederung.

25 Andere Pianisten-Komponisten dieser Zeit erlitten eine ähnlich unwürdige Behandlung. Es gibt beispielsweise noch Aufführungen von Moscheles' g-Moll-Konzert, bei denen der größte Teil des ausgedehnten sinfonischen Vorspiels weggelassen wird.

26 Abraham, *Chopin's Musical Style* (s. Anm. 19), S. 32.

27 In Amster, *Das Virtuosenkonzert* (s. Anm. 4) finden sich ausführlichere Hinweise auf solche allgemein verwandte Materialien.

28 Aleksander Frączkiewicz, »Koncerty fortepianowe Chopina jako typ koncertu romantycznego«, in: *The Book* (s. Anm. 22), S. 293–296.

29 Peter Gould, »Concertos and Sonatas«, in: Alan Walker (Hrsg.), *Frédéric Chopin: Profiles of the Man and the Musician*, London 1966, S. 155.

30 Auch klingt das »Polonaise«-Finale von Fields 3. Klavierkonzert nach, das sogar einen gewissen Einfluß gehabt haben mag.

Barocke Einflüsse

1 Selbstverständlich ist der Effekt einer *sforzando*-Artikulation auf einem Klavier von 1830 ein ganz anderer als auf einem modernen Instrument.

2 Zur weiteren Erörterung siehe Dalila Turło, »The Evolution of Dynamics as an Element of Construction in Chopin's Works«, in: *Annales Chopin* 6 (1965) S. 99–103.

3 Die bei Brown angegebenen Daten für die einzelnen Etüden sind keineswegs maßgebend. Die Grundlagen für seine Entscheidungen werden nicht deutlich, und zumindest in einem Fall, Opus 10 Nr. 9, ist seine Angabe falsch.

4 In der später bekannten Ausgabe von Tausig liegen nur 29 dieser Stücke vor.

5 Wie Robert Collet dargelegt hat – »Studies, Preludes and Impromptus«, in: Alan Walker (Hrsg.), *Frédéric Chopin: Profiles of the Man and the Musician*, London 1966, S. 120 –, gibt es verschiedene wichtige Aspekte der Klaviertechnik, auf die keine der Chopin-Etüden eingeht.

6 Siehe Bernard Ott, *Liszt et la pédagogie du piano*, Issy-les Moulineaux 1978.

7 Gerald Abraham, *Chopin's Musical Style*, London 1939, S. 38.

8 Die Parallele zwischen Bachs erstem Präludium und Chopins Opus 10 Nr. 1 wird noch verstärkt durch eine Herkunftsanalyse. Siehe Allen Forte / Steven E. Gilbert, *Introduction to Schenkerian Analysis*, New York / London 1982, S. 190.

9 In diesem Manuskript gibt es auch verschiedene melodische Varianten.

10 Eine andere Auffassung findet sich in: Karol Hławiczka, »Chopin – Meister der rhythmischen Gestaltung«, in: *Annales Chopin* 5 (1960) S. 31–81.

11 Die in Bsp. 8 verwendeten Symbole stammen aus Wallace Berry, *Structural Functions in Music*, New Jersey 1976.

12 Chopins eigene Phrasierung und Betonungen (K. 124) helfen kaum, um sich über die Struktur der Melodik Klarheit zu verschaffen. Wenn überhaupt, dann unterstreichen sie eher die beabsichtigte Mehrdeutigkeit der Musik.

13 Die endgültige Form dieser Passage wurde nicht sofort erreicht. In Chopins frühestem Autograph (K. 123) nähert er sich dem Höhepunkt weniger wirkungsvoll durch Erweiterung einer früheren Phrase, so daß Takt 14 wie Takt 6 ist.

14 Adornos »Gesetz der komplementären Harmonik« (siehe seine *Philosophie der neuen Musik*, Frankfurt a. M. 1978, S. 80), bei der der zweite Akkord Noten enthält, die im ersten fehlen, gebrauchte dieser im Bereich der Zwölftonmusik, doch sie findet (wenn auch in geringerem Umfang) auch bei der Akkordverbindung in tonaler Musik Anwendung.

15 Chopin schrieb Takt 50 ursprünglich als E-Dur statt Fes-Dur (K. 140).

16 Dieser brauchbare Ausdruck ist bei Abraham, *Chopin's Musical Style* (s. Anm. 7) entlehnt.

17 Jeffrey Kallberg, *The Chopin Sources: Variants and Versions in Later Manuscripts*, Diss. Chicago 1982, S. 190–210. Kallberg vertritt diese Ansicht eher noch deutlicher in »Compatibility in Chopin's Multipartite Publications«, in: *Journal of Musicology* 4 (1983).

18 Walter Wiora, »Chopins Préludes und Études und Bachs *Wohltemperiertes Klavier*«, in: *The Book of the First Musicological Congress devoted to the Works of Frederick Chopin*, hrsg. von Zofia Lissa, Warschau 1963, S. 73–81.

19 Hans von Bülow äußerte sich dazu in seinem Vorwort zu der Ausgabe der Etüden. Siehe auch G. C. Ashton Jonson, *A Handbook to Chopin's Works*, London 1905, S. 39.

20 Arthur Hedley, *Chopin*, London 1947, S. 143 f.

21 »Für die Stellung der beiden Hände bei den verschiedenen Akkorden. Diese müssen arpeggiert gespielt werden, d. h., daß die Noten nacheinander, von der tiefsten bis zur höchsten, angeschlagen werden müssen.«

22 Zit. nach: Moritz Karasowski, *Friedrich Chopin – Sein Leben, seine Werke und Briefe*, Bd. 2, Dresden 1877, S. 81.

23 Robert Schumann, *Gesammelte Schriften über Musik und Musiker*, Bd. 2, Leipzig 1891, S. 73.

24 Alberto Basso, »Chopin et l'esprit de la musique instrumentale baroque«, in: *The Book* (s. Anm. 18), S. 271–274.

25 Dieses »Prélude« erhielt seine Bezeichnung nicht von Chopin, der dem Stück nur eine Tempoangabe voranstellte.

26 Józef M. Chomiński, *Preludia*, Krakau 1950, S. 22.

27 Bernard Gavoty, *Chopin*, übers. von Susi Piroué, Tübingen 1977, S. 99.

28 In der Druckvorlage von Opus 28 Nr. 1 (K. 373) verband Chopin das G–C-Motiv aus Takt 29–32 noch weiter, strich aber später den Verbindungsbalken wieder aus.

29 Charles Burkhart, »The Polyphonic Melodic Line of Chopin's B minor Prelude«, in: *Frédéric Chopin: Preludes Op. 28*, hrsg. von Thomas Higgins, New York 1973, S. 80–88.

30 Die ornamentale Melodik dieses Satzes lenkt die Aufmerksamkeit noch auf eine weitere Beziehung zwischen diesen beiden Komponisten.

31 Siehe D'Arcy Thompson, *Über Wachstum und Form*, übers. von Ella M. Fountain und Magdalena Neff, Basel/Stuttgart 1973, S. 32: »[. . .] die Form eines Gegenstandes ist ein ›Kräftediagramm‹, zumindest in dem Sinn, daß wir aus ihr die Kräfte beurteilen oder ableiten können, die auf den Gegenstand einwirken oder eingewirkt haben.« Thompson betont die »dynamischen Aspekte« der Form, »in deren Rahmen wir uns mit Hilfe von Kräftebegriffen mit der Deutung von Energievorgängen befassen« (S. 35).

32 Im ersten Entwurf vollzieht sich das Annähern an den Höhepunkt eher weniger kontinuierlich, wie die Druckvorlage zeigt (K. 426).

33 Den Gehalt kleiner Formen erörtert Leonard B. Meyer, *Music, the Arts and Ideas*, Chicago/London 1967, S. 37.

34 Hedley, *Chopin* (s. Anm. 20), S. 148.

Belcanto

1 Chopins Urteil über den Klaviersatz in Spohrs Quintett war durchaus nicht schmeichelhaft. Siehe Friedrich Niecks, *Chopin as a Man and a Musician*, Bd. 1, London 1888, S. 138.

2 Siehe Robin Langley, »John Field and the Genesis of a Style«, in: *Musical Times*, Januar 1982, S. 92–99.

3 Vgl. David Branson, *John Field and Chopin*, London 1972.

4 Nach der Zählweise der Liszt-Ausgabe. Bis 1835 war Nr. 8 nicht als »Nocturne« erschienen, es kann aber durchaus sein, daß Chopin das Stück in seiner Urfassung als »Romanze« kennengelernt hat. Siehe Cecil Hopkinson, *A Biographical Thematic Catalogue of the Works of John Field 1782–1837*, London 1961, Nr. 30.

5 Dieses Urteil wird nicht allgemein geteilt; Nicholas Temperley zum Beispiel scheint Field zu bevorzugen. Siehe seinen Beitrag »Piano Music 1800–1870«

in dem von ihm herausgegebenen Werk *Athlone History of Music in Britain: The Romantic Age 1800–1914*, London 1981, S. 407.

6 Marcel Proust, *Auf der Suche nach der verlorenen Zeit*, Bd. 1: *In Swanns Welt*, übers. von Eva Rechel-Mertens, Frankfurt a. M. ³1983, S. 438.

7 Jeffrey Kallberg, *The Chopin Sources: Variants and Versions in Later Manuscripts*, Diss. Chicago 1982, S. 202–210.

8 Ernst-Jürgen Dreyer, »Melodisches Formelgut bei Chopin«, in: *The Book of the First International Musicological Congress devoted to the Works of Frederick Chopin*, hrsg. von Zofia Lissa, Warschau 1963, S. 132–144.

9 Nach Peter Le Huray / James Day (Hrsg.), *Music and Aesthetics in the Eighteenth and Early Nineteenth Century*, Cambridge 1981, S. 470–472. Siehe auch *Universal-Lexikon der Tonkunst*, red. von G. Schilling, Bd. 6, Stuttgart 1839, S. 34–37 (»Romantik« und »Romantisch«).

10 Johann Gottfried Herder, *Kritische Wälder*, Viertes Wäldchen (*Sämtliche Werke*, hrsg. von Bernhard Suphan, Bd. 4, Berlin 1878, reprogr. Nachdr. Hildesheim 1968, S. 161 f.).

11 Hier schulde ich Hugh MacDonald Dank, der mich auf diesen Aspekt aufmerksam machte.

12 Carl Dahlhaus verwendet diesen Begriff in seinem interessanten Essay »Neuromantik« (in: C. D., *Zwischen Romantik und Moderne*, München 1974).

13 In seinem Beitrag »Analysis Today«, in: *Problems of Modern Music*, hrsg. von Paul Henry Láng, New York 1960, S. 49, läßt Edward T. Cone bei seinen Bemerkungen über Analyse und Werturteile wohl etwas übertriebene Vorsicht walten. Eine lohnende Studie bietet Leonard B. Meyers »Some Remarks on Value and Greatness in Music«, in: L. B. M., *Music, the Arts and Ideas*, Chicago/London 1967. Siehe auch Carl Dahlhaus, *Analyse und Werturteil*, Mainz 1970.

14 Meyer, *Music* (s. Anm. 13).

15 William Thomson, »Functional Ambiguity in Musical Structures«, in: *Music Perception* 1 (1983) Nr. 1.

16 Jeffrey Kallberg, [Rez. von:] William G. Attwood, »The Lioness and the Little One. The Liaison of George Sand and Frédéric Chopin«, New York 1980, in: *19th Century Music* 5 (1982) Nr. 3, S. 244–247.

17 Ludwik Bronarski, »Chopin, Cherubini et le contrepoint«, in: *Annales Chopin* 2 (1958) S. 238–242.

18 Kallberg, *The Chopin Sources* (s. Anm. 7), S. 248–275.

19 Siehe das Faksimile in dem von Krystyna Kobylańska herausgegebenen Katalog *Rękopisy utworów Chopina*, Bd. 2, Warschau 1977, S. 89 f.

20 Józef Chomiński, *Fryderyk Chopin*, übers. von Bolko von Schweinitz, Leipzig 1980, S. 141 f.

21 Jan Ekier hat vor einiger Zeit überzeugend dargelegt, daß der Begriff »Fantasie« im Titel des Opus 66 nicht von Chopin stammen kann (»Das Impromptu cis-Moll von Frédéric Chopin«, in: *Melos / Neue Zeitschrift für Musik* 4, 1978, Nr. 3, S. 201–204).

22 Alfred Cortot im Vorwort zu seiner Ausgabe der Impromptus; zit. nach: Bernard Gavoty, *Chopin*, übers. von Susi Piroué, Tübingen 1977, S. 506.

23 Ferdinand Gajewski, »New Chopiniana from the Papers of Carl Filtsch«, in: *Studi Musicali* 11 (1982) S. 171–177. Dieser Hinweis ersetzt jenen bei Kobylańska (K. 742).

Der Geist Polens

1 Carl Dahlhaus, »Die Idee des Nationalismus in der Musik«, in: C. D., *Zwischen Romantik und Moderne*, München 1974.

2 Zofia Lissa, »Problemy polskiego stylu narodowego w twórczości Chopina«, in: Z. L., *Studia nad twórczością Fryderyka Chopina*, Krakau 1970, S. 1–103.

3 Dahlhaus, »Die Idee des Nationalismus« (s. Anm. 1), S. 75 ff.

4 Ein Argument dafür, die nationale Perspektive nicht in Geschichts- und Kunststudien einfließen zu lassen, bringt Theodore Zelden in »Ourselves, as we see us«, in: *Times Literary Supplement*, 31. Dezember 1982, S. 1435 f.

5 Siehe etwa Gerald Abraham, »The Factor of Language«, in: G. A., *The Tradition of Western Music*, London/Melbourne/Kapstadt 1974, S. 62–83.

6 Moniuszko erinnerte sich daran, daß seine Mutter ihm als Kind einige der *Historischen Gesänge* vorgetragen hatte.

7 Die Chronologie und Publikationsgeschichte der Lieder ist ziemlich kompliziert. Der Leser sei auf den Katalog von Krystyna Kobylańska verwiesen.

8 Mieczysław Tomaszewski, »Verbindungen zwischen den Chopinschen Liederwerken und dem polnischen populären Volks- und Kunstlied«, in: *The Book of the First International Musicological Congress devoted to the Works of Frederic Chopin*, hrsg. von Zofia Lissa, Warschau 1963, S. 404–409.

9 Die Authentizität dieses Liedes wurde angezweifelt. Die Melodie selbst stammt von einem Volkslied.

10 Paul Hamburger, »Mazurkas, Waltzes, Polonaises«, in: Alan Walker (Hrsg.), *Frédéric Chopin: Profiles of the Man and the Musician*, London 1966, S. 96.

11 Seltsamerweise findet man in den noch erhaltenen Manuskripten sowie in den französischen und deutschen Ausgaben die präzise Angabe »Fine« am Schluß des *Trios*, nicht der Polonaise. Ferner gibt es keine *da-capo*-Aufforderung. Nach Auffassung von Gastone Belotti entsprechen das Autograph und die ersten Veröffentlichungen diesbezüglich dem wahren Sachverhalt (»Le Polacche op. 26 nella concezione autografa di Chopin«, in: *Nuova Rivista Musicale Italiana* 8, 1974, S. 191–209; und »Le Polacche dell'op. 26 nel testo autentico di Chopin«, in: *Studi Musicali* 2, 1973, S. 267–313). Jeffrey Kallberg äußert in einem Brief an mich sein Unbehagen über diese Ansicht und weist darauf hin, daß »Fine« am Schluß der Wiederholung im Manuskript auftaucht, was durch die der Reihe nach wiederholten Num-

mern angezeigt wird, und daß Chopin, wenn er sich bei der Niederschrift eines Manuskripts einmal geirrt haben sollte, dies gerade bei solchen Stellen möglich gewesen wäre.

12 Hamburger, »Mazurkas« (s. Anm. 10), S. 103–105.

13 Gerald Abraham, *Chopin's Musical Style*, London 1939, S. 46.

14 Man wird an das Ostinato im zweiten Satz von Beethovens Opus 135 erinnert.

15 Die Leistungen von Glinka und späteren russischen Komponisten des 19. Jahrhunderts, die ihrerseits auf Chopin Bezug nahmen, waren eher von anderer Art. Wo Gestalt und Verarbeitungsweise wesentlich vom westeuropäischen Typus abwichen, konnten diese exakt von volkstümlichen Quellen abgeleitet werden, da die stilistische Distanz zu dem obengenannten Typus weitaus größer war als zum Volksgut.

16 Jean-Jacques Eigeldinger, *Chopin vu par ses élèves*, Neuchâtel 1979, S. 110 f.

17 Siehe William Thomson, »Functional Ambiguity in Musical Structures«, in: *Music Perception* 1 (1983) Nr. 1.

18 Es gibt viele solcher Untersuchungen. Besonders wichtig ist das bahnbrechende Werk von H. Windakiewiczowa, *Wzory ludowej muzyki polskiej w mazurkach Fryderyka Chopina*, Krakau 1926. Eine spätere wertvolle Analyse bietet Wieczesław Paschałow, *Chopin a polska muzyka ludowa*, Krakau 1951.

19 Ein ähnliches Verfahren findet sich in Opus 6 Nr. 2, wo die Wirkung durch einen Orgelpunkt in der Oberstimme noch gesteigert wird. Ein früherer Entwurf (K. 31) ist weniger gelungen, da Chopin das Schema nach vier Takten verändert.

20 Bezüglich der Erörterung von zyklischer Einheitlichkeit der mehrteiligen Werke siehe Jeffrey Kallberg, *The Chopin Sources: Variants and Versions in Later Manuscripts*, Diss. Chicago 1982.

21 H. Windakiewiczowa zeigt die engen Verbindungen zwischen dem Hauptthema und einer bekannten Volksmazurka auf (*Wzory ludowej muzyki* – s. Anm. 18 –, S. 5 und 17).

22 Bei den Ausgaben von Opus 33 gibt es einige Verwirrung hinsichtlich der Anordnung der zweiten und der dritten Mazurka.

23 Arthur Hedley, *Chopin*, London 1947, S. 168.

24 In einer früheren, dann verworfenen Fassung, die Krystyna Kobylańska als »Arbeits-Autograph« (K. 718) bezeichnet, sind vier weitere Takte mit einer fließenden Achtelbewegung bei Takt 105 eingefügt, die geradewegs bis hin zu Takt 141 führt.

25 Kallberg, *The Chopin Sources* (s. Anm. 20), S. 189–247. Siehe auch seine Veröffentlichung über »Compatibility in Chopin's Multipartite Publications«, in: *Journal of Musicology* 2 (1983) Nr. 4.

Salons

1 William Weber, *Music and the Middle Class*, London 1975, S. 20.
2 Paul Hamburger, »Mazurkas, Waltzes, Polonaises«, in: Alan Walker (Hrsg.), *Frédéric Chopin: Profiles of the Man and the Musician*, London 1966, S. 90.
3 Siehe Jeffrey Kallberg, *The Chopin Sources: Variants and Versions in Later Manuscripts*, Diss. Chicago 1982, S. 275–307.
4 Wie Andrzej Koszewski (»Pierwiastek walcowy w twórczości Chopina«, in: *The Book of the First International Musicological Congress devoted to the Works of Frederick Chopin*, hrsg. von Zofia Lissa, Warschau 1963, S. 196–201) gezeigt hat, sind die Entsprechungen zwischen den walzerartigen Zwischenspielen und den eigentlichen Walzern mitunter sehr eng.
5 János Maróthy ist der Meinung, daß dieser Spaltung der Mittelstandskultur eine tiefere Einheit zugrunde liegt. Sein Buch *Zene és polgár, zene és proletár*, Budapest 1974 (engl. *Music and the Bourgeois, Music and the Proletarian*, übers. von Éva Róna, ebd. 1974) bietet eine bemerkenswerte Untersuchung der Beziehungen zwischen ›hoher‹ und ›niederer‹ Kunst.

Auseinandersetzungen mit deutscher Musik

1 Chapel Hill 1969.
2 Robert Schumann, *Gesammelte Schriften über Musik und Musiker*, Bd. 2, Leipzig 1891, S. 316.
3 Hugo Leichtentritt, *Analyse der Chopinschen Klavierwerke*, Bd. 2, Berlin 1921, S. 228.
4 Józef Chomiński, *Sonaty Chopina*, Krakau 1960, S. 161.
5 Alan Walker, »Chopin and Musical Structure«, in: A. W. (Hrsg.), *Frédéric Chopin: Profiles of the Man and the Musician*, London 1966, S. 246.
6 Józef Chomiński, *Fryderyk Chopin*, übers. von Bolko von Schweinitz, Leipzig 1980, S. 112–114.
7 Walker, »Chopin and Musical Structure« (s. Anm. 5), S. 247.
8 Schumann, *Gesammelte Schriften* (s. Anm. 2), S. 318.
9 Zit. nach: James Huneker, *Chopin*, New York 1966, S. 168.
10 Friedrich Niecks, *Friedrich Chopin als Mensch und als Musiker*, übers. von Wilhelm Langhans, Bd. 2, Leipzig 1890, S. 248.
11 Vgl. ebd., S. 249.
12 Zu diesem Abschnitt gibt es eine kurze Skizze (T. 118–133). Siehe K. 783.
13 Niecks, *Friedrich Chopin* (s. Anm. 10), S. 249.
14 Frédéric Chopin, *Briefe*, hrsg. von Krystyna Kobylańska, übers. von Caesar Rymarowicz, Frankfurt a. M. 1984, S. 254.
15 Ferdinand Gajewski, *The Worksheets to Chopin's Violoncello Sonata*, Diss. Cambridge (Mass.) 1980.

16 Es gibt einige Skizzen für Violine und Klavier, die darauf hindeuten, daß Chopin eventuell noch andere Möglichkeiten erwogen hat, während dieser letzten Jahre vom Soloklavier als seinem einzigen Medium wegzukommen.

17 Chomiński, *Fryderyk Chopin* (s. Anm. 6), S. 146.

18 Arthur Hedley, *Chopin*, London 1947, S. 159.

Die Préludes in neuem Licht

1 David Epstein, *Beyond Orpheus: Studies in Musical Structure*, Cambridge (Mass.) / London 1979, S. 6.

2 Siehe Derek Carew, *The Composer/Performer Relationship in the Piano Works of J. M. Hummel*, Diss. Leicester 1981.

3 Zu diesem Aspekt vgl. Roman Ingarden, *The Work of Music and the Problem of its Identity*, übers. von Adam Czerniawski, hrsg. von Jean G. Harrel, Berkeley 1986; grundsätzlich auch R. Ingarden, *Das literarische Kunstwerk*, Halle 1931, und R. Ingarden, *Untersuchungen zur Ontologie der Kunst*, Tübingen 1962. Siehe ferner Jan L. Broeckx, *Contemporary Views on Musical Style and Aesthetics*, Antwerpen 1979.

4 Leonard B. Meyer, *Explaining Music*, Berkeley / Los Angeles 1973, S. 14.

5 Broeckx, *Contemporary Views* (s. Anm. 3), S. 129.

6 Jonathan Dunsby, Editorial, in: *Music Analysis* 1 (1982) Nr. 1, S. 5.

7 Friedrich Niecks, *Chopin as a Man and a Musician*, 2 Bde., London 1888, Nachdr. New York 1973 (dt.: *Friedrich Chopin als Mensch und als Musiker*, übers. von Wilhelm Langhans, 2 Bde., Leipzig 1890).

8 Niecks, *Friedrich Chopin* (s. Anm. 7), Bd. 2, S. 278.

9 James Huneker, *Chopin – the Man and his Music*, New York 1966, S. 123.

10 Gerald Abraham, *Chopin's Musical Style*, London 1939, S. 47.

11 Arnold Whittall, »Musicology in Great Britain since 1945«, in: *Acta Musicologica* 52 (1980) Nr. 1, S. 57–62.

12 Derek Cooke, *The Language of Music*, London 1959.

13 Peter Kivy, *The Corded Shell*, Princeton 1980.

14 Marion A. Guck, »Musical Images as Musical Thoughts: The Contribution of Metaphor to Analysis«, in: *In Theory Only* 5 (1981) S. 29–42.

15 Lwów 1930.

16 Warschau 1935.

17 Siehe beispielsweise auch Hermann Erpfs Werk *Harmonielehre in der Schule*, Leipzig 1930.

18 Ernst Kurth, *Romantische Harmonik und die Krise in Wagners Tristan*, Bern 1920.

19 Hugo Leichtentritt, *Analyse der Chopinschen Klavierwerke*, Bd. 1, Berlin 1921, S. 134.

20 In: *Muzyka* 4 (1959) Nr. 4, S. 3–25.

21 Józef Chomiński, *Preludia*, Krakau 1950, S. 101 ff.
22 Leichtentritt, *Analyse* (s. Anm. 19), S. 137, gibt ebenfalls ¾ an, jedoch in einer anderen Anordnung.
23 Zofia Lissa, »Harmonika Chopina z perspektywy techniki dzwiękowej XX wieku«, in: Z. L., *Studia nad twórczością Fryderyka Chopina*, Krakau 1970, S. 445–487.
24 Dieser Ausdruck ist entlehnt von Eugene Narmour (*Beyond Schenkerism: The Need for Alternatives in Music Analysis*, Chicago 1977).
25 Hugo Leichtentritt, *Musikalische Formenlehre*, Leipzig ⁴1948, S. 24.
26 Leichtentritt, *Analyse* (s. Anm. 19), S. 131–133.
27 Ebd., S. 136 und 149.
28 Elinor Jane Perry Camp, *Temporal Proportion: A Study of Sonata-Form in the Piano Sonatas of Mozart*, Diss. Tallahassee 1968.
29 Ernő Lendvai, *Béla Bartók: An Analysis of his Music*, London 1971.
30 Roy Howat, *Debussy in Proportion: A Musical Analysis*, Cambridge 1983.
31 Michael R. Rodgers, »Rehearings: Chopin Prelude in A minor Op. 28 Nr. 2«, in: *19th Century Music* 4 (1981) Nr. 3, S. 244–250.
32 Grosvenor W. Cooper / Leonard B. Meyer, *The Rhythmic Structure of Music*, Chicago 1960.
33 Eine scharfe Kritik der Arbeit von Cooper und Meyer findet man in Peter Westergaard, »Some Problems in Rhythmic Theory and Analysis«, in: *Perspectives on Contemporary Music Theory*, hrsg. von Benjamin Boretz und Edward T. Cone, New York 1972, S. 226–237.
34 Edward T. Cone, *Musical Form and Musical Performance*, New York / London 1968, S. 39–43.
35 Wie im ersten Teil von Kurth. Siehe auch Kurths *Musik-Psychologie*, Berlin 1931, insbesondere die späteren Abschnitte über Form.
36 New Jersey 1976.
37 Leonard B. Meyer, *Emotion and Meaning in Music*, Chicago/London 1956.
38 Ebd., S. 96. In späteren Untersuchungen (*Music, the Arts and Ideas*, Chicago/London 1967, und *Explaining Music*, Berkeley / Los Angeles 1973) entwickelt Meyer seine Theorie in beträchtlichem Maße weiter, wobei er auf die Informationstheorie der früheren Untersuchung zurückgreift und in der späteren ein Modell für melodische Strukturen erstellt, das auf Andeutung und Vollzug aufbaut. Dieses Modell wird bei Narmour, *Beyond Schenkerism* (s. Anm. 24), weiter ausgebaut.
39 Meyer, *Emotion and Meaning* (s. Anm. 37), S. 54.
40 Cone, *Musical Form* (s. Anm. 34), S. 88 f.
41 Epstein, *Beyond Orpheus* (s. Anm. 1), S. 10 f.
42 Eine ausführliche Erörterung und nützliche Hinweise gibt Epstein, ebd.
43 Rudolph Réti, *The Thematic Process in Music*, London 1961.
44 Alan Walker, *A Study in Musical Analysis*, London 1962, und A. Walker, *An Anatomy of Musical Criticism*, London 1966.
45 Chomiński, *Preludia* (s. Anm. 21), S. 300–333.

46 Schenker war ein Schüler Karol Mikulis, der wiederum ein Chopin-Schüler war.

47 Wie in Abrahams Erörterung von »tonaler Parenthese« (*Chopin's Musical Style* – s. Anm. 10).

48 Heinrich Schenker, *Neue musikalische Theorien und Phantasien*, Bd. 3: *Der freie Satz*, Wien 1935 (^{2}1956), Bsp. 76,2.

49 Ebd., Bsp. 110,a3.

50 Oswald Jonas, *Das Wesen des musikalischen Kunstwerks. Eine Einführung in die Lehre Heinrich Schenkers*, Wien 1934.

51 Felix Salzer, *Structural Hearing: Tonal Coherence in Music*, New York 1952, Bsp. 492.

52 Charles Burkhart, »The Polyphonic Melodic Line of Chopin's B minor Prelude«, in: *Frédéric Chopin: Préludes Op. 28*, hrsg. von Thomas Higgins, New York 1973.

53 Carl Schachter, »Rhythm and Linear Analysis: Durational Reduction«, in: *Music Forum* 5 (1980) S. 197–232.

54 Eine weitere auf Schenker basierende Methode zur Analyse des Rhythmus findet sich bei Maury Yeston, *The Stratification of Musical Rhythm*, New Haven / London 1976.

Die Scherzi

1 Eine interessante, anspruchsvolle Untersuchung aus jüngerer Zeit stellen Fred Lerdahl und Ray Jackendorff mit *A Generative Theory of Tonal Music*, Massachusetts/London 1983, vor.

2 Jonathan Dunsby, Editorial, in: *Music Analysis* 1 (1982) Nr. 1, S. 4.

3 Siehe Alan Rawsthorne, »Ballades, Fantasy and Scherzos«, in: Alan Walker (Hrsg.), *Frédéric Chopin: Profiles of the Man and the Musician*, London 1966.

4 Heinrich Schenker, *Neue musikalische Theorien und Phantasien*, Bd. 3: *Der freie Satz*, Wien 1935 (^{2}1956), Fig. 13.

5 Alan Rawsthorne in: Walker (Hrsg.), *Chopin: Profiles* (s. Anm. 3), S. 69; Alan Walker, »Chopin and Musical Structure: an analytical approach«, in: ebd., S. 247.

6 Zofia Chechlińska, »Chopin a impresjonizm«, in: Z. Ch. (Hrsg.), *Szkice o kulturze muzycznej XIXw*, Bd. 1, Warschau 1973, S. 21–34.

Die Balladen

1 Häufig nimmt er auf Mickiewicz Bezug, wofür es jedoch, soweit ich weiß, keinen unmittelbaren Beleg gibt.
2 Siehe z. B. Alan Rawsthorne, »Ballades, Fantasy and Scherzos«, in: Alan Walker (Hrsg.), *Frédéric Chopin: Profiles of the Man and the Musician*, London 1966, S. 43.
3 Ebd., S. 47.
4 Siehe auch die Walzer op. 69 Nr. 1 und op. 70 Nr. 2.
5 Graham George, *Tonality and Musical Structure*, London 1970.
6 Siehe Rudolph Réti, *Tonality – Atonality – Pantonality*, London 1958; auch Edmond Costère, *Mort ou transfiguration de l'harmonique*, Paris 1962.
7 Gerald Abraham, *Chopin's Musical Style*, London 1939, S. 56.
8 Harald Krebs, »Alternatives to Monotonality in Early Nineteenth-Century Music«, in: *Journal of Music Theory* 25 (1981) Nr. 1, S. 1–16.
9 Dieses Manuskript war auch Gegenstand in Camille Saint-Saëns' Essay »A Chopin M. S.: The F Major Ballade in the Making«, in: C. S.-S., *Outspoken Essays on Music*, übers. von Fred Rothwell, London 1922.
10 Rawsthorne, »Ballades« (s. Anm. 2), S. 51.
11 In K. 602 vervollständigte Chopin Takt 8, Takt 9 ließ er als Pause. Er wußte wohl noch nicht genau, wo er die Unterbrechung einfügen sollte.
12 Krebs, »Alternatives« (s. Anm. 8).

Die Fantasien

1 Lew Mazel, »Fantazja F-Moll Chopina«, in: L. M., *Studia Chopinowskie*, aus dem Russ. übers. von Jerzy Popiel, Krakau 1965, S. 17–218.
2 Auf weitere motivische Verbindungen verweisen Hugo Leichtentritt, *Analyse der Chopinschen Klavierwerke*, Bd. 2, Berlin 1921, S. 271, und Alan Walker: »Chopin and Musical Structure: an analytical approach«, in: Walker (Hrsg.), *Frédéric Chopin: Profiles of the Man and the Musician*, London 1966, S. 235.
3 Mazel, »Fantazja F-Moll« (s. Anm. 1), S. 133.
4 Walker, »Chopin and Musical Structure« (s. Anm. 2), S. 235.
5 Paul Hamburger, »Mazurkas, Waltzes, Polonaises«, in: Walker (Hrsg.), *Chopin: Profiles* (s. Anm. 2), S. 107 f.
6 Ich danke Jeffrey Kallberg für den Hinweis, daß die Tonartvorzeichnung mit drei Erniedrigungszeichen und der Kennzeichnung »F-mol« bei der Entstehung des Werkes in zwei verschiedenen Phasen erschien. Ursprünglich begann das Werk, wie es die erste Anordnung darstellt, dann entschied sich Chopin dafür, es um eine Quart nach oben zu transponieren. Irrtümlicherweise nahm er den ersten Akkord als Tonika des Werkes und schrieb »F-mol«. Dann korrigierte er die Einleitung – in as-Moll – auf der dritten Notenlinie.

7 Diese Mehrdeutigkeit zeigt sich in gewisser Weise an der Vielfalt der Phrasie-
rungen, die man in den verschiedenen Ausgaben fand. Das meiste davon steht
kaum in Beziehung zu der Phrasierung in Chopins Autograph.
8 Die Skizze ist auch aufgrund ihrer kleineren detaillierten Änderungen aufschlußreich. Leider werden die Untersuchungen dadurch behindert, daß das
Original nicht zugänglich ist. Oft ist es unmöglich, anhand einer Fotografie zu
entdecken, was sich hinter den starken Streichungen Chopins verbirgt.
9 Die ersten vier Takte dieses Abschnitts finden sich auf einer getrennten Skizze
(K. 817).

Nachwort

1 Siehe Zofia Lissa, »Chopin i Skriabin«, in: Z. L., *Studia nad twórczością
Fryderyka Chopina*, Krakau 1970, S. 202–231. Ebenso Alfred Cortot, *La
musique française de piano*, Paris 1930, und Wanda Alice Landowski, *Frédéric
Chopin et Gabriel Fauré*, Paris 1946.
2 Interessanterweise spielt die Beziehung zum Quintbereich bei Chopin eine
weniger entscheidende ›formale‹ Rolle, d. h. als Hintergrund für neue Themen und Kadenzartikulationen.
3 Dies bedeutet nicht, daß der Kontrapunkt im Vordergrund, sondern auf den
Ebenen des Mittel- und Hintergrunds angewandt wird.
4 Siehe Paul Badura-Skoda, »Chopin's Influence«, in: Alan Walker (Hrsg.),
Frédéric Chopin: Profiles of the Man and the Musician, London 1966,
S. 258–276. Auch Charles Rosen, »Influence: Plagiarism and Inspiration«, in:
19th Century Music 4 (1980) Nr. 2, S. 87–100, und Charles T. Horton, »Chopin and Brahms: On a Common Meeting (Middle) ground«, in: *In Theory
Only* 6 (1982) Nr. 7, S. 19–22.
5 Dies wird nachgewiesen bei Zofia Chechlińska, »Chopin a impresjonizm«, in:
Z. Ch. (Hrsg.), *Szkice o kulturze muzycznej XIXw*, Bd. 1, Warschau 1973,
der ich für einige Anregungen zu danken habe.

Bibliographie

Allgemeines, Hintergrund

Amster, Isabella: Das Virtuosenkonzert in der ersten Hälfte des 19. Jahrhunderts. Berlin 1931.

Berry, Wallace: Structural Functions in Music. New Jersey 1976.

Bie, Oskar: Das Klavier und seine Meister. Berlin 1921.

Broeckx, Jan L.: Contemporary Views on Musical Style and Aesthetics. Antwerpen 1979.

Carew, Derek: The Composer/Performer Relationship in the Piano Works of J. N. Hummel. Diss. Leicester 1981.

Castil-Blaze, François-Henry-Joseph: Dictionnaire de musique moderne. 2 Bde. Paris ²1825.

Chechlińska, Zofia (Hrsg.): Szkice o kulturze muzycznej XIXw. 4 Bde. Warschau 1973–80.

Cooper, Grosvenor / Meyer, Leonard B.: The Rhythmic Structure of Music. Chicago 1960.

Czerny, Karl: Vollständige theoretisch-praktische Pianoforte-Schule. 3 Tle. Wien 1839.

Dahlhaus, Carl: Zwischen Romantik und Moderne. München 1974.

– Analyse und Werturteil. Mainz 1970.

Ehrlich, Cyril: The Piano – A History. London 1976.

Epstein, David: Beyond Orpheus: Studies in Musical Structure. Cambridge (Mass.) / London 1979.

Fétis, François-Joseph / Moscheles, Ignaz: Méthodes des Méthodes de Piano. Paris 1840.

Forte, Allen / Gilbert, Steven E.: Introduction to Schenkerian Analysis. New York / London 1982.

George, Graham: Tonality and Musical Structure. London 1970.

Gerig, Reginald R.: Famous Pianists and their Technique. Washington / New York 1974.

Hallé, Charles: Life and Letters. Hrsg. von Charles E. Hallé und Marie Hallé. London 1896.

Ingarden, Roman: Das literarische Kunstwerk. Halle 1931.

Jenkins, G.: The Legato-Touch and the ›Ordinary‹ Manner of Keyboard Playing from 1750 to 1850. Diss. Cambridge 1976.

Jonas, Oswald: Das Wesen des musikalischen Kunstwerks. Eine Einführung in die Lehre Heinrich Schenkers. Wien 1934.

Kivy, Peter: The Corded Shell: Reflections on Musical Expression. Princeton 1980.

Kurth, Ernst: Musik-Psychologie. Berlin 1931.

Kurth, Ernst: Romantische Harmonik und die Krise in Wagners Tristan. Bern 1920.

Le Huray, Peter / Day, James (Hrsg.): Music and Aesthetics in the Eighteenth and Early Nineteenth Centuries. Cambridge 1981.

Leichtentritt, Hugo: Musikalische Formenlehre. Wiesbaden [11]1979.

Lenz, Wilhelm von: Die großen Pianofortevirtuosen unserer Zeit. Berlin 1872.

Lerdahl, Fred / Jackendorff, Ray: A Generative Theory of Tonal Music. Massachusetts/London 1983.

Lissa, Zofia: Neue Aufsätze zur Musikästhetik. Wilhelmshaven 1975.

Loesser, Arthur: Men, Women and Pianos. A Social History. London 1955.

Marmontel, A.: Les pianistes célèbres. Paris 1978.

Maróthy, János: Zene és polgár, zene és proletár. Budapest 1974. Engl.: Music and the Bourgeois, Music and the Proletarian. Übers. von Éva Róna. Ebd. 1974.

Mersmann, Hans: Angewandte Musikästhetik. Berlin 1926.

Meyer, Leonard B.: Emotion and Meaning in Music. Chicago/London 1956.

– Music, the Arts and Ideas, Chicago/London 1967.

– Explaining Music, Berkeley / Los Angeles 1973.

[Moscheles, Ignaz:] Aus Moscheles' Leben. Nach Briefen und Tagebüchern hrsg. von seiner Frau [Charlotte Moscheles]. 2 Bde. Leipzig 1872–73.

Narmour, Eugene: Beyond Schenkerism: The Need for Alternatives in Music Analysis. Chicago 1977.

Newman, William S.: The Sonata Since Beethoven. Chapel Hill 1969.

Ott, Bernard: Liszt et la pédagogie du piano. Issy-les-Moulineaux 1978.

Raynor, Henry: Music and Society Since 1815. London 1976.

Réti, Rudolph: The Thematic Process in Music. London 1961.

Riemann, Hugo: System der musikalischen Rhythmik und Metrik. Leipzig 1903. Reprogr. Nachdr. Schaan/Lichtenstein 1971.

Rosen, Charles: Sonata Forms. New York / London 1980.

Schenker, Heinrich: Neue musikalische Theorien und Phantasien. Bd. 3: Der freie Satz. Wien 1935. [2]1956.

Spohr, Louis: Selbstbiographie. 2 Bde. Kassel/Göttingen 1860–61. Reprogr. Nachdr. Kassel 1954.

Temperley, Nicholas (Hrsg.): Athlone History of Music in Britain: The Romantic Age 1800–1870. London 1981.

Thompson, D'Arcy: On Growth and Form. Cambridge 1961. Dt.: Über Wachstum und Form. Übers. von Ella M. Fountain und Magdalena Neff. Basel/Stuttgart 1973.

Walker, Alan: A Study in Musical Analysis. London 1962.

Weber, William: Music and the Middle Class. London 1975.

Williams, Raymond: Culture and Society 1780–1950. London 1959.

Zu Chopin

Allgemeine Hilfsmittel

Brown, Maurice J. E.: Chopin: An Index of his Works in Chronological Order. London 1960. Rev. Ausg. ebd. 1972.
Kobylańska, Krystyna: Rękopisy utworów Chopina: Katalog. 2 Bde. Krakau 1977.
– Frédéric Chopin – Thematisch-bibliographisches Werkverzeichnis. Übers. von Helmut Stolze. Hrsg. von Ernst Herttrich. München 1979.
Michałowski, Kornel: Bibliografia chopinowska (1849–1869). Krakau 1970. [Aktualisiert in: Rocznik chopinowski 9 (1975) S. 121–175.]
Wróblewska-Straus, H. (Hrsg.): Rocznik chopinowski / Annales Chopin. Bd. 1 ff. Warschau 1956 ff.

Briefe

Hedley, Arthur (Hrsg.): Selected Correspondence of Fryderyk Chopin. London 1962.
Kobylańska, Krystyna (Hrsg.): Frédéric Chopin – Briefe. Übers. von Caesar Rymarowicz. Frankfurt a. M. 1984.
Opieński, Henryk (Hrsg.): Chopin's Letters. Übers. von Ethel L. Voynich. New York 1931. Rev. Ausg. 1971.
Reich, Willi (Hrsg.): Chopin – Briefe und Dokumente. Zürich ⁴1984.
Bernard Scharlitt (Hrsg.): Chopin – Gesammelte Briefe. Leipzig 1911.
Sydow, Bronisław Edward (Hrsg.): Korespondencja Fryderyka Chopina. 2 Bde. Warschau 1955.

Leben und Werk

Attwood, William G.: The Lioness and The Little One. The Liaison of George Sand and Frédéric Chopin. New York 1980.
– Fryderyk Chopin – Pianist from Warsaw. New York 1987.
Baser, Friedrich: Chopin und seine große Liebe. Roman. Baden-Baden 1980.
Belotti, Gastone: Chopin l'uomo. 3 Bde. Mailand/Rom 1974.
Binental, Leopold: Chopin – Dokumente und Erinnerungen aus seiner Heimatstadt. Übers. von Alexander von Guttry. Leipzig 1932.
Bone, Audrey Evelyn: Jane Wilhelmina Stirling 1804–1859. Chipstead 1960.
Bourniquel, Camille: Frédéric Chopin in Selbstzeugnissen und Bilddokumenten. Übers. von Hanns von Winter. Hamburg 1959.
Chomiński, Józef: Fryderyk Chopin. Übers. von Bolko von Schweinitz. Leipzig 1980.
Czartkowski, Adam / Jeżewska, Zofia: Fryderyk Chopin. Warschau 1958. Nachdr. ebd. 1967.
Ganche, Édouard: Frédéric Chopin – Sa vie et ses œuvres, Paris 1909. Nachdr. ebd. 1923.

Gavoty, Bernard: Frédéric Chopin. Paris 1974. Dt.: Chopin. Übers. von Susi Piroué. Tübingen 1977.

Harasowski, Adam: The Skein of Legends about Chopin. Glasgow 1967.

Hedley, Arthur: Chopin. London 1947.

Hoesick, Ferdynand: Chopin – życie i twórczość. 3 Bde. Warschau 1910–11.

Huneker, James: Chopin – the Man and his Music. New York 1900. Neu hrsg. von Herbert Weinstock. Ebd. 1966. Dt.: Chopin – der Mensch, der Künstler. Übers. von Lola Lorme und Heinrich Glücksmann. München 1914.

Iwaszkiewicz, Jarosław: Fryderyk Chopin. Krakau 1955. Dt.: Chopin. Übers. von Lothar Fahlbusch. Berlin 1958. Leipzig 1964.

Jordan, Ruth: Nocturne: A Life of Chopin. London 1978.

Karenberg, Axel: Frédéric Chopin als Mensch, Patient und Künstler. Bergisch Gladbach / Köln 1986.

Kobylańska, Krystyna: Chopin in der Heimat – Urkunden und Andenken. Übers. von Małgorzata Bester und Maria Wołczacka. Krakau 1955.

Liszt, Franz: Frédéric Chopin. Paris 1852. Dt.: Friedrich Chopin. Übers. von La Mara. Leipzig 1852.

Marek, George R. / Gordon-Smith, Maria: Chopin: A Biography. New York 1978.

Murdoch, William D.: Chopin: His Life. London 1934.

Niecks, Friedrich: Chopin as a Man and a Musician. 2 Bde. London 1888. Nachdr. New York 1973. Dt.: Friedrich Chopin als Mensch und als Musiker. Übers. von Wilhelm Langhans. Leipzig 1890.

Orga, Ateş: Chopin: His Life and Times. Tunbridge Wells, 1976. 2., rev. Aufl. Ebd. 1978.

Pourtalès, Guy de: Chopin ou le poète, Paris 1927. Dt.: Der blaue Klang – Friedrich Chopins Leben. Übers. von Hermann Fauler. Freiburg i. Br. 1928. Neuausg. Zürich 1956.

Rehberg, Walter / Rehberg, Paula: Chopin – Eine Biographie. München 1978.

Sand, George: Histoire de ma vie. 3 Bde. Paris 1854. Neuausg. ebd. 1928.

Scharlitt, Bernard: Chopin. Leipzig 1919.

Szulc, Marcin Antoni: Fryderyk Chopin i utwory jego muzyczne. Posen 1873.

Szymanowski, Karol: Fryderyk Chopin. Warschau 1925.

Weinstock, Herbert: Chopin – the Man and his Music. New York 1949. Dt.: Chopin – Mensch und Werk. Übers. von Erik Maschat. Hrsg. von Alfons Ott. München 1949.

Wierzyński, Kazimierz: The Life and Death of Chopin. Übers. von Norbert Gutermann. New York 1949. London 1951.

Willeby, Charles: Frédéric François Chopin: A Biography. London 1892.

Zamoyski, Adam: Chopin: A Biography. London 1979.

Weitere Dokumentationen und Analysen

Abraham, Gerald: Chopin's Musical Style. London 1939.

Belotti, Gastone: Saggi sull'arte e sull'opera di F. Chopin. Bologna 1977.

Branson, David: John Field and Chopin. London 1972.

Bronarski, Ludwik: Harmonika Chopina. Warschau 1935.

Chomiński, Józef: Preludia. Krakau 1950.

– Sonaty Chopina. Krakau 1960.

Cortot, Alfred: Aspects de Chopin. Paris 1949. Dt.: Chopin. Wesen und Gestalt. Übers. von Hanns von Winter. Zürich 1954.

Davison, James William: Essay on the Works of Frederick Chopin. London 1843.

Dunn, John Petrie: Ornamentation in the Works of Frederick Chopin. London 1921.

Eigeldinger, Jean-Jacques: Chopin vu par ses élèves. Neuchâtel 1979.

Ekier, Jan: Wstęp do wydania narodowego dzieł Fryderyka Chopina. Warschau 1974.

Gajewski, Ferdinand: The Worksheets to Chopin's Violoncello Sonata. Diss. Cambridge (Mass.) 1980.

Guignard, Silvain: Frédéric Chopins Walzer. Eine text- und stilkritische Studie. Baden-Baden 1986.

Higgins, Thomas: Chopin Interpretation: A Study of Performance Directions in Selected Autographs and Other Sources. Diss. Iowa City 1966.

Hipkins, Edith J.: How Chopin Played. London 1937.

Jonson, G. C. Ashton: A Handbook to Chopin's Works. London 1905.

Kallberg, Jeffrey: The Chopin Sources: Variants and Versions in Later Manuscripts. Diss. Chicago 1982.

Kinzler, Hartmuth: Frédéric Chopin: Über den Zusammenhang von Satztechnik und Klavierspiel. Salzburg 1977.

Landowski, Wanda Alice: Frédéric Chopin et Gabriel Fauré. Paris 1946.

Leichtentritt, Hugo: Analyse der Chopinschen Klavierwerke. 2 Bde. Berlin 1921.

Lissa, Zofia (Hrsg.): The Book of the First International Musicological Congress devoted to the Works of Frederick Chopin. Warschau 1963.

– Studia nad twórczością Fryderyka Chopina. Krakau 1970.

Mazel, Lew: Studia Chopinowskie. Aus dem Russ. übers. von Jerzy Popiel. Krakau 1965.

Methuen-Campbell, James: Chopin Playing. London 1981.

Metzger, Heinz-Klaus / Riehn, Rainer (Hrsg.): Fryderyk Chopin. München 1985. (Musik-Konzepte. 45.)

Miketta, Janusz: Mazurki. Krakau 1949.

Musioł, Karol (Hrsg.): Chopin a muzyka europejska. Kattowitz 1977.

Noack, Walter: Frédéric Chopin, Préludes: 17 Adaptionen. Wien/Wiesbaden 1980.

Nowik, Wojciech: Proces twórczy Fryderyka Chopina w świetle jego autografów muzycznych. Diss. Warschau 1978.

Ottich, Maria: Die Bedeutung des Ornaments im Schaffen Chopins. Berlin 1937.

Paschałow, Wieczesław: Chopin a polska muzyka ludowa. Aus dem Russ. übers. Krakau 1951.

Pożniak, Bronislaw von: Chopin – Praktische Anweisungen für das Studium der Chopin-Werke. Halle 1949.

Samson, Jim (Hrsg.): Chopin Studies. Cambridge University Press 1988.

Thomas, Betty Jean: Harmonic Materials and Treatment of Dissonance in the Pianoforte Music of Chopin. Diss. Rochester 1963.

Walker, Alan (Hrsg.): Frédéric Chopin: Profiles of the Man and the Musician. London 1966.

Windakiewiczowa, H.: Wzory ludowej muzyki polskiej w mazurkach Fryderyka Chopina. Krakau 1926.

Wojcik-Keuprulian, Bronisława: Melodyka Chopina. Lwów 1930.

Żebrowski, Dariusz [u. a.] (Hrsg.): Studies in Chopin. Warschau 1973.

Diskographie

Die Werke Chopins sind in großer Zahl auf Tonträgern festgehalten, und so kann die folgende Auswahl nur einen kleinen Teil aller Einspielungen abdecken, insbesondere jene Aufnahmen, denen historische oder musikwissenschaftliche Bedeutung zukommt. Für umfassendere Informationen sei der Leser verwiesen auf Armand Panigel, *L'œuvre de Frédéric Chopin: discographie générale*, Paris 1949; Francis F. Clough / Geoffrey J. Cuming, *The World's Encyclopaedia of Recorded Sound*, London 1952 (mit drei Ergänzungsbänden); James Methuen-Campbell, *Chopin Playing*, London 1981; J. Methuen-Campbell, *Catalogue of Recordings by Classical Pianists*, Bd. 1, Oxford 1984; sowie Józef Kański, *Dyskografia Chopinowska*, Warschau 1986. Bei der Zusammenstellung der Diskographie wurde vor allem auf diese Quellen zurückgegriffen, insbesondere auf die Bücher von Methuen-Campbell. Da viele Chopin-Aufnahmen einen Querschnitt durch die verschiedenen Gattungen bieten, gebe ich nur wenige Hinweise auf den Inhalt der einzelnen Platten.

Die beiden Schüler Chopins, die auf das später in Aufnahmen festgehaltene Vermächtnis der Klavierkunst des Polen den größten Einfluß ausübten, waren Karol Mikuli (1821–97) und Georges Matthias (1826–1910). Zu Matthias' Schülern gehörte Raoul Pugno (1852–1924), dessen energischer, wuchtiger Stil in verschiedenen Stücken auf Pearl OPAL 836 zu hören ist (darunter das erste Impromptu). Ein anderer wichtiger Matthias-Schüler war Isidor Philipp (1863 bis 1958), der wiederum den ausgezeichneten sowjetischen Pianisten Nikita Magaloff (geb. 1912) unterrichtete. Magaloffs eindrucksvolle, relativ ›schnörkellose‹ Einspielungen des Gesamtwerks Chopins sind auf Philips 6708067 (16 LPs) festgehalten. Mikulis Hinterlassenschaft unterscheidet sich erheblich von der Matthias'. Zu seinen Schülern zählten Moriz Rosenthal (1862–1946) und Raoul Koczalski (1885–1948), die beide eher eine poetische, sanftere Spielweise bevorzugten. Beide Künstler sind auf Platten ausgiebig vertreten: Rosenthal (mit verschiedenen Stücken, darunter die h-Moll-Sonate) auf Pearl GEMM 9339 (CD), APR 7002 (2 LPs) und Koczalski (mit Mazurken, Nocturnes und anderen Werken) auf Replica RPL 2462 (LP mit Live-Mitschnitten).

Man mag mit gutem Grund behaupten, daß die beiden berühmtesten Klavierlehrer aller Zeiten Franz Liszt (1811–86) und Theodor Leschetizky (1830–1915) waren; beide tragen letztlich für ein reiches Vermächtnis von Chopin-Einspielungen die Verantwortung. Von dem Liszt-Schüler Emil von Sauer (1862–1942) sind Beispiele seines umsichtigen, eleganten Spiels auf Pearl OPAL 824/5 (2 LPs) überliefert (inklusive der Impromptus und des Fantasie-Impromptu). Etwas von Sauers sorgfältigem, direktem Umgang mit Chopin findet sich auch bei seinem berühmten polnischen Schüler Stefan Askenase (1896–1985), der viele Einspielungen für die DG machte. Zu Leschetizkys Schülern zählte Ignacy Paderewski (1860–1941), der eine große Auswahl an Werken mit der ihm eigenen Suggestiv-

kraft, wenn auch in etwas gekünsteltem Stil einspielte (Pearl IJP I, Kassette mit
5 LPs). Vladimir de Pachmann (1848–1933), der vielfach als einer der führenden
Chopin-Interpreten zu Beginn des 20. Jahrhunderts angesehen wird, war gleichfalls ein Schüler Leschetizkys. Seine Aufnahmen sind auf Pearl GEMM 103/LP
(darunter die dritte Ballade) und Pearl OPAL 9840/CD (u. a. die Barcarolle und
die ersten beiden Impromptus) vertreten.
Unter den frühen französischen Chopin-Interpreten, zu denen auch Edouard
Risler und Marguerite Long gehören, ragt Alfred Cortot (1877–1962) heraus. Er
machte in den dreißiger Jahren einige legendäre Einspielungen, die besonders
wegen einer bemerkenswerten Wiedergabe der 24 Préludes und der vier Balladen
Beachtung verdienen (EMI References H7 61050–2, CD; Music & Arts CD 317,
CD). Zu seinen französischen Schülern gehört der vorzügliche Pianist Vlado
Perlemuter (geb. 1904), dessen souveräne, kultivierte Chopin-Einspielungen auf
verschiedenen Nimbus-CDs erhältlich sind. Ein anderer Cortot-Schüler war der
leider zu früh verstorbene Rumäne Dinu Lipatti (1917–50), dessen Chopin-
Vortrag ganz ohne Manieriertheit und Affektiertheit auskommt, was ihm einen
geradezu legendären Ruf verschaffte. Manche halten seine Einspielungen der
Walzer für die besten überhaupt (EMI References H7 69802–2, CD). Ein cha-
rakteristischerer Vertreter des französischen Chopin-Stils ist Marguerite Longs
Schüler Samson François (1924–70). Seine zwar fehlerhaften, aber dennoch fes-
selnden Chopin-Einspielungen sind auf fünf EMI-Platten erhältlich.
Die russische Chopin-Tradition verdankt vieles dem Unterricht Anton Rubinsteins (1830–94). Einer seiner Schüler, der aus Polen ausgewanderte Pianist Józef
Hofman (1876–1957) gehörte zu den herausragendsten Chopin-Interpreten dieses Jahrhunderts – ein letzter Repräsentant von Rubinsteins unverkennbarem,
vielfach nachgeahmtem Chopin-Stil mit seiner breiten Ausdruckspalette und
dynamischen Kontrasten, die fraglos eher für den Konzertsaal als für den Salon
geeignet waren. Hofmans Einspielungen einer breit gefächerten Auswahl von
Chopins Werken sind auf Pearl OPAL 819/20 (2 LPs) – u. a. mit dem h-Moll-
Scherzo –, IPA 5007/8 (2 LPs) und IPA 5001/2 (2 LPs) erhältlich. Sein Schüler
Shura Cherkassky (geb. 1911) hat etwas von dieser Tradition weitergeführt,
dennoch unterscheidet sich Cherkasskys ausgesprochen impulsiver Zugang in
vielerlei Hinsicht von dem Hofmans. Dies läßt sich auf zahlreichen Einspielungen heraushören, darunter Nimbus N 15091 (CD), N 15044 (CD) und Menuet
160013–2 (CD); letztere mit der großen Fantasie op. 49.
Andere Vertreter der russischen Tradition im Ausland waren Józef Lhévinne
(1874–1944) – u. a. mit der Polonaise op. 53 auf Novello NVLCD 902 (CD) –,
Sergej Rachmaninow (1873–1943) und natürlich Vladimir Horowitz (1904–89).
Die rhythmische Energie und die explosive Spannung von Horowitz' Chopin-
Darbietung mögen mehr über den Pianisten als über den Komponisten aussagen,
aber das Charisma seines Spiels steht außer Frage. Proben seines Könnens bieten
RCA RCD 14585 (CD), CBS MK 42306 (CD), CBS 44681 (CD) und viele
andere Aufnahmen. Parallel zu Horowitz' Karriere verlief auch die des polni-
schen Pianisten Artur Rubinstein (1887–1982), dessen disziplinierte, gewissen-

hafte Wiedergaben in vielerlei Hinsicht eher dem heutigen Zeitgeist entsprechen als dem seiner eigenen Generation. Seine Einspielungen umfassen, außer den Rondos und den Variationen, im Grunde genommen Chopins Gesamtwerk; sie sind zumeist auf CD erhältlich.

Der chilenische Pianist Claudio Arrau (geb. 1901) hat ebenfalls den größten Teil der Klavierkompositionen Chopins in seiner herben, etwas kühl-intellektuellen, doch zugleich tief empfindenden Art aufgenommen. Er begann Mitte der fünfziger Jahre damit, Chopins Gesamtwerk für Brunswick einzuspielen, aber das Projekt wurde nie vollendet, und seine Aufnahmen des Chopinschen Œuvres findet man nun bei Brunswick, Columbia und Philips (letztere haben Arraus Chopin-Einspielungen auch auf verschiedenen CDs herausgebracht). Eine der besten und ausgeglichensten Chopin-Gesamtaufnahmen stammt von Vladimir Ashkenazy (geb. 1937), dem Sieger des ersten Chopin-Wettbewerbs 1957 in Warschau (Decca-CD). Martha Argerichs (geb. 1941) Spielweise ist sprunghafter, aber ihre nicht zu leugnende Intensität und Faszinationskraft brachte ihr den Sieg beim Chopin-Wettbewerb 1965. Seitdem hat sie viele weitere Einspielungen gemacht, darunter vor allem die beiden großen Sonaten (DG 2531 289, LP) und die Cello-Sonate mit Rostropowitsch (DG 1531 201, LP). Weitere Chopin-Aufnahmen von Martha Argerich findet man auf DG 419 055–1GGA (CD), DG 415 836–2GGA (CD) und DG 415 061-2GH (CD).

Von den vielen anderen Pianisten der mittleren Generation könnten wir den durchdachten, ernsten Vortrag Daniel Barenboims (geb. 1942) herausgreifen, vor allem wegen seiner Polonaise-Fantasie auf EMI EMX 2117 (LP) und der vollständigen Nocturnes auf DG 2741 012 (2 LPs), Maurizio Pollini (geb. 1942) wegen einer herausragenden Einspielung der 24 Etüden, die durch ihre Präzision und Virtuosität bemerkenswert ist (DG 413 794–2GH), und Murray Perahia (geb. 1947), besonders wegen einer vorzüglichen Wiedergabe der beiden großen Sonaten auf CBS 76242 (CD). Von der jüngeren Generation muß der polnische Pianist Krystian Zimerman (geb. 1956) mit seinen großartigen Aufnahmen der beiden Klavierkonzerte genannt werden, die wegen ihrer lockeren, transparenten Strukturen und ihres künstlerisch reifen Verständnisses bestechen (DG 419 054–2GGA, CD). Ebenso interessant sind die makellosen Einspielungen der vierten Ballade und des zweiten Scherzos von Dang Thai Son (DG 2531 359, LP) sowie die Aufnahmen der beiden Klavierkonzerte von Jewgeni Kissin (Olympia OCD 149, CD). Schließlich sollte auch noch die ausgefallene, doch vor Lebendigkeit sprühende Gestaltung der Préludes von Ivo Pogorelich erwähnt werden (DG 429 227–2, CD).

Für Liebhaber besonderer Spezialitäten können wir zwei Aufnahmen auf zeitgenössischen Klavieren empfehlen: Eine Auswahl verschiedener Stücke (darunter die vierte Ballade) spielt Kenneth van Barthold auf einem Broadwood von 1847 (Argo ZK 59, LP), eine weitere Malcolm Frager auf einem Rosenberg der Łańcut-Sammlung aus dem Jahre 1850 (Veriton XU 721, LP).

Werkverzeichnis

Hinsichtlich der Zeitbestimmung der Kompositionen Chopins gibt es zahlreiche Unklarheiten. Dieses Werkverzeichnis beruht weitgehend auf der Chronologie in *Wstęp do wydania narodowego dzieł Fryderyka Chopina* von Professor Jan Ekier (Warschau 1974), der sich intensiv mit diesen Problemen befaßt.
Wo kein Instrument angegeben ist, handelt es sich um Klavierstücke.

Werke mit originalen Opuszahlen

Op.	Titel	Entstehungs-jahr	Erste Ausgabe	Seite
1	Rondo c-Moll	1825	1825	51 ff., 75
2	Variationen über »Là ci darem la mano« für Klavier und Orchester B-Dur	1827–28	1830	55 f., 59, 64, 70 f., 75
3	Introduktion und Polonaise für Violoncello und Klavier C-Dur	1829	1831	64
4	Sonate c-Moll	1828	1851	60 f., 81, 178
5	Rondo »à la mazur« F-Dur	1826–27	1828	54 f.
6	Vier Mazurken Nr. 1 fis-Moll Nr. 2 cis-Moll Nr. 3 E-Dur Nr. 4 es-Moll	1830–32	1832	154 f.
7	Fünf Mazurken Nr. 1 B-Dur Nr. 2 a-Moll Nr. 3 f-Moll Nr. 4 As-Dur (Erstfassung 1825) Nr. 5 C-Dur	1830–32	1832	56, 154 f.
8	Trio für Klavier, Violine und Violoncello g-Moll	1829	1832	62 f., 81, 178

Op.	Titel	Entstehungs-jahr	Erste Ausgabe	Seite
9	Drei Nocturnes Nr. 1 b-Moll Nr. 2 Es-Dur Nr. 3 H-Dur	1830–32	1832	118 f., 126
10	Zwölf Etüden Nr. 1 C-Dur Nr. 2 a-Moll Nr. 3 E-Dur Nr. 4 cis-Moll Nr. 5 Ges-Dur Nr. 6 es-Moll Nr. 7 C-Dur Nr. 8 F-Dur Nr. 9 f-Moll Nr. 10 As-Dur Nr. 11 Es-Dur Nr. 12 c-Moll	1829–32	1833	59, 85, 88 ff., 124, 128, 179
11	Konzert für Klavier und Orchester Nr. 1 e-Moll	1830	1833	79 f.
12	Variations brillantes B-Dur	1833	1833	60, 85, 177
13	Fantasie über polnische Themen für Klavier und Orchester A-Dur	1829	1834	75
14	Rondo à la Krakowiak für Klavier und Orchester F-Dur	1828	1834	59, 75, 179
15	Drei Nocturnes Nr. 1 F-Dur Nr. 2 Fis-Dur Nr. 3 g-Moll	1831–33	1833	121, 127
16	Introduktion c-Moll und Rondo Es-Dur	1829	1834	58 f., 85
17	Vier Mazurken Nr. 1 B-Dur Nr. 2 e-Moll Nr. 3 As-Dur Nr. 4 a-Moll	1831–33	1834	155 ff.

Op.	Titel	Entstehungs-jahr	Erste Ausgabe	Seite
18	Walzer, Es	1833	1834	168 f., 170 f.
19	Bolero C-Dur/A-Dur	um 1833	1834	177
20	Scherzo h-Moll	1831–34	1835	212 ff.
21	Konzert für Klavier und Orchester Nr. 2 f-Moll	1829–30	1836	77 f.
22	Andante spianato und Grande Polonaise für Klavier und Orchester G-Dur und Es-Dur	1830–36	1836	83
23	Ballade g-Moll	1835	1836	234 ff.
24	Vier Mazurken Nr. 1 g-Moll Nr. 2 C-Dur Nr. 3 As-Dur Nr. 4 b-Moll	1833–36	1846	157 ff.
25	Zwölf Etüden Nr. 1 As-Dur Nr. 2 f-Moll Nr. 3 F-Dur Nr. 4 a-Moll Nr. 5 e-Moll Nr. 6 gis-Moll Nr. 7 cis-Moll Nr. 8 Des-Dur Nr. 9 Ges-Dur Nr. 10 h-Moll Nr. 11 a-Moll Nr. 12 c-Moll	1833–37	1837	103 ff., 179
26	Zwei Polonaisen Nr. 1 cis-Moll Nr. 2 es-Moll	1831–36	1836	145 f.
27	Zwei Nocturnes Nr. 1 cis-Moll Nr. 2 Des-Dur	1833–36	1836	121, 128
28	Vierundzwanzig Préludes Nr. 1 C-Dur Nr. 2 a-Moll	1838–39	1839	106 ff., 179, 197 ff.

Op.	Titel	Entstehungs-jahr	Erste Ausgabe	Seite
(28)	Nr. 3 G-Dur			
	Nr. 4 e-Moll			
	Nr. 5 D-Dur			
	Nr. 6 h-Moll			
	Nr. 7 A-Dur			
	Nr. 8 fis-Moll			
	Nr. 9 E-Dur			
	Nr. 10 cis-Moll			
	Nr. 11 H-Dur			
	Nr. 12 gis-Moll			
	Nr. 13 Fis-Dur			
	Nr. 14 es-Moll			
	Nr. 15 Des-Dur			
	Nr. 16 b-Moll			
	Nr. 17 As-Dur			
	Nr. 18 f-Moll			
	Nr. 19 Es-Dur			
	Nr. 20 c-Moll			
	Nr. 21 B-Dur			
	Nr. 22 g-Moll			
	Nr. 23 F-Dur			
	Nr. 24 d-Moll			
29	Impromptu As-Dur	um 1837	1837	137
30	Vier Mazurken	1836–37	1838	160 ff., 173
	Nr. 1 c-Moll			
	Nr. 2 h-Moll			
	Nr. 3 Des-Dur			
	Nr. 4 cis-Moll			
31	Scherzo des-Moll	1835–37	1837	217 ff.
32	Zwei Nocturnes	1835–37	1837	127
	Nr. 1 H-Dur			
	Nr. 2 As-Dur			
33	Vier Mazurken	1836–38	1838	155, 160 ff., 173
	Nr. 1 gis-Moll			
	Nr. 2 D-Dur			
	Nr. 3 C-Dur			
	Nr. 4 h-Moll			

Op.	Titel	Entstehungs-jahr	Erste Ausgabe	Seite
34	Drei Walzer		1838	64, 170 ff.
	Nr. 1 As-Dur	1835–38		
	Nr. 2 a-Moll	1831		
	Nr. 3 F-Dur	um 1838		
35	Sonate b-Moll (Langsamer Satz 1837)	1839	1840	179, 184, 187
36	Impromptu Fis-Dur	1839	1840	136
37	Zwei Nocturnes	1837–39	1840	125, 127
	Nr. 1 g-Moll			
	Nr. 2 G-Dur			
38	Ballade F-Dur/a-Moll	1839	1840	239 ff.
39	Scherzo cis-Moll	1839	1840	223 ff.
40	Zwei Polonaisen	1838–39	1840	144, 149 f.
	Nr. 1 A-Dur			
	Nr. 2 c-Moll			
41	Vier Mazurken	1838–39	1840	39, 155, 162 f.
	Nr. 1 e-Moll			
	Nr. 2 H-Dur			
	Nr. 3 As-Dur			
	Nr. 4 cis-Moll			
42	Walzer As-Dur	1839–40	1840	174
43	Tarantella As-Dur	1841	1841	177
44	Polonaise fis-Moll	1841	1841	144, 150 f., 153
45	Prélude cis-Moll	1841	1841	114 f.
46	Allegro de Concert A-Dur	1832?–1841	1841	83
47	Ballade As-Dur	1841	1841	245 ff.
48	Zwei Nocturnes	1841	1841	125 f., 128
	Nr. 1 c-Moll			
	Nr. 2 fis-Moll			
49	Fantasie f-Moll/As-Dur	1841	1841	256 ff.
50	Drei Mazurken	1841–42	1842	155, 159, 163 f., 172,
	Nr. 1 G-Dur			

Op.	Titel	Entstehungs-jahr	Erste Ausgabe	Seite
(50)	Nr. 2 As-Dur Nr. 3 cis-Moll			221
51	Impromptu Ges-Dur	1842	1843	137 f.
52	Ballade f-Moll	1842	1843	249 ff.
53	Polonaise As-Dur	1842	1843	153 f.
54	Scherzo E-Dur	1842	1843	228 ff.
55	Zwei Nocturnes Nr. 1 f-Moll Nr. 2 Es-Dur	1843	1844	124, 128 ff.
56	Drei Mazurken Nr. 1 H-Dur Nr. 2 C-Dur Nr. 3 c-Moll	1843	1844	159, 163 ff.
57	Berceuse Des-Dur	1844	1845	134
58	Sonate h-Moll	1844	1845	184 ff.
59	Drei Mazurken Nr. 1 a-Moll Nr. 2 As-Dur Nr. 3 fis-Moll	1845	1845	155, 164 f.
60	Barcarolle Fis-Dur	1846	1846	134
61	Polonaise-Fantasie As-Dur	1846	1846	125, 265 ff.
62	Zwei Nocturnes Nr. 1 H-Dur Nr. 2 E-Dur	1845–46	1846	128, 131 f.
63	Drei Mazurken Nr. 1 H-Dur Nr. 2 f-Moll Nr. 3 cis-Moll	1846	1847	165
64	Drei Walzer Nr. 1 Des-Dur Nr. 2 cis-Moll Nr. 3 As-Dur	1840–47	1847	175 f.
65	Sonate für Violoncello und Klavier g-Moll	1846–47	1847	189 ff.

Postum veröffentlichte Werke (Opuszahlen von Julian Fontana)

Op.	Titel	Entstehungs-jahr	Erste Ausgabe	Seite
66	Fantasie-Impromptu cis-Moll	um 1834	1855	66, 137
67	Vier Mazurken		1855	165
	Nr. 1 G-Dur	um 1830		
	Nr. 2 g-Moll	1848–49		
	Nr. 3 C-Dur	1835		
	Nr. 4 a-Moll	1836		
68	Vier Mazurken		1855	42, 64, 154,
	Nr. 1 C-Dur	um 1830		165 f.
	Nr. 2 a-Moll	um 1827		
	Nr. 3 F-Dur	um 1830		
	Nr. 4 f-Moll	1849		
69	Zwei Walzer		1855	173
	Nr. 1 As-Dur	1835		
	Nr. 2 h-Moll	1829		
70	Drei Walzer		1855	173
	Nr. 1 Ges-Dur	1833		
	Nr. 2 f-Moll	1841		
	Nr. 3 Des-Dur	1829		
71	Drei Polonaisen		1855	54, 63 f.
	Nr. 1 d-Moll	1824–25		
	Nr. 2 B-Dur	1828		
	Nr. 3 f-Moll	1825–26?		
72	Drei Ecossaisen	um 1829	1855	121
	Nr. 1 D-Dur			
	Nr. 2 g-Moll			
	Nr. 3 Des-Dur			
73	Rondo für zwei Klaviere C-Dur (Original Soloklavier)	1828	1855	57 f., 75
74	Siebzehn Lieder		1857	140 ff.
	Nr. 1 Życzenie (Witwicki)	1829?		
	Nr. 2 Wiosna (Witwicki)	1838		
	Nr. 3 Smutna rzeka (Witwicki)	1831		
	Nr. 4 Hulanka (Witwicki)	1830		

Op.	Titel	Entstehungs-jahr	Erste Ausgabe	Seite
(74)	Nr. 5 Gdzie lubi (Witwicki)	1829?		
	Nr. 6 Precz z moich oczu (Mickiewicz)	1830		
	Nr. 7 Poseł (Witwicki)	1830		
	Nr. 8 Śliczny chłopiec (Zaleski)	1841		
	Nr. 9 Melodia (Krasiński)	1847		
	Nr. 10 Wojak (Witwicki)	1830		
	Nr. 11 Dwojaki koniec (Zaleski)	1845		
	Nr. 12 Moja pieszczotka (Mickiewicz)	1837		
	Nr. 13 Nie ma czego trzeba (Zaleski)	1845		
	Nr. 14 Pierścień (Witwicki)	1836		
	Nr. 15 Narzeczony (Witwicki)	1831		
	Nr. 16 Piosnka litewska (Witwicki)	1830–31		
	Nr. 17 Lecą liście z drzewa (Pol)	1836		

Werke ohne Opuszahlen

	Polonaise B-Dur (K. 1182–83)	1817	1834	
	Polonaise g-Moll (K. 889)	1817	1817	
	Polonaise As-Dur (K. 1184)	1821	1908	
	Introduktion und Variationen über ein deutsches Volkslied (»Der Schweizerbub«) E-Dur (K. 925–927)	1824	1851	59
	Polonaise gis-Moll (K. 1185–87)	1824	1850–60?	
	Mazurka B-Dur (K. 891–895)	1825–26	1826	
	Mazurka G-Dur (K. 896–900)	1825–26	1826	

Titel	Entstehungs-jahr	Erste Ausgabe	Seite
Variationen für Klavier zu vier Händen D-Dur (K. 1190)	1825–26	1865	
Trauermarsch c-Moll (K. 1059–68)	1826	1855	
Polonaise b-Moll (K. 1188–89)	1826	1881	
Nocturne e-Moll (K. 1055–58)	1828–30	1855	
Souvenir de Paganini A-Dur (K. 1203)	1829	1881	59
Mazurka G-Dur (K. 1201–02)	1829	1879	
Walzer E-Dur (K. 1207–08)	1829	1867	
Walzer Es-Dur (K. 1212)	1829	1902	
Mazurka G-Dur mit Gesangs-stimme (K. 1201–02)	1829	1879	
Walzer As-Dur (K. 1209–11)	1829	1902	64
Walzer e-Moll (K. 1213–14)	1830	1850–60	
Czary, mit Gesangsstimme (K. 1204–06)	1830	1910	
Polonaise Ges-Dur (K. 1197–1200)	1830	1850–60	
Lento con gran espressione cis-Moll (K. 1215–22)	1830	1875	
Gran Duo concertant über Themen aus Meyerbeers »Robert le Diable« für Violoncello und Klavier E-Dur (K. 901–902)	1832–33	1833	85
Mazurka B-Dur (K. 1223)	1832	1909	
Mazurka D-Dur (K. 1224, Erstfassung K. 1193–96)	1832	1880	
Mazurka C-Dur (K. 1225–26)	1833	1870	

Titel	Entstehungs-jahr	Erste Ausgabe	Seite
Cantabile B-Dur (K. 1230)	1834	1931	
Mazurka As-Dur (K. 1227–28)	1834	1930	
Prélude As-Dur (K. 1231–32)	1834	1918	
Variationen Nr. 6 über ein Thema aus Bellinis *I Puritani* für die Sammlung *Hexameron*, E-Dur (K. 903–904)	1837	1839	85
Trois Nouvelles Études (K. 905–917)	1839	1839	86, 179
Kanon f-Moll (K. 1241)	1839?		
Mazurka a-Moll für das Album *Notre Temps* (K. 919–924)	1839–41	1842	
Sostenuto (Walzer, Es-Dur) (K. 1273)	1840	1955	
Dumka, mit Gesangsstimme (K. 1236)	1840	1910	
Fuge a-Moll (K. 1242)	1841–42	1898	
Moderato E-Dur (K. 1240)	1843	1910	
Zwei Bourrées (K. 1403–04) Nr. 1 g-Moll Nr. 2 A-Dur	1846	1968	
Largo Es-Dur (K. 1229)	1847	1938	
Nocturne c-Moll (K. 1233–35)	1847–48	1938	
Walzer a-Moll (K. 1238–39)	1847–49	1955	

Personenregister